PROBLEME DER DICHTUNG

Studien zur deutschen Literaturgeschichte

Begründet von Hans Pyritz

Herausgegeben von
Adolf Beck und Karl Ludwig Schneider

Band 12

HEIDELBERG 1971
CARL WINTER · UNIVERSITÄTSVERLAG

CARL-ALFRED ZELL

Untersuchungen zum Problem der geistlichen Barocklyrik mit besonderer Berücksichtigung der Dichtung Johann Heermanns (1585-1647)

HEIDELBERG 1971
CARL WINTER · UNIVERSITÄTSVERLAG

Gedruckt mit Unterstützung der Stiftung Volkswagenwerk

ISBN 3 533 02168 8 (Kt)
ISBN 3 533 02169 6 (Ln)

Alle Rechte vorbehalten. © 1971. Carl Winter Universitätsverlag, gegr. 1822, GmbH., Heidelberg
Photomechanische Wiedergabe nur mit ausdrücklicher Genehmigung durch den Verlag
Imprimé en Allemagne. Printed in Germany
Satz und Druck: Appl, Wemding

Dem Andenken meines Bruders

Hermann Zell

1920–1958

VORWORT

Die vorliegende Untersuchung wurde im Sommer 1966 abgeschlossen. Im November des gleichen Jahres wurde sie von der Philosophischen Fakultät der Universität Hamburg als Dissertation angenommen.

Das Thema der Arbeit hat noch der leider allzufrüh verstorbene Hans Pyritz gestellt, der jedoch ihr langsames Wachsen nicht mehr beobachten konnte. Nach seinem Tode hat sich Prof. Adolf Beck der Arbeit angenommen und mir über Jahre hinaus mit seinem Rat zur Verfügung gestanden. Ich bin ihm zu besonderem Dank verpflichtet.

Zu danken habe in an dieser Stelle den Bibliotheken, die mir bereitwillig – oft für lange Zeit – Bücher zur Verfügung gestellt haben, darunter solche, die nur noch in einem einzigen Exemplar vorhanden sind. Mein Dank für fördernde Gespräche und wissenschaftlichen Rat während der Abfassung der Arbeit gilt besonders Heinz Hillmann und Johannes Krogoll, er gilt aber auch denen, die mir bei den Korrekturarbeiten geholfen haben: Rolf Niemeyer und Hans-Gerd Winter. Ich danke schließlich auch den Herausgebern der Reihe „Probleme der Dichtung" dafür, daß sie meine Arbeit in diese Reihe aufgenommen haben.

Hamburg, im Herbst 1971   CARL-ALFRED ZELL

INHALT

Einleitung 11

Erster Teil
Die Forschungslage

I. Kapitel: Die geistliche Barocklyrik und die Literaturwissenschaft 15
  1. Das Verhältnis von geistlicher und weltlicher Lyrik im 17. Jahrhundert 15
  2. Die Stellung der geistlichen Lyrik in der älteren Literaturgeschichtsschreibung . 19
  3. Das neue Barockbild und die geistliche Lyrik 24
    a) Die Voraussetzungen 24
    b) Arbeiten über einzelne Dichter und einzelne Probleme der geistlichen Lyrik 26
    c) Das Gesamtbild der geistlichen Lyrik in der neueren Forschung 27

II. Kapitel: Die geistliche Lyrik und die Hymnologie 36
  1. Die ältere Hymnologie 36
    a) Liederverzeichnisse und Darstellungen der Geschichte des Kirchenliedes . . 36
    b) Die großen Sammelwerke
      (Mit einem Exkurs über das katholische Kirchenlied) 42
  2. Die Hymnologie als theologische Wissenschaft 50

III. Kapitel: Das Bild Johann Heermanns in der Forschung 59
  1. Lebensbeschreibungen und allgemeine Darstellungen 59
  2. Die Untersuchungen von Carl Hitzeroth und Hans-Peter Adolf 64
  3. Johann Heermann in den Darstellungen von Richard Newald und Hans Heckel 70

Zweiter Teil
Die Dichtung Johann Heermanns

IV. Kapitel: Die Andacht als Stilprinzip der geistlichen Barocklyrik 79
  1. Die geistliche Lyrik und die Poetik des 17. Jahrhunderts 79
  2. Die geistliche Lyrik und die Erbauungsliteratur 99

V. Kapitel: Der Einfluß der Erbauungsliteratur auf die Dichtung Johann Heermanns ... 111
  1. Johann Heermann und Valerius Herberger ... 111
    a) Grundzüge der Theologie Valerius Herbergers ... 111
    b) Einflüsse Herbergers in Heermanns frühen Erbauungsschriften ... 118
  2. Johann Heermann und Johann Arndt ... 121
    a) Johann Arndt und das „Wahre Christentum" ... 121
    b) Heermanns Lieder nach Gebeten aus dem „Paradiß Gärtlein" ... 125
  3. Johann Heermann und Martin Moller ... 133
    a) Martin Moller als Erbauungsschriftsteller ... 133
    b) Die Übernahme und Bearbeitung von Texten Martin Mollers durch Johann Heermann ... 140
    c) Die Umformung und Weiterführung einzelner Motive ... 147

VI. Kapitel: Aufbau, Sprache und Metrik der „Devoti Musica Cordis" ... 155
  1. Der Aufbau der „Devoti Musica Cordis" ... 155
  2. Bemerkungen zur Sprachform der „Devoti Musica Cordis" ... 160
  3. Der Daktylus bei Johann Heermann ... 171

VII. Kapitel: „Blut und Wunden" in Johann Heermanns geistlicher Lyrik ... 176
  1. Das Blut Jesu Christi ... 177
    a) Die Erlösung des Sünders durch das Blut ... 177
    b) Das Abwaschen der Sünde durch das Blut ... 182
    c) Die Kraft des Blutes ... 190
  2. Die Wunden Jesu Christi ... 197
  3. „JESVS CHRISTVS, Das Purpurrote BlutWürmlein" ... 209

Zusammenfassung ... 213

Anmerkungen ... 215

Literaturverzeichnis ... 275

EINLEITUNG

Die vorliegende Arbeit möchte einen Beitrag zur Klärung des Problems der geistlichen Barocklyrik leisten. Sie verfolgt dabei eine zweifache Absicht: Einmal soll mit Johann Heermann ein einzelner geistlicher Dichter des 17. Jahrhunderts mit seinen Problemen betrachtet, zum andern soll versucht werden, von hier zu Aussagen über die geistliche Barocklyrik überhaupt zu gelangen. Heermann soll nicht aus den historischen Zusammenhängen gelöst, sein Werk nicht als zeitlos interpretiert werden.

Unter geistlicher Lyrik werden lyrische Aussagen verstanden, die – im Gegensatz zu religiöser Lyrik – im Raum der Kirche verwendet werden, in erster Linie also das für den Gemeindegesang bestimmte Kirchenlied, aber auch solche Dichtungen, die als Lied oder Leselyrik der privaten Andacht und Erbauung dienen wollten[1]. Zur geistlichen Barocklyrik gehören auch gereimte Psalterien, Hoheliedparaphrasen, „Schlußreime" – Gedichte, die eine Predigt noch einmal zusammenfassen – und Sonntagsevangelien und -episteln in Versen[2]; außerdem gibt es eine umfangreiche geistliche Dichtung didaktischer Art. Das Kirchenlied ist also nur ein Teil der geistlichen Lyrik[3]. – Zur geistlichen Barocklyrik ist natürlich auch die Dichtung katholischer Verfasser zu rechnen; zu nennen sind hier Friedrich von Spee, Johannes Khuen, Procopius von Templin, Dominicus Nugent, der Konvertit Angelus Silesius, die Gruppe der „spätbarocken Kapuzinerdichter" mit Laurentius von Schnüffis, Isaac von Ochsenfurt, Theobaldus von Konstanz und Mauritius von Menzingen[4]. Zur geistlichen Lyrik in einem weiteren Sinne gehören auch die ekstatischen Dichtungen des protestantischen Schwärmers Quirinus Kuhlmann und die Gedichte der Catharina Regina von Greiffenberg und anderer.

Eine Beschränkung ergibt sich für diese Arbeit aus der Bindung des Themas an die Dichtung Johann Heermanns. Die Untersuchung wird im allgemeinen nur das protestantische Kirchenlied der ersten Hälfte des Jahrhunderts heranziehen.

Der erste Teil möchte in drei Kapiteln eine Übersicht über die bisherige Forschung geben. Wege und Ergebnisse sollen charakterisiert werden. Der zweite bemüht sich, einige der im ersten sichtbar gemachten Probleme einer Lösung näherzubringen.

ERSTER TEIL

DIE FORSCHUNGSLAGE

I. Kapitel

Die geistliche Barocklyrik und die Literaturwissenschaft

Ehe im zweiten und dritten Abschnitt eine Übersicht über die Bemühungen der älteren und neueren Literaturwissenschaft gegeben wird, sollen zunächst einige Bemerkungen über die geistliche Lyrik, ihre besondere Stellung im 17. Jahrhundert und die Art der wissenschaftlichen Beschäftigung mit ihr gemacht werden.

1. Das Verhältnis von geistlicher und weltlicher Lyrik im 17. Jahrhundert

Das Werk eines Barockdichters umfaßt meist weltliche und geistliche Dichtung, und es gibt keine festen Grenzen zwischen den beiden Bereichen. Eigentlich alle „weltlichen" Barockdichter haben auch geistliche Gedichte geschrieben – das gilt noch für den so weltfreudigen Hofmannswaldau[1] –, andererseits gibt es kaum einen „geistlichen" Barockdichter, der nicht auch weltliche Gedichte verfaßt hätte[2]. Es ist bezeichnend für die Rangordnung von weltlicher und geistlicher Dichtung, daß das, was die Dichter selbst zu den geistlichen Gedichten rechnen, in den Ausgaben meist an erster Stelle steht, soweit hier eine Trennung vorgenommen wird[3].

Am Werk dreier Dichter – Opitz, Rist und Gryphius – soll auf den folgenden Seiten gezeigt werden, wie eng weltliche und geistliche Dichtung im Werk eines Barockdichters miteinander verbunden sind.

Bei Martin O p i t z umfaßt die von ihm selbst ausdrücklich als geistlich bezeichnete Dichtung etwa die Hälfte des gesamten Werks[4]. Er hat sich in allen Gattungen geistlicher Dichtung versucht, für jede gibt er ein Beispiel. Opitz hat einzelne Bücher der Bibel in Verse gebracht, deren Stoff schon im Mittelalter besonders beliebt gewesen war. Er schreibt – nach der italienischen Oper „Giuditta" von Andrea Salvadori – ein geistliches Schauspiel: „Judith"[5]. Aus der Erzählung von dem Propheten Jonas macht er – nach der neulateinischen Vorlage bei Hugo Grotius – ein geistliches Lehrgedicht in Alexandrinern. Er dichtet eine Hoheliedparaphrase[6], er bringt die Klagelieder Jeremiae in Verse, auf Melodien des Hugenottenpsalters schreibt er die „Episteln Der Sontage/ vnd fürnembsten Fest deß gantzen Jahrs", er reimt Psalmen, er dichtet Kirchenlieder, geistliche Oden und Lobgesänge.

Hugo Max spricht in seiner Arbeit über „Martin Opitz als geistlichen Dichter" davon, dieser könne auch im Kirchenlied „nicht von poetischem Schmuck und Zierwerk" lassen, und sagt dann weiter: „Pleonasmen, Synonyma, malerische Schilderei von Natur- und Seelenzuständen, die das Kirchenlied schlicht andeutet oder verschmäht, werden häufig verwandt"[7]. Dies ist offenbar mehr ein Schluß aus dem, was Hugo Max an Vorstellungen mitbringt, weniger aber das Ergebnis einer eingehenden Analyse des Sprachstils von Opitz' geistlicher Lyrik. Beweisen kann Hugo Max es nicht, doch liegt das nach der ganzen Anlage der Arbeit auch gar nicht in seiner Absicht. Er sieht Opitz' geistliche Dichtung von dessen weltlicher her.

Hier sollen zu der Frage, ob geistliche und weltliche Lyrik dem gleichen Stilgesetz unterworfen sind, zunächst nur einige Hinweise gegeben werden. Das vierte Kapitel wird sich ausführlich mit diesem Problem beschäftigen. – Opitz sagt in dem Widmungsgedicht zu seinen „Sonntagsepisteln", zu einer solchen Dichtung gehöre nicht „der Zungen schöner Klang"[8]; an anderer Stelle, in der Widmung vor seiner Erbauungsschrift „Vber das leyden vnd sterben vnsers HEYLANDES", heißt es, er wolle hier nicht „Gelehrt", sondern „Christlich" sein[9]. – Opitz will kein geistliches Kunstlied schaffen. Er überträgt die Formen des Gesellschaftsliedes nicht einfach auf die geistliche Lyrik, und man kann Hugo Max nicht zustimmen, der meint, Opitz möge „ein Kunstkirchenlied vorgeschwebt haben"[10]. – Daß Opitz für das, was er sich vorgenommen hat, dann doch keinen angemessenen Ausdruck findet, daß er den schlichten Ton der „Andacht" nicht trifft, liegt sicher daran, daß er im Innersten keine religiöse Natur ist und daß die rationalen Elemente bei ihm überwiegen[11]. Was ihm gelingt, sind schmucklose, schwerfällige Verse, in denen er oft nicht einmal die Stilhöhe seiner Vorbilder erreicht hat[12]. Aber an Opitz' geistlicher Dichtung zeigt sich, daß hier andere Gesetze gelten und den Sprachstil bestimmen als in seiner weltlichen und daß die Rede davon nicht nur Bescheidenheitstopos ist. – Hier spricht Opitz denn auch nicht mit dem gleichen Selbstbewußtsein wie in seinen weltlichen Gedichten davon, daß er die neue Poesie begründet habe[13].

Von Opitz' geistlicher Lyrik ist wenig zum tatsächlich gesungenen Kirchenlied geworden. Nur „AVff, auff, mein Hertz vnd du, mein gantzer Sinn" und „SEy wolgemuth, laß trawren sein" haben sich eine Zeitlang in den Gesangbüchern gehalten[14].

Johann Rist, der Verfasser so bekannter Kirchenlieder wie „O Ewigkeit, du Donnerwort", „Ermuntre dich, mein schwacher Geist", „Auf, auf, ihr Reichsgenossen", „O Traurigkeit, o Herzeleid"[15], gehört – trotz mehrfacher Gesangbuchreformen – auch heute noch zu den beliebtesten Kirchenlieddichtern[16]. Rist ist Geistlicher, aber er ist ebensosehr Weltmann. Er schreibt Schauspiele, er ist Mitglied der „Fruchtbringenden Gesellschaft" und des Nürnberger „Blumen-Ordens", er gründet selbst eine Sprachgesellschaft, den „Elbschwanenorden", er ist „Poeta laureatus" und hat als „Comes Palatinus" („Kayserlicher Pfaltz-Hoff-Graf") das Recht, selbst Dichter zu krönen[17]. Er steht mit vielen gelehrten Zeitgenossen in Verbindung, er genießt Ansehen und empfängt Ehren[18].

Als Dichter ist Rist erstaunlich vielseitig. Neben seiner geistlichen Dichtung schreibt er Freundschaftsgedichte, die sich denen der Königsberger an die Seite stellen lassen[19]. Er verfaßt auch Gedichte in schäferlicher Manier[20]. Seine Hochzeitsgedichte sind so frivol wie die all seiner Zeitgenossen, manches geht dabei bis an den Rand der Blasphemie[21]. Doch sieht man das im 17. Jahrhundert natürlich anders.

Es gibt zwei Arbeiten über den Lyriker Rist, die im Abstand von nur wenigen Jahren erschienen sind. Der Ansatz dieser Untersuchungen und ihre Ergebnisse sind bezeichnend dafür, wie man sich mit der geistlichen und weltlichen Lyrik eines

1. Das Verhältnis von geistlicher und weltlicher Lyrik im 17. Jahrhundert

Barockdichters auseinandergesetzt. Oskar Kern schreibt 1919 über Rist „als weltlichen Lyriker", Rudolf Kipphan 1924 über ihn „als geistlichen Lyriker". Schon aus den Titeln der Arbeiten geht hervor, daß jeder der beiden Verfasser seinen Bereich sauber gegen den des andern abgrenzt. Die Werke werden nach den „Inhalten" geschieden und dann beschrieben. Beide Arbeiten kommen nicht wesentlich über eine Bestandsaufnahme hinaus. Ein Stilproblem taucht nicht auf, die Frage nach einem Gesetz der Gattung wird nicht gestellt. Geistliche und weltliche Dichtung stehen als etwas nur dem Stoff nach Unterschiedenes nebeneinander.

Oskar Kern sieht zwei Epochen im Leben des Dichters: eine Zeit weltlicher Dichtung von 1634 bis 1641 und die Zeit von 1641/42 bis zu seinem Tode im Jahre 1667, die sich allerdings nicht so eindeutig als Epoche geistlicher Dichtung charakterisieren läßt. Die Veröffentlichung der geistlichen Gedichte, des „Ersten Zehen" der „Himlischen Lieder", im Jahre 1641, sei „ein gewisser Bruch des Dichters mit seiner Vergangenheit"[22]. – Hier lassen sich Vorbehalte anmelden: Einmal werden von Rist auch nach 1641 noch weltliche Dichtungen verfaßt und veröffentlicht, zum andern berichtet Kern selbst, Rist gebe an, er habe seit seiner frühesten Jugend geistliche Gedichte gemacht.

Die Arbeit von Rudolf Kipphan bewegt sich, obwohl sie 1924 entstanden ist, noch ganz in den Bahnen der älteren Forschung. Kipphan zeigt, daß Rist sich im Laufe seines Lebens immer mehr von der „erquickenden Herzlichkeit und Innigkeit seiner Anfangsgesänge" entfernt hat[23]. Aus Rists dichterischen Anfängen und den Vorreden der Werke glaubt Kipphan herauslesen zu können, daß – wie er es formuliert – neben dem Geistlichen auch der „Privatmann" an diesen Dichtungen „beteiligt" sei[24]. Hier ist die Dichtung also noch „Erlebnisdichtung". Daß sie bei Rist „von seinem Beruf als Geistlicher überhaupt nicht zu trennen" ist[25], daß sie zu seiner Berufsarbeit gehört, ist nach Kipphans Meinung aber auch der Grund dafür, daß sie, wie er immer wieder enttäuscht feststellen muß, predigend, lehrhaft, trocken wird; als Dichtung eines praktischen Theologen, der für seine Gemeinde schreibt, der diese Gemeinde belehren will, nähert sie sich also dem, was man sonst als „Gelehrtendichtung" bezeichnet hat[26].

Kipphan muß dann erkennen, daß Rist den Erwartungen, die er in ihn setzt, im Laufe der Zeit immer weniger entspricht. Er tadelt, daß er seine Erlebnisse nicht „ausreifen" lasse und daher nicht „zu neuen, vertieften Auffassungen" finde[27], daß er nicht über seinem Stoff stehe, mit diesem nicht fertig zu werden wisse[28]. Der einzige Schluß, den Kipphan daraus zieht, daß Rist sich einer biblischen Sprache, biblischer Bilder und Vergleiche, bedient, ist der, daß er damit auf eigene Gedanken verzichte[29]. Kipphan geht so weit zu behaupten, Rist habe „das Wesen der Lyrik verkannt"[30], er vermißt in seiner Dichtung „Lyrik und echte Empfindung"[31]. Er wirft ihm schließlich vor, daß besonders in den späteren Liedern „die eigentliche Anschauung" fehle[32], er vermißt in ihnen die ursprüngliche „Frische"[33]. Hier finden sich also alle die Vorwürfe wieder, die man früher der weltlichen Dichtung des 17. Jahrhunderts gemacht hatte.

Im lyrischen Werk des Andreas Gryphius zeigt sich die enge Verbindung von geistlicher und weltlicher Dichtung besonders deutlich. Es bildet eine Einheit. Von einer formalen, äußeren Trennung in weltliche und geistliche Dichtung kann hier nicht gesprochen werden. – Gryphius nimmt allerdings auch mit seiner geistlichen Dichtung eine besondere Stellung ein. Hier ist geistliches Hochbarock, doch bekennt Gryphius für seine Jugenddichtung, die „Thränen über das Leiden JEsu Christi", daß er hier nichts als die Andacht gesucht habe. Das ist das Schlüsselwort für den Sprachstil der geistlichen Barocklyrik, damit ist ihr Verhältnis zu dem Opitz der „Deutschen Poeterey" ausgedrückt[34].

Die Lyrik von Andreas Gryphius ist als Ganzes nur selten untersucht worden[35]. – Victor Manheimer wollte 1904 vor allen Dingen „Studien und Materialien" bringen. Gerhard Fricke zieht für seine Untersuchung der „Bildlichkeit in der Dichtung des Andreas Gryphius" zwar gleichmäßig Belege aus der Lyrik und den Dramen heran, doch kommt es ihm darauf an, etwas über die barocke Bildersprache, über die Rolle von Allegorie und Symbol in der Dichtung zu sagen[36]. Isabella Rüttenauer will interpretieren, dabei wird das Werk des Dichters von ihr ausschließlich christlich gedeutet. Dichtung, auch die von Gryphius, antwortet für die Verfasserin auf ganz bestimmte „ewige" Fragen des Menschen[37], in ihr finde man „Worte der Weisung"[38]. Gryphius habe mit seiner Dichtung eine Botschaft verkünden wollen, sie sei „in ihren tiefsten Gehalten ein dichterisches Zeugnis für das Wort: ‚In der Welt habt ihr Angst; aber seid getrost: Ich habe die Welt überwunden!'"[39]

Gryphius hat eine Fülle geistlicher Dichtung geschrieben. Er hat Hymnen und Lobgesänge aus dem Lateinischen übersetzt[40] und die Gebete und geistlichen Lieder Josua Stegmanns bearbeitet[41]. Diese Ausgabe umfaßt immerhin 930 Seiten. Manheimer erwähnt sie und spricht davon, daß Gryphius Stegmanns Choräle „übersetzt"[42], daß er die Verse „seinen eigenen ähnlich gemacht" habe[43]. Er hat auch zwei Erbauungsschriften aus dem Englischen übertragen – Richard Bakers „Frag-Stück und Betrachtungen über Das Gebet des HERREN" und dessen „Betrachtungen der ... Sieben Buß-Psalm"[44]. Beachtung hat dieser Teil von Gryphius' Werk bisher nirgends gefunden, in das Gryphius-Bild der Forschung ist nichts davon eingegangen.

Eine der frühesten Dichtungen von Gryphius – nach den neulateinischen Anfängen und dem Lissaer Sonettbuch – sind die „Thränen über das Leiden JEsu Christi". Es ist eine in sich abgeschlossene Passionsdichtung, die später das vierte Buch der „Oden" bildet. Gryphius hat die einzelnen Gedichte auf die Melodien bekannter Kirchenlieder geschrieben, wie sie seit Luthers Tagen in der Kirche der Reformation gesungen wurden. Er fügt diese Dichtungen damit in die Tradition des Kirchenliedes ein[45].

Die „Son- undt Feyrtags Sonnete" sind zuerst 1639 gedruckt worden. Später bilden sie das dritte und vierte Buch der Sammlung der „Sonette". Sie erscheinen nur drei Jahre nach Johann Heermanns „Sontags- vnd Fest-Evangelien". Gryphius schreibt hier keine Kirchenlieder mehr, wie noch in den „Thränen", sondern Alexandrinersonette[46].

Aber auch in den übrigen Büchern der „Oden" und „Sonette" steht bei Gryphius neben „Weltlichem" – Gedichten auf Personen, auf bestimmte Ereignisse – viel „Geistliches". Schon Victor Manheimer hat darauf hingewiesen, daß in den ersten drei Büchern der „Oden" 22 von insgesamt 35 auf Schriftworte gedichtet sind –

darunter sämtliche pindarischen Oden –, von diesen 22 allein zwölf auf Stellen aus den Psalmen, weitere neun nach Worten aus dem Alten Testament, aber nur eine auf einen Vers aus dem Neuen[47]. 13 Oden haben freie Themen. In ihnen wird das barocke Vanitasgefühl ausgesprochen, wie es für Gryphius und seine Zeit schon in den Worten des Predigers liegt: „Es ist alles ganz eitel" (Pred. Sal. 1,1). Es sind Betrachtungen über die Eitelkeit der Welt und alles Irdischen; der Blick ist auf das Jenseits gerichtet. – Das einzige Gedicht von Gryphius, das bis heute Kirchenlied geblieben ist, das sogar noch in dem nach sehr strengen theologischen Grundsätzen ausgewählten „Einheitsgesangsbuch" steht: „DIe Herrlikeit der Erden Mus rauch vndt aschen werden", stammt aus dem ersten Buch der „Oden"[48].

2. Die Stellung der geistlichen Lyrik in der älteren Literaturgeschichtsschreibung

Die geistliche Dichtung nimmt in der älteren Literaturgeschichtsschreibung zunächst den Platz vor der weltlichen ein. Das gilt besonders für die Darstellungen von Gervinus, Koberstein und Vilmar. Bei andern – Wilhelm Scherer, Ernst Martin, Max Koch – wird diese Bevorzugung der geistlichen Lyrik nicht ganz so deutlich ausgesprochen. Nur Carl Lemcke unterscheidet sich mit seiner Beurteilung der Rolle der geistlichen Lyrik grundsätzlich von diesen Auffassungen.

Die besondere Hochschätzung der geistlichen Dichtung und ihre Bevorzugung gegenüber der weltlichen hängen mit der Auffassung zusammen, die man von der Dichtung des 17. Jahrhunderts überhaupt hat. Ohne daß man schon den Terminus „Barock" besitzt, werden barocke Stilzüge als „Schwulst" und „Verirrung" abgelehnt und abgewertet. Das 17. Jahrhundert gilt als tote Zeit in der Geschichte unserer Literatur, als Zeit der Gelehrtendichtung. Nur in der geistlichen Dichtung glaubt man Erlebnisdichtung zu finden – und nur diese läßt man gelten –; hier sieht man „Volkstümlichkeit", „Echtheit des Empfindens", „Frische im Ausdruck". Man stellt das Kirchenlied neben das Volkslied, man rechnet es zur „Poesie des Volkes". Natürlich spielen hierbei noch Gedankengänge aus der Frühzeit der Germanistik eine Rolle: Die Auffassung, daß der Volksgeist echte Dichtung schaffe, ist von der Romantik beeinflußt. Das „Gelehrte" ist zugleich das Tote, Unlebendige. Die geistliche Lyrik erscheint in diesen Darstellungen als das einzige Wertvolle in einer Zeit des Niedergangs.

Im Folgenden können natürlich nur einzelne bezeichnende Stimmen wiedergegeben werden; keinesfalls wollen wir so etwas wie einen „Abriß der Geschichte der geistlichen Lyrik in der Literaturgeschichtsschreibung des 19. Jahrhunderts" bringen. Wir werden auch Gervinus und Koberstein im allgemeinen nur nach der immer wieder herangezogenen 5. Auflage zitieren und nicht den Verschiebungen in den einzelnen Auflagen durch Gegenüberstellung von Zitaten nachgehen. Was wir als „Koberstein" nach der 5. Auflage anführen, ähnelt im übrigen sehr viel stärker den Auffassungen von Gervinus, als das in den früheren Auflagen der Fall war, und stammt in vielem von dem an Gervinus orientierten Herausgeber der 5. Auflage, Karl Bartsch. Wir meinen aber, daß diese Zitate bezeichnend für eine bestimmte Position der Forschung sind und dadurch ihren Wert besitzen.

Koberstein leitet einen der Paragraphen über die geistliche Lyrik unseres Zeitraums folgendermaßen ein:

> In einem weit vortheilhaftern Lichte als die weltliche erscheint im Ganzen genommen die geistliche Lyrik, ja sie darf unbedenklich über alle andern Dichtungsarten gestellt werden, wenn der Rang einer jeden zugleich nach dem innern Gehalt und der Zahl ihrer bessern und besten Erzeugnisse bestimmt werden soll. Insbesondere gilt diess von dem geistlichen Liede, oder um es noch genauer zu bezeichnen, von dem protestantischen Kirchenliede.[49]

Koberstein stellt also die geistliche über die weltliche Lyrik: Nur die geistliche Lyrik ist in jener Zeit schon echte Dichtung. Sie brachte sich „nie so um allen höhern Gehalt", sie „verirrte" sich „im Ganzen nie so weit ... wie die weltliche" Dichtung[50]. In der geistlichen Dichtung habe sich das Luthertum mit der älteren Volksdichtung verbunden[51]. Hier ist die poetische Frische des Volksliedes. Ein tiefergehender Einfluß der Opitzschen „Gelehrtenpoesie" wird verneint:

> Das Kirchenlied war daher auch eigentlich gar kein Erzeugniss der Gelehrtenpoesie, wie sie Opitz begründet hatte...[52]

Koberstein lehnt aber 1827, in der ersten Ausgabe seiner Literaturgeschichte, die „Gelehrtenpoesie" noch nicht ab. Er lobt Opitz, der „die reine und schöne Sprache Luthers zur herrschenden in der Poesie erhoben" habe[53], und er sagt dort, Heermann sei „einer der Ersten" von denen gewesen, „welche in Opitzens Geist die Vervollkommnung des Kirchenliedes unternahmen"[54]. Man spürt von dieser Einstellung zu Opitz auch in der 5. Auflage, bei Bartsch, noch etwas; Widersprüche sind nicht getilgt. Das Kirchenlied gilt zwar nicht als Erzeugnis der Opitzschen „Gelehrtenpoesie", aber die Aussage über Heermann ist noch so formuliert, daß darin ein halbes Lob für Opitz liegt. Es heißt jetzt:

> Von den Männern, welche die auf die Behandlung des formalen Theils der deutschen Poesie abzielenden Gesetze Opitzens in die kirchliche Liederdichtung einführten und von dem ältern Stil derselben zu dem neuern, mehr kunstmässigen überleiteten, war Johann Heermann einer der allerersten.[55]

Im Kirchenlied wird nach Kobersteins Meinung die „Sprache des Herzens" gesprochen, das ist auch die Voraussetzung für seine Volkstümlichkeit:

> ... seiner Herkunft, seinen Gegenständen, seiner Sprache, seinen Formen und seiner Bestimmung nach war es mehr als irgend ein anderer Zweig der neuen Dichtung volksthümlich, und es musste auch durchaus volksmässig sein, so lange die Dichter nur die Sprache des Herzens redeten...[56]

Damit wird die Brücke geschlagen zur Dichtung der Goethezeit, die man ohne Einschränkung für wahr, für echt hält, für volksmäßig im besten Sinne, im Gegensatz zur „Gelehrtendichtung" des 17. Jahrhunderts, die als Nachahmung, Schwulst, Verirrung gilt. Erst wenn in der Dichtung „die Sprache des Herzens" gesprochen wird, wenn sie „erlebt" ist, erhält eine wirkliche Beschäftigung mit ihr überhaupt einen Sinn.

Noch schärfer als Koberstein „urteilt" Gervinus über die weltliche Dichtung des 17. Jahrhunderts und hebt im Anschluß daran die Bedeutung der geistlichen um so stärker hervor. Nachdem er in den vorhergehenden Abschnitten beinahe alle

2. Die Stellung der geistlichen Lyrik in der älteren Literaturgeschichtsschreibung

Dichter genannt hatte, die für uns heute die Barockdichtung repräsentieren[57], beginnt er seinen Abschnitt über das Kirchenlied des 17. Jahrhunderts:

> Wenn sich der Leser in den nächstvorhergehenden Abschnitten über leeren Namen gelangweilt, in unserer Darstellung Interesse vermißt und aus den Sachen keinen Gewinn gezogen hat, so ist es uns gelungen, eben die Wirkungen hervorzubringen, die die Gegenstände unmittelbar aus der ersten Hand auf den Leser machen würden. Wir wollen bei der Fortsetzung der Geschichte des Kirchenlieds ... mehr blos den innern Gang und nur im Allgemeinen verfolgen, um mit einem Blicke in die geistigen Regungen dieser Zeiten für die bisherigen Aeußerlichkeiten zu entschädigen.[58]

Das bestätigt, was hier über die Rangordnung von geistlicher und weltlicher Dichtung in älteren Darstellungen gesagt wurde.

Gervinus sieht sehr viel tiefer als Koberstein, und er kommt dabei teilweise zu Erkenntnissen über das Kirchenlied, denen wir auch heute noch zustimmen können; er sieht die Verbindung des Kirchenliedes mit der Tradition des Lutherliedes, er sieht auch, in welchem besonderen Verhältnis das Kirchenlied zu der neuen Dichtersprache steht:

> ... auch später, als seit Opitz größere Anforderungen an die Dichtung gemacht wurden, blieb es im Allgemeinen durchgehende Ansicht, daß das Kirchenlied den poetischen Schmuck und die hohen Worte entbehren könne, ja müsse; und auf keinen Zweig der Dichtung hatte daher die Opitz'sche Prosodie so wenigen Einfluß. Es kam hier zuerst auf den Glauben an.[59]

Ganz ähnlich spricht Vilmar über die geistliche Lyrik des 17. Jahrhunderts. Hier scheint all das zusammengefaßt und gesteigert, was wir schon bei Gervinus und Koberstein gehört haben.

> Voran steht billig das **evangelische Kirchenlied**, der einzige Ton **ganz wahrer**, der einzige Ton edler **volksmäßiger** Poesie, der in diesen Zeiten der gemachten Empfindungen und erlogenen Gefühle sich vernehmen läßt. ...
> In der Hauptsache, bleibt der Charakter des evangelischen Kirchenliedes in unserer Periode derselbe, den wir an den Kirchenliedern des 16. Jahrhunderts wahrnehmen: es ist die unmittelbare Wahrheit des selbst Empfundenen, selbst Erfahrenen, nicht durch poetische Divination Erratenen und durch eine erregte Phantasie Vorweggenommenen, welche sich auch in diesen Kirchenliedern ausspricht; es ist ein einfacher, naturgemäßer, inniger, aus dem Herzen kommender und wieder tief zum Herzen sprechender Laut, der aus ihnen hervortönt; es ist volksmäßige, es ist kirchliche, allgemein zugängliche, alle Stände und Bildungsstufen, jedes Lebensalter und jede Lebensrichtung in gleicher Weise ansprechende Weisheit, es ist volksmäßige Freude und volksmäßiges Leid ...[60]

Carl Lemcke, der die deutsche Literatur „Von Opitz bis Klopstock" dargestellt hat, sieht, daß das deutsche Kirchenlied durch Luther geformt ist[61].

> Mit volksthümlicher Kraft, aus tiefer Empfindung quellend, wirkte es fort. Die Religion war schließlich für Viele der einzige Halt des Lebens, der Ruhepunkt, die Erfrischung der Seele. Es ist manches Schöne denn auch aus diesem religiösen Gefühl geschaffen worden.[62]

Aber Lemcke meldet Vorbehalte an; allerdings gilt das, was er vorbringt, zunächst nur für die geistliche Dichtung des 16. Jahrhunderts:

> Im Allgemeinen drang in das Kirchenlied zu viel vom lehrhaften Ton und bei dem Uebermaaß des Dichtens, zu dem Jeder sich berufen glaubte, zu viel Trivialität; da-

> gegen fiel die Dichtung hymnischer Begeisterung schwach aus. Verhältnißmäßig sind es wenige Dichter, welche über die Masse hervorragen ... Ungeheuer ist die Menge der trivial zu ihrem nicht minder trivial aufgefaßten Gott sich wendenden beschränkten Naturen, deren Frömmigkeit recht lobenswerth sein mochte, aber niemals Poesie ergeben konnte.[63]

Was Lemcke anschließend zum geistlichen Gesang der Reformierten sagt, trifft die Sache nicht. Wenn man dort Kirchenlieder ablehnt, so nicht deshalb, weil man sich gegen eine „seichte, versandende Ueberschwemmung" wehrt[64], sondern weil das Kirchenlied als Menschenwort gilt und man nur die Psalmen, als Wort Gottes, für den Kirchengesang gelten läßt. Lemcke zieht nun aus dem eben Zitierten seine Folgerungen:

> Gewiß soll der Werth des evangelischen Kirchenliedes nicht unterschätzt werden, aber meint man, daß der deutsche Volkscharakter, speziell der des protestantischen Theils, ohne diese beschränkte, spießbürgerliche, demüthig-knechtische Kirchenlyrik, die mit dem höchsten Ansehn ausgestattet war und die von Kindheit an einwirkte, so zahm, unterwürfig, trivial, phantasielos geworden wäre, wie es geschah?[65]

Von einer Bevorzugung der geistlichen Lyrik kann also hier nicht mehr gesprochen werden. Aber Lemckes Blick ist anders gerichtet als der von Koberstein oder Gervinus; Lemcke sieht vor allem auf die Masse der geistlichen Reimereien, auf die Produkte der reimenden Pastoren. Allzu ausführlich wird über die geistliche Lyrik des 17. Jahrhunderts nicht gesprochen. Johann Heermann, Paul Gerhardt, Johann Scheffler, Christian Knorr von Rosenroth, Quirinus Kuhlmann, Catharina Regina von Greiffenberg werden genannt[66].

Lemcke ist der erste, der sich bemüht, zu einem gewissen Verständnis der Dichtung des 17. Jahrhunderts zu kommen. Er wertet anders und sucht nach Gründen, um das, was man bisher abgelehnt hatte, verstehen zu können. Er nimmt jene Zeit als Übergangszeit, und er will nicht einen einzelnen, nicht Opitz allein, dafür anklagen, daß die Dichtung „Gelehrtendichtung" geworden ist:

> Das ganze Volk trug die Schuld. Was 1624 siegte, konnte nur siegen, weil die Deutschen sich nicht auf der nothwendigen geistigen und Character-Höhe gehalten hatten.[67]

Lemcke sucht also der Zeit dadurch „gerecht" zu werden, daß er von vornherein auf ein Unvermögen hinweist.

> ... wer Einblick gewinnen will in die Schädlichkeit falscher Lehrsätze ..., wer die Wahrheit auch aus Irrthümern zu erkennen und sich einzuprägen liebt, der soll getrost die deutsche Dichtung dieser Zeit zu seinem Studium erwählen.[68]

Johann Heermann ist ausgenommen von der negativen Beurteilung, die der geistlichen Dichtung des Zeitraums denn doch im ganzen zuteil wird, er gilt als Repräsentant der schlesischen Dichtung vor Opitz[69], als „ein religiöser, protestantischer Dichter vor-opitzischer Renaissance"[70]. Renaissance wird von Lemcke zunächst ganz allgemein verstanden als Wiedergeburt, aber im Hinblick auf die Renaissance des 16. Jahrhunderts: „Es ist die alte Renaissancebewegung ..."[71] Sie bricht, wie Lemcke meint, um 1600 wieder auf und setzt sich dann allerdings doch nicht voll durch[72]. – Was Lemcke über Heermann sagt, ist so nicht aufrechtzuerhalten. Gerade Heermann führt die Opitzsche Versreform in die geistliche Dichtung ein. Hier ist er gewiß nicht „vor-opitzisch", und die Übernahme von Motiven aus der Erbauungsliteratur, der

Blut- und Wundenkult, die Vorbereitung des Pietismus können sicher nicht als „Renaissance" gedeutet werden. – Lemcke richtet den Blick besonders auf Heermanns Evangeliendichtung, daraus gibt er sogar zwei Beispiele[73]. Was er bei Heermann sieht, was er hier als „Renaissance" begrüßt, sind nicht die Anfänge eines Neuen, sondern es sind die Reste des Alten: Es ist Dichtung, die zum Teil noch in der Tradition des Meistersangs steht. Diese Evangeliendichtung wird übrigens noch 1907 von Carl Hitzeroth und 1936 von Rudolf Alexander Schröder besonders gelobt[74].

Für Wilhelm S c h e r e r liegen die Schwerpunkte der deutschen Dichtung um 1200 und um 1800. Das 17. Jahrhundert stellt einen Tiefpunkt dar, es ist eine Übergangszeit, eine Zeit der Vorbereitung auf die Klassik des 18. Jahrhunderts und die Erlebnisdichtung: „Fortschritte" zeigen sich schon hier und da. Scherer weiß auf Grund seiner Konzeption, daß im 17. Jahrhundert nichts zu erwarten ist – am wenigsten in der Lyrik, am ersten noch etwas im Drama –, und deshalb führt er uns mit leichter Hand über die Leere hinweg. Es fallen kaum negative, abwertende Äußerungen, nur wenige Namen werden genannt – für die geistliche Dichtung Friedrich von Spee, Johann Scheffler, Paul Gerhardt. Bei diesem sieht Scherer eine Individualisierung gegenüber der Dichtung Luthers; und dann sind wir schon bei Martin von Cochem und damit am Ende des Jahrhunderts; und sehr bald stehen wir an der Schwelle der Goethezeit, auf die alle Entwicklung hinzudrängen scheint.

Ernst M a r t i n, Max K o c h und andere bringen ähnlich wie Scherer – schon bedingt durch den Umfang ihrer Werke – für diesen Zeitraum nur ein paar Namen. Auch Ernst Martin spricht von einem Vorrang des Kirchenliedes, er ist der Meinung, daß „die Zeit auf diesem Feld ihr Bestes" geleistet habe[75], aber auch das Kirchenlied gilt jetzt als Teil der „Lyrik der Gelehrten"[76]. Es steht nicht mehr außerhalb der Dichtung seiner Zeit, was ja Gervinus und Koberstein mehr oder weniger deutlich ausgesprochen hatten. Doch diese Erkenntnis wird mit der Kompromißformel überbrückt, daß das evangelische Kirchenlied „Lyrik zwar der Gelehrten, nicht des Volkes, aber für das Volk" gewesen sei[77]

Höhepunkt der Geschichte der geistlichen Lyrik ist in allen Darstellungen die Dichtung Paul Gerhardts. Er gilt als der größte geistliche Dichter seiner Epoche, immer wieder wird er von den älteren Geschichtsschreibern aber auch als der „modernste" bezeichnet, als derjenige Dichter, der am wenigsten zeitgebunden ist und der Dichtung der Goethezeit am nächsten steht. Noch Paul Hankamer behauptet übrigens das gleiche[78].

Es wurde hier von der Vorrangstellung gesprochen, die die ältere Literaturgeschichtsschreibung – vor allem Gervinus, Koberstein und Vilmar – der geistlichen Lyrik zuerkennt. Doch Gervinus sieht, daß es nur schwer möglich ist, eine „eigentliche Geschichte des Kirchenliedes" zu schreiben, denn die Lieder, die in Gesangbüchern und Anthologien überliefert werden[79], sind nach seiner Meinung „nach ihrer Brauchbarkeit für die Kirche, nicht ... nach ihrem reinen Charakter und ihrer historischen Stellung" ausgewählt[80]. Gervinus sieht auch, daß die besondere Stellung, die die geistliche Lyrik besitzt, schon in der Vergangenheit vorbereitet wurde und daß der Wert der geistlichen Dichtung von anderer Art ist als der der weltlichen. Hier spielt Gefühlsmäßiges, Subjektives sehr stark mit.

> Die gläubige Atmosphäre im Volk aber half vor Allem dazu, der kirchlichen Dichtung ihren eigenthümlichsten Werth zu geben.
> Dieser Werth liegt durchaus nicht da, wo der Werth der sonstigen Dichtung überhaupt liegt. Wenn man die Kirchenlieder blos ästhetisch würdigen sollte, so würde man häufig die liturgisch-verwerflichsten am höchsten stellen, häufig die von innigstem Religionsgefühl durchdrungenen ihrer harten Sprache und ihres ringenden Ausdrucks wegen am niedrigsten setzen. Aus unsern Blumenlesen würde man nach diesem Maßstabe nur die magersten Auszüge machen können...[81]

3. Das neue Barockbild und die geistliche Lyrik

a) Die Voraussetzungen

Der Aufsatz von Fritz Strich aus dem Jahre 1916 über den „lyrischen Stil des 17. Jahrhunderts" bedeutet für die literaturwissenschaftliche Forschung den Beginn einer Neuorientierung gegenüber der Barockzeit. Kunstgeschichtliche Arbeiten von Heinrich Wölfflin und andern Forschern waren vorhergegangen und hatten auf deren Gebiet eine solche Neuorientierung angebahnt. Jetzt erkennt man, daß es nicht Unvermögen ist, was die Literatur des 17. Jahrhunderts anders sein läßt als die Erlebnisdichtung der Goethezeit, an der man bisher alle Dichtung gemessen hatte. Man sieht, daß die Menschen jener Zeit etwas anderes wollen. Man bemüht sich – und folgt damit geisteswissenschaftlichen Erkenntnissen Wilhelm Diltheys –, diese Zeit aus sich selbst zu verstehen, sie in ihrer Eigengesetzlichkeit zu erfassen[82].

Für Fritz Strich ist der lyrische Stil des 17. Jahrhunderts ein einheitlicher Stil, der lediglich verschiedene Stufen durchläuft: „Aber entscheidend ist, daß die Gestaltungsprinzipien durch das ganze Jahrhundert die gleichen geblieben sind."[83] – Als Kategorien dieses Stils entdeckt man Antithetik, Reihung, Schwellung, Steigerung, Häufung. Es wird gezeigt, daß der Barockstil rhetorischer Stil ist. Vielfach versteht man Barock als Ausdruck höfischer Gesinnung, höfischer Kultur. Es gilt als „Kunst der Gegenreformation".

Der Barockbegriff der frühen zwanziger Jahre deckt als einheitlicher Stilbegriff noch alles, was in den älteren Darstellungen einmal als „Gelehrtenpoesie", zum andern als „Schwulst" abgelehnt und getadelt wird: Opitz, der das Deutsche nach den Vorbildern in der ausländischen Dichtung zur Dichtersprache erheben wollte und dafür in seinem „Buch von der Deutschen Poeterey" die Regeln formuliert hatte, und die Dichter der „Zweiten Schlesischen Schule", die die hochbarocke Stufe vertreten. Dazwischen stehen Gryphius und Grimmelshausen.

In der Folgezeit formt sich auch das Gesamtbild neu, das man von der Dichtung des 17. Jahrhunderts hat. Es kommt zu einer Umwertung: Was bisher „verurteilt" wurde, erscheint als etwas Positives. Aber die geistliche Dichtung ist jetzt an den Rand gerückt; was geschieht, geschieht nicht für sie. Auch die „Heiligkeit" ihres Gegenstandes gibt ihr keinen Vorrang mehr.

Man mußte bald erkennen, daß dieser Barockbegriff nicht ausreiche und daß sich mit ihm nicht alle Erscheinungen in der Literatur des 17. Jahrhunderts fassen ließen.

3. Das neue Barockbild und die geistliche Lyrik

Die Kritik an Fritz Strich und seinen unmittelbaren Nachfolgern setzte schon wenige Jahre später ein. Dabei geht es um die Differenzierung des Begriffs und die Bestimmung der Grenzen des Zeitraums, innerhalb deren sich von „Barock" sprechen läßt. Man weist nach, daß einzelne Dichter noch nicht oder schon nicht mehr in das Barock gehören, daß sie entweder noch ganz in den Kunstanschauungen einer früheren Zeit wurzeln oder daß sich in ihrer Dichtung Ansätze zu einer Überwindung der objektiven Bindungen zeigen. Gerade der geistlichen Lyrik scheint bei der „Barocküberwindung" eine wesentliche Rolle zuzufallen.

Karl Viëtor setzt sich in seinen „Problemen der deutschen Barockliteratur" mit Strichs Position auseinander und macht am Asyndeton deutlich, daß es nicht genügt, das bloße Vorhandensein einer bestimmten sprachlichen Erscheinung zu konstatieren, daß vielmehr nach ihrer Funktion gefragt werden muß[84]. Viëtor sieht nun keine Stileinheit mehr: Neben dem Höfischen stehe im 17. Jahrhundert die Mystik und das Gegenhöfische[85]. Er hofft allerdings, die barocke Einheit wiederzufinden[86], dem dienen seine Überlegungen eigentlich.

Viëtors Schülerin Erika Vogt hat die „gegenhöfische Strömung in der deutschen Barockliteratur" untersucht, die sie vor allem bei protestantischen, norddeutschen Dichtern, in den Sprachgesellschaften und den Satiren Moscheroschs findet. Auch daran ist Kritik geübt worden: Erik Lunding will die gegenhöfische Strömung nicht auf das Wirken einer Generation – bei Erika Vogt handelt es sich im wesentlichen sogar nur um die Zeit von 1635 bis 1648[87] – beschränkt wissen[88]. Klemens Menze stellt sich in seinen „Studien zur spätbarocken Kapuzinerdichtung" gegen Lunding und Erika Vogt[89]. Er wehrt sich dagegen, daß höfisch – als etwas Negatives verstanden – gleichgesetzt wird mit katholisch, daß auf der andern Seite gegenhöfisch-bürgerlich und protestantisch identisch sein sollen[90]. Er stellt fest, daß auch die Jesuiten, als „Lehrer der Hofmoral", das Zerrbild des höfischen Lebensideals bekämpft und Auswüchse des Höfischen kritisiert hätten[91].

Neben der eben beschriebenen Differenzierung des Barockbegriffs steht eine Auflösung des Begriffs auch in anderer Hinsicht. Man zeigt, daß das, was man bisher „barock" genannt hat, gar nicht für den ganzen Zeitraum gilt.

Richard Alewyn hat schon 1926 in seiner Arbeit über die Antigone-Übersetzung des Martin Opitz nachzuweisen gesucht, daß Opitz' Stil „vorbarock", klassizistisch" ist. Opitz sei „Renaissancepoet", in seiner Dichtung präge sich eine „christlich-stoizistische Renaissancewelt" aus[92]. Das Barock wird hier eingeschränkt auf die Dichtung von Gryphius bis Hofmannswaldau[93].

Andere Forscher haben dargelegt, daß sich schon sehr früh bei einzelnen Dichtern erste Ansätze zu einer Überwindung der barocken Distanzhaltung finden. Hans Pyritz hat in einer Analyse des Sprachstils von „Paul Flemings deutscher Liebeslyrik" gezeigt, daß es hier Schichten gibt, in denen die formelhafte Sprache überwunden ist, daß petrarkistische Topoi umgebildet und verinnerlicht sind und daß der Dichter eigene Töne findet, die seine Lyrik bereits in die Nähe Johann Christian Günthers rücken. Schon Fricke hat angemerkt, daß Pyritz – bezeichnend genug – den Terminus „Barock" bewußt ausschalte[94].

Es scheint, als habe der Barockbegriff, der einmal die Dichtung einer ganzen

Epoche retten und neu entdecken half, seine Funktion erfüllt. Barock ist immer mehr nur zur Bezeichnung für einen Zeitabschnitt geworden, nur so kann das Wort noch einen Sinn haben, nur so soll der Begriff auch hier verwendet werden. Es gibt keine Bestimmung mehr, mit der sich eindeutig umschreiben läßt, was eigentlich „barock" ist, oder dieser Begriff müßte so weit, so allgemein sein, daß er dann zugleich nichtssagend und inhaltlos wäre[95].

In den Jahren um 1930 ist eine Reihe wichtiger Einzeluntersuchungen entstanden, die viel zur Klärung des Barockbildes beigetragen haben. Sie wurden z. T. schon erwähnt – Arbeiten von Richard Alewyn, Albrecht Joseph, Wolfgang Kayser, Hans Pyritz, Gerhard Fricke und andern.

b) Arbeiten über einzelne Dichter und einzelne Probleme der geistlichen Lyrik

In der folgenden Übersicht werden einige Untersuchungen genannt, wird auf einige der darin behandelten Probleme hingewiesen. Vollständigkeit ist dabei nicht beabsichtigt.

Was in den zwanziger Jahren geschrieben wurde, besitzt keinen Rang und ist von der neuen Problemstellung noch unberührt. Das gilt für eine Arbeit von Lore Esselbrügge über Joachim Neander[96], für die bereits genannte Dissertation von Rudolf Kipphan über Johann Rist, das gilt noch für die ebenfalls schon erwähnte Heidelberger Dissertation von Hugo Max über Martin Opitz. – Das Pathos des einleitenden Abschnitts dieser zuletzt genannten Untersuchung stammt aus dem Kreis um Friedrich Gundolf. Es heißt hier: „Hymnisch und mystisch also sind die Urvorgänge geistlichen Dichtens"[97], es wird von „hymnischem Aufschwung", von „mystischer Versessenheit und Vertiefungsbrunst" gesprochen[98]; Opitz stehe zwischen beiden Richtungen als Angehöriger einer Zeit, in der es nichts Eigenes geben könne, wo alles „Nachahmung" sei, wo man sich im „Uneigentlichen" erschöpfe. Ähnlich hatte auch Gundolf Opitz 1923 gesehen. Die eigentliche Untersuchung beruht dann auf den Voraussetzungen, die der junge Max v. Waldberg 1888, in einer klugen Arbeit über die „Renaissancelyrik", herausgearbeitet hatte; aber das genügt 1931 nicht mehr.

Marie-Luise Wolfskehl hat die „Jesusminne in der Lyrik des deutschen Barock" untersucht. Es ist eine schöne motivgeschichtliche Analyse, in der viel Material zusammengetragen ist; im Rahmen der Arbeit werden der kindliche Eros und die Brautmystik behandelt: die Liebe, die dem Kinde Jesus entgegengebracht wird, und die Verehrung Jesu als Bruder, Freund und Bräutigam. Eine Erweiterung der Arbeit auf die „Blut- und Wundenmystik" war vorgesehen[99]. Leider mußte es eine Teiluntersuchung bleiben. – Die betreffenden Motive werden bei den verschiedensten Dichtern und durch die Dichtung des ganzen Jahrhunderts verfolgt[100].

In einem Aufsatz im „Neophilologus" aus dem Jahre 1943 bemüht sich Susanne Türck um ein neues Verständnis Paul Gerhardts. Die Verfasserin geht der „im altgläubigen Luthertum einsetzenden Gottvermenschlichung" nach [101]. Bei Paul Gerhardt sucht sie diesen Prozeß in seinen Anfängen zu erkennen. Sie will „Paul Ger-

3. Das neue Barockbild und die geistliche Lyrik

hardt entwicklungsgeschichtlich" fassen und möchte „Ideengeschichte" schreiben. Den Gottesbegriff des Dichters interpretiert sie auf dem Hintergrund der Leibnizschen Philosophie – in Verbindung mit Gedanken aus der „Theodizee". Besonders im zweiten Teil des Aufsatzes ist mehr von Leibniz als von Gerhardt, mehr von der Philosophie an der Wende vom 17. zum 18. Jahrhundert als von der Dichtung Gerhardts die Rede. – Susanne Türck zeigt auch, daß für Gerhardt und seine Zeit – anders als bei Luther – nicht länger der Teufel „der Fürst dieser Welt" ist, sondern Gott, den der Mensch zu sich heruntergezogen hat. Das Böse, der Teufel werde nicht mehr ernst genommen[102].

Seit dem Ende des Zweiten Weltkriegs – besonders im letzten Jahrzehnt – ist eine Reihe von literaturwissenschaftlichen Untersuchungen entstanden – meist sind es maschinenschriftliche Dissertationen –, die sich mit einzelnen Verfassern oder einzelnen Problemen geistlicher Lyrik beschäftigen. Dabei zeigen sich gewisse Schwerpunkte. Friedrich von Spee sind Arbeiten von Eric Jacobsen, Wolfgang Nowak, Emmy Rosenfeld, Elfriede Eikel und Susanne Bankl gewidmet[103], mit Quirinus Kuhlmann befassen sich solche von Rolf Flechsig, Hans Müssle, Heinrich Erk, Claus Victor Bock, Walter Dietze und Max Hiti. Dieser kann 1963 in seiner Grazer Dissertation sogar schon nach dem „neuen Kuhlmannbild" fragen[104]. Über Angelus Silesius hat Elisabeth Meier-Lefhalm geschrieben[105], über Catharina Regina von Greiffenberg gibt es Untersuchungen von Leo Villiger, Horst Frank und Peter Maurice Daly[106]. Klemens Menzes „Studien zur spätbarocken Kapuzinerdichtung" wurden schon genannt[107]. Diese Arbeiten sollen nicht im einzelnen charakterisiert werden. Auffällig ist die Bevorzugung von Dichtern, die in der zweiten Hälfte oder am Ende des Jahrhunderts gewirkt haben, auffällig ist auch die Vernachlässigung der protestantischen Kirchenlieddichtung. Dazu gibt es nur die Dissertation von Hans-Peter Adolf über Johann Heermann. Über sie wird im dritten Kapitel berichtet werden.

c) Das Gesamtbild der geistlichen Lyrik in der neueren Forschung

Am Schluß dieser Übersicht soll die Frage untersucht werden, welchen Platz man der geistlichen Lyrik, die in den älteren Darstellungen als die einzige „echte" Dichtung galt, seit der durch die Neuorientierung der Barockforschung herbeigeführten Wende zuweist. Dazu werden einige bezeichnende Stimmen herangezogen[108].

Die geistliche Lyrik ist auch in der neuen Barockforschung nicht übersehen worden. Besonders da, wo Barock als „Gestaltung antithetischen Lebensgefühls" verstanden wird – das ist überall der Fall, wo der Barockbegriff einseitig an der katholisch-oberdeutschen, höfischen Dichtung orientiert ist –, erhält das Geistliche eine kontrapunktische Funktion. Gerade die Spannung zwischen Weltlust und Ewigkeitssehnsucht, zwischen leidenschaftlicher Weltliebe und tiefster Religiosität, zwischen dem weltlichen und dem geistlichen Bereich wird dann als die eigentliche Voraussetzung des Barock angesehen. Das Nebeneinander von weltlicher und geistlicher Dichtung – im Werk eines einzelnen Dichters und in der Zeit überhaupt – gilt als Abbild dieser barocken Spannung. So erhält die geistliche Lyrik durch ihr bloßes Da-Sein eine entscheidende Bedeutung für das Barockzeitalter. Nur dadurch scheint „Barock" möglich. Das führt dann in der Arbeit von Kurt Berger – im Anschluß an einen Aufsatz von Erich Trunz[109], aber auch in Verbindung mit Formulierungen Paul Hankamers – zu dem Gedanken einer „Barocküberwindung" in der geistlichen Lyrik und mit ihrer Hilfe. Auch zwei neuere Dissertationen, die sich mit der gesamten geistlichen Barocklyrik beschäftigen, gehören hierher. Beide gehen von einem Problem aus, das ihre Verfasser für das zentrale Problem der geistlichen Lyrik halten: Bei Hans-Wolf Becker ist es die „Überwindung des Barock" im geistlichen Lied, bei Rudolf Sellgrad die Frage nach „Mensch und Welt", d. h. nach dem Verhältnis von „Ich" und „Wir", „Subjektivität" und „Objektivität" in der geistlichen Lyrik[110].

Kurt Berger will „Barock und Aufklärung im geistlichen Lied" untersuchen. Dabei möchte er mit seinen Erkenntnissen „der Geistesgeschichte überhaupt neue Perspektiven eröffnen"[111].

Barockdichtung ist für Berger Ausdruck einer Weltanschauungsproblematik. Er beruft sich dafür auf Aussagen Paul Hankamers[112]. Er ist außerdem der Meinung, Arthur Hübschers Anschauung, wonach Barock „Gestaltung antithetischen Lebensgefühls" ist, scheine sich heute (1951!) im großen und ganzen durchgesetzt zu haben[113]. Die „Fragwürdigkeit alles Daseins" sei das „Problem der Probleme" für die Barockdichtung[114], die „existentielle" Problematik sei im Barock „ins Bewußtsein der Zeit getreten"[115]. Im geistlichen Lied werde jedoch die „Problematik der Weltanschauung" überwunden, und damit „überwinde" das Barock sich selbst[116].

Es handelt sich in Bergers Untersuchung nicht darum, welche Ausprägung Barock und Aufklärung im geistlichen Lied gefunden haben, vielmehr ist für ihn das, was wir geistliche Barocklyrik nennen, Ausdruck „religiöser Aufklärung". Aufklärung wird mit Kant verstanden als „ein Mündigwerden des Menschen". „Religiöse Aufklärung" ist dann

> das Mündigwerden der Seele vor Gott, die Rechtfertigung im Gewissen, der Durchbruch des Herzens in der „Herzensfrömmigkeit", die Entdeckung des Gemüts.[117]

Berger glaubt, daß Barock und Aufklärung durch das geistliche Lied verbunden seien, er meint, das geistliche Lied des 17. Jahrhunderts sei als „religiöse Aufklärung" Vorwegnahme der Aufklärung des 18. Jahrhunderts[118]. Die „religiöse Aufklärung" trage den Keim zur Säkularisierung in sich, sie gehe über in die „weltliche" Aufklärung des 18. Jahrhunderts. Sie ist für Berger strukturell schon dasselbe.

Das Lied, auf das Berger sich immer wieder für seinen Begriff der „religiösen Aufklärung" bezieht, ist Christian Knorrs von Rosenroth „Morgenglanz der Ewigkeit"; er stellt fest, es sei ein „Hymnus, für den es in deutscher Sprache gewiß nicht allzu viele Beispiele gibt", und sei „mit Recht unsterblich" geworden[119]. Das „Licht vom unerschöpften Lichte" ist nach Berger Sinnbild der „religiösen Aufklärung". Aufklärung bedeute „Durchbruch des Lichts"[120]:

> ... die Lichtsymbolik steht im Zentrum aller geistlichen Dichtung, die die neue Aufklärung der Welt und die Erleuchtung der Seelen durch die himmlische Gnade feiert.[121]

Berger sucht im geistlichen Lied die „Wandlung der Nacht zum Licht"[122]. In den

Allegorien von der „Welt im Dunkel der Ewigkeit" und der „Welt im Lichte der Ewigkeit" begegneten sich „barocke Weltanschauung und religiöse Aufklärung"[123].

Im allgemeinen deckt sich bei Berger die Epoche der „religiösen Aufklärung" mit der Blütezeit der geistlichen Lyrik – damit kann nur die des 17. Jahrhunderts gemeint sein. Die Anfänge der „religiösen Aufklärung" sieht Berger denn auch bei Johann Arndt[124]; das Ende sei gekommen, als Barthold Hinrich Brockes sein „Irdisches Vergnügen in Gott" schrieb[125]. Berger meint, man fasse die Bewegung „doch wohl zu eng als Pietismus"[126]. Er spielt damit auf das Phänomen des Frühpietismus im 17. Jahrhundert an; aber für ihn kann diese Beziehung keinen Sinn haben, denn seine „religiöse Aufklärung" mündet nicht in den Pietismus; er sieht am geistlichen Lied des Pietismus vorbei. – Paul Gerhardt ist für ihn „Wegbereiter der religiösen Aufklärung, ja schon ihr Vollender in einigen seiner innigsten Lieder."[127]

Berger spricht für die geistliche Lyrik von einer „,neuen Botschaft' der erlösenden Freude"[128]. Diese sei der Gewinn der „religiösen Aufklärung": „Wir werden feststellen haben, daß die geistliche Lyrik vor allem die Freude preist, die alle Angst wie die Schatten der Nacht vertreibt"[129]. Aus der großen Traurigkeit des Barock werde die große Fröhlichkeit der Aufklärung[130]. Es ist die Freude am Leben, die das barocke Vanitasgefühl überwindet, es ist – bei Gerhardt, bei Rist, bei Spee – nach Bergers Meinung die Freude an der Natur[131]. – Nun ist die „Freude" – auch von „Erlösungsjubel" wird gesprochen[132] – gar keine so neue Botschaft. Luther wollte den Christen fröhlich. Berger spannt jedoch den Bogen von dem „neu sich entfaltenden ,Naturgefühl'" der „religiösen Aufklärung", das wesentlich auf Gerhardt zurückgehe[133], von der Freude an der Natur, der Freude am Dasein zu Schillers „Lied an die Freude"[134].

Es wurde schon darauf hingewiesen, daß für Berger „religiöse" und „weltliche" Aufklärung eng miteinander verbunden sind. Im geistlichen Lied begegnen sich nach seiner Meinung „barocke Weltanschauung und Lebensgefühl der Aufklärung"[135]. Damit ist nun die philosophische Aufklärung des 18. Jahrhunderts gemeint[136]. Das geistliche Lied ist für Berger Frucht und Vollendung des Barock im Geiste der Aufklärung:

> Das Barock ist selbst nicht ohne eine Frucht geblieben, die die Zeit überdauerte: die eigentliche „Barockvollendung" – und damit bereits die Überwindung des Barocks im Geiste der neuen Aufklärung – ist das geistliche Lied.[137]

So wünschenswert, ja notwendig eine literarhistorische Einordnung der geistlichen Lyrik des 17. Jahrhunderts ist, so verfehlt ist dieser Versuch[138].

Den Gedanken von der „Barocküberwindung" spricht Hans-Wolf Becker in seinen „Studien zum geistlichen Lied des Barock" in besonders zugespitzter Form aus. Das Problem, das er untersucht, ergibt sich für ihn aus dem schon erwähnten Aufsatz von Erich Trunz über „Die Überwindung des Barock in der deutschen Lyrik"[139]. Was dort in vereinfachenden Formulierungen gesagt wird, wird weiter vereinfacht. – Trunz zeigt den Weg vom Barockzeitalter zur Goethezeit und interpretiert einzelne Gedichte. Doch er sagt nur, daß sich die Anfänge des Neuen, Ansätze zur „Barocküberwindung", in der Epoche selbst finden, er sagt außerdem, daß die kirchliche Dichtung im 17. Jahrhundert die bedeutendste lyrische Gattung ist[140].

Deshalb wählt er von hier ein Beispiel. – Für Becker ist nun die geistliche Lyrik der eigentliche Ort der „Barocküberwindung", er versucht, den von Trunz in großen Zügen dargestellten Wandel als metaphysischen Vorgang zu deuten.

Die Arbeit hat den Untertitel: „Einordnung und Überwindung". Das heißt für Becker: Wie weit ordnet sich das geistliche Lied, aus einer älteren Tradition kommend, in das Barock ein, was tut es, um „barock" zu werden, welche Ausdrucksformen wählt es, um sich in das Barock einzufügen, und was leistet es dann – etwa seit 1650[141], doch auch schon vorher – zur „Überwindung" der barocken Haltung?[142] Becker glaubt, es sei die der Zeit gestellte Aufgabe, die barocke Spannung zu überwinden. Aber wer stellt diese Aufgabe eigentlich?

Becker fragt also zunächst nach der „Einordnung" des geistlichen Liedes in das Barock. Er geht dabei von der Voraussetzung aus, daß alles, „was nach 1624 gedruckt wird, ... mit vollem Recht als barock bezeichnet werden" könne[143]. Er meint mit Barock jedoch nicht einen Epochenbegriff, sondern er ist tatsächlich der Überzeugung, daß jede dichterische Äußerung nach dem Erscheinen der „Deutschen Poeterey" auch nach Form und Inhalt notwendig in einem sehr bestimmten, eindeutigen Sinne „barock" sein müsse. – Den Poetiken – er zieht vor allem die von Opitz, Harsdörffer und Birken heran – entnimmt er, daß dort von der hohen Würde, dem hohen Rang der geistlichen Dichtung gesprochen wird; daraus folgert er, daß die „barocken Poetiker ... das geistliche Lied als Gattung ... in ihre Ästhetiken" eingliedern[144]. – Aber läßt die Anerkennung des Kirchenliedes als Gattung schon Schlüsse auf den Sprachstil der geistlichen Dichtung zu? Für Becker ist es selbstverständlich, daß alles, was in den Poetiken gesagt wird, auch für die geistliche Dichtung gilt[145]. Er kommt deshalb schon auf Grund seines Studiums der Poetiken zu dem Schluß, das geistliche Lied bediene „sich durchweg der barocken Ausdruckssprache"[146]. – Was Becker sonst an allgemeinen Erkenntnissen über den Barockstil gewinnt, ist nicht neu. Es ist die Rede von „Schwellung"[147] und „Schwulst"[148]. Barock ist auch hier wieder „Gestaltung antithetischen Lebensgefühls"[149]. Die „ziehrligkeit" wird als „ein Hauptcharakteristikum der barocken Formensprache" angesehen[150]. Becker ist der Meinung, daß auch in der geistlichen Dichtung das Elegantia-Ideal vertreten werde[151].

Damit greift Hans-Wolf Becker Paul Böckmanns Leitgedanken von der Zierlichkeit des barocken Sprechens auf. Böckmann sieht im geistlichen Lied das Zusammentreffen von Elegantia-Ideal und religiösem Pathos[152]: „alle Inbrunst und Ergriffenheit des frommen Gefühls" vergewissere sich „in rhetorisch gesteigerten Redeformen des offenbarten Heils"[153]. – Für Becker wirken im geistlichen Lied „rhetorisch-pathetischer Sprachcharakter und tiefe christliche Frömmigkeit" zusammen[154]: „Beide Elemente schliessen sich nicht aus, sondern sind in ihrer Verbindung das eigentliche Barock."[155] Danach hätte also das Barock in der geistlichen Lyrik seine reinste Ausprägung gefunden.

Die Frage, ob „Zierlichkeit", „Pracht der gehobenen Rede", rhetorischer Schmuck bestimmend für den Stil auch der geistlichen Barockdichtung sind, wird uns noch im vierten Kapitel beschäftigen[156]. Zunächst sollen dazu nur zwei Stimmen angeführt werden. – Johann Heermann sagt in dem Widmungsgedicht vor seiner Sammlung geistlicher Lieder, der „Devoti Musica Cordis":

3. Das neue Barockbild und die geistliche Lyrik

> Wer jhm der Redner Pracht für allem lest belieben/
> Der find hier nichts für sich. Hier mus er sich nur vben
> In Andacht. Hier ist weg der Worte Zierd vnd Kunst.
> Hier such ich mir bey Gott in Demut Gnad vnd Gunst.[157]

Das kann als Beitrag zur Poetik der geistlichen Lyrik angesehen werden. – Aber auch O p i t z selbst meint, daß die „Zierlichkeit" in der geistlichen Dichtung keinen Platz haben könne. In dem Widmungsgedicht an „Herrn Georgen Rudolphen/ Hertzog in Schlesien/ zur Lignitz vnd Briegk", das er seinen „Episteln Der Sontage/ vnd fürnembsten Fest deß gantzen Jahrs" voranstellt, sagt er über diese Gedichte:

> ... Der Worte Zierlichkeit/
> Der Zungen schöner Klang gehört zu andern Wesen/
> Das schnöd' vnd jrrdisch ist. ....[158]

Er spricht auch davon, daß er die Gedichte „Ohn allen Erdenschein/ ohn alle Redner-Pracht" geschrieben habe[159].

Beckers Versuch, in der geistlichen Lyrik typische Elemente eines rhetorischen Sprachstils zu finden, muß notwendig mißlingen. Auf die Einzelheiten seiner Beweisführung kann hier nicht eingegangen werden[160]. Jedenfalls ist damit nicht bewiesen, was Becker schon vorwegnehmend behauptet hatte:

> Das geistliche Lied des 17. Jhs. ist also barock und im vollsten Sinne des Wortes dem Literaturbarock zugehörig. Das Barock ist in allen seinen Erscheinungen metaphysisch bedingt.

Er fährt dann fort – und gibt damit den Leitgedanken des zweiten Teils seiner Arbeit:

> Andererseits ist im geistlichen Lied der Keim zur Überwindung gelegt, und es kann aus seiner Struktur heraus den Weg zur „Seele" finden, die im 18. Jh. als beherrschender Faktor des Denkens die entscheidende Rolle spielt.[161]

Becker untersucht „die Vorstellung von Gott und Ewigkeit", „die Anschauung von Ich und Welt" und „die Auffassung vom Tode" im geistlichen Lied des 17. Jahrhunderts. Aus der Entwicklung und Wandlung dieser Begriffe und ihrem Verhältnis zueinander liest er die „Barocküberwindung" ab.

Die Dichtung Johann Heermanns steht im allgemeinen für die „Welt- und Menschenschau des Barock"[162], aber auch für die „Barocküberwindung" werden schon Verse von ihm angeführt, die aus dem Jahre 1630 stammen. Von dem Liede „WO sol ich fliehen hin" (FT 1,322) heißt es:

> Hier ist der Ausdruck tatsächlich der modernen Angst als Seinsbegriff nahe, als existentielles Erlebnis, das seine Nichtigkeit dem Nichts ausgeliefert sieht.[163]

Für die barocke Gottesvorstellung zieht Becker auch die „Gewitter-Lieder" heran. In ihnen erscheine „der christliche Gott als der germanische Donnerer oder der Blitze schleudernde Zeus"[164]. (Kurt Berger spricht für die gleichen Lieder – er nennt Heermanns „In grossem Vngewitter" (FT 1,343) – von einer „dämonischen Gottesvorstellung", von der „furchterweckenden Majestät des Donnergotts" und von „geradezu ‚atavistischen', naturreligiösen Empfindungen"[165].) In der ersten Hälfte des Jahrhunderts ist Gott, wie Becker meint, der rächende, strafende, zürnende Gott. Das ist für ihn gleichzeitig der Gott des Krieges; er glaubt, die Schrecken des

Dreißigjährigen Krieges hätten die Gottesvorstellung geformt. – Nach dem Ende des Krieges, als die Zeiten ruhiger geworden waren, habe man begonnen, sanftere Töne anzuschlagen; so entsteht nach Beckers Meinung die „Jesusminne":

> Für die erste Hälfte des Jahrhunderts, die Hälfte des Krieges, gilt der grimme, rächende Gott, der abgelöst wird vom gnadenvollen, barmherzigen Erlöser, dessen einseitige Ausprägung dann zu dem Phänomen der Jesusminne führt... Schuf die Not des Krieges den Rächergott, so wandelte sich die Gottesvorstellung, als Ruhe und Frieden einzogen.[166]

Das ist das alte Kausalitätsdenken, das auch in den Darstellungen der Geschichte des Kirchenliedes aus dem 19. Jahrhundert eine so große Rolle spielt[167].

Barock ist – darauf wurde schon hingewiesen – auch für Becker noch „Gestaltung antithetischen Lebensgefühls"; dies finde seinen Ausdruck in dem Spannungsverhältnis zwischen Geistlichem und Weltlichem[168]. „Solange diese Spannung besteht, wird man von Barock sprechen können."[169] Das „strukturelle Wesen des Barock" müsse „eben aus der engen Wechselbeziehung weltlicher und geistlicher Lebenshaltung verstanden werden"[170]. Wo jedoch diese Polarität nicht mehr vorhanden ist, wo die Gegensätze versöhnt sind, wo das Politisch-Weltliche einen eigenen Bereich neben dem Geistlichen einnimmt, da ist nach Beckers Meinung die barocke Spannung überwunden, da ist die „Aufgabe", die der Zeit gestellt ist, „gelöst". Die Überwindung der Spannung, die „Lösung des barocken Problems" zeige sich einfach in der Tatsache, daß ein Dichter entweder nur noch weltliche oder nur noch geistliche Gedichte schreibe. Das ist dann: Überwindung des antithetischen Lebensgefühls, „Barocküberwindung":

> Wir können nun sogar so weit gehen und sagen: so lange das antithetische Lebensgefühl, das dem modernen Betrachter fast unmöglich erscheint, innerhalb einer Person lebendig ist, besteht das Barock. Wir finden tatsächlich für die Spätzeit (nach 1670 etwa) immer mehr Dichter, die nur noch geistliche Lieder schreiben und keinen Beitrag für die weltliche Dichtung liefern...[171]

Becker übersieht also nicht, daß auch später noch geistliche Dichtung geschrieben wird. Entscheidend ist für ihn aber, daß sie nicht mehr Teil, Ergebnis einer Spannung ist. Je mehr das geistliche Lied sich der „Lösung" des barocken Problems nähere, desto mehr entferne es sich auch aus dem Bereich des Barock; durch seine „Glaubenskraft" überwinde es die barocke Formensprache[172]. Darüber, wie das aussieht, erfährt man wenig. Bei Matthias Claudius seien die Gegensätze aufgehoben und versöhnt:

> Der eigentliche Endpunkt des geistlichen Liedes ist die erlebte Einheit von Gott und Welt in den Gedichten des Matthias Claudius.[173]

Auch die weltliche Dichtung der zweiten Hälfte des Jahrhunderts bezieht Becker in diese Konzeption ein: Während in der geistlichen Dichtung die barocke Spannung überwunden wird, während sie sich bescheidet und der Welt ihr Eigenrecht läßt[174], verharrt die weltliche noch eine Weile in den alten Barockformen und wird, da das ursprüngliche Spannungsverhältnis aufgehoben ist, zwangsläufig manieriert:

> Der grosse Unterschied zum geistlichen Lied aber ist, dass die weltliche Literatur sich in einem gewissen Sinne über den Höhepunkt hinweg weiterentwickelt, maniriert wird oder verflacht, während innerhalb des geistlichen Liedes sich eine echte Wand-

> lung vollzieht. Diese Wandlung ist letztlich die Lösung des barocken Problems. Der abgrundtiefe Zwiespalt von Gott und Welt ... wird in diesen Jahrzehnten überbrückt durch die Bescheidung in Gott, der auch diese Welt in seinen Armen bewahrt. ... Damit ist die Spannung überwunden. Das geistliche Lied scheidet aus dem Gefüge des Barock aus und geht eigene Wege. Es macht aber zugleich neue Kräfte frei.[175]

Diese Auffassung von der weltlichen Dichtung erweist sich bei näherem Hinsehen als eine Neuauflage der alten – inzwischen überwundenen – negativen Einstellung zur Dichtung des Hochbarock. Von einem Verständnis dieser Dichtung ist Becker weit entfernt, aber er glaubt, daß sie aus innerer Notwendigkeit „manieriert" werden müsse. – Mit der Bemerkung, daß hier neue Kräfte freigemacht werden, will er auf die Emanzipation des Seelischen hindeuten, auf den Säkularisierungsprozeß in der Aufklärung und letzten Endes schon auf die Geniebewegung.

Beckers Beweisführung überzeugt uns nicht, zudem mißtrauen wir jedem Versuch, die Erscheinungen in dieser Weise metaphysisch deuten zu wollen oder sie für eine solche Deutung in Anspruch zu nehmen. Die geistliche Lyrik ist für uns weder das Ergebnis einer Spannung und damit eigentlicher Ausdruck des Barock, noch verstehen wir sie nur als notwendigen Gegenpol zur weltlichen Dichtung, durch den Barock überhaupt erst möglich wird. In Deutungsversuchen dieser Art ist über die geistliche Lyrik selbst meist recht wenig gesagt. – Uns kommt es auf die Gestalt dieser Dichtung an, auf ihr inneres, eigenes Gesetz, nicht auf irgendeinen metaphysischen Barockbegriff, der aus dem bloßen Vorhandensein der geistlichen Lyrik abgeleitet wird und nur als Spannung zwischen den Dingen lebt und hinter den Erscheinungen sein Wesen treibt.

Das Wichtigste, was über die geistliche Barocklyrik gesagt worden ist und der neuen Barockauffassung nicht widerspricht, steht schon am Anfang: Es sind die Abschnitte über das geistliche Lied in der „Geschichte des deutschen Liedes" von Günther Müller aus dem Jahre 1925. Hier ist das Material ausgebreitet und verarbeitet, hier wird nicht an den Tatsachen vorbeigesehen. Müller erfaßt das Wesentliche mit sicherem Blick; was er sagt, ist in vielem noch heute gültig[176]. Er sieht das geistliche Lied im Zusammenhang mit der Barockproblematik und zeigt, welche Bedeutung Johann Heermann für die Geschichte und die Entwicklung der geistlichen Lyrik besitzt. – Dem geistlichen Lied ist in Müllers zweitem Kapitel ein Abschnitt über die „selbständige Fortbildung des religiösen Liedes" gewidmet. Müller spricht ausführlich über Heermann, als er die „Weiterbildung des Opitzschen Liedtypus" erörtert. Das ganze fünfte Kapitel beschäftigt sich mit dem „religiösmystischen Seelenlied". Hier behandelt Müller Paul Gerhardt, Gryphius, Scheffler, Kuhlmann und das Lied des Pietismus mit Gottfried Arnold, Zinzendorf und Tersteegen. – Die Grundzüge dieser Abschnitte sollen hier dargestellt werden, soweit sie unsern Gegenstand betreffen.

Das protestantische Kirchenlied ist ein Jahrhundert älter als das weltliche Kunstlied[177], es erhält seine Gestalt durch Martin Luther[178] und seine Zeitgenossen: Paul Eber, Paul Speratus, Lazarus Spengler, Justus Jonas. Diesen folgt eine Generation von Luther-Epigonen: Nicolaus Selnecker – sein Lied wird von Müller besonders charakterisiert[179] –, Nicolaus Herman, Johann Mathesius und Bartholomäus Ringwaldt. Hier ist das geistliche Lied „noch wesentlich Kirchenlied im prägnanten Sinn."[180] Es hat sich eine feste Liedtradition herausgebildet. Ob allerdings, wie Müller meint, „sinngemäß auch die Lieddichtung einen traditionalistischen Charakter" trägt, weil „die scharfe dogmatische Abgrenzung gegen die katholische Kirche einerseits, gegen die Reformierten andererseits ... die schöpferischen Kräfte stark in Anspruch nimmt"[181], ist doch fraglich – jedenfalls scheint es nicht zwingend.

Thema des älteren Kirchenliedes ist das Wort der Bibel, ist die Verkündigung der neuen Lehre. Oft werden vorreformatorische Lieder im Sinne des neuen Dogmas geändert. Der Stil ist reiner Sachstil, Mitteilungsstil; Müller spricht bei den Liedern Nicolaus Selneckers von „bürgerlicher Gotik"[182]: „Von ‚Barock' ist da keine Spur."[183] Auch von den Liedern der Wiedertäufer heißt es, sie gehörten zur „kleinbürgerlichen Gotik", ihr Stil wird gekennzeichnet als „holzschnitthaftes Nebeneinander"[184]. Das könnte genauso von dem Sprachstil der Lieder eines Nicolaus Herman, Johann Mathesius und Bartholomäus Ringwaldt gesagt werden. – Nach biblischen Vorlagen werden in dieser Zeit Psalmen, Sonntagsevangelien und -episteln gedichtet. Teile des Katechismus werden in Verse gebracht: die Zehn Gebote, das Vaterunser, das Glaubensbekenntnis[185]. „Das echte Kirchenlied ist im Grunde nichts als Nachbildung von Gegebenem" sagt Müller und fügt hinzu: „Das ist eine Wesensbestimmung, keine Wertbestimmung."[186]

Der von Günther Müller vertretenen Meinung, Opitz habe ein geistliches Kunstlied schaffen wollen, wurde schon oben widersprochen[187]. Allerdings gibt Müller zu, daß Opitz darin „ohne Nachfolger geblieben" sei, die „Kirchenliedtradition" habe sich als stärker erwiesen[188]. – Wir meinen, daß Opitz nicht die Absicht hatte, ein solches Kunstlied zu schaffen. Ein Versuch dazu wurde nicht „von der übermächtigen Tradition verschlungen", wie Günther Müller es ausdrückt[189], sondern Opitz ordnete sich in die Tradition ein. Seine geistliche Dichtung ist gar nicht ausgesprochen „opitzierend". Sein Kirchenlied steht in der Tradition und gehorcht den Gesetzen und Bedingungen der Gattung. – Es wurde schon erwähnt, daß Heermann von Günther Müller im Anschluß an Opitz behandelt wird. Müller spricht hier von einer „schöpferischen Fortbildung" des „Opitzschen Liedtypus"[190]. Heermann führt als erster die Grundsätze der Versreform in das Kirchenlied ein[191]. Sehr viel mehr hat das eigentliche Kirchenlied nie von Opitz übernommen, „barock"-näher ist es nicht geworden. Im übrigen geht es seinen eigenen Weg. Das meint Müller, wenn er davon spricht, daß sich die Entwicklung des weltlichen und des geistlichen Liedes „in getrennten Flußbetten" vollziehe[192].

Das katholische geistliche Lied ist im Gegensatz zum protestantischen dem weltlichen Volkslied nahe[193]. Es ist nicht, wie das Lied Luthers, Teil der gottesdienstlichen Handlung, es hat keine liturgische Funktion, es bleibt „kultisch unverbindlich"[194]. In ihm lebt die altdeutsche Tradition fort[195], das unterscheidet es auch vom Kunstlied, aber es ist trotzdem dem Barock näher als das protestantische Kirchenlied[196]. Die Kontinuität ist gewahrt, deshalb ist die Übernahme barocker Formen im katholischen Lied etwas Selbstverständliches, sie geschieht bruchlos. Hier bringt auch die „mystische Welle ... nichts grundsätzlich Neues"[197].

Das protestantische Kirchenlied steht dagegen noch lange in seiner eigenen Stiltradition; sie ist durch Luther und die Reformation bestimmt. Es wird nicht zum vollen Barocklied, es „ist nicht in der Art wie das weltliche Lied dichterische Formung des protestantischen Literaturbarocks geworden."[198] – Aber gerade in der geistlichen Dichtung zeigen sich – früher als sonst in der Dichtung des 17. Jahrhunderts – Ansätze zu einem Subjektivismus, zur Ich-Aussprache, zum Seelenlied. Dadurch wird das religiöse Lied des 17. Jahrhunderts „von entscheidender Bedeutung für die Erkenntnis der neuzeitlichen Bekenntnisdichtung."[199] Das „religiös-‚mystische' Lied", das durch das Hochbarock hindurchgegangen, d. h. im wesentlichen am Hochbarock vorbeigegangen ist[200], wird zum „Wegbereiter der Erlebnislyrik im modernen Sinn"[201]. – Dieser Weg führt vom Frühpietismus des 17. Jahrhunderts zum pietistischen Lied, zur pietistischen Seelenerforschung des 18. Jahrhunderts. Von da aus ergeben sich vielfache Verbindungen zur Erlebnislyrik der Goethezeit[202]. – Doch es gibt hier keine durchgehende Entwicklung: „die religiöse Lieddichtung dieser Zeit" darf nicht „als ein gleichartiger Strom beurteilt werden"[203]. Müller meint, man könne „eher von einem Aufzucken" sprechen[204]. „Das religiöse S e e l e n - l i e d hat zunächst keine geschichtlich sinnvolle Kontinuität."[205] Immer wieder gehen einzelne Dichter diesen Weg – von Daniel Sudermann, Philipp Nicolai, Johann Heermann, Johann Rist bis zu den Rudolstädter Gräfinnen und Ahasverus Fritsch, bis zu Gottfried Arnold, Tersteegen und Zinzendorf.

Den entscheidenden Anstoß für die „Auflockerung der Kirchenliedsubstanz"[206] sieht Müller darin, daß im Kirchenlied „die mystische Unterströmung vom Mittelalter her zum Durchbruch kommt"[207], und zwar zunächst bei Philipp Nicolai und Daniel Sudermann[208]. Hier tritt die „Richtung auf Innerlichkeit" zuerst hervor[209]. Bei Nicolai sieht Müller „vereinzelte Vorklänge des pietistischen, subjektiv seelenhaft bewegten und gerundeten Liedes."[210] Heermann geht auf diesem Wege weiter, er macht diese Ansätze für das Kirchenlied fruchtbar[211]; Müller spricht von ihm auch als einem „Fortbildner Sudermannscher Ansätze"[212]. Natürlich darf das nicht als konkrete Beziehung verstanden werden, außerdem besteht bei Sudermann, anders als bei den Dichtern des 17. Jahrhunderts, wirklich eine Verbindung zur altdeutschen Mystik[213]. Was dagegen bei Heermann in die geistliche Barocklyrik eindringt, ist katholisch-gegenreformatorisch umgeformt, es kommt aus der Erbauungsliteratur der Zeit, nicht aus einer verborgenen, nun wiederaufbrechenden altdeutschen Tradition.

Es ist zu bedauern, daß die Gedanken Günther Müllers zur Geschichte und Entwicklung der geistlichen Barocklyrik von der Forschung nicht stärker berücksichtigt worden sind.

II. Kapitel

Die geistliche Lyrik und die Hymnologie

Gegenstand der Hymnologie ist die geistliche Dichtung im weitesten Sinne[1]. Ihr Arbeitsgebiet erstreckt sich vom altkirchlichen Hymnus über das Lied der Reformationszeit bis zum Kirchenlied unserer Tage; sie beschäftigt sich mit deutschem und lateinischem Gesang, mit Hymnen, Kirchenliedern, Leichen und Sequenzen, Wallfahrtsliedern und geistlichen Volksliedern.

Die Hymnologie gilt als theologische Hilfswissenschaft, als Teil der Praktischen Theologie. Sie hatte lange Zeit ihren Platz zwischen Theologie, Musikwissenschaft und Germanistik. – Es kann nicht die Aufgabe dieser Arbeit sein, eine Geschichte der Hymnologie und ihrer Methode zu schreiben[2]. Hier soll lediglich eine Übersicht über den Weg der Hymnologie gegeben werden, soweit dies ein gemeinsamer Weg von germanistischer und theologischer Forschung war, es soll dann aber auch gezeigt werden, wie es in den letzten Jahrzehnten zu einer Neuorientierung der Hymnologie und damit zu einer scharfen Trennung der hymnologischen von der germanistischen Arbeit gekommen ist.

1. Die ältere Hymnologie

a) Liederverzeichnisse und Darstellungen der Geschichte des Kirchenliedes

Eine unsystematische, vorwissenschaftliche Arbeit am Kirchenlied setzt schon am Ende des 17. Jahrhunderts ein. Man beginnt mit dem Sammeln von Gesangbüchern – so in Wernigerode bei den Stolberger Grafen[3] –, man bemüht sich daneben aber auch – angesichts der ins Ungeheure wachsenden Zahl geistlicher Lieder –, den Bestand zu sichten und zu ordnen. Im Laufe des 18. Jahrhunderts entstehen Liederverzeichnisse und Sammlungen von Liedern. Der dänische Justizrat Gerhard Ernst von Franckenau (1676–1749) legt eine handschriftliche Sammlung von 33 712 geistlichen Liedern in 300 Bänden an[4]. Johann Jacob Moser (1701–1785) sammelt 250 Gesangbücher und fertigt danach ein Hauptregister über 50 000 gedruckte deutsche geistliche Lieder an[5]. Georg Ludwig von Hardenberg schließlich – er lebte von 1720 bis 1786 und war zuletzt Domdechant in Halberstadt – erfaßt in einem von ihm angelegten Liederverzeichnis nach den Beständen der Wernigeroder Bibliothek die Anfangszeilen von 72 733 Liedern[6]. Man findet diese gewiß eindrucksvollen Zahlen in fast allen Geschichten des Kirchenliedes, sie stehen auch in der Literaturgeschichte von Gervinus, sie stehen schon in dem gleich zu nennenden Werk von Heerwagen, und beide berufen sich dabei auf Johann Caspar Wetzel[7].

Johann Christoph Olearius läßt von 1705 bis 1706 einen vierbändigen „Evangelischen Liederschatz" erscheinen, „darinnen auf alle Sonn- und Festtags-Evangelia ein gewisses Lied gesetzet, und dabey von dessen Autore, Werth, Krafft, *Fatis*, Historien, Mißbrauch, Verfälschung, *Commentatoribus, disposition* u.d.m. gehandelt wird." Das ist in großen Zügen noch das Programm der Hymnologie des 19. Jahrhunderts. Johann Caspar W e t z e l gibt von 1719 bis 1728 eine „Hymnopoeographia, oder Historische Lebensbeschreibung der berühmtesten Lieder-Dichter" in vier Teilen heraus; in den „Analecta hymnica" (1751–1756) setzt er die Arbeit später fort. Johann Martin S c h a m e l i u s ist der Verfasser eines „Evangelischen Lieder-Commentarius" (1724–1725)[8]. Als weitere Werke dieser Art sind zu nennen: Johann Jacob G o t t s c h a l d t s „Lieder-Remarquen" (1737–1739), Gottlob K l u g e s „Hymnopoeographia Silesiaca" (1751–1755) und Johann Heinrich G r i s c h o w s und Johann Georg K i r c h n e r s „Kurzgefaßte Nachricht von ältern und neuern Liederverfassern" (1771)[9].

In diese Reihe gehört auch ein zweibändiges Werk von Friedrich Ferdinand Traugott H e e r w a g e n mit dem vielversprechenden Titel „Literatur-Geschichte der geistlichen Lieder und Gedichte neuer Zeit" (1792–1797)[10]. Heerwagen geht nicht von den Liedern aus, sondern von den einzelnen Verfassern und ihren Werken. Sein Buch sei nicht für diejenigen geschrieben, „die schon daran genug haben, wenn ihr geläuterter frommer Geschmack den Werth und die Stärcke eines geistlichen Gedichtes fühlt, der Verfasser mag ihnen bekannt seyn, oder nicht"[11]. Heerwagen will also Kenntnisse verbreiten. Er macht einige Angaben über die Dichter, und er nennt dann die Lieder, die ihren Sammlungen für bestimmte Gesangbücher entnommen sind. Das ist für ihn „Literaturgeschichte", wobei er noch besonders betont, daß er kein alphabetisches Liederverzeichnis geben wolle wie die meisten andern Verfasser vor ihm[12]. Er definiert auch die einzelnen Gattungen und gibt eine Übersicht über Zweck und Absicht geistlicher Dichtung. Das geistliche Lied wird verstanden als Mittel, die Aufklärung zu befördern; es soll helfen, „sittlich gut zu denken und zu handeln"[13]; die Lieder sollen lehrreich und moralisch sein, sie sollen „die Erbauung und Sittenbesserung ... befördern"[14] und dazu beitragen, „den Aberglauben und die Unwissenheit unter dem Volcke ... zu bestreiten und auszurotten"[15]. Gesänge, die „voll herrnhuthischer und anderer häßlichen Ausdrücke" sind, lehnt Heerwagen ab[16]. Er macht ausführliche Vorschläge für die Verbesserung älterer Lieder und wendet sich gegen „einen mystischen Witz und eine übertriebene Geistes Theologie", gegen „Tändeleyen, Undeutlichkeiten und Unanständigkeiten" in der geistlichen Lyrik der vorhergehenden Zeit[17].

Die wissenschaftliche Beschäftigung mit dem geistlichen Lied setzt jedoch erst im 19. Jahrhundert ein, und nicht zu Unrecht hat Wilhelm Nelle in seiner „Geschichte des deutschen evangelischen Kirchenliedes" das 19. Jahrhundert deswegen geradezu als das „Jahrhundert der Hymnologie" bezeichnet[18]. Hier ist auch der gemeinsame Weg von germanistischer und theologischer Arbeit am Kirchenlied zu verfolgen.

Zu den Aufgaben der Hymnologie in diesem Zeitraum gehört das Sammeln von Texten, es gehört dazu die Darstellung der Geschichte des Kirchenliedes, die Sicherung von Verfassernamen in Sammlungen, die anonym erschienen waren – das betrifft die meisten Gesangbücher im Zeitalter des Pietismus und in der Zeit der Aufklärung –; es werden Angaben über den frühesten Druck eines Liedes, über die

Verbreitung der Lieder und über eventuelle Umdichtungen gemacht; die Biographien der einzelnen Dichter werden zusammengestellt, und es gibt Arbeiten über die Melodien und die Geschichte der Melodien einzelner Kirchenlieder. Die ältere Hymnologie hat sich aber vielfach auch vorgenommen, Lieder auf ihre dogmatische „Richtigkeit" zu prüfen, einzelne zu verwerfen, andere für häufigeren Gebrauch zu empfehlen, sei es wegen ihres theologischen Gehalts oder wegen ihres erbaulichen Werts oder auch nur aus ganz äußerlichen Gründen (– „recht ein Lied im Freien zu singen"[19] –). Wilhelm Nelle weist z. B. auf einen Gesang Johann Heermanns mit folgenden Worten hin: „Ein Lied wie ‚Treuer Wächter Israel' hat herrliche Strophen für den Kampf wider Unzucht und Trunksucht", er fügt jedoch hinzu: „wenngleich der Dichter an diese Feinde der Christenheit dabei nicht gedacht haben mag."[20] Oft wird auch von irgendeiner heilkräftigen, segenbringenden Wirkung eines Liedes berichtet[21]. Meist sind diese Empfehlungen allerdings recht unverbindlich, zudem werden sie ohne Schärfe vorgetragen. Die Beliebtheit eines Liedes reicht oft schon als Entschuldigung dafür aus, daß man ein Lied gelten läßt, das eigentlich nicht „vertretbar" ist[22].

Die eben genannten Werke von Wetzel, Schamelius, Heerwagen und andern sind noch keine Darstellungen der Geschichte des Kirchenliedes, sie sind eher die Vorläufer der Liederschlüssel des 19. und 20. Jahrhunderts. Wie diese bringen sie Angaben zu einzelnen Liedern und gehen von dem Liedbestand bestimmter Gesangbücher aus. So ist der „Lieder-Commentarius" von Schamelius aus dem Naumburgischen Gesangbuch hervorgegangen, dessen 638 Lieder Schamelius selbst zusammengestellt, 1712 zum ersten Male herausgegeben und später „glossiret" hatte. Heerwagens „Literatur-Geschichte" beruht „insonderheit" auf den „neuesten Gesangbüchern zu Bayreuth, Braunschweig, Berlin und Anspach".

Albert Fischer, einer der größten Hymnologen, gibt in seinem „Kirchenlieder-Lexicon" (1878–1886) Nachweise zu etwa 4 500 Liedern aus dem Magdeburgischen, dem Halberstädter, dem Altmärkischen, dem Hennebergischen und andern Gesangbüchern, er zieht außerdem den Berliner „Liederschatz", das Freylinghausensche Gesangbuch und das von Johann Porst heran. Hier finden sich Nachrichten über die Entstehung eines Liedes, seinen frühesten Druck, seine Verbreitung, über etwaige Bearbeitungen, über die Melodie und den Verfasser. Fischer beschränkt sich nicht auf die Gesangbücher seiner eigenen Zeit, vielmehr erschließt er das Magdeburgische Gesangbuch von den ersten Ausgaben an, er erfaßt auch die lutherischen Gesangbücher aus der Zeit der Reformation, und mit Porst und Freylinghausen berücksichtigt er die bekanntesten pietistischen Gesangbücher. – Fischer bietet einen das Wesentliche erfassenden Ausschnitt aus der Fülle der Gesangbuchlieder mehrerer Jahrhunderte. Er führt dabei auch Lieder an, die nicht bis in die Gegenwart hinein lebendig geblieben sind. Die reine Tagesproduktion, die natürlich in reichem Maße unter den 60 000 oder 70 000 Liedern der obenerwähnten Liederverzeichnisse vertreten ist, fehlt bei ihm allerdings. Mit seiner späteren editorischen Tätigkeit knüpft Fischer an diese Arbeit an; das „Kirchenlieder-Lexicon" ist eine Vorstufe für seine große Sammlung geistlicher Lieder.

Was sonst an Nachschlagewerken dieser Art genannt werden kann, ist nicht so

1. Die ältere Hymnologie

breit angelegt; hier bilden immer bestimmte Gesangbücher, meist einer einzelnen Landeskirche, die Grundlage. Wilhelm Nelle erfaßt mit seinem Liederschlüssel 580 Lieder aus dem Gesangbuch für Rheinland und Westfalen, Wilhelm Bode erschließt das Gesangbuch von Hannover und Lüneburg, Otto Michaelis das „Auslandsgesangbuch" und das von Thüringen[23], und Joseph Th. Müller gibt einen Schlüssel zum Brüdergesangbuch.

Der erste, der eine „Geschichte des deutschen Kirchenliedes" schreibt, ist der Dichter und Germanist Heinrich Hoffmann von Fallersleben. Sie reicht allerdings nur „bis auf Luthers Zeit"[24]. Hier sind germanistische und hymnologische Arbeit eng miteinander verbunden[25]. Bei Hoffmann fehlt der erbauliche Ton, der in den gleich zu nennenden andern Werken vorherrscht.

Die umfangreichste Darstellung ist die „Geschichte des Kirchenliedes und Kirchengesangs" von Eduard Emil Koch, die in der dritten Auflage (1866–1877) auf acht Bände und einen Registerband angewachsen ist. Die Darstellung von Wilhelm Nelle wurde schon erwähnt. Sie stammt aus dem Jahre 1903. Weiter sind als Verfasser von Geschichten des Kirchenliedes zu nennen: Otto Wetzstein (1888), Paul Dorsch (1890), Albert Fischer (1892), Johannes Westphal (1901), Konrad Liebe (1913) und schließlich Paul Gabriel (1935)[26]. Auch Gabriel gehört noch ganz in diese Reihe. Er hat seine Darstellung der Geschichte des „deutschen evangelischen Kirchenliedes von Martin Luther bis zur Gegenwart" 1957 noch einmal im „Handbuch zum Evangelischen Kirchengesangbuch" (II, 2) zusammengefaßt und dort für die Zwecke dieses Handbuchs auf 40 Seiten zusammengedrängt.

Im allgemeinen gehen die Darstellungen der Geschichte des Kirchenliedes vom Gesangbuch aus, sie legen einen Liederkanon zugrunde, der sich im Laufe des 19. Jahrhunderts im Zusammenhang mit den Bemühungen um ein Gesangbuch herausgebildet hatte, das für alle Gemeinden verbindlich sein sollte. Nelle z. B. versichert in der Vorrede zur 2. Auflage seiner „Geschichte des deutschen evangelischen Kirchenliedes", er habe in dem Buch alle Lieder „des trefflichen neuen Evangelischen Militärgesangbuches" von 1906 erwähnt. Hier waren die Unterschiede, die zwischen dem Liedgut der einzelnen Landeskirchen bestanden, aus verständlichen Gründen schon eher ausgeglichen worden. Noch um 1900 stehen in den verschiedenen landeskirchlichen Gesangbüchern zusammengenommen ungefähr 3 000 Lieder. Nelle berücksichtigt davon etwa 700.

Die Darstellungen der verschiedenen Verfasser unterscheiden sich wenig voneinander. Die gleichen Dichter werden erwähnt, die gleichen Lieder werden herangezogen. Wenn Wilhelm Nelle sagt, sein Buch sei aus den Quellen geschrieben, so bedeutet das nur, daß er die Angaben der Gesangbuchregister noch einmal überprüft hat. Zu dem schon Bekannten hat er nichts hinzugefügt. Der Umfang der verschiedenen Geschichten des Kirchenliedes ist bestimmt dadurch, wie ausführlich die Biographie eines Dichters erzählt wird, wie ausführlich die einzelnen Lieder besprochen werden, wie viele Geschichten und Geschichtchen zum Leben eines Dichters, zur Entstehung eines Liedes und über seine Wirkung eingeflochten werden. Es fehlt nicht an Erzählungen und Anekdoten, die beweisen sollen, daß diese Lieder erlebt, daß sie Ausdruck einer bestimmten Lebenssituation ihres Dichters seien[27].

Die meisten dieser Darstellungen sind für das „christliche Haus" gedacht, sie sind volkstümlich im Ton und wollen „das deutsche evangelische Kirchenlied auf seinem Segensgang durch die Gemeinde" verfolgen[28]. Hermann Petrich gibt seinem Büchlein über das „Lied der Väter" den Untertitel „Sonntagsspaziergänge durch unser Gesangbuch"[29]. Nelle spricht davon, daß er mit seinem Buch „nicht ein Nachschlagewerk, sondern eine lebensvolle Erzählung bieten" möchte, „der man, zumal wenn sie abends im Familienkreise vorgelesen wird, leicht und mit Lust folgt."[30] Er möchte auch dazu beitragen, daß die Lieder wieder gesungen werden, von denen er schreibt[31]. Man hat mit Recht darauf hingewiesen, daß der Nachdruck eines solchen Buches im Jahre 1962 mehr als problematisch sein mußte[32].

Vor allem Nelles Darstellung zeichnet sich durch eine bilderreiche, blumige, pathetische Sprache aus; er charakterisiert mit viel Gefühl; ein wenig ist das Ganze von der Predigt her bestimmt. – Das gilt auch noch für die Darstellung von Paul Gabriel. Dieser will seine Leser möglichst wenig mit Namen und Zahlen belasten, er möchte mit seinem Buch helfen, „etwas von dem Rätsel des evangelischen Kirchenliedes zu lösen"[33]. Die Geschichte des Kirchenliedes ist auch hier in engster Anlehnung an das Gesangbuch geschrieben[34]. Die Darstellung selbst ist dabei gewissermaßen „theologisiert", das Buch liest sich wie eine Predigt über das Kirchenlied. So schreibt Gabriel über Johann Heermann in einer dreifachen Steigerung:

> Was würde Heermann tun, wenn er unseren Raum mit uns teilen, wenn er mit uns leben und sterben würde? Er würde die Bibel aufschlagen und sie uns lesen lehren.
>
> Was würde Heermann tun, wenn wir ihn zu Rate zögen in unseren ratlosen Zeiten? Er würde uns beten lehren...
>
> Wenn Heermann unseren Raum mit uns teilte, er würde uns lehren, wie der Glaube im Leben verwirklicht werden will...[35]

Geschichte des Kirchenliedes, das heißt also für diese Verfasser nicht: Darstellung einer geschichtlichen Entwicklung, eines organischen Wachstums, es wird nicht gezeigt, wie gerade das Gesangbuch geworden ist, dessen Liedbestand man beschreibt, es wird nicht herangezogen, was in früheren Zeiten einmal Lied der Kirche gewesen ist, die Häresien haben hier keinen Platz, es ist keine Geschichte der geistlichen Lyrik in einem umfassenden Sinne. – Die Entwicklung des Gesangbuchs wird überdies oft nicht kritisch betrachtet, sie wird nicht als historischer Vorgang gesehen, sie ist rationalen Überlegungen entzogen. Für Wilhelm Nelle hat die Kirche im Laufe von Jahrhunderten aus dem Liederschatz ein Gesangbuch geschaffen, „das allen alles sei."[36]

> Die Frucht dieser Arbeit, die die Kirche durch die Jahrhunderte getan hat, das eine sich anzueignen, anderes abzulehnen..., haben wir in der einzigartigen Erscheinung des evangelischen Gesangbuches. Im Gesangbuche haben wir das Buch, das der Bibel am nächsten verwandt ist.[37]

Das Gesangbuch scheint als Werk der Kirche unantastbar; im Lied ist Gottes Wort, und der Geist Gottes selbst hat diese Auswahl gewirkt.

Später ist man in dieser Hinsicht nicht mehr ganz so sicher: Für Christhard Mahrenholz sind die meisten Gesangbücher gerade Ausdruck eines Absinkens in menschliche Schwächen; die Geschichte des Kirchenliedes und der Gesangbücher spiegelt für ihn mit Karl Barth den Verfall der Kirche wider[38].

Natürlich kann im Rahmen dieser Erörterungen nicht referiert werden, wie Nelle und andere den Verlauf der Geschichte des Kirchenliedes sehen und welche Dichter sie im einzelnen behandeln. Auf ein wesentliches Problem soll hier jedoch hingewiesen werden: die Frage nach der Periodisierung der Geschichte des Kirchenliedes. Paul Gabriel gibt eine Übersicht über die verschiedenen Einteilungsversuche[39]. Immer wieder werden hierbei Ereignisse der politischen Geschichte und der des Kirchenliedes eng miteinander verknüpft. In dem in unserem Zusammenhang besonders interessierenden Zeitraum bilden die Jahre 1618 und 1648 wichtige Einschnitte. An das Jahr 1648 lehnt man den Tod Johann Heermanns (1647), als den Abschluß einer Epoche, und das erste Erscheinen von Liedern Paul Gerhardts in Johann Crügers „Praxis Pietatis Melica" (1647), als Wende und Neubeginn, an, so als ständen diese Dinge mit dem Friedensschluß in einem Kausalzusammenhang. In Wirklichkeit ist es im übrigen umgekehrt: Heermann steht nicht am Ende, sondern am Anfang einer Epoche, Paul Gerhardt gehört dagegen in vielem der Vergangenheit an. – Das Jahr 1630 – das Erscheinungsjahr von Heermanns „Devoti Musica Cordis" – ist auch das Jahr der Landung Gustav Adolfs in Deutschland. Dies Ereignis wird besonders bedeutsam dadurch, daß es gleichzeitig in die politische Geschichte und die des Protestantismus gehört. Natürlich werden auch in der älteren Literaturgeschichtsschreibung Epochen der politischen Geschichte und Epochen der Dichtungsgeschichte auf ähnliche Weise miteinander verbunden und zueinander in Beziehung gesetzt. Aus theologischer Sicht, wo Geschichte immer Geschichte Gottes ist, ist diese Verbindung von Ereignissen der Weltgeschichte mit Daten aus der Geschichte des Kirchenliedes vielleicht weniger problematisch.

Der unmittelbare Einfluß des Dreißigjährigen Krieges auf die Dichtung und auf die Frömmigkeit wird überall betont, oft wird dieser Zusammenhang in einer ganz vordergründigen Weise gesehen. So glaubt Westphal, daß die Schrecken des Krieges die Wendung vom „unduldsamen Buchstabenglauben" zum „duldenden Herzensglauben" bewirkt hätten[40]. In Wahrheit setzt die Bewegung, die sich gegen die Erstarrung des Luthertums in der Orthodoxie richtet, schon sehr viel früher ein. Das hängt mit inneren Verhältnissen im Luthertum zusammen. Im Erbauungsschrifttum zeigt sich diese Wendung etwa seit 1580. Ein Ausdruck dafür sind die Lieder Philipp Nicolais, die Schriften Martin Mollers und Johann Arndts. Hier läßt sich ein Anstoß von außen durch den Krieg gewiß noch nicht behaupten. Was sich daraus entwickelt – von den ersten Anzeichen eines Subjektivismus bis zur pietistischen Seelenerforschung –, ist nicht einfach aus dem „Erlebnis des Krieges", aus einem Verzicht auf dogmatische Streitigkeiten angesichts der Schwere der Zeit und der Schwere der Erlebnisse zu erklären.

Alle Darstellungen der Geschichte des Kirchenliedes schildern Weg und Entwicklung der geistlichen Dichtung – in Anlehnung an Ereignisse der politischen Geschichte – unter bestimmten, immer wiederkehrenden Begriffen und Begriffspaaren: Dem „Wir-Lied" der Lutherzeit steht das „Ich-Lied" des Pietismus gegenüber; man spricht auch von der Trias „Bekenntnislied" – „Glaubenslied" – „Stimmungslied"; man hat gesagt, daß der Weg der geistlichen Dichtung von „objektiver Kirchlichkeit" über „subjektive Kirchlichkeit" zu „subjektiver Gläubigkeit" führe. Hinter all diesen Bezeichnungen steht die Auffassung, daß der Weg des Kirchenliedes der Weg eines Abfalls sei[41].

Das Lied Luthers und seiner Generation ist „Wir-Lied", „Bekenntnislied", Ausdruck einer „objektiven Kirchlichkeit", während das Lied des Pietismus reines „Ich-Lied", „Stimmungslied", Ausdruck einer „subjektiven Gläubigkeit" ist. – Das Lied Johann Heermanns gehört danach zum Lied der „subjektiven Kirchlichkeit", als einer Übergangsepoche zwischen „objektiver Kirchlichkeit" und „subjektiver Gläubigkeit", es gehört zum „Zeugnislied des christlichen Lebens" (auch das – mit der Betonung des Lebens gegenüber dem Dogma – Ausdruck eines Übergangs; die nächste Stufe ist dann das „Stimmungslied des Gefühlschristentums"), es steht zwischen dem „Wir-Lied", dem „gemeindemäßigen Bekenntnislied" Luthers und seiner Zeitgenossen, und dem „Ich-Lied", dem „individuellen Gefühlslied" des Pietismus.

Allzuviel sagen diese Begriffe nicht, sie sagen vor allen Dingen nicht, wie dieses Kirchenlied nun wirklich im einzelnen beschaffen ist. Es sind Schlagworte, mit denen die Sachverhalte nur zu leicht verdeckt werden. Nicht jedes „Ich" zeigt schon, daß wir ein „Ich-Lied" vor uns haben, aus jedem „Wir" spricht noch nicht die Gemeinde – mit solchen Vereinfachungen wird aber vielfach gearbeitet. Man sollte diese Begriffe sehr vorsichtig verwenden und möglichst darauf verzichten, solange die Phänomene selbst noch nicht eindeutig und hinreichend beschrieben sind.

b) Die großen Sammelwerke
(Mit einem Exkurs über das katholische Kirchenlied)

Die eigentliche, bleibende Leistung der älteren Hymnologie liegt in ihrer Sammeltätigkeit. Im Lauf des 19. und in den ersten Jahrzehnten des 20. Jahrhunderts sind die großen Sammlungen von Texten und Melodien entstanden. Hier wurde eine Arbeit geleistet, die heute so kaum mehr möglich wäre. Die Bibliotheksverhältnisse sind ungleich schwieriger geworden, vieles ist vernichtet. Was im 20. Jahrhundert von ganzen Kommissionen getan werden müßte, war im übrigen das Werk einzelner, das sie neben ihrer Berufsarbeit durchführten: Joseph Kehrein und Wilhelm Bäumker auf katholischer, Philipp Wackernagel, Albert Fischer und Wilhelm Tümpel auf evangelischer Seite[42]. Die Arbeit erstreckte sich auf alle Gebiete: auf die lateinischen Hymnen, das katholische geistliche Lied, das protestantische Kirchenlied und die Melodien der Lieder. In diesen Sammlungen ist ein reiches Material zusammengetragen worden.

Einer der ersten, der die lateinischen Hymnen des Mittelalters sammelte, war Franz Joseph M o n e (1853–1855). Ihm folgte Ferdinand B ä ß l e r mit einer „Auswahl altchristlicher Lieder vom 2. bis zum 15. Jahrhundert" (1858). Beide Sammlungen enthalten im wesentlichen diejenigen lateinischen Gesänge, die auf deutschem Boden entstanden sind oder dort lebendig waren[43]. – Später haben Guido Maria D r e v e s und Clemens B l u m e damit begonnen, die gesamte geistliche Lyrik in lateinischer Sprache in den „Analecta hymnica medii aevi" zu sammeln: Hymnen,

1. Die ältere Hymnologie

Sequenzen und Lieder. Das Ziel war, „die Kirche der Lateiner in ihren Liedern" – nach dem Titel einer Schrift von Dreves – darzustellen. Hier finden sich lateinische Dichtungen aus Deutschland, Böhmen, Italien, Frankreich, Spanien und Schweden. Von 1886–1930 sind 55 Bände und 4 Ergänzungsbände erschienen, herausgegeben zunächst von Dreves, seit 1896 von Dreves und Blume, nach Dreves' Tod (1909) allein von Blume. Der Umfang dieser Sammlung kann vielleicht eine Vorstellung davon vermitteln, was an lateinischen Gesängen in der mittelalterlichen Kirche im Laufe der Jahrhunderte entstanden ist. Man hat die Zahl der lateinischen Hymnen auf ungefähr 35000 beziffert[44]. Dreves und Blume haben 1909 unter dem Titel „Ein Jahrtausend lateinischer Hymnendichtung" eine zweibändige Auswahl aus dieser Fülle gegeben[45].

August Jakob Rambach, Hauptpastor an der Hamburger St. Michaeliskirche, beginnt seine „Anthologie christlicher Gesänge aus allen Jahrhunderten der Kirche" (Bd. 1–6, Altona und Leipzig 1817–1833) mit griechischer Dichtung, dann folgen lateinische Gesänge – auch die von ihm aufgenommenen „altdeutschen Kirchenlieder" sind solche in lateinischer Sprache – darauf das Lied der Reformation und das der folgenden Jahrhunderte. In den letzten beiden Bänden erfaßt Rambach die Lieder von der Zeit Gellerts und Klopstocks bis in seine unmittelbare Gegenwart, d. h. bis zum Jahre 1807. Natürlich sind die Perspektiven hier verschoben, den Liedern aus der Aufklärungszeit wird sehr viel mehr Raum zugestanden als denen anderer Jahrhunderte. Rambach fühlte sich, wie er in der Vorrede schreibt, „gedrungen, das Gute und in manchem Betrachte Bessere der weiter fortgeschrittenen Zeit dankbar anzuerkennen."[46] Als Quelle für die geistliche Dichtung der Aufklärung besitzt Rambachs Werk noch heute Wert.

Julius Mützell trug zunächst in drei Bänden die Lieder aus dem Reformationsjahrhundert zusammen, später folgte ein Band mit Liedern aus dem 17. und der ersten Hälfte des 18. Jahrhunderts. Diese stammen vor allem von schlesischen Verfassern. Mützell ist in unserm Zusammenhang wichtig, denn hier wird zum erstenmal in einer Sammlung – nach Wackernagels noch zu nennender Heermann-Ausgabe – eine größere Zahl von Liedern Johann Heermanns abgedruckt, darunter auch solche Lyrik, die nicht eigentlich gesungenes Kirchenlied ist: Gedichte aus Heermanns Sonntags- und Festevangelien[47]. Von Mützell stammt auch die Behauptung, die er zuerst 1856 in Zarnckes „Literarischem Centralblatt" (Nr 41) formuliert hatte und die er dann in seiner Sammlung vor den Liedern Johann Heermanns wiederholt hat: Heermann, der als erster geistlicher Dichter die sprachliche Gestalt seiner Lieder den Regeln von Martin Opitz angepaßt hatte, habe in späteren Bearbeitungen vieles davon wieder zurückgenommen. – Daß eine Dichtung nach den Opitzschen Regeln verfaßt ist, bedeutet damals noch, daß sie „Gelehrtendichtung" ist. Wenn man also nachweisen kann, daß ein Dichter gegenüber diesen Regeln eine gewisse Selbständigkeit wiedererlangt hat, so scheint das zu beweisen, daß er einen Irrtum eingesehen hat; damit ist er als Dichter rehabilitiert, ist ein Makel von seiner Dichtung genommen. Die Behauptung Mützells ist zwar schon 1907 durch Carl Hitzeroth widerlegt worden, aber sie wird noch heute von Richard Newald und Rudolf Alexander Schröder wiederholt[48].

Philipp Wackernagel beginnt mit einer zweibändigen Sammlung: „Das Deutsche Kirchenlied. Von Martin Luther bis auf Nicolaus Herman und Ambrosius Blaurer" (1841). Wackernagel hat seine Sammlung aus den Quellen zusammengetragen. 1855 schließt sich eine Bibliographie an, die mit den Nachträgen schließlich auf 1150 Nummern – 1109 deutsche und 41 niederländische Titel – angewachsen ist. Es sind „Urkunden zur Geschichte des deutschen Kirchenliedes im XVI. Jahrhundert". Eine Geschichte des Kirchenliedes sollte folgen, ist aber nicht erschienen. Später erweiterte Wackernagel seine Sammlung zu dem fünfbändigen Werk „Das deutsche Kirchenlied von der ältesten Zeit bis zu Anfang des XVII. Jahrhunderts" (1864 bis 1877). Der erste Band enthält 656 lateinische Dichtungen von Hilarius von Poitiers bis zum lateinischen Gesang des 16. Jahrhunderts. Wackernagel will damit einen Überblick über die lateinische Dichtung geben, und er will das bringen, was für die deutsche Dichtung als Vorlage wichtig geworden ist. Wackernagel erfaßt in seiner Sammlung die Lieder bis zum Ende des 16. Jahrhunderts, und hier liegt ganz ohne Zweifel ein echter Einschnitt. Er druckt im zweiten bis fünften Band die deutschen Lieder von Otfried bis Bartholomäus Ringwaldt, Philipp Nicolai und Cornelius Becker – 1448, 1487, 1587 und 1605 Nummern, das heißt zusammen 6127 deutsche geistliche Lieder, darunter etwa 4200 protestantische aus dem 16. Jahrhundert (darin eingeschlossen allerdings Lieder der Böhmischen Brüder, der Schwenckfelder, der Wiedertäufer und Daniel Sudermanns). Die Arbeit ist zuverlässig. Die Orthographie wurde nicht angetastet, die Interpunktion wurde jedoch völlig verändert und vereinheitlicht, und Wackernagel setzt auch die Verse nach einheitlichen Grundsätzen ab. Er gibt außerdem eine Fortsetzung der Bibliographie und beschreibt hier noch einmal 608 deutsche und 12 niederländische Gesangbücher, Flugschriften, Einzeldrucke und Handschriften. Das meiste davon hat Wackernagel selbst gesehen. Leider sind die Angaben nur noch bedingt zu verwerten, da im Laufe von mehr als 100 Jahren viele der Werke gewandert sind. Bibliotheken wurden aufgelöst oder zusammengelegt; der Zweite Weltkrieg hat dann ein übriges getan[49]. – Nelle hat sicher recht, wenn er Wackernagel als den „größten Hymnologen im Jahrhundert der Hymnologie" bezeichnet[50]. Wackernagel ist ein tief religiöser, dabei streitbarer Mann[51], und er leistet philologische Arbeit am Kirchenlied. Es ist die Arbeit eines frommen Gelehrten, eine Arbeit, wie sie nur im 19. Jahrhundert möglich war. Von Philipp Wackernagel stammt – neben Arbeiten zur Mineralogie – auch ein „Deutsches Lesebuch" und ein mittelhochdeutsches Lesebuch. Beide waren für den Schulgebrauch bestimmt[52]. Hymnologische und germanistische Arbeit gehen bei ihm noch ineinander über[53]. Allerdings ist für Wackernagel die Theologie die Grundwissenschaft[54].

Wo Wackernagel aufgehört hatte, setzte Albert Fischer mit seiner Sammlung „Das deutsche evangelische Kirchenlied des 17. Jahrhunderts" ein. Nach Fischers Tode im Jahre 1896 hat Wilhelm Tümpel das Werk vollendet und von 1904 bis 1916 in fünf Bänden und einem Registerband zum Druck gebracht. Hier sind etwa 3000 Lieder (genau sind es 2984) aus dem 17. Jahrhundert zusammengetragen. Der Registerband enthält bibliographische Angaben über 1020 Werke – jeweils mit dem damaligen Standort –, die für die Sammlung herangezogen und durchgearbeitet wurden. Die Texte sind zuverlässig abgedruckt worden. Am Buchstaben ist nichts

1. Die ältere Hymnologie

geändert, allerdings ist auch hier die Interpunktion „völlig neu gestaltet". Soweit verschiedene, voneinander abweichende Ausgaben von den Werken eines Dichters vorhanden sind, wie bei Johann Heermann, setzt Fischer die Varianten in einen Apparat, so daß der Leser sich die Texte selbst herstellen kann. Der Wert dieser Sammlung kann nicht hoch genug angeschlagen werden. Natürlich ist es eine Auswahl, aber das ist gar nicht anders möglich[55].

Eine Sammlung der Lieder des 18. Jahrhunderts ist dringend erforderlich. Rambachs Anthologie reicht nicht aus. Wilhelm Tümpel hatte mit Vorarbeiten begonnen, er starb aber schon 1915, als der Registerband zu der Sammlung der Lieder des 17. Jahrhunderts eben abgeschlossen war. – In der Zeit des Pietismus wächst die Zahl der Lieder ins Uferlose. Allein Zinzendorf hat 2000 gedichtet. Der Reichsfreiherr Christoph Karl Ludwig von Pfeil ließ 940 Lieder drucken – heute steht davon noch eins im Gesangbuch[56]. Der schon genannte Moser hat etwa 1000 Lieder gedichtet. Aber auch die orthodoxe Gegenseite war nicht müßig, so hat Benjamin Schmolck etwa 1200 Gesänge verfaßt. Eine Auswahl aus all diesen Werken und vielen andern Sammlungen und Gesangbüchern fehlt.

Für die geistliche Lyrik des 19. Jahrhunderts kann man sich zunächst mit den vorhandenen Einzelausgaben begnügen, wie sie von Liedern Geroks, Knapps, Spittas und anderer vorliegen.

Um das Bild abzurunden, sollen hier auch die Namen derjenigen Hymnologen genannt werden, die die Melodien gesammelt haben. Vor allem sind dies Carl von Winterfeld (Bd. 1–3, 1843–1847) und Johannes Zahn (Bd. 1–6, 1889–1893). Dazwischen liegen Sammlungen von Layritz, v. Tucher, Schoeberlein, Wolfrum und andern. Die hier geleistete Arbeit ist genauso umfassend. Johannes Zahn hat etwa 9000 Melodien gesammelt[57]. Er bringt im 6. Band seines Sammelwerks bibliographische Angaben über 1500 Quellenwerke.

Eine ähnliche Arbeit wie die Wackernagels und Fischers wurde auch für das katholische Kirchenlied in Angriff genommen. Nur ist die Ausgangssituation hier eine andere. Das katholische Kirchenlied ist nicht wie das Kirchenlied Luthers Teil der Liturgie, Bestandteil des Gottesdienstes. Das Lied hat hier eine andere Funktion. Es wurde außerhalb der Kirche gesungen und ist daher sehr viel stärker Volkslied geblieben. Schon die Titel der katholischen Liederbücher sagen etwas über die Verwendung des Liedes in der katholischen Kirche. Immer wieder wird von der Bestimmung der Lieder für Prozessionen, Wallfahrten, Kreuzgänge und Kirchfahrten gesprochen[58], während die protestantischen Gesangbücher jener Zeit nach dem Vorgang des Babstschen Gesangbuchs von 1545 Psalmen, geistliche Lieder und Kirchengesänge für den Gemeindegottesdienst enthalten[59]. In den Andernacher „Catholischen Geistlichen Gesängen" (1608) heißt es z. B. in der Vorrede:

> Derhalben solchem vnfall, etlicher massen vor zukommen, auff dz die bißhero sehr geliebte Ketzerische Psalm, vnnd Gesangbücher, allgemach wie sie eingerissen, also auch in verdruß der Leser kommen möchten, haben wir ... diß Geistlich Gesangbuch ... in druck außgehen lassen.
>
> Damit auch wir vnd jedermenniglich, in Stätten vnd Dörffern, widerumb zu den

> Catholischen Festen, in Processionen, Stationen, Gottsdrachten, Creutzgängen, Bittgängen, Frücht oder Landsegnung, Pilgerfarten, vor oder nach der Predig, vnnd Kinderlehr, vnsern Gottesdienst, altem löblichen Christlichen brauch nach ... verrichten vnd ... zierlich halten mögen.[60]

Matthäus Pontanus spricht in der Dedicatio zu den „Catholischen Kirchengesängen" (Paderborn 1617) davon, das Buch solle „Jungen vnd Gewachsenen sich damit zu Hauß, Feldt vnd Kirchen, ꝛc. Christlich zuüben, Anlaß geben"[61]. Die Reihenfolge „Haus – Feld – Kirche" ist bezeichnend. Doch wenn hier von der Verwendung der Lieder außerhalb der Kirche gesprochen wird, so ist das nicht das Gleiche wie das, was sich eben jetzt im Protestantismus anbahnt. Es ist nicht der Weg vom Gottesdienst zur Privatandacht, von der Kirche zum Hauskirchlein, der hier gegangen wird.

Das geistliche Lied drang auch in den katholischen Gottesdienst ein. In älteren Darstellungen hat man das auf katholischer Seite manchmal besonders hervorgehoben, um Luthers Bedeutung für das deutsche Kirchenlied zu verkleinern. Doch das geht am Kern des Problems vorbei. Es kommt nicht nur darauf an, daß in der Kirche auch schon vor der Reformation, bisweilen unter stillschweigender Duldung durch die Geistlichkeit, in der Volkssprache gesungen wurde[62]. Im übrigen bemühte man sich, den Gemeindegesang dort wieder zu beseitigen, wo er vereinzelt selbst bis in die Liturgie vorgedrungen war. Heute weiß man, daß ein grundsätzlicher Unterschied zwischen dem katholischen und dem protestantischen geistlichen Lied besteht. Josef Gotzen hat im „Lexikon für Theologie und Kirche" und schon vorher in der ersten Auflage des „Reallexikons" auf diesen Unterschied mit aller Entschiedenheit hingewiesen[63]. Das deutsche Kirchenlied hat in der katholischen Kirche keine Stelle in der Liturgie, „auch heute nicht."[64] Allerdings gibt es jetzt, anders als im Mittelalter, auch in der katholischen Kirche Gemeindegesang in der Volkssprache, aber das widerspricht dem Gesagten nicht. Leider ist diese begriffliche Klarheit in der zweiten Auflage des „Reallexikons" (1958) dadurch wieder in Frage gestellt worden, daß man den Artikel von Rudolf Wolkan über das evangelische Kirchenlied und den von Josef Gotzen über das katholische zu einem einheitlichen Artikel zusammengefügt hat[65]. Mit e i n e r Definition – der von Gotzen – versucht die Verfasserin, Waldtraut-Ingeborg Geppert, zu sagen, was Kirchenlied ist. Aber evangelisches und katholisches Kirchenlied sind nicht in gleicher Weise Kirchenlied, und wenn in dem neuen Artikel doch einmal von einem „grundsätzlichen Unterschied" gesprochen wird, so ist das für das katholische Kirchenlied eben nicht nur ein „Unterschied zur protestantischen Praxis"[66], etwas tiefer geht es. Mit einem „Einerseits – Andererseits" wird man im übrigen den getrennten Erscheinungen nicht gerecht[67].

Luther begründet mit seinen Liedern eine Tradition, die für das protestantische Kirchenlied lange Zeit verbindlich bleibt. Das katholische geistliche Lied ist geistliches Volkslied, sein Stil ist jeweils der Zeitstil. Auch später behält es diesen volkstümlichen Charakter. Mit neuen Kirchenfesten entstehen neue Gruppen von Liedern – waren es im Mittelalter Lieder zum Fronleichnamsfest, zum Dreifaltigkeitsfest und zum Fest Mariae Heimsuchung[68], so sind es im 19. Jahrhundert besonders Herz-Jesu-Lieder, Lieder von der heiligen Familie und Lieder für die Maiandacht[69]. Auch das ist kein Kirchenlied wie das protestantische.

Man erfährt auf katholischer Seite bald, welche werbende Kraft das Kirchenlied

1. Die ältere Hymnologie

besitzt in einer Zeit, die ungeheuer sangesfreudig ist. Schon Luther hatte in der Vorrede zum Babstschen Gesangbuch die Drucker ermuntert, sie sollten weiterhin

> gute lieder vleissig drucken/ vnd mit allerley zierde/ den leuten angeneme machen/ damit sie zu solcher freude des glaubens gereitzt werden/ vnd gerne singen.[70]

Man erkennt bei den Katholiken die Gefahr, die vom Gesang ausgeht, und man tadelt den Mißbrauch, der nach katholischer Überzeugung mit dem Gesang getrieben wird. David Gregor Corner sagt noch 1631 warnend in der Vorrede zu seinem Gesangbuch („An den Andächtigen Singer, vom rechten Gebrauch vnd Mißbrauch deß Singens"):

> ... dieses grifflein, nemblich Ketzerey durch lieblichkeit der Music außzubreiten, haben die meisten Ketzer gebraucht.[71]

Corner spricht dann von den Ketzern der alten Kirche, von Paulus von Samosata, von Harmonius, einer „Syrischen Ketzerfrucht", von den Arianern, den Pelagianern und den Donatisten; er spricht weiter vom „Mißbrauch" des Gesanges durch Lutheraner und Calvinisten, er sieht, was für eine Verführung in diesen Liedern liegt:

> Welche Schlang vnd Natter hat jemahl so süsses Gifft von sich gelassen, als da seyn die lieblichen Melodeyen deß Beze vnd Marolti? Welch Crocodill hat jemahl so falsche vnd verführische Zäher geweynet, als da seyn die Reimen deß Lobwassers? Welch wilder Bär hat jemahl so brummelt, welch grimmiger Löw so gebrüllt, wie in seinen Gsängen gethan der zornig Luther?[72]

Corner fragt, ob man nicht wegen dieses so häufigen „Mißbrauchs" des Gesanges auf das Singen überhaupt verzichten solle, ob „der nutz oder schaden, so außm singen erfolget, grösser sey", und er gibt schließlich, um zu zeigen, daß rechtes Singen möglich ist, einen Stammbaum des geistlichen Gesanges von Moses, Aaron und Mirjam, der Schwester des Moses, bis zu Christus und Maria[73]. Daraus folgert er:

> Drumb müssen wir vielmehr dahin bedacht seyn, daß wir dißfalls den Ketzern nichts nachgeben, vnd weil sie, die Feinde GOttes vnnd seiner Kirchen sich dieses so kräfftigen Mittels zu Gottes vnehr vnd der armen Seelen Verdambnuß so fleissig gebrauchen, warumb wolten wir nicht auß dem, was jhnen ein Gifft ist, gar ein köstliches *Theriaca* machen, welches dem Ketzerischen vnd Fleischlichen Gifft widerstehe, hingegen die Ehre Gottes, vnd der Menschen Seeligkeit befürdere.[74]

Bald nach der Reformation setzte sich der Gemeindegesang auch in der katholischen Kirche durch; die ersten katholischen Gesangbücher entstehen noch zu Lebzeiten Luthers: das von Michael Vehe 1537, das von Georg Witzel 1541. Es folgt das Leisentritsche Gesangbuch von 1567, das Tegernseer Adam Walassers von 1574, es folgen Kölner, Münchner und Mainzer Gesangbücher[75]. Die Jesuiten stellen das Kirchenlied bald in den Dienst der Gegenreformation und nutzen nun ihrerseits die werbende Kraft des Gesanges. Der Anteil der protestantischen Lieder an diesen Gesangbüchern ist groß. Schon das von Johann Leisentrit enthält unter 250 Liedern vier von Luther, neun von Nicolaus Herman, 39 von Valentin Triller[76], dazu noch 14 weitere protestantische Lieder und zwei aus dem Gesangbuch der Böhmischen Brüder[77]. Das ist also mehr als der vierte Teil: 68 von 250 Liedern. Auch bei Corner sind es immerhin 42 protestantische oder doch nicht ursprünglich katholische Lieder[78]. Die „Davidische Harmonia" hat 1659 unter 115 Liedern sogar 74 protestantische.

Gewiß waren einzelne dieser Lieder nach altkirchlichen Vorlagen, lateinischen und deutschen, gedichtet; auch Luther hat Lieder der alten Kirche umgedichtet. Aber die katholischen Gesangbücher nahmen diese Lieder doch nicht in der protestantischen Form auf in dem Bewußtsein, damit ihr Eigentum zurückzufordern, vor allem dann nicht, wenn gleichzeitig eine oder mehrere katholische Nachdichtungen vorhanden waren. So finden wir in der „Davidischen Harmonia" Luthers „Komm Gott Schöpfer heiliger Geist" (Veni Creator spiritus), „Mitten wir im Leben sind" (Media vita in morte sumus) und „Nun bitten wir den heiligen Geist". Die „Davidische Harmonia" bringt auch das Tedeum und das Kyrie in Luthers Fassung und druckt für das Magnificat den Text der Lutherbibel. Die Aufnahme protestantischer Lieder wird damit gerechtfertigt, daß die zur katholischen Kirche zurückgekehrten Protestanten, die nach Corner „zuvor deß verführischen Singens gewohnet gewest", dort ihre alten Lieder vorfinden sollten[79]. Auch das zeigt, welche Kraft der Gesang besaß. – Bis zur Mitte des 17. Jahrhunderts werden in die katholischen Gesangbücher vor allem Lieder Luthers und seiner Generation aufgenommen, nur das Rheinfelsische Gesangbuch von 1666, das im wesentlichen einen Abdruck der „Davidischen Harmonia" darstellt, enthält darüber hinaus noch 20 Psalmen in der Bearbeitung von Martin Opitz, die nach den Melodien des Hugenottenpsalters gesungen werden sollten[80]. Eine Untersuchung der „Davidischen Harmonia" zeigt, daß dort die folgenden nichtkatholischen Verfasser mit Liedern vertreten sind: Luther (mit 20 seiner 36 Lieder; dazu – wie schon erwähnt – dem Kyrie, dem Tedeum und dem Magnificat in seiner Übersetzung), Paul Eber, Lazarus Spengler, Adam Reusner, Hans Witzstat, die Böhmischen Brüder (mit Michael Weiße, Johann Leon und Konrad Huber), Johann Mühlmann, Johann Gramann, Nicolaus Herman, Ludwig Helmbold, Bartholomäus Ringwaldt und schließlich, über diesen Kreis hinausgreifend, Philipp Nicolai mit seinem „Morgenstern-Lied", das schon einer neuen Haltung angehört[81].

Im Zeitalter des Rationalismus, etwa seit 1780, werden erneut protestantische Kirchenlieder in die katholischen Gesangbücher aufgenommen. Jetzt sind es die Lieder Gellerts, ferner rationalistische Umdichtungen älterer Lieder durch Samuel Diterich, Lieder Johann Andreas Cramers, Christoph Friedrich Neanders, Christian Felix Weißes, aber auch Lieder Klopstocks und Lavaters[82]. Übrigens steht der Rationalismus in der katholischen Kirche dem Rationalismus im Protestantismus in nichts nach. Auch hier gibt es Vernunftglauben. Das Heroldsche Gesangbuch von 1803 besteht fast zur Hälfte aus rationalistischen, protestantistischen Liedern. Bei andern ist es ähnlich[83]. Bäumker zitiert noch aus dem katholischen Liegnitzer Gesangbuch von 1828 ein umgedichtetes und „verbessertes":

> Herr Jesus Christus, was hast du verbrochen,
> daß man das Todesurtheil dir gesprochen?
> Was ist die Schuld? Du bist in Missethaten
> ja nie gerathen!

Das ist Heermanns „HErtzliebster Jesu, was hastu verbrochen", das auch in protestantischen Gesangbüchern Umdichtungen erfahren hatte[84].

1. Die ältere Hymnologie

Corners „Groß Catolisch Gesangbuch" von 1631 bildet die Grundlage für die Sammlung von Joseph Kehrein. Dieser ist auch mit germanistischen Arbeiten hervorgetreten, darunter einer frühneuhochdeutschen Grammatik und einem Aufsatz über Opitz[85]. – In den ersten beiden Bänden seiner „Katholischen Kirchenlieder. Hymnen, Psalmen aus den ältesten deutschen gedruckten Gesang- und Gebetbüchern" (1859–1863) bringt Kehrein 720 Lieder; er folgt der Ordnung von Corner, ergänzt aber dessen 502 Lieder durch solche aus andern katholischen Gesangbüchern[86]. Der dritte Band enthält den katholischen Psalter des Caspar Ulenberg von 1582 und eine Sammlung von 126 deutschen Übertragungen lateinischer Hymnen, darunter 84 von Rutger Edingius (Edinger), aus dem Jahre 1583. Der vierte Band erschließt den Wortschatz der ersten drei Bände, er enthält ein „Älterneuhochdeutsches Wörterbuch" und will einen „Beitrag zur deutschen Lexikographie" leisten.

Karl Severin Meister begann, zu Kehreins Sammlung die Melodien zusammenzutragen, und Wilhelm Bäumker setzte die Arbeit nach Meisters Tode fort. Er ging über dessen ursprünglichen Plan hinaus. Meisters erstem Band (1862) fügte er 1883 einen zweiten hinzu, der auch den zweiten Band einer größeren Sammlung bildete, die nun das ganze „katholische deutsche Kirchenlied in seinen Singweisen" umfassen sollte. Das Werk wurde hier nicht bei den Sammlungen der Melodien genannt, weil die Texte, die Bäumker bringt, sonst nicht in einer geschlossenen Sammlung vorhanden sind. Da es ihm auf die Melodien ankommt, druckt Bäumker aber jeweils nur die erste Strophe eines Liedes; dabei genügt oft schon der Hinweis darauf, daß eine Quelle im allgemeinen nicht zugänglich sei, um einen Abdruck aus einem späteren Liederbuch zu rechtfertigen. Bäumkers erster Band erschien 1886, er umfaßt wie der zweite das katholische deutsche Kirchenlied bis etwa zum Ende des 17. Jahrhunderts. Der dritte bringt dann das katholische Lied des 18. Jahrhunderts und Nachträge zu den ersten beiden Bänden, der abschließende vierte, den Joseph Gotzen 1911 herausgab – Bäumker starb 1905 – enthält die Melodien zu Liedern des 19. Jahrhunderts (bis 1909).

Die Hymnologie ist im Grunde eine protestantische Sache, das zeigt sich gerade an diesen katholischen Sammlungen. Auch für die Lieder der alten Kirche kommt die katholische Forschung nicht ohne die Arbeiten Wackernagels und Fischers und deren Ergebnisse aus. Der erste, der ein katholisches Gesangbuch – das von Michael Vehe – neu herausgab, war übrigens ein Protestant: Heinrich Hoffmann von Fallersleben (1853). Bäumker verzeichnet im ersten Band seiner Sammlung 173 protestantische Arbeiten zur Hymnologie und nur 35 katholische, in der Bibliographie des zweiten Bandes sind es 51 protestantische und 23 katholische, und noch im vierten Band finden sich neben 108 protestantischen Arbeiten nur 73 katholische. – Ebenso bescheiden wie die Zahl der bei Kehrein abgedruckten Lieder – 720 für das 16. und 17. Jahrhundert[87], gegenüber ungefähr 4200 protestantischen Liedern, die Wackernagel für das 16. Jahrhundert zusammengetragen hat, und etwa 3000 Liedern aus dem 17. Jahrhundert bei Fischer-Tümpel – ist die Zahl der katholischen Gesangbücher und sonstigen Quellen. Auch da haben Wackernagel und Fischer-Tümpel zusammengenommen ein paar tausend Titel, während es Bäumker für die Zeit von

1470 bis 1700 mit Nachträgen auf etwa 800 katholische Werke bringt[88]. All das sagt natürlich auch etwas über die Stelle, die das Lied in der katholischen Kirche einnimmt.

Bäumker und Kehrein polemisieren nicht gegen die protestantische Forschung und sind von erfreulicher Objektivität. Natürlich bemüht sich Kehrein, für die katholische Kirche in Anspruch zu nehmen, was irgend möglich ist. Aber es überzeugt wenig, wenn er einzelne protestantische Lieder für ursprünglich katholisch erklärt und behauptet, die Protestanten hätten sie „aus dem Munde des Volkes" genommen, Corner habe dann ebenfalls auf diese mündliche Überlieferung zurückgegriffen. Sie müßte dann schon erstaunlich gut gewesen sein, denn Corner und die „Davidische Harmonia" geben die Texte stets genauso wieder, wie sie, oft schon seit 100 Jahren, auch in den protestantischen Gesangbüchern gedruckt waren[89].

Weder Kehrein noch Bäumker sind sehr sorgfältig in der Wiedergabe der Texte, jedenfalls sind sie längst nicht so zuverlässig wie Wackernagel, Fischer und Tümpel auf protestantischer Seite.

Doch mit den großen Sammlungen und mit den Darstellungen der Geschichte des Kirchenliedes schien die Hymnologie ihre eigentlichen Aufgaben als sammelnde und beschreibende Wissenschaft erfüllt zu haben. Auf die Verbindungen, die, besonders in den Anfängen, bei einzelnen Verfassern und Herausgebern – Heinrich Hoffmann, Franz Joseph Mone, Philipp Wackernagel, Joseph Kehrein, August Vilmar – zwischen germanistischer und theologischer Arbeit bestanden, haben wir hingewiesen.

Gerade die heutige, theologisch orientierte Hymnologie sieht die Arbeit der älteren Hymnologen als germanistisch-theologische Arbeit an, wobei der Ton, ablehnend, stärker auf „germanistisch" liegt. Vielfach wird diese Arbeit überhaupt nicht mehr anerkannt, sie wird nicht weitergeführt und gilt in der bisherigen Form als überflüssig. Vor allem tadelt man aus theologischer Sicht die Unschärfe der Begriffe und die theologische Unverbindlichkeit der Darstellungen und Editionen.

2. Die Hymnologie als theologische Wissenschaft

Die Arbeit an einem Gesangbuch, das für die gesamte evangelische Christenheit deutscher Zunge gelten sollte, hat die Hymnologie zu einem neuen Selbstverständnis geführt. Andere Aufgaben als die bisherigen treten jetzt in den Vordergrund, die Grundlagen der Hymnologie werden neu durchdacht. Hymnologie ist nun nicht mehr eine Wissenschaft auf der Grenze von Theologie und Germanistik, von Theologie und Musikwissenschaft, vielmehr erhält die Hymnologie ihre eigenen, spezifisch theologischen, theologisch begründeten Aufgaben.

Schon seit dem Anfang des 19. Jahrhunderts, gleichzeitig mit der Sammlung des Liedbestandes, bemühte man sich um einen verbindlichen Liederkanon, um eine Auswahl aus der Fülle der Lieder in den landeskirchlichen Gesangbüchern. Am Anfang stehen die Sammlungen von Raumer (1831) und Bunsen (1833), der Berliner „Geistliche Liederschatz" (1832) und Albert Knapps „Evangelischer Liederschatz" (1837). Diese Entwicklung fand in unserm Jahrhundert einen vorläufigen Abschluß

2. Die Hymnologie als theologische Wissenschaft

in dem „Deutschen Evangelischen Gesangbuch" (DEG) von 1915, das von Wilhelm Nelle, Julius Smend und Wilhelm Tümpel herausgegeben wurde[90]. Doch alle diese Sammlungen und Gesangbücher wollen noch einen Querschnitt durch die geistliche Dichtung aller Jahrhunderte geben, alle Zeiten sollen gleichmäßig berücksichtigt werden, und man hat das Gefühl, „das Beste" auszuwählen. Man nimmt im allgemeinen auf, was gern gesungen wird, und man läßt gelten, was gern gesungen wird, auch wenn ein Lied theologisch vielleicht „bedenklich" scheinen mag. Entscheidend ist zunächst nur die Tendenz zur Vereinheitlichung des Liedbestandes. Die Sammlungen sind zum Teil noch recht umfangreich: Der Berliner „Liederschatz" umfaßt in der ersten Auflage 2020 Nummern, Knapps „Evangelischer Liederschatz" sogar 3590, aber das „Deutsche Evangelische Gesangbuch" von 1915 beschränkt sich auf 342 Lieder.

Die Diskussion um die Gestalt eines neuen Gesangbuches reißt nun nicht mehr ab. Der eigentliche Anstoß zu der entscheidenden Neuorientierung der Hymnologie geht aus von einem Vortrag des Schweizer Theologen Lukas Christ aus dem Jahre 1924 über das evangelische Kirchenlied, der dann im folgenden Jahr in der Zeitschrift „Zwischen den Zeiten" gedruckt wurde. Hier schrieben die bedeutendsten Vertreter der Dialektischen Theologie[91]. Was Lukas Christ zum Kirchenlied und zum Gesangbuch sagt, ist sicher zum Teil dadurch bestimmt, daß er reformierter Schweizer ist. – In den reformierten Gemeinden ließ man im Gemeindegesang lange Zeit nur das Wort der Bibel gelten. Das eigentliche Liederbuch der Reformierten ist der Psalter. In französischen Gemeinden entstand der Hugenottenpsalter, nach seinen Melodien dichtete Ambrosius Lobwasser seine Psalmen[92]; diese wurden später durch Gesänge aus Matthias Jorissens „Neuer Bereimung der Psalmen" (1799) ergänzt und ersetzt.

Doch diese Stellung zum Kirchenlied ist auch Teil einer neuen theologischen Haltung, und es ist kein Zufall, daß Karl Barth, einer der Wortführer der Dialektischen Theologie, die Gedanken von Lukas Christ in seiner Dogmatik wiedergibt, um am Beispiel des Kirchenliedes und der Gesangbücher das Abgleiten des Protestantismus von der Höhe der Reformation in menschliche Schwächen und Unzulänglichkeiten zu zeigen[93]. Barth stellt diese Betrachtungen in den Abschnitt „Der Heilige Geist die subjektive Möglichkeit der Offenbarung". Die Darstellung von Lukas Christ, der übrigens mit seinem Aufsatz keine Geschichte des Kirchenliedes geben will, sondern „das Wesen des Kirchenliedes ... erfassen" möchte[94], macht für Barth den Prozeß der „inneren Säkularisierung" des Christentums, „den Weg eines Abfalls von der Reformation" deutlich[95]. Es ist eine innere Säkularisierung: Es scheint, als bleibe man dabei gut christlich; es ist derselbe Vorgang, den Werner Elert in seiner „Morphologie des Luthertums" – weniger scharf, weniger anklagend – als den „Verlust des evangelischen Ansatzes" im Luthertum des 17. Jahrhunderts bezeichnet[96]. – Was hier – zuerst im Lied – in Erscheinung tritt, ist nach den Worten Karl Barths die „Formierung" eines „Nebenzentrums". Der Mensch mit seinen Gedanken, seinen Gefühlen, seinen Stimmungen stelle sich neben und über Gott. Bei Philipp Nicolai sei dies mit Händen zu greifen. Doch die „Formierung jenes Nebenzentrums" sei dann im 17. Jahrhundert bei einem Joh. Heermann, Joh. Rist, Joh. Franck, Joh. Jak. Schütz, Joachim Neander – aber in diese Reihe gehört theologisch unweigerlich auch Paul Gerhardt – unaufhaltsam weitergegangen.[97]

Aus der Sicht der Dialektischen Theologie umschreibt Karl Barth diesen Vorgang, seine inneren Gründe, mit folgenden Worten:

> Es ist die Häresie des dritten Artikels, in welcher der Heilige Geist ein anderer geworden ist als der Geist Jesu Christi, angeblich noch immer ein Geist Gottes, ja, ein christlicher Geist, in Wirklichkeit der Geist menschlicher Innigkeit und Ernsthaftigkeit, der Geist der Mystik und der Moral, in welchem die Menschen ... bei allem Ernst und in aller Frömmigkeit nur bei sich selbst und mit sich selbst allein sind ...[98]

Das Gesangbuch und seine Lieder werden bei Lukas Christ nicht mehr gelobt. Für ihn ist die Geschichte des Kirchenliedes die Geschichte eines Verfalls. Er beruft sich auf Luther, wenn er meint, daß vieles in unsern Gesangbüchern „dem Trug des Teufels" zuzuschreiben sei[99]. Lukas Christ unterscheidet zwischen Kirchenliedern, geistlicher Dichtung und religiöser Poesie, er spricht hier auch von „frommer Poesie", um noch deutlicher zu zeigen, wie er diese Dichtungen einschätzt, wie sehr er sie ablehnt. Kirchenlied, und das heißt: Wort Gottes, ist eigentlich nur das Lied Luthers. Lukas Christ sagt von Luther: „Er wollte gar nicht eigene Lieder dichten, sondern eben Kirchenlieder."[100] Es ist nun ein Vorzug, daß ein großer Teil der Lieder Luthers nicht selbständig ist, sondern nach Vorlagen, Psalmen vor allem, gedichtet wurde und daß Luther die Hauptstücke des Katechismus in Verse gebracht hat. („Dies sind die heilgen Zehn Gebot", „Wir glauben all an einen Gott", „Vater unser im Himmelreich".)

Im Lied soll das Lob Gottes verkündet werden, das Kirchenlied soll – immer nach Lukas Christ – keine menschlichen Stimmungen, kein menschliches Fühlen und Empfinden wiedergeben. Darum wendet sich Lukas Christ entschieden gegen den Pietismus und seine Lieder, er wendet sich ebenso gegen den Rationalismus und die einst so beliebten Lieder Gellerts. Mystik bezeichnet er als „gefühlsmäßige Entartung". Im Zusammenhang mit Philipp Nicolais „Morgenstern-Lied" spricht er vom „schwülen Sang der Jesusminne"[101]. Auch Paul Gerhardt ist verdächtig, scheint teilzuhaben an dem Verfall, und es ist nur konsequent, wenn Lukas Christ auch Bachs Musik in seine Kritik einbezieht: Hier bestehe „die Gefahr des Genießens ..., des künstlerischen und, was noch viel schlimmer ist, des frommen Genießens."[102] Der theologische Ansatz der Dialektischen Theologie und die alte kulturfeindliche Haltung des Calvinismus berühren sich hier. Nun ist es von besonderer Bedeutung, daß Luther kein Passionslied gedichtet hat, kein Vertrauenslied, kein Trostlied, kein Lied der Liebe zu Gott und Christus, denn im Kirchenlied solle nicht die Liebe des Menschen zu Gott, das Gottvertrauen des Menschen besungen werden, sondern die Liebe Gottes zum Sünder, die Treue Gottes solle gepriesen werden. Auf der andern Seite ist es jetzt bezeichnend für das, was im Kirchenlied vor sich geht, daß von Paul Gerhardt 14 Passionslieder stammen[103].

Auch Johann Heermann wird kritisiert, sein Passionslied „Herzliebster Jesu, was hast du verbrochen" sei „zum Teil gut und sachlich, zum Teil ... erbaulich predigend."[104] Überhaupt glaubt Lukas Christ, daß „die Kraft, Kirchenlieder zu schaffen, schon im 17. Jahrhundert versiegt ist."[105]

2. Die Hymnologie als theologische Wissenschaft

Lukas Christ lehnt im Kirchenlied das ab, was er abschätzig als „das Lyrische" bezeichnet[106]. Auch für Karl Barth ist „Lyrik" keine Gattung, sondern unerlaubte Zutat zum Kirchenlied, Subjektivität, „Hervorhebung der Bewegung des Subjektes"[107].

Lukas Christ vergleicht einzelne Gruppen von Liedern: Weihnachtslieder, Osterlieder, Pfingstlieder, Lieder über Tod und Grab, jeweils bei Luther, Paul Gerhardt und Gellert, und er zeigt hier den ständig fortschreitenden „Verfall". – Aber er resigniert, er will an seine Feststellungen keine Forderungen knüpfen, weil er fürchtet, daß ein neues Gesangbuch noch schlimmer werden könne. Für ihn ist der Zustand des Gesangbuchs vor allem Abbild des Zustandes der Kirche, der Gemeinden und ihrer Glieder[108].

Diese Gedankengänge haben einen entscheidenden Einfluß auf die Arbeit am „Evangelischen Kirchengesangbuch" ausgeübt. – Wie es schließlich, nach Vorarbeiten, die sich beinahe über zwei Jahrzehnte erstreckten, zum „Einheitsgesangbuch" – für die verschiedenen Landeskirchen, für Lutheraner, Reformierte und Unierte –, dem „Evangelischen Kirchengesangbuch" (EKG) von 1950, mit seinen 394 Liedern gekommen ist, darüber hat der maßgeblich an dem Werden dieses Gesangbuchs beteiligte Theologe Christhard Mahrenholz in seiner Schrift „Das Evangelische Kirchengesangbuch. Ein Bericht über seine Vorgeschichte, sein Werden und die Grundzüge seiner Gestaltung" Rechenschaft gegeben. Hier interessieren vor allem die Grundzüge dieser Gestaltung.

Die Stellung des Liedes im Gottesdienst und in der Liturgie wird neu durchdacht. Dem Lied wird, unter Berufung auf Luther, seine eigene Funktion im Gottesdienst ausdrücklich zurückgegeben: Es soll nicht nur zur Unterstreichung und Bestätigung der Predigt dienen, es soll vielmehr „ein Kontrapunkt zum Sonntagsevangelium, aber nicht ein gereimter Abklatsch einer Predigt über das Evangelium" sein[109].

> Das Gesangbuch ist nicht die in Strophen und Reimen umgedichtete Bibel, sondern es bringt das Lied, das von der Mitte der Schrift und aus der Fülle der Offenbarung in Christus her lobt, verkündet, betet und dankt.[110]

Der Gottesdienst ist nicht nur Predigtgottesdienst, wie zur Zeit der Aufklärung und vielfach im 19. Jahrhundert. Das Lied steht wieder, als Teil der gottesdienstlichen Handlung, als „Lob- und Dankopfer"[111], selbständig neben der Predigt. Inhalt des Kirchenliedes soll allein Gottes Wort, das Wort der Bibel sein, das Lied soll v e r k ü n d i g e n, aber keine „menschlichen Stimmungen" wiedergeben. Nach einem Wort Luthers aus der Vorrede zum Wittenberger Gesangbuch von 1524 soll Christus „Lob und Gesang" der Gemeinde sein[112].

Das Gesangbuch ist keine Anthologie, in welcher ein geschichtlicher Überblick über die geistliche Dichtung und die verschiedenen theologischen Richtungen gegeben wird; man will auch nicht mehr „für jeden etwas" bringen; das Einheitsgesangbuch soll kein „mosaikartig zusammengestelltes Kompromißbuch" sein[113]. Das Gesangbuch kann nicht mehr, wie in früheren Zeiten, eine Angelegenheit von „Gesangbuchmachern" – Verlegern oder einzelnen Herausgebern – sein, wo es dann oft nur auf möglichst umfangreiche Sammlungen hinauslief, sondern die Arbeit am Gesangbuch muß eine Sache der Theologen und der gesamten Theologie werden.

Hier liegt jetzt die Aufgabe der Hymnologie. Mahrenholz verlangt die „Bindung der Hymnologie an die theologische Forschung"[114]. Er sagt dazu, und das ist eine sehr wesentliche, grundsätzliche Aussage:

> Es geht hier nicht um ästhetische oder künstlerische oder musikalische Momente, die von einem kleinen Kreise von Fachleuten vorgebracht werden, es geht auch nicht um die Hymnologie als eine Art kirchliches Kunstgewerbe, sondern es geht ganz allein um das Ernstnehmen der Theologie auch im Kirchenlied, um die Sauberkeit und Lauterkeit der theologischen Arbeit, die bei der Auswahl der Kirchenlieder zu leisten ist, also um die biblische und bekenntnismäßige Verantwortung beim Gesangbuch.[115]

Mahrenholz unterstreicht dies in einer Anmerkung noch einmal: „Eben das ist die Aufgabe der Hymnologie als Wissenschaft."[116]

Die Hymnologie wird eingeschränkt auf die Arbeit am Gesangbuch und für das Gesangbuch. Diese Arbeit ist eine „theologische Aufgabe"[117], nur so soll sie verstanden werden. Die „Hymnologie als Wissenschaft" hat nach „Theologie" und „Frömmigkeit" in den einzelnen Liedern und im Aufbau der Gesangbücher selbst zu fragen. Sie muß die Lieder mit „theologischer Schärfe" werten[118]. Was hier nicht standhält, darf keinen Platz mehr im Gesangbuch beanspruchen und wird die Hymnologie nicht weiter beschäftigen. Philologische Arbeit am Text wird nun nicht mehr gefordert. Unter dem „Urtext" wird bei Mahrenholz „der ursprüngliche Gebrauchstext in den Gesangbüchern" verstanden[119], er meint, „daß der Begriff des Urtextes nicht im philologischen Sinne gepreßt werden" dürfe[120]. Künstlerisch-ästhetische Gründe für die Umformung von Liedern lehnt Mahrenholz ebenso ab wie „schulmeisterliche Korrektheit" bei der Arbeit[121]. Zur Gliederung des Gesangbuchs sagt er:

> Das „Evangelische Kirchengesangbuch" will mit seiner Gliederung nicht nur dem rechten Einsatz des gottesdienstlichen Liedes dienen, sondern zugleich dem einfachen Kirchengliede ein Buch in die Hand geben, dessen Aufbau nicht von wissenschaftlichen Begriffen, sondern von der Praxis des kirchlichen Lebens aus bestimmt ist.[122]

Das Gesangbuch ist gemacht für „die Gemeinde als g o t t e s d i e n s t l i c h e   G e m e i n d e"[123], für „die ernsten Christen, die Kirchgänger, die das gottesdienstliche Leben der Gemeinde tragen"[124]. – Es seien zwar „im Laufe der letzten hundert Jahre viele Bücher erschienen, die sich mit der Geschichte des evangelischen Kirchenliedes befassen"[125]; jetzt aber kommt es nach Mahrenholz' Meinung auf etwas anderes an: Er fordert von der Hymnologie eine kritische Geschichte der Gesangbuchfrömmigkeit – also keine Aufzählung der Gesangbuchlieder wie bisher, keine Beschreibung der Lebensläufe der Liederdichter, vielmehr sollen Aufbau und Gliederung einzelner Gesangbücher untersucht werden, und es soll geprüft werden, ob die Lieder mit dem Wort der Bibel in Einklang stehen.

In dieser Beschränkung, der die Hymnologie hier unterworfen wird, liegt ein Verzicht auf eine geistesgeschichtliche und historische Einordnung der Lieder, ein Verzicht auch darauf, sie ästhetisch zu würdigen. – Ein paar hundert Gesänge bleiben übrig, auf die die Hymnologie all ihre Bemühungen richten kann.

Das auf vier Bände berechnete „Handbuch zum Evangelischen Kirchengesangbuch" ist ein Ergebnis dieses Verzichts. Man fragt sich immer wieder, ob für die 394 Lieder des heutigen Gesangbuchs wirklich ein solcher Aufwand nötig und gerechtfertigt ist[126]. – Schon 1953 ist – als erster Teil des ersten Bandes (I, 1) – eine

„Wort- und Sachkonkordanz" erschienen. Sie erschließt den Wortschatz, enthält ein Verzeichnis der Strophenanfänge, bringt eine Übersicht über den Strophenbau der Lieder und gibt Hinweise zu ihrer gottesdienstlichen Verwendung[127]. – Der zweite Teilband (I, 2) bringt eine Übersicht über „die biblischen Quellen der Lieder" (1965). Hier ist eine Fülle von Material zusammengetragen, und doch ist das Ganze recht problematisch. Mit dieser Häufung von Bibelstellen läßt sich zwar unter Umständen beweisen, daß ein Lied biblisch ist, ob aber die nachgewiesenen Bibelzitate wirklich die Grundlage des betreffenden Liedes darstellen, bleibt fraglich[128]. – Der Band II, 1 (1957) bringt „Lebensbilder der Liederdichter und Melodisten". Er beruht auf einem Manuskript, das aus einer Bearbeitung des „Liederschlüssels" von Otto Michaelis hervorgegangen war. Dieser war einmal als Hilfsbuch zum Thüringer Gesangbuch „vor allem für Pfarrer, Religionslehrer und Kirchenmusiker" gedacht. Wilhelm Lueken hat die Lebensbilder „für den neuen Rahmen" umgearbeitet. – Paul Gabriel nennt in seinem Abriß der „Geschichte des Kirchenliedes" (II, 2; 1957) nur die Dichter des heutigen Gesangbuchs. Dafür hat er – wie schon erwähnt – seine Darstellung von 1935 bearbeitet und auf den Liedbestand des „Evangelischen Kirchengesangbuchs" reduziert. Aber die Sicht ist nicht neu, die Beschränkung ist nicht grundsätzlicher Art, es ist die Geschichte eines Gesangbuchs unter vielen möglichen geworden. Walter Blankenburg schreibt in dem gleichen Band eine „Geschichte der Melodien des Evangelischen Kirchengesangbuchs". – Ein „Sonderband" ist 1958 erschienen. Er will eine „Handreichung zum Evangelischen Kirchengesangbuch" sein. Hier finden sich Betrachtungen über die Lieder. – Als III. Band ist eine „Liederkunde" vorgesehen, die wieder zwei Teilbände umfassen soll. Ob diese sich von dem „Sonderband" unterscheiden werden, ob sie neues Material bringen oder schon in den andern Bänden Enthaltenes nur wiederholen werden, bleibt abzuwarten. – Der geplante IV. Band wird ein Quellen- und Ortsverzeichnis, sowie ein Generalregister enthalten.

Es hat auch Stimmen gegeben, die sich gegen die Tendenzen gewehrt haben, die bei der Zusammenstellung des „Evangelischen Kirchengesangbuchs" zutage traten. Auch die Konsequenzen, die sich daraus für die Hymnologie ergeben, hat man gesehen.

Auf die „Denkschrift der Gesangbuchkommission des evangelischen Oberkirchenrates zum Plan eines neuen württembergischen Gesangbuches" vom März 1950 antwortet Friedrich Schick: „Warum nicht dieses Gesangbuch? Entgegnung auf die Denkschrift der Gesangbuchkommission 1950", und Eberhard Weismann fragt: „Pietismus oder Reformation? Ein Wort zum Evangelischen Kirchengesangbuch."[129] In Württemberg, wo der Pietismus seit den Tagen Bengels, Oetingers und Philipp Friedrich Hillers stets lebendig geblieben war, kann es dazu nur heißen: Pietismus und Reformation. – Mahrenholz lehnt den Pietismus und seine Lieder zwar mit Karl Barth aus theologischen Gründen ab, aber er ist auch der Überzeugung, es sei „irrig zu meinen, daß es [das pietistische Lied] heute noch im ursprünglichen Sinne aktuell sei."[130]

Oskar Söhngen, einer der engsten Mitarbeiter von Christhard Mahrenholz bei der Arbeit an dem neuen Gesangbuch, nimmt in dieser Auseinandersetzung eine weniger radikale Position ein und bemüht sich hier um einen Ausgleich; wie Mahrenholz hat er in einer Schrift Überlegungen zum neuen Gesangbuch angestellt. Bei Söhngen bekommt auch das pietistische Lied einen Platz; er läßt es gelten, nicht etwa, weil das Gesangbuch nun doch eine Anthologie sein soll – das lehnt auch er ab –, sondern weil er den Pietismus anders als Mahrenholz und Barth versteht:

> Ebenso plädieren wir für die Aufnahme des pietistischen Liedgutes nicht etwa deshalb, weil der Pietismus aus der Kirchengeschichte nicht wegzudenken ist, sondern weil er in die Struktur unseres Glaubens hineingehört und tiefer in sie eingebettet ist, als wir oft wahrhaben wollen.[131]

Söhngen will nicht auf wissenschaftliche Arbeit am Gesangbuch verzichten, aber er warnt doch vor den „Gefahren" einer „Auslieferung des Gesangbuches an die ‚Philologen'"[132]. Letzte Instanz sind für ihn „nicht die gelehrten Hymnologen, sondern die Männer der Kirche"[133], ist „die Gemeinde von heute in ihrer existentiellen Angefochtenheit und Geborgenheit, mit der ihr charakteristischen Form der Gott- und Weltbezogenheit"[134].

Auch Martin Doerne – er vor allem –, der die Artikel „Kirchenlied" und „Hymnologie" für die 3. Auflage der „Religion in Geschichte und Gegenwart" geschrieben hat, sucht die Aufgaben der Hymnologie in einem umfassenderen Sinne zu verstehen. Er weiß, daß „eine wissenschaftlich zureichend fundierte Gesamtschau der Geschichte des deutschen evangelischen Kirchenliedes" fehlt[135]. Er möchte sich für die Arbeit der Hymnologie auch der Unterstützung der Literaturwissenschaft versichern. Die Forschung müsse „Hilfe ..., sorgsamer als bisher, von der Literaturwissenschaft suchen"[136]. Weiter heißt es dann:

> Auch im Interesse der ev[angelischen] Gemeinde soll die Wissenschaft vom K[irchenlied] nicht ein Monopol der Theologie und der ihr verbündeten Kirchenmusikwissenschaft bleiben, wie sie es heute, fast allzu genügsam, zu sein scheint.[137]

Die Neufassung des Artikels „Hymnologie" enthält gegenüber der Fassung in der 2. Auflage von 1928 eine deutliche Spitze gegen die von Mahrenholz vertretene Richtung. Es heißt dort:

> Der liturgische Purismus droht den Unterschied zwischen Kirchenlied und „geistlichem Lied" zur Sperrmauer zu verfestigen. Demgegenüber bedenkt eine theologisch und literaturwissenschaftlich besonnene H[ymnologie] den fließenden Charakter jenes Unterschiedes, so wie er, trotz aller Doktrinen, den reformatorischen Anfängen entspricht und sich am Gesamtbilde unserer Gesangbücher erweist und behauptet.[138]

Aber das neue Gesangbuch hat sich überall durchgesetzt, die einzelnen Gliedkirchen und die Gemeinden haben es als verbindlich angenommen. Es ist allerdings zu fragen, ob man überall weiß, welchen grundsätzlichen Überlegungen dieses Gesangbuch seine Entstehung verdankt und wo diese Überlegungen ihren Ursprung haben.

Eine andere Frage, die hier nicht untersucht werden kann, ist die, ob Theorie und Praxis tatsächlich immer übereinstimmen, ob jedes einzelne Lied den Anforderungen und den theoretischen Überlegungen entspricht, die Mahrenholz mit solcher Entschiedenheit ausgesprochen hat.

Ingeborg Röbbelen ist in ihrer Göttinger theologischen Dissertation aus dem Jahre 1954 den von Mahrenholz gewiesenen Weg gegangen. Sie untersucht „Theo-

2. Die Hymnologie als theologische Wissenschaft

logie und Frömmigkeit im deutschen evangelisch-lutherischen Gesangbuch des 17. und frühen 18. Jahrhunderts" und kommt dabei zu bemerkenswerten Ergebnissen[139]. Die Verfasserin analysiert die „Gesangbuchfrömmigkeit", sie zeigt, wie sich „Theologie" und „Frömmigkeit" miteinander und gegeneinander entwickelt haben und welcher Art der hier von ihr gesehene Verfallsprozeß im einzelnen ist. Sie betrachtet die äußere Gestalt der Gesangbücher, und sie kommt an Hand der Gesangbuchregister zu Erkenntnissen über den inneren Aufbau der Gesangbücher; die Lieder selbst werden als „Gesangbuchaussagen" gewertet und verwertet.

Die Begriffe „Theologie" und „Frömmigkeit" haben nach der Definition der Verfasserin eine doppelte Bedeutung. Theologie ist einmal „wissenschaftliche Betätigung einer oder mehrerer Epochen – und d. h. in diesem Fall ... dogmatische Wissenschaft", zum andern ist sie „kritische Funktion der Kirche, ... deren stete Beunruhigung vom Wort her."[140] Frömmigkeit kann „eine vom Wort Gottes und seiner Verkündigung mehr oder weniger losgelöste menschliche Religiosität" sein[141], damit aber ist sie „alles das ..., was sich im konkret-geschichtlichen Leben der Kirche und der christlichen Gemeinde jenem kritischen Zugriff der Theologie, jener steten Beunruhigung durch die Theologie meinte entziehen zu können."[142] Diese Frömmigkeit wird hier verworfen, sie wird als „theologisch fragwürdig" abgelehnt[143]. Daneben gibt es aber „noch einen im spezifischen Sinn theologisch legitimen Gebrauch dieser Vokabel": „echte wortgebundene Frömmigkeit"[144], Frömmigkeit als „eine Antwort des christlichen Glaubens auf den Anruf Gottes – in Lob, Dank und Anrufung – mit Wort und Tat."[145]

Für die Beschäftigung mit dem Kirchenlied fordert Ingeborg Röbbelen eine „adäquate" Betrachtungsweise: Die Hymnologie müsse versuchen, „ihren Gegenstand adäquat, und d. h. ... unter theologischen oder theologie- und frömmigkeitsgeschichtlichen Gesichtspunkten zu betrachten und zu beurteilen."[146] Diese Forderung richtet sich allerdings nicht nur gegen die Arbeit der Germanistik am Kirchenlied, sondern ebensosehr gegen die bisherigen theologischen Arbeiten zur Hymnologie. Die großen Sammlungen werden übrigens von Ingeborg Röbbelen ausdrücklich als „germanistisch-hymnologische Sammlungen" bezeichnet[147]. Gegenüber den germanistischen Arbeiten und Aussagen über das Kirchenlied ist sie jedoch nicht allzu streng, weil sich hier Mängel „bei den fehlenden theologiegeschichtlichen und erst recht theologischen Fachkenntnissen ihrer Verfasser schwerlich vermeiden" ließen[148]. Für eine richtige Deutung des Gehalts der Lieder gibt Ingeborg Röbbelen aber zu bedenken, es müsse beachtet werden, „daß alle Ausdrucksformen kirchlich-religiöser Rede und Dichtung gleichsam aus zwei Wurzeln gespeist werden". Sie seien „auf der einen Seite bestimmt durch ihren Gehalt", dieser aber transzendiere „nach der inhaltlichen Seite alles Menschlich-Zeitliche insofern ..., als in der Verkündigung und Rede von Gott in und unter Menschenwort Gottes glaubenschaffendes Wort Ereignis und Gegenwart werden kann." „Jenes Menschenwort" sei „jedoch ... stets das Wort einer bestimmten Zeit und einer qualifizierten Sprache als Ausdruck je dieser Zeit"[149]. – Die Verfasserin ist aber der Meinung, daß das Barock hier im allgemeinen zu weit gegangen sei, daß die zeitgebundenen Tendenzen in der geistlichen Barockdichtung zu stark überwögen, daß hier Menschenwort und Gotteswort nicht im rechten Verhältnis ständen:

> Die Art und Weise, wie sich der barocke Lebensgeist in seinen vielfältigen und gegensätzlichen Erscheinungsformen auch in der Gesangbuchdichtung ausprägt, geht über das Maß hinaus, nach dem alles menschliche Reden in Verkündigung und Bekenntnis, Lobpreis und Bitte der jeweiligen Zeit und ihrer besonderen Sprache und charakteristischen Fragestellung verhaftet ist.[150]

Ingeborg Röbbelen beschreibt in ihrer Arbeit den Strukturwandel in der Frömmigkeit, sie sieht, was in der geistlichen Lyrik des 17. Jahrhunderts vor sich geht, und sie tadelt dies von ihrer Position aus, wenn sie sagt, über dem „Hin- und Hergetriebenwerden zwischen ‚barocker Demut und barocker Hybris'" scheine der Kirchenlieddichtung

> nur zu leicht und zu schnell das Wissen um den alleinigen Mittelpunkt und ruhenden Pol in der Flucht der Erscheinungen und Stimmungen verlorengegangen zu sein. Es ist ihr darüber hinaus der letzte Rest des Bewußtseins abhanden gekommen, daß Kirchenlieddichtung aus dem Glauben und dem Leben der Gemeinde geboren sein sollte und nicht in den Dienst der Darstellung des Individuums und seiner Subjektivität geraten dürfte.[151]

Der Abstand zwischen der neuen, theologisch geprägten Hymnologie und einer literarhistorischen Betrachtung der geistlichen Lyrik wird hier unmittelbar deutlich. Hymnologie und Germanistik haben sich in den letzten Jahrzehnten also weit voneinander entfernt. – Natürlich ist es möglich, die geistliche Lyrik unter theologischen Gesichtspunkten so zu sehen. (Doch das sind für einen Theologen selbstverständlich nicht nur „Gesichtspunkte".) Was Karl Barth verurteilt, was er als „Nebenzentrum" bezeichnet, was Lukas Christ und Christhard Mahrenholz für Symptome eines Verfalls halten, die Frömmigkeit, die Ingeborg Röbbelen als „menschliche Religiosität", als „eigenmenschliche Frömmigkeit" abwertet, all diese negativen Bestimmungen treffen genau das, was wir als etwas Positives, als Gewinn empfinden, es ist das, was wir in der geistlichen Lyrik aufzuspüren suchen: das Neuzeitliche, die Lösung aus den objektiven Bindungen, den Ton der Innigkeit, der Andacht, die Ich-Aussprache im geistlichen Lied. Hier ist das, was nach dem Worte Günther Müllers die geistliche Lyrik zum „Wegbereiter der Erlebnislyrik im modernen Sinn" macht[152], das, was sie „von entscheidender Bedeutung für die Erkenntnis der neuzeitlichen Bekenntnisdichtung" werden läßt[153]. – Wir jedenfalls wollen den Ort der geistlichen Lyrik in der Geistesgeschichte bestimmen, wir wollen die geistliche Lyrik als Dichtung betrachten, als Dichtung einer jeweils historisch faßbaren Epoche, nicht als Teil einer göttlichen Offenbarung im Wort, an der dann wissenschaftliche Feststellungen eigentlich nicht mehr möglich sind.

III. Kapitel

Das Bild Johann Heermanns in der Forschung

Das Ziel dieses Kapitels ist es nicht, eine vollständige Übersicht über die einschlägige Sekundärliteratur zu geben. Mit der Besprechung einzelner Schriften soll lediglich die Forschungslage charakterisiert werden; außerdem soll einiges aus dem Ertrag älterer Arbeiten mitgeteilt werden, soweit in ihnen Literatur erschlossen wurde, die jetzt nicht mehr oder doch nur sehr schwer zugänglich ist. Dabei muß jedoch beachtet werden, daß diese Verfasser die Schriften unter anderen Gesichtspunkten gelesen haben, als wir es heute tun würden.

Der erste Abschnitt befaßt sich mit kleineren Arbeiten, älteren Lebensbeschreibungen, volkstümlichen und halbwissenschaftlichen Darstellungen, der zweite bespricht die Dissertationen von Hans-Peter Adolf und Carl Hitzeroth, der dritte zeigt, zu welchen Ergebnissen Hans Heckel und Richard Newald in ihren Darstellungen gekommen sind.

1. Lebensbeschreibungen und allgemeine Darstellungen

Johann Heermann wird in allen älteren Literaturgeschichten – mit Ausnahme der Wilhelm Scherers – genannt. Er gilt als der „geplagte Kreuzträger", als der „Kreuzdulder"[1], dessen Dichtung Ausdruck seines Lebens ist. Man glaubt, seine Lieder seien durch persönliche Erlebnisse geprägt[2].

Die meisten Arbeiten über Johann Heermann wollen sein Leben beschreiben und stammen von Theologen oder doch von Männern aus dem Bereich der Kirche[3]. Oft verfolgen diese Schriften christlich-erbauliche Absichten: Ein Vorbild im Glauben soll dargestellt, ein Großer des Gesangbuchs dem christlichen Leser nähergebracht werden.

Eine Lebensbeschreibung war schon das „Neue Ehrengedächtniß" von Johann David Heermann, „Prediger an dem Bethause zu Köben, und der Gesellschaft der freyen Künste in Leipzig Ehrengliede", aus dem Jahre 1759. Dieser Johann David Heermann ist nicht mit dem Dichter verwandt, war aber seit 1753 Prediger in Köben, wo Johann Heermann von 1611 bis 1638 das geistliche Amt innegehabt hatte. – Heermanns Kirche war bereits 1654 – im Zuge der Gegenreformation – den Katholiken zugesprochen worden; erst in preußischer Zeit, seit 1741, wurde dort, wie auch sonst in Schlesien, wieder protestantischer Gottesdienst gehalten. – Johann David Heermanns Bericht beruht auf der Lebensbeschreibung in der Leichenpredigt, die der Pfarrer Johann Holfeld am 27. Februar 1647 für den am 17. Februar des gleichen Jahres verstorbenen Johann Heermann in Lissa „in groß Poln" gehalten hatte⁴. Von der Schrift des Johann David Heermann gehen alle späteren biographischen Arbeiten über den Dichter aus, oft allerdings wieder nur mittelbar.

Der große Hymnologe Philipp W a c k e r n a g e l hat seiner 1856 erschienenen Auswahl aus den Dichtungen Johann Heermanns eine umfangreiche Biographie vorangestellt. Er erzählt Heermanns Lebensgeschichte und gliedert die Lieder in den Lebensgang ein. Die Werke zählt er an ihrer Stelle im Lebensganzen auf. Er berichtet von Heermanns Elternhaus in Raudten im damaligen Fürstentum Wohlau, wo der Dichter am 11. Oktober 1585 geboren wurde, er spricht von den Schulen, die Heermann besucht hat, seinen Lehrern, dem Aufenthalt bei Valerius Herberger in Fraustadt, der Dichterkrönung 1608, der Heirat 1612, dem Tod der ersten Frau 1617, der Wiederverheiratung im folgenden Jahr⁵. Wackernagel berichtet im einzelnen von Krieg, Bedrängnis, Pest und Plünderung, von vielfacher Krankheit, unter der Heermann zu leiden hatte, und schließlich von seinen Gebrechen während der letzten neun Lebensjahre in Lissa; er erzählt davon, daß die Jesuiten Heermanns Sohn Samuel im Jahre 1640 zu sich herüberziehen wollten, daß dieser aber im letzten Augenblick der Versuchung widerstand. Wackernagel faßt die Summe von Heermanns Leben in diese Worte zusammen:

> Wo ist noch ein Leid, das J o h a n n H e e r m a n n nicht getragen? Angst der Sünden, Krankheit, Tod einer geliebten Frau, Pest, Krieg, Verfolgung, Elend, Plünderung, Verhinderung am Amt, Verführung eines geliebten Sohnes, Tod des eben geretteten, alles in lebenslänglichem Siechtum und Schmerz des Leibes, seit zwanzig Jahren begleitet von dem Schmerz des Geistes über die Drangsale des Volks und der Kirche, – wahrlich! nur die Drangsale des Volkes und der Kirche kommen den seinigen bei, und übersteigen sie...⁶

Wackernagel gibt eine warmherzige Schilderung; das Ganze ist getragen von der Frömmigkeit des Verfassers.

Ein Jahr darauf, 1857, schrieb der Pfarrer Karl Friedrich L e d d e r h o s e ein Büchlein über Heermann. Auch er gibt das Leben des Dichters nach der Predigt Holfelds wieder, er flicht manches aus Heermanns Predigten ein, und er teilt „Perlen" aus den poetischen Werken mit. Wackernagels Darstellung ist vorzuziehen.

Ergänzungen zur Bibliographie und Einzelheiten zu Heermanns Lebensgeschichte bringen die Aufsätze von Heinrich S c h u b e r t und Wilhelm August B e r n h a r d in der „Zeitschrift des Vereins für Geschichte und Alterthum Schlesiens" (1885 und 1887). Schubert weist in Breslauer Bibliotheken die Vorstufen zu den neun Büchern lateinischer Epigramme von 1624 nach, er hat lateinische Schulreden von Heermann aufgefunden, er nennt Einzeldrucke, so den der Jubilusübersetzung und den der „Trost- vnd Ehren-Schrifft" auf den Tod seines Verlegers David Müller vom Jahre 1636⁷, und er führt Predigten in Einzeldrucken an, die später in die Sammlungen übernommen wurden. Für die Klärung der Lebensumstände wird besonders die lateinische epigrammatische Dichtung herangezogen: Gedichte an Freunde, Einladungen, Lobgedichte; danach wird Heermanns Biographie wiedergegeben – man bemüht sich, seinen Alltag mitzuerleben.

Heermann teilt jedes Ereignis in Versen mit. Er schickt den Freunden Gedichte darüber, daß er sich verheiraten wird, er begrüßt neue Verwandte mit lateinischen

Gedichten, er gibt auch 1617 den Tod seiner ersten Frau den entfernter wohnenden Freunden – dem Arzt Caspar Cunrad und dem Studienfreund Nicolaus Henel[8], beiden in Breslau, seinem Kirchpatron Leonhard von Kottwitz und befreundeten Geistlichen – in lateinischen Epigrammen bekannt. Diese Gelegenheitsdichtung nimmt er später in seine Gedichtsammlung auf. Er folgt damit dem Beispiel anderer Dichter seiner Zeit. Es ist konventionelle Freundschaftsdichtung in vorgegebenen Formen. Heermann steht hier in der Tradition der Neulateiner. Die Verse sind gefällig und flüssig, Heermann verzichtet nicht auf rhetorischen Schmuck, er liebt Wortspiele und Pointen, vieles ist formelhaft.

In den „Epigrammen" stehen auch Heermanns Gedichte an eine fiktive Geliebte, der er den Namen Charibella gegeben hat. Daß Heermann solche Verse schreibt und gleichzeitig beteuert, diese Geliebte habe nie existiert, zeigt, wie sehr er seiner Zeit verhaftet ist. In der Vorrede sagt er entschuldigend von diesen Gedichten: „Sed quoniam mere ficta ludunt non laedunt; pungunt non occidunt."[9]

Es zeigt sich aber auch, daß Heermann ein **christlicher** Neulateiner ist. In einem allegorischen Gedicht redet der Dichter, der gerade Witwer geworden ist, einen Turteltäuber an, der seine Taube verloren hat, und vergleicht sein Schicksal, seine Trauer, Zug um Zug mit der Trauer des Täubers. (Schubert hält es für „Erlebnisdichtung" und glaubt an eine zufällige Duplizität der Ereignisse[10].) Nur am Schluß des Gedichts läuft beider Geschick nicht mehr parallel. Heermann kann Trost in seinem Glauben finden, dieser ist der sterblichen Kreatur versagt.

> Infelix nimium sors est utriusque; sed ista
> Parte tamen melior sors mea sorte tua est.
> Christus in extrema reddet mihi luce maritam,
> Restituet sociam sed tibi nulla dies.[11]

Das glatte Latein dieser frühen Gedichte steht in seltsamem Gegensatz zu der unbeholfenen Sprache von Heermanns gleichzeitigen ersten deutschen Versen. Um das zu belegen, sollen hier ein paar Verse wiedergegeben werden, die Schubert aus den „Flores" von 1609 zitiert. Sie beziehen sich auf das Evangelium von der Versuchung Christi durch den Teufel (Matth. 4, 1–11):

> Dominica Invocavit.
> Der dich auff so viel Weg ficht an
> HERR Christ, wie solt er michs erlan?
> Er sucht mein Seel auff alle weiß,
> Wie ein Hungriger Lew sein speiß
> ...[12]

Aus den lateinischen Epigrammen hat man einzelne Stationen von Heermanns Bildungsreise nach Straßburg zu rekonstruieren gesucht, die er mit seinen Zöglingen, den beiden Söhnen Wenzels von Rothkirch, im Jahre 1609 unternommen hatte, und man hat seinen Rückweg in die Heimat – über Frankfurt, Marburg, Erfurt und Leipzig – verfolgt. Heinrich Schubert und nach ihm andere bis auf Rudolf Alexander Schröder stellen fest, daß es auf der Reise geregnet habe und daß der Weg schlecht gewesen sei. Gerade an solchen Punkten setzen aber auch die Bedenken gegen den Quellenwert der Epigramme ein. Es ist zu vermuten, daß in ihnen mit den Mitteln der Rhetorik typische Situationen beschrieben werden und daß auch „Regen" und „schlechter Weg" Topoi sind, die in die Schilderung einer Reise hineingehören. – Schon Wilhelm August Bernhard hat festgestellt, daß es den Ort Traurbach nicht gibt, in dem Heermann einmal übernachtet haben will („Traurbachii dormita mihi est nox ista")[13]. Wahrscheinlich wurde der Name wegen der traurigen Erlebnisse mit einer zänkischen Wirtin gewählt, deren Existenz natürlich auch nicht so sicher ist. – Jedenfalls will Heermann in seinen „Epigrammen" weder „Anschauungen" darlegen noch Lebensumstände realistisch schildern. Vielleicht ist vieles von dem, was bei Schubert, Bernhard und Hitzeroth aus den Epigrammen zitiert wird, was andere dann für die Darstellung von Heermanns Leben ausgewertet haben, doch nicht in dem Maße „erlebt", wie die betreffenden Verfasser vermuten. Man sollte jedenfalls nicht so weit gehen, Heermann noch nach 350 Jahren zu bedauern und zu bemitleiden, weil er auf schlechten Wegen reisen mußte und oft vom Regen durchnäßt war. Gerade dieses Motiv spielt aber immer wieder eine Rolle in den verschiedenen Lebensbeschreibungen. Hier glaubt man, Heermann menschlich nahekommen zu können.

In christlichen Schriftenreihen sind einige mehr oder weniger volkstümlich-erbauliche Beschreibungen von Heermanns Leben erschienen. Die Schilderungen gleichen einander in vielem. Es ist nur eine Frage des zur Verfügung stehenden Raumes, ob die Geschichten von dem säbelschwingenden Kroaten und von den Feinden erzählt werden, die Heermann Kugeln nachjagten, als er vor der Gegenreformation über die Oder fliehen mußte[14]. – In den „Schriften des Vereins für Reformationsgeschichte" gibt Adolf Henschel 1905 eine Broschüre über Heermann heraus. – In der Reihe „Welt des Gesangbuchs" (mit dem Untertitel „Die singende Kirche in Gabe und Aufgabe"[15]) beschreibt Alfred Wiesenhütter (um 1935) Heermanns Leben und den Segen, der von ihm und seinem Werk ausgegangen ist. Wiesenhütter stellt Heermann mit einzelnen Versen auf eine Stufe mit Goethe, er vergleicht ihn aber auch mit Bismarck und Mörike[16]. – Zu nennen ist auch die Schrift von Otto Brodde, die 1948 – als Beitrag zu Heermanns 300. Todestag im Jahre 1947 – in der Sammlung „Eine Wolke von Zeugen" (nach Hebr. 12,1) erschienen ist. Heermann wird als Bote des Trostes geschildert, in einer Zeit, die in besonderem Maße des Trostes zu bedürfen schien; seine Lieder werden herangezogen als Zeugnisse seiner Glaubenshaltung. – Gerhard Hultsch hat 1953 über Johann Heermann, den „Sänger des Leides und des Trostes", in der Reihe „Gotteszeugen" eine Schrift von 20 Seiten veröffentlicht. In Übereinstimmung mit den Absichten der Reihe – sie ist „für Jugend und Gemeinde" bestimmt – bringt er seinen Lesern Heermanns Lebenslauf in der üblichen Weise nahe.

Der letzte evangelische Pfarrer von Köben, Günter Wagner, der Schlesien 1945 verlassen mußte, hat ebenfalls in einer kleinen Schrift an Johann Heermann, den „Sänger von Köben", erinnert. Die Arbeit lehnt sich an die bekannten Schriften an; nachdem Wagner einen Überblick über die Lage Schlesiens bis zum Dreißigjährigen Krieg und im Kriege gegeben hat, behandelt er Heermann in den Abschnitten: des Dulders Werden, des Dichters Werk, des Kirchenmannes Wirken. Der Verfasser nimmt herzlichen Anteil am Leben Johann Heermanns. Heermann habe auf der Reise nach Straßburg „die landschaftlichen Schönheiten und Verschiedenheiten des weiten deutschen Vaterlandes" kennengelernt. Die Rückreise war dann allerdings weniger erfreulich:

> Schlechtes Wetter und ständiger Regen behinderten den geschwächten Wanderer. Immer wieder wurde er vollständig durchnäßt und von Fieberschauern geschüttelt.[17]

Auch Wagner versucht also, sich in Heermanns Leben hineinzuversetzen, so wie es in den Epigrammen überliefert scheint.

Wichtiger als diese Schriften ist das, was Rudolf Alexander S c h r ö d e r für Heermann und sein Werk geleistet hat. Unter dem Titel „Johann Heermanns frohe Botschaft" hat er 1936 eine Auswahl aus Heermanns Evangeliendichtung gegeben, die er besonders schätzt – er trifft sich darin mit Lemcke und Hitzeroth. Aus dem gleichen Jahr stammt das Bändchen „Dichtung und Dichter der Kirche". Es enthält eine Übersicht über „Das deutsche Kirchenlied" und Aufsätze über Johann Heermann, Paul Fleming und Johann Rist. Später sind andere Aufsätze und Vorträge hinzugekommen, so daß jetzt in den „Gesammelten Werken" ein ganzer Abschnitt über die geistliche Dichtung von Luther über Paul Gerhardt und Simon Dach bis zu Aßmann von Abschatz steht[18]. Mit viel Liebe und mit ebensoviel Sachkenntnis deutet Schröder Heermanns Dichtung. Es ist allerdings immer sein ganz persönlicher Eindruck, sein persönliches Angerührtsein, was er wiedergibt. Schröder fordert damals, 1936, vor allen Dingen eine Verstärkung der Forschung in den Archiven Schlesiens. Er möchte den historischen und kulturhistorischen Hintergrund von Heermanns Leben besser gesichert wissen[19].

Siegfried F o r n a ç o n hat darauf hingewiesen, daß die Kirche „ihrem größten Dichter zwischen Luther und Gerhardt" noch eine kritische Gesamtausgabe schuldig sei[20]. Aber wie könnte eine solche „Heermann-Ausgabe" aussehen? Was wird sie enthalten? Was ist schon vorhanden? Bei welchen Werken wäre eine Auswahl möglich?

Von Heermanns L y r i k ist einiges wieder abgedruckt worden. Philipp Wackernagel und Julius Mützell haben die „Devoti Musica Cordis" vollständig wiedergegeben (1856 bzw. 1858); fast vollständig, dazu mit den Varianten der verschiedenen Fassungen, stehen die Lieder bei Fischer-Tümpel (Bd 1, 318–363; 1904). Darauf kann aufgebaut werden. Ein Paralleldruck der Ausgabe von 1630 und der Klosemannschen von 1644 wäre im übrigen nötig. – Mit den späteren Ausgaben der „Devoti Musica Cordis" sind Heermanns „Zwölff Geistliche Lieder" eng verbunden. In der Ausgabe von 1650 stehen sie sogar als dritte Gruppe innerhalb der „Devoti Musica Cordis" vor den „Gebet und Andachten". Fischer-Tümpel gibt daraus ein Beispiel (Bd 1, 379). Auch sie sollten nachgedruckt werden. – Aus den „Sontagsvnd Fest-Evangelien" hat Rudolf Alexander Schröder – wie schon erwähnt – 1936 eine Auswahl gegeben, die ungefähr zwei Drittel des Ganzen umfaßt. Er modernisiert allerdings Orthographie und Zeichensetzung und nimmt einige leichte Kürzungen vor, ändert auch einmal etwas. Die „Sontags- vnd Fest-Evangelia" gehören vollständig in eine „Heermann-Ausgabe". – Die „Poetischen Erquickstunden" und die gleichzeitig erschienene Sammlung „Geistlicher Poetischer Erquickstunden Fernere Fortsetzung" enthalten Heermanns dichterischen Nachlaß. Es sind Dichtungen aus den verschiedensten Zeiten seines Lebens: Gelegenheitsdichtung, weitere Kirchenlieder, Umdichtungen eigener Lieder, Bearbeitungen von älteren Gesängen anderer Verfasser, Reimgebete und Nachträge zu den Festevangelien. Hier geben Wackernagel und Fischer-Tümpel eine Auswahl[21]. Auch diese Texte sind wichtig und gehören hinein in eine „Heermann-Ausgabe". – Heermanns Spruchdichtung, die „Praecepta Moralia" und das „Exercitium Pietatis", hat Wilhelm August Bernhard 1886 mit veränderter Orthographie und neuer Zeichensetzung herausgegeben. Die „Praecepta Moralia", lateinische Sprüche und Sprichwörter mit gereimter deutscher Übertragung, sollten bei der christlichen Erziehung der Jugend helfen, sie sind ein „Zuchtbüchlein für die zarte Schuljugend". Auch das „Exercitium Pietatis" ist für die Jugend bestimmt. Heermann hat es seinen eigenen Kindern gewidmet. Auf kurze lateinische Zwei- oder Vierzeiler folgt jeweils eine deutsche Übersetzung, die fast immer den doppelten Umfang hat[22]. – Ein Exemplar der „Flores" von 1609 befindet sich in der Bibliothek des Britischen Museums. Die „Flores" sind wichtig als Vorstufe des „Exercitium Pietatis". Fischer gibt daraus lediglich zwei Beispiele (FT 1, 310. 311). – Eine Ausgabe der „Andechtigen KirchSeufftzer" von 1616 und ihrer Bearbeitung, des „Schließ-Glöckleins" von 1632, fehlt[23]. Sie wäre dringend nötig, weil sich gerade hier das Werden der Sprache geistlicher Barocklyrik ablesen läßt. – Auch Heermanns lateinische Dichtung würde natürlich in eine Gesamtausgabe hineingehören, doch scheinen die „Epigramme" von 1624 nicht mehr greifbar zu sein[24].

Von Heermanns Prosa sind nur die beiden frühen Erbauungsbücher „Crux Christi" von 1618 und „Heptalogus Christi" von 1619 wieder abgedruckt worden (1861 bzw. 1856). Sie enthalten Passionspredigten und Passionsbetrachtungen[25]. – Der Umfang des Heermannschen Predigtwerks ist sehr viel größer als der seines lyrischen Werks. Heermanns eigentliche Predigten, mit denen er das Kirchenjahr begleitet, sind zwischen 1624 und 1638 in vier Foliobänden mit zusammen etwa 5000 Seiten als „Labores Sacri: Geistliche Kirch-Arbeit" erschienen. Daneben gibt es von Heermann Tauf-, Trauungs- und Leichenpredigten. In den „Christlichen Tauf-Sermones" stehen 86 Taufreden. Heermanns „Nuptialia oder ... Christliche Treuungs-Sermones" (aus dem Nachlaß, 1657) enthalten auf über 900 Seiten 145 Traureden. Die Leichenpredigten umfassen fünf Bände mit insgesamt 147 Predigten auf zusammengenommen fast 3200 Seiten[26]. – Hier kann also nur ausgewählt werden. Dabei sollten Predigten gedruckt werden, die besonders eindrucksvolle Beispiele für die scholastische Predigtweise darstellen, andere, die zeigen, in welcher Weise Heermann den vierfachen Schriftsinn erschließt, auch Kasualpredigten, die sich gerade unter den „Treuungs-Sermones" finden[27]. Sollte ein Theologe diese Ausgabe veranstalten, würde er vielleicht außerdem gute, erbauliche Durchschnittspredigten wählen, die einem Christen auch heute noch etwas zu sagen haben.

2. Die Untersuchungen von Carl Hitzeroth und Hans-Peter Adolf

Den volkstümlich-erbaulichen Schriften stehen nur zwei literaturwissenschaftliche Untersuchungen gegenüber: die Marburger Dissertation von Carl Hitzeroth aus dem Jahre 1907 und die Tübinger von Hans-Peter Adolf aus dem Jahre 1957. Die Arbeit von Hitzeroth soll aus besonderen Gründen etwas ausführlicher besprochen

2. Die Untersuchungen von Carl Hitzeroth und Hans-Peter Adolf

werden, aus denselben Gründen werden die Bemerkungen über die zeitlich spätere Untersuchung vorangestellt.

Hans-Peter Adolf untersucht in seiner Dissertation „Das Kirchenlied Johann Heermanns und seine Stellung im Vorpietismus"; er gibt eine Inhaltsanalyse (S. 12–56) und eine Sprachanalyse (S. 57–105). Die darauf folgende Zusammenfassung (S. 106–108) bringt keine Synthese. Eine Gegenüberstellung von drei Passionsliedern – je einem von Selnecker, Heermann und Zinzendorf – und deren Interpretation schließt die Arbeit ab (S. 108–123), wobei jedoch die Wiedergabe der Texte etwa die Hälfte des Raumes einnimmt. Heermanns Lied steht im Mittelpunkt der Interpretation. Die 26 Seiten mit Anmerkungen täuschen mehr Gewicht vor, als sie wirklich besitzen. Der Umfang kommt durch die dauernde Wiederholung vollständiger Werktitel zustande.

Was über den Inhalt von Heermanns Dichtung gesagt wird, ist wenig ergiebig. Es wird über die Welt, die Sünde, das Todesproblem, die Jesusminne gesprochen. Ein Abschnitt beschäftigt sich mit „J. Heermanns Stellung in der protestantischen Mystik des 17. Jahrhunderts" (S. 40–48), der folgende behandelt den „Übergang vom objektiven zum subjektiven Stil im Kirchenlied des 17. Jahrhunderts" (S. 49–56), er enthält, neben allgemeinen Äußerungen, noch einmal einen besonderen Abschnitt über Johann Heermann (S. 53–56). Die Erkenntnisse stammen alle aus zweiter Hand, Zitate werden aneinandergereiht, oft sind sie nicht einmal glücklich gewählt, ab und zu äußert Hans-Peter Adolf sein Einverständnis, ohne sich jedoch mit der Sekundärliteratur wirklich auseinanderzusetzen. Der unterschiedliche Aussagewert dieser Zitate ist nicht erkannt. – Den Hinweis auf Martin Mollers „Meditationes Sanctorum Patrum" und Johann Arndts „Paradiß Gärtlein" als Quelle Heermannscher Kirchenlieder übernimmt der Verfasser von Hitzeroth[28]. Er behauptet aber, daß „eine Nachprüfung der Ergebnisse Hitzeroths ... nicht möglich" sei, da sich Heermanns Schriften „in heute unzugänglichen Bibliotheken" befänden[29].

Die Sprachanalyse beginnt mit einem Abschnitt über die Sprache des Barockzeitalters (S. 57–60), es folgen 28 Zeilen über das Kirchenlied des 17. Jahrhunderts (S. 61). Hier sind zwei einleitende und sieben weitere Sätze zu einem Mosaik aneinandergefügt. Sechs davon sind durch Anmerkungen als Zitate gekennzeichnet. Sie stammen von Rudolf Alexander Schröder, Herbert Cysarz, Eugen Wolff[30], Günther Müller, Fritz Strich und Erich Trunz, und dann formuliert Hans-Peter Adolf in einem abschließenden Satz gleichsam eine Quintessenz – das eingeschobene „so" deutet es an:

> Das Kirchenlied kann so mehr als alle anderen Zweige der Dichtung des 17. Jahrhunderts volkstümlich bleiben, es ist der unmittelbare Ausdruck des einzelnen, wie es auch von der Stimmung aller getragen ist.[31]

Das scheint eigene Erkenntnis, wenn sie auch nicht besonders originell ist, doch der Verfasser paraphrasiert damit nur einen Satz von Koberstein. Er wurde bereits oben angeführt, als die Auffassung charakterisiert werden sollte, die man in der Mitte des 19. Jahrhunderts von der geistlichen Lyrik besaß[32]. – Das Folgende ist wieder Johann Heermann gewidmet (S. 62f.), ein Abschnitt über die Sprache der Mystik und des Pietismus schließt sich an (S. 63–66). Im Mittelpunkt des zweiten Teils steht jedoch die Wort- und Stiluntersuchung. Für die Wortuntersuchung (S. 67–79) geht Hans-Peter Adolf von Begriffen aus, die August Langen gewonnen hat. – Die Stiluntersuchung (S. 80–105) fußt auf Wilhelm Wackernagels Poetik von 1873 (die aber, wie aus dem Vorwort hervorgeht, auf Vorlesungen aus dem Sommer 1836 beruht) und auf der Stilistik von Richard Moritz Meyer – diese wird zwar in der dritten Auflage von 1930 benutzt, stammt jedoch schon aus dem Jahre 1904. Das Ergebnis der Untersuchung kann also kaum über das hinausgehen, was Hitzeroth bereits 1907 gesagt hatte. Aber die Arbeit wird nun nicht mehr mit dem gleichen Ernst und mit der gleichen Gründlichkeit betrieben, womit Hitzeroth ans Werk gegangen war.

Die Dissertation von Carl Hitzeroth ist eine gute positivistische Arbeit. Natürlich ist sie in vielem überholt. Das liegt an dem zeitlichen Abstand und daran, daß Hitzeroth andere Ziele verfolgt als die heutige Literaturwissenschaft. Der folgende Überblick will also keine Auseinandersetzung mit Einzelheiten der Dissertation bringen, ebensowenig ist daran gedacht, Ergebnisse der Arbeit mitzuteilen, um auf ihnen weiterzubauen, viemehr soll der Typus dieser Arbeit charakterisiert, es soll gezeigt werden, mit welcher Methode Hitzeroth an seinen Gegenstand herangeht und welche Auffassung von der Dichtung des 17. Jahrhunderts und der geistlichen Lyrik hinter seinen Ergebnissen steht. Am Schluß wird sich die Frage stellen, ob Erkenntnisse, die auf solchen Wegen gewonnen sind, die auf zeitbedingten Voraussetzungen beruhen, noch heute unkritisch als „Stand der Forschung" weitergegeben werden können, ohne daß hier ein Vorbehalt angedeutet wird.

Hitzeroth sucht in den beiden Hauptteilen seiner Untersuchung „Johann Heermanns Persönlichkeit" (S. 5–63) und „Heermanns Dichtung" (S. 64–158) zu erfassen. Es geht ihm also um den Mann und das Werk. Ein besonderes Problem geistlicher Dichtung besteht für ihn nicht: Heermann ist ein Dichter, der in seinem Werk „Lebensanschauungen" und „religiöse Anschauungen" vertritt. Das Ziel solcher älterer Arbeiten ist es, Dichtung als „Erlebnisdichtung" hinzustellen. Teile des Werks, die dieser Auffassung widersprechen, werden unterdrückt oder doch entschuldigt. – Stil ist für Hitzeroth – wie für andere in jener Zeit – noch eine Summe von Redefiguren, deshalb kann er die Dichtung nach einem aus der antiken Rhetorik gewonnenen Katalog auf die Verwendung solcher „Stilmittel" abfragen.

Hitzeroth beginnt mit der Biographie des Dichters, wobei die Dichtung Material für die Darstellung der Lebensumstände liefern muß. Zu deren Erhellung zieht er besonders die lateinischen Epigramme heran.

Zur Persönlichkeit des Dichters gehören für Hitzeroth seine „Anschauungen". Er liest sie aus dem Inhalt der Dichtungen heraus. Dahinter steht die Auffassung, daß ein Dichter mit seiner Dichtung sich selbst geben, seine Meinungen und Gefühle aussprechen wolle. Das Werk – hier vor allem Heermanns Spruchdichtung: die lateinischen „Epigramme", dann die „Praecepta Moralia", das „Exercitium Pietatis", einzelnes aus den „Poetischen Erquickstunden" und deren „Fernerer Fortsetzung" – wird wie ein Brevier vorgenommen. Hitzeroth sieht seine Aufgabe darin, zu systematisieren, was in diesen Werken an „Lebensanschauungen" enthalten ist. Er fügt Zitate aus dem Werk zusammen. Es ergeben sich Kategorien wie: Vaterlandsliebe, Heimatgefühl, Lebensfreude, Liebe, Treue und Geduld. Hitzeroth stellt fest, bei

Heermann seien Freundschaft und Liebe „durch dieselbe Kardinaltugend, die Treue, miteinander verbunden."[33] – Anschauungen, die sich mit dem geistlichen Stand des Dichters nicht zu vertragen scheinen, „leichtfertige" Äußerungen in der lateinischen Jugenddichtung, werden dagegen nur flüchtig erwähnt und nicht in das System einbezogen:

> Von dieser fast strengen Beurteilung des Liebesgefühls heben sich krass ab lateinische Epigramme, die z. T. einer Charibella, wie er sie nennt, gewidmet sind und sich mit dem Thema der Liebe beschäftigen. In ihnen erkennen wir unsern ernsten Dichter kaum wieder, denn sie führen, an seinen sonstigen Dichtungen gemessen, eher eine leichtfertige Sprache.[34]

Die „Lebensanschauungen" stehen für Hitzeroth vor den „religiösen Anschauungen", aber auch diese sind eben nur „Anschauungen". Das Religiöse wird nicht als etwas Besonderes verstanden. Nur zögernd geht Hitzeroth zu der Besprechung dieser „religiösen Anschauungen" über:

> So werden wir von verschiedenen Seiten auf die Bedeutung der religiösen Anschauungen des Dichters hingewiesen, ohne die man nur ein unvollständiges Bild von ihm erhalten würde.[35]

Es geht Hitzeroth also lediglich um die Vervollständigung eines Bildes[36]. Im übrigen ist dies Kapitel das einzige, in welchem Heermann wirklich als geistlicher Dichter behandelt wird[37], denn der zweite Teil der Hitzerothschen Arbeit bringt – neben der Klärung von „Abhängigkeitsverhältnissen" – im wesentlichen Untersuchungen zur Laut- und Formenlehre, zur Metrik, zum Versmaß und zum Reim. Die „religiösen Anschauungen" werden aus der Dichtung auf die gleiche Weise wie die „Lebensanschauungen" herausdestilliert. Hier werden vor allem die Lieder der „Devoti Musica Cordis" und verschiedenes aus den „Poetischen Erquickstunden" und deren „Fernerer Fortsetzung" ausgewertet. Sündenbewußtsein, Gnade und Demut, das Verhältnis von Lohn und Strafe, Heermanns Jesusliebe, die Erlösung durch Christi Blut, die Verehrung von Blut und Wunden werden als bestimmend für die „religiösen Anschauungen" angeführt. Hitzeroth spricht auch von der besonderen Bedeutung, die das Blut Christi für Heermann besitzt, und er erkennt, daß bei ihm das Abwaschen der Sünde durch das Blut ganz konkret verstanden wird[38]. Er kann jedoch die theologisch-geistesgeschichtliche Bedeutung dieser Erkenntnis noch nicht übersehen[39].

Hitzeroth zeigt, daß der Gedanke an Lohn und Strafe im Mittelpunkt von Heermanns „religiösen Anschauungen" steht. Es kommt bei ihm nach seiner Meinung zu einer ständigen Überspannung der religiösen Gefühle: des Demutgefühls, des Liebesgefühls, des Lohngedankens. Heermann übersteigere das Gefühl der eigenen Niedrigkeit („Ich bin ein faul und stinkend Aas")[40], und dabei komme es dann zu „Entgleisungen"[41], einmal beleidige er geradezu unser Gefühl[42]. Es kommt also zu dem, was andere Geschmacklosigkeiten und Verirrungen genannt haben: der übersteigerten Jesusliebe und der Blut- und Wundenverehrung.

Aber Hitzeroth findet eine Erklärung dafür, daß Heermann diesen Weg geht. Er ist viel krank und hat wenig Verbindung mit der Welt, sein Leben ist arm an äußeren Eindrücken, und deshalb bewege er sich in abstrakten Gedankengängen.

> Ein Mann, dessen Leben so arm an äusseren Eindrücken war, der sich von Jugend an gewöhnte, in einem bestimmten, den Dingen dieser Welt – wenigstens nach dem

Denken der Zeit – abholden Gedankenkreis sich zu bewegen, musste am Ende zu Heermanns Anschauungen gelangen.[43]

Heermanns Denken und Dichten wird also nach Hitzeroths Meinung von seinen Lebensumständen bestimmt, seine eigene, enge Umwelt formt seine „Lebensanschauungen" und seine „religiösen Anschauungen"; es sind Gedanken, die Hitzeroth als weltfremd und abstrakt empfindet[44], weltfremd auch insofern, als hinter allem bei Heermann der Gedanke an die Vergänglichkeit steht.

Im übrigen nehmen für Hitzeroth – wie für Carl Lemcke, wie noch für Rudolf Alexander Schröder – nicht Heermanns geistliche Lieder, sondern seine „Sonntagsevangelien" den ersten Platz ein. – Wackernagel hatte diese Dichtungen aus theologischen Gründen abgelehnt. Es sei keinem Dichter gelungen, eine würdigere und angemessenere Form für die biblischen Geschichten zu finden als die, die sie in der Heiligen Schrift haben[45]. – Hitzeroth spürt hier einen „Ton echter Poesie"[46], er glaubt außerdem, eine Psychologisierung der biblischen Vorlagen feststellen zu können, er gibt Beispiele für „Anschaulichkeit" und meint, hier seien Fortschritte gegenüber der Opitzschen „Gelehrtendichtung" zu beobachten. Hitzeroth spricht zwar von Nicolaus Herman und Bartholomäus Ringwaldt als Vorbildern für Heermann, aber er erkennt nicht, in welchem Maße die „Sonntagsevangelien" in der Tradition der Gattung stehen. Die von ihm bemerkte Schlichtheit und Frische weisen nicht voraus auf die „Erlebnisdichtung", sondern sie haben ihren Ursprung in der Evangeliendichtung des 16. Jahrhunderts.

Am wichtigsten ist jedoch für Hitzeroth die Klärung der Abhängigkeitsverhältnisse[47]. Er ist natürlich stolz darauf, recht viele Vorbilder für Heermanns Dichtung entdeckt zu haben. Er weist die Beziehungen zu Martin Moller und Johann Arndt bis ins einzelne nach, er vergleicht Nicolaus Hermans Sonntagsevangelien mit denen Heermanns, er führt auch Umdichtungen einzelner Lieder an. An der Zahl solcher Entdeckungen ist damals der Wert einer wissenschaftlichen Arbeit abzulesen. Auf der andern Seite aber möchte Hitzeroth seinem Dichter die Selbständigkeit nicht absprechen, nur dann ist er ja ein „echter Dichter", nur dann kann man ihm am Schluß einer Untersuchung einen ehrenvollen Rang zuerkennen. Hitzeroth schreibt zwar Heermanns „religiöse Anschauungen" dem Einfluß seiner Vorbilder zu, doch meint er, man dürfe „diese Einflüsse ... auch nicht überschätzen und so die Selbständigkeit des Dichters in Frage stellen"[48]. Hitzeroth sieht eine „selbständige Leistung" gerade darin, daß Heermann sich fremden Gedankengängen zuwendet, die für die Zeit noch neu sind[49]. Im übrigen ist für Hitzeroth nur ein direktes Zitat beweisend; nur soweit die wörtliche Übereinstimmung geht, sieht er Vergleichsmöglichkeiten, und bei dem Nachweis solcher Entlehnungen bleibt er immer stehen[50].

In weiteren Kapiteln untersucht Hitzeroth Heermanns Sprache, seinen Stil und seine Metrik. – Als Grundlage für die Beschreibung der **Sprache** des Dichters dient ihm Karl Weinholds „Ueber deutsche Dialectforschung" (Wien 1853), das den Untertitel trägt: „Die Laut- und Wortbildung und die Formen der schlesischen Mundart". – Die **Stil**untersuchung fragt nach den „Stilmitteln" des Dichters. Hitzeroth registriert hier lediglich verschiedene rhetorische Figuren[51] und gelangt etwa zu der Feststellung, daß Heermann bestimmte Formen „ganz dem Stile des 17. Jahrhunderts gemäss" anwende[52]. – Unter Metrik fallen „Betonung", „Reim und Verwandtes" und „Versmaße"[53].

Bei allen Vorbehalten dürfen jedoch die positiven Seiten von Hitzeroths Arbeit nicht übersehen werden. Er hat – darauf wurde eben hingewiesen – die Vorlagen für Heermanns Dichtungen genau ermittelt. Diesen Ergebnissen ist die vorliegende Arbeit dankbar verpflichtet. Er kann auch die Behauptung Mützells widerlegen, Heermann habe am Ende seines Lebens eine gewisse „Freiheit" gegenüber Opitz wiedergewonnen; es sei also in der geistlichen Dichtung da, wo man etwas zu weit gegangen sei, dem Zeitgeschmack zu große Konzessionen gemacht habe, zu einer „Rücknahme" gekommen[54]. – Im Jahre 1644 erscheinen von der „Devoti Musica Cordis" zwei Ausgaben, eine bei dem Verleger Christoph Jacob, die andere bei Caspar Klosemann. Ebenso erscheinen 1644 nebeneinander zwei Ausgaben des „Exercitium Pietatis"; von den „Sontags- vnd Fest-Evangelien" ist aus dem Jahre 1644 zwar nur die Klosemannsche Ausgabe erhalten, aus einem späteren Druck läßt sich aber darauf schließen, daß auch hier zwei Ausgaben vorhanden gewesen sind. Die Jacobschen Ausgaben sind jeweils weniger durchgefeilt als die Klosemannschen[55]. Mützell glaubte nun, sie seien nach den Klosemannschen erschienen, Heermann habe in ihnen, was er dort zuviel getan habe, wieder zurückgenommen. – Hitzeroth kann die Verlegerverhältnisse klären. Er stellt fest, daß sich Heermann zwischen 1640 und 1644 von Christoph Jacob getrennt hat. Aus einer Angabe im Michaelis-Meßkatalog von 1640 schließt er, daß von den eben genannten drei Werken im Jahre 1640 Ausgaben bei dem Verleger Jacob erschienen sein müssen, die aber verloren sind. Die Jacobschen Ausgaben von 1644 sind also unrechtmäßige Abdrucke dieser älteren Ausgaben[56]. – Auch in Heermanns nachgelassenen Werken gibt es keine Anzeichen dafür, daß er auf dem einmal beschrittenen Wege nicht weitergegangen ist. Es ist auch nicht einzusehen, warum Heermann, wenn er wirklich etwas zurücknehmen wollte, nicht hinter die Fassung von 1630 zurückgegangen ist, denn auch diese ist ja schon „opitzierend". – Man konnte zu einer solchen Vermutung nur gelangen, weil man um 1850 gar nicht in der Lage war, es sich anders vorzustellen. Man erwartete von geistlicher Dichtung als „echter" Dichtung, daß sie sich von der „Gelehrtendichtung" eines Opitz sehr bald wieder distanzieren werde. Hinter der Behauptung Julius Mützells steht die Auffassung von der Dichtung des 17. Jahrhunderts – geistlicher und weltlicher –, wie sie Gervinus und Koberstein vertraten. – Manheimer und Fischer, aber noch Rudolf Alexander Schröder, Willi Flemming und Richard Newald haben Mützells Behauptung wiederaufgenommen[57].

Richard Newald, der sonst Hitzeroth folgt, fand diesen Gedanken wohl zwingend, oder er hat bei Hitzeroth nur den Hinweis auf das Problem, aber nicht die Widerlegung der Behauptung im Anhang der Arbeit gesehen. Er bringt für die angebliche Abkehr der geistlichen Lyrik von Opitz, die sich in Heermanns Dichtung zeigen soll, sogar eine Jahreszahl. Damit erscheint eine solche Behauptung natürlich solider. Wahrscheinlich geht Newald von den Ausgaben von 1640 aus, er nimmt die Jacobschen Ausgaben von 1644 dazu, zieht das Mittel und kommt so zu seiner Feststellung:

> Die Versreform führte Heermann vom Ende der zwanziger Jahre an streng durch, errang aber etwa von 1642 an eine gewisse Freiheit wieder.[58]

Das ist mit nichts zu beweisen, es scheint nur das Ergebnis einer Rechenoperation. Vermutlich hat Newald dabei sogar übersehen, daß von einigen Werken Heermanns im Jahre 1644 zwei verschiedene Ausgaben nebeneinander erschienen sind[59].

Ausführlicher, als es der Sache angemessen scheint, wurde hier über die Methode und die Ergebnisse von Carl Hitzeroth berichtet. Die Schwächen der Arbeit, aber auch ihre positiv zu bewertenden Ergebnisse haben ihren Ursprung in den gleichen zeitbedingten Voraussetzungen. Hier stellt sich nun erneut die Frage, die oben schon angedeutet wurde: Wird es möglich sein, dies als „heute gültige Forschung" zu bezeichnen? Läßt sich, was Hitzeroth 1907 gezeigt hat, noch in der Mitte des Jahrhunderts zusammen mit Ergebnissen auf andern Gebieten als Teilstück in ein „geschlossenes Bild" einfügen? Läßt es sich, auch wenn keine neuen Ergebnisse vorgelegt werden sollen, noch heute als „wissenschaftliches Forschungsergebnis" ausgeben, ohne daß auf die Herkunft und die Voraussetzungen dieser Ergebnisse mit all ihrer Problematik auch nur hingewiesen wird?

3. Johann Heermann in den Darstellungen von Richard Newald und Hans Heckel

Helmut de Boor und Richard Newald haben in dem kurzen gemeinsamen Vorwort zu der „Geschichte der deutschen Literatur" die Absicht dieser „Handbücher für das germanistische Studium" folgendermaßen formuliert:

> Es kommt uns nicht darauf an, neue Ergebnisse vorzulegen, neue Methoden oder Betrachtungsweisen zu erproben. Wir wünschen vielmehr, die Summe aus der heute gültigen Forschung zu ziehen und sie so übersichtlich geordnet darzubieten, daß der Studierende ein geschlossenes Bild erhält und zugleich Ausgangspunkt und Anstoß für eigene Arbeit findet.[60]

Es ist hier auch davon die Rede, daß eine Darstellung wie die vorgelegte „notwendig die erwogene Meinung des Verfassers mitteilen und darin immer ein persönliches Gepräge tragen" werde[61].

Im Vorwort zur 2., verbesserten Auflage des 5. Bandes dieser Reihe: „Die deutsche Literatur vom Späthumanismus zur Empfindsamkeit. 1570-1750" von Richard Newald greift de Boor 1957 die Bemerkung des inzwischen verstorbenen Newald noch einmal auf, der gesagt hatte,

> es sei nicht verfrüht, einen Überblick über die deutsche Literatur dieses Zeitraums im Sinne einer Aufnahme der Bestände und der Verarbeitung wissenschaftlicher Forschungsergebnisse zu versuchen.[62]

Ausdrücklich wird auch von der „bewährten Gestalt" des Bandes gesprochen, es wird auf zustimmende Kritik hingewiesen[63].

Richard Newald behandelt Johann Heermann auf den Seiten 237–239 des eben genannten Werks. Seine Darlegungen gliedern sich in drei Teile: einen Abschnitt über die Lebensdaten, einen Hauptabschnitt und eine Zusammenfassung in kleineren Drucktypen.

Für die allgemeinen Angaben muß Newald natürlich irgendeine Quelle benutzen. Die Angabe, wonach Heermann 1639 – und nicht schon 1638 – nach Lissa gezogen sei, die Hans Heckel von Schubert übernommen hat, läßt darauf schließen, daß dieser der Gewährsmann für den ersten Abschnitt ist; außerdem schreibt Newald – ebenfalls mit Heckel – Johannes statt Johann Heermann[64].

Im folgenden Abschnitt findet sich nun wieder, was Hitzeroth über Heermann gesagt hatte[65]. Satz für Satz lassen sich die Parallelstellen beibringen. Wir stellen auf den nächsten Seiten Newalds Text und die entsprechenden Sätze Hitzeroths nebeneinander. Dabei müssen die Zitate aus Hitzeroths Arbeit zwangsläufig etwas länger ausfallen, damit erkennbar wird, auf welche Weise der Newaldsche Text mit Raffungen und leichten Umformungen zustande gekommen ist; oft werden herausragende Worte von Newald zu neuen Sätzen verbunden. Unter Wahrung der Reihenfolge, in der sie bei Hitzeroth stehen, fügt Newald dessen Leitgedanken aneinander, Gedanken, die Hitzeroth mit seinen Mitteln und seiner Zielsetzung erarbeitet hatte. Newald hat auch einmal für eine Aufzählung bei Hitzeroth einen Oberbegriff gewählt, so wenn aus der Aneinanderreihung einzelner „Tugenden" bei ihm „das Lob der stoischen Tugenden" wird oder wenn für „Blut, Wunden und Marter Christi" von der „Passion" gesprochen wird. Wo wir bei unserer Aneinanderreihung der Zitate nur einzelne Substantiva nebeneinanderstellen, sind sie nicht wahllos aus Hitzeroths Text herausgegriffen, sondern es sind die Überschriften vom Kopf der Seite, die schon beim flüchtigen Blättern ins Auge springen. (Freundschaft, Liebe, Treue; und später: Vergänglichkeit und Sündhaftigkeit, Erlösung, Jesusliebe, Gottvertrauen.) Newald hat daraus Aufzählungen gemacht[66].

Newald:
(1) Heermann wechselte von der gelehrt-lateinischen religiösen Dichtung zum deutschen Kirchen- und Erbauungslied (2) und löste damit die Einheit von Jerusalem und Athen, (3) Himmel und Olymp. (4) Geselligkeit, (5; 5a) Familienleben, (6) Freundschaft, Liebe, (7) Treue, Bewährung, (8; 8a) das Lob der stoischen Tugenden (9) zeigen den Dichter in seiner weltlichen Sphäre, welche sich von der religiösen keinesfalls scharf trennen läßt.[67]

Hitzeroth:
(1) Das Epigramm hat er vorzugsweise in den lateinischen Gedichten gepflegt ...; später ging er zum religiösen Epigramm über ... Seine Haupttätigkeit hat er aber der religiösen Lyrik zugewandt. ... Für den Kirchengesang bereitete er 1636 die Perikopen ... zu ... In der „Devoti musica cordis" ... bietet er schliesslich religiöse Lieder ... (2) Auch Heermann vertrat den Standpunkt, dass Athen und Jerusalem keine Gemeinschaft haben, der er auch dadurch zum Ausdruck brachte, dass er später die ‚heydnische' Mythologie fallen liess. (3) Die anderen Bücher der „Epigramme" ... haben durchaus noch den alten Götterhimmel, und Juno, Pallas, Venus, Cupido u.s.w. spielen hier noch eine grosse Rolle. In den deutschen Gedichten aber hatten sie keinen Platz mehr, denn diese hatten nur religiösen Inhalt. (4) ... wie Heermann mit seinen Freunden in heiterem, geselligem Umgange sich ergötzt ... (5) ... die Liebe zu den Seinen. (5a) Neben den Seinen sind es vor allem die Freunde, an die sich sein Herz wendet. (6) Freundschaft; Liebe. (7) Wie die Treue aber in Freundschaft und Liebe das Entscheidende ist, so tritt sie nun beherrschend in allen Lebensverhältnissen hervor. Sie prüft den Mann ‚wie die Glut das Gold bewährt' ... (8) Auch in seinen lateinischen Gedichten bekämpft er ... Wollust, Neid, Bosheit, Zorn, Unmässigkeit und Heuchelei. Dagegen empfiehlt er dann Fleiss, Genügsamkeit, Freundlich-

keit und allerlei Tugenden. (8a) Daneben wird von ihm charakteristischer Weise die Geduld hervorgehoben ... (9) Wir würden Heermann daher nicht verstehen können, wenn wir nicht im Auge behalten, dass seine Lebensanschauung erst in seinen religiösen Ueberzeugungen ihren Abschluss gewinnt.[68]

Damit hat Newald Heermanns „Lebensanschauungen" wiedergegeben; der letzte Satz leitet zu den „religiösen Anschauungen" über. Ehe Newald diese im einzelnen aufzählt, bringt er noch einige Sätze, die bis auf einen aus dem einleitenden Abschnitt des entsprechenden Kapitels bei Hitzeroth stammen.

Newald:
(1) Der Auseinandersetzungen müde schlägt er in seinen geistlichen Gedichten einen versöhnlichen Ton an. (2) Doch ist das ebensowenig wie seine Anerkennung der kaiserlichen Autorität als Annäherung an den alten Glauben anzusehen. (3) Er hält am Wort fest, betont aber mehr als seine Zeitgenossen die christlichen Grundlehren. (4) Das Kriegserleben ließ Furcht und Hoffnung zu den beherrschenden Mächten der Zeit werden und führte damit zur Berührung mit kirchenväterlichen Gedankengängen.[69]

Hitzeroth:
(1) Gerade in der Zeit Heermanns hatte das Studium der Patres einen neuen Aufschwung genommen. Man fand dort, der theologischen Zänkereien müde, Frömmigkeit und Andacht aus besserer Zeit. (2) ‚Kein Wort der Auflehnung gegen Ferdinand II!' Gleichwohl nimmt Heermann nicht geduldig hin, was ihm und der Kirche von dieser Seite geschieht. (3) Die Angelpunkte dieser ‚reinen Lehre' sind ihm Wort und Sakrament.... Diese Betonung von Wort und Sakrament als den Grundlagen der Kirche ist echt lutherischen Geistes. (4) Auch Heermann will hauptsächlich durch Furcht und Hoffnung wirken. Hier trifft er zusammen mit den Theologen des Mittelalters: Pseudo-Augustin, Anselm, Bernhard u. a.[70]

Vielleicht sollte man auch einmal darauf hinweisen, in welcher Weise Newald seine Sätze bildet. Aus Hitzeroths: „Auch Heermann will hauptsächlich durch Furcht und Hoffnung wirken" wird: „Das Kriegserleben ließ Furcht und Hoffnung zu den beherrschenden Mächten der Zeit werden"; das ist also lediglich aufgeschwellt.

Newald faßt nun die „religiösen Anschauungen" in einem Satz zusammen:

Newald:
(1) Die Ergebenheit in den Willen Gottes, der mit dem Kriegsgeschehen den Menschen (2) die Vergänglichkeit alles Irdischen vor Augen führte, Sündenbewußtsein, (3) Erlösungssehnsucht, (4) Befreiung von der Sünde durch Christi Blut, (5) Versenkung in die Passion, (6) Jesusliebe, (7) Gottvertrauen (8) zeigen als häufig abgewandelte Motive seiner Dichtungen, daß es ihm vor allem um die Andacht zu tun ist.[71]

Hitzeroth:
(1) In aller Not des Glaubenskrieges bleibt Heermann aber das feste Vertrauen auf Gott, dass er seinem Volk auch helfen will. (2) Vergänglichkeit und Sündhaftigkeit, Erlösung. (3) Erlösung. (4) Blutkultus. (5) Blut, Wunden und Marter Christi. (6) Jesusliebe. (7) Gottvertrauen. (8) Dass er religiöse Anschauungen ... aufnahm, die sich streng genommen nicht mit den Gedanken des Luthertums decken, zeigt eben seine Unbefangenheit und darin liegt gerade für ihn das Charakteristische, dass er nur seine Gedanken der Andacht in Lieder bringen will.[72]

Es folgt dann eine Aufzählung von Heermanns Werken. Falsch zitiert ist dabei „Andächtige Kirchenseuftzer" statt „Andechtige KirchSeufftzer". Der Fehler findet sich auch bei Hans Heckel, dieser hat ihn von Wackernagel übernommen, doch zu Wackernagels Zeit (1856) war das Werk noch nicht wieder aufgefunden. Wackernagel mußte sich auf die Angabe bei Johann David Heermann (1759) verlassen. Daß Heermann „die Reimpaare von ‚Nikolaus Herman' in Alexandriner umdichtete", ist unklar formuliert, aber im Grunde falsch[73]. Die Angabe bei Hitzeroth bezieht sich nur auf zwei Gedichte, nicht auf Nicolaus Hermans Sonntags- und Festevangelien, an die man natürlich denken muß[74]. – Newald nennt an Werken nichts, was über Heckel hinausgeht, aber wenn er ein Wort zur Charakterisierung der „Sontags- vnd Fest-Evangelia" braucht, schließt er sich schon wieder an Hitzeroth an.

Newald:	Hitzeroth:
Seine ... ‚Sonntags- und Festevangelia' (1636) **ruhen zumeist auf den Texten** der Sonn- und Feiertagsevangelien und -episteln. Er konnte sich da auf das Vorbild von **Mathesius** berufen.[75]	Einen anderen Einwurf, den man hätte machen können, weshalb man den Text der Heiligen Schrift nicht selbst wirken lasse, hatte schon der alte Mathesius zurückgewiesen, und in der Einleitung zu den „Sontags- und Festevangelia" (1636) <u>beruft</u> sich Heermann auf dessen Worte...[76]

Das ist nicht dasselbe. Hitzeroth hat das theologische Problem angesprochen, das hier liegt: die Frage, ob man das Wort der Bibel in Reime bringen dürfe oder nicht. Die Worte des Mathesius, auf die Heermann sich beruft, werden bei Hitzeroth zitiert. Hitzeroth und Newald verwenden die gleichen Vokabeln für ihre Formulierungen, aber da Newald die sachlichen Voraussetzungen nicht kennt, wird bei ihm eine flache, unverbindliche Aussage daraus; tatsächlich beruft sich Heermann in ganz anderer Weise auf Mathesius, als Newald das in seinem Satz ausdrückt. Außerdem ist Mathesius nicht der Dichter, sondern er schreibt die Einleitung für die Sammlung von Nicolaus Herman. Das ist aus Newalds Satz nicht ohne weiteres zu erkennen. – Übrigens „ruhen" die Sonntags- und Festevangelien nicht „zumeist auf den Texten der Sonn- und Feiertagsevangelien und -episteln", sondern sie beruhen **ausschließlich** auf den Texten der Sonn- und Feiertags**evangelien**. Das sagt schon der Name des Werks.

Hier steht nun auch die Behauptung, daß Heermann seit 1642 eine gewisse Freiheit von Opitz wiedererlangt habe; sie wurde schon oben zurückgewiesen[77].

Was nun folgt – es ist der Schluß von Newalds Hauptabschnitt – findet sich in dem letzten Abschnitt von Hitzeroths Arbeit, seinem „Zusammenfassenden Urteil", wieder[78]. Hitzeroth macht dort abschließend den Versuch, zu einer „gerechten Wertung", einem „gerechten Urteil", zu kommen. Er möchte Heermann „gerecht werden"[79], obwohl er mit seiner Dichtung zuweilen „unser völlig anders geartetes Empfinden verletzt" habe. Newald folgt Hitzeroth auch hier.

Newald:	Hitzeroth:
(1) Die Abfassung religiöser Gebrauchsdichtung war ihm Herzensangelegenheit. (2) Die Schulung an der lateinischen Dichtung hat seinen Formen-	(1) Seine dichterische Gabe nutzte er allein im Dienste seines Amtes, sie sollte nur diesem gewidmet sein. (2) Dass sich Heermann mit Entschiedenheit zu der neuen Lehre seines Landsmannes Opitz bekannte, dürfen wir wohl weniger in dem Wunsche begründet finden, als ‚Poet' zu

sinn gestärkt und ihm die Brücke zu Opitz gebaut. (3) Männer wie Heermann verstanden es, auch in der neuen Form ihre gefühlsmäßig bestimmte Frömmigkeit zu wahren. Sie paßten das ältere Kirchenlied dem neuen Formgefühl an, (4) und was es dabei an seiner Ursprünglichkeit einbüßte, ersetzten sie mit ihrer mystisch angehauchten Gottesliebe.[81]

gelten, als darin, dass er von früh auf durch seine Uebung in der Poesie in lateinischer Sprache auf den hohen Wert der Form aufmerksam achtete. (3) Darum war es für das Kirchenlied nicht ohne Bedeutung, dass Männer von der Wirkung eines Heermann die neue Theorie für das eigentliche Kirchenlied nutzbar machten. (4) Niemand wird Heermann zu den Dichtern rechnen, die in der Geschichte der deutschen Literatur an hervorragender Stelle stehen. Der Wert seines Schaffens beruht darauf, dass er es verstand, ein Feuer religiöser Innerlichkeit anzuzünden, das für viele neues Leben weckte...[82]

Das Folgende liest sich wie eine Synthese. Wir finden manchen Gedanken, den Newald gerade ausgesprochen hatte, in anderer Formulierung wieder. Von dem neuen Formgefühl und von der Mystik ist noch einmal die Rede. – Es ist tatsächlich eine Synthese, die in diesem Abschnitt verarbeitet wurde. Es ist nämlich das, was Hans Heckel über Heermann sagt. – Bis jetzt hatte Newald auf seine Art zusammengefaßt, was im ersten Teil von Hitzeroths Arbeit – „Johann Heermanns Persönlichkeit" – steht. Heermanns Lebensdaten und die Werke hatte er nach Heckel wiedergegeben, er hatte Heermanns „Lebensanschauungen" und seine „religiösen Anschauungen", wie sie bei Hitzeroth systematisiert sind, zusammengefaßt; einiges aus dem Kapitel „Die Tätigkeit Johann Heermanns" ist eingefügt, den Abschluß bilden ein paar Sätze aus dem „Zusammenfassenden Urteil". – Aber nun faßt Newald das noch einmal zusammen, er überfliegt den Abschnitt von Heckel über Johann Heermann in dessen „Geschichte der deutschen Literatur in Schlesien"[83] und sucht heraus, was ihm noch zu fehlen scheint. Doch auch Heckels Aussagen über Heermann beruhen wieder auf Hitzeroths Ergebnissen. Das wird Newald nicht gesehen haben. Heckel sagt z. B. von Heermann und seiner Dichtung:

> Später versinkt das Irdische vor dem jenseitigen Sinn des Lebens. Alle Erdenpracht und -schönheit ist zu nichts nütze; zuletzt fressen uns doch die Würmer. Sein Zentralproblem ist die menschliche Sündhaftigkeit; immer von neuem beschäftigt ihn der Gedanke: wie werde ich vor Gott bestehen?[84]

Dem liegt unmittelbar eine Formulierung Hitzeroths zugrunde. Dieser hatte geschrieben:

> Die Schönheit der Welt reizt ihn zu Gedanken über den Untergang. ... auch er fordert oft genug auf, nicht an Irdischem zu hängen, da uns doch zuletzt die ‚Würmer fressen'. ... Nicht die Vergänglichkeit des Menschen, sondern seine Sündhaftigkeit ist sein Thema. Die Frage, ob wir vor dem Richter, der Vergeltung übt, bestehen, wie wir der Strafe entgehen und einen gnädigen Gott erhalten, interessiert ihn besonders.[85]

Ein ganzer Abschnitt bei Heckel ist Zusammenfassung dessen, was Hitzeroth zu Heermanns „religiösen Anschauungen" gesagt hatte[86]. Aber Heckel hat, anders als Newald, Hitzeroths Arbeit kritisch gelesen, er ist mit einer bestimmten Konzeption herangegangen. Dadurch scheint denn auch das Niveau dieses letzten Abschnitts bei Newald höher zu liegen. Doch was Hitzeroth in den eben zitierten Sätzen ausdrücken wollte, was bei Heckel noch hindurchscheint, daß nämlich für Heermann nicht wie für Gryphius das Vanitaserlebnis das Entscheidende ist, sondern daß für

3. Johann Heermann in den Darstellungen von Richard Newald und Hans Heckel

ihn die Sünde des Menschen und die Erlösung, das Abwaschen der Sünde durch Christi Blut, die Verehrung des Blutes und der Wunden, im Mittelpunkt stehen, das ist aus Newalds hart nebeneinandergestellten, nüchternen Sätzen nicht mehr herauszuhören.

Hans Heckel versteht Heermanns Dichtung als Ausdruck persönlicher Haltung, er sieht bei ihm eine „seelische Entwicklung", er gibt mit dem, was er über Heermann sagt, wirklich eine Deutung, er hat erkannt, welche Übergangsstellung Heermann einnimmt, er weist darauf hin, daß Heermann „der Worte Zier und Kunst" für die geistliche Dichtung ablehnt. Auch da, wo er sich an Hitzeroth hält, spürt man doch, daß er tatsächlich die Texte kennt, über die gesprochen wird. Bei Newald ist das, was er Heckel entnimmt, zu bloßer Mitteilung verblaßt; die Sätze stehen unverbunden nebeneinander.

Wir geben hier nun noch Newalds letzten Abschnitt wieder und stellen die entsprechenden Sätze aus Heckels „Geschichte der deutschen Literatur in Schlesien" daneben. Dabei wäre es immer möglich, auch von Heckel aus auf Hitzeroths Text zurückzugehen.

Newald:
(1) Heermann ist ein schwerblütiger Grübler. Die Lebensfreude seiner Jugendgedichte tritt hinter dem Vanitasgedanken ganz zurück. Um die menschliche Sündhaftigkeit kreisen seine Gedanken. (2) Er ist ein erfolgreicher Wegbereiter der Mystik in einer für sie empfänglichen Zeit. (3) Er ist geistesverwandt mit ‚Andreas Gryphius', wenn er seine Seelennot und -bedrängnis in der Zwiesprache mit Gott äußert. (4) Er verband das starke, gefühlsmäßig bestimmte religiöse Erleben mit der Formfreude, deren Herold Opitz gewesen war. (5) Beides bewährt sich als Bollwerk gegen ein Übermaß von mystischen Spekulationen. Er kennt die Flucht in das spielende Tändeln mit poetischem Zierat noch nicht. Er spricht nicht mehr die Gefühle einer glaubensstarken Gemeinde aus, sondern offenbart sein persönliches Leid und seine Weltverachtung. Die jugendliche Lebensfreude weicht dem Ernst eines leidvoll sich ergebenden Grames. (6) Daß ihn sein Halsleiden an der Ausübung seines Predigtamtes

Heckel:
(1) Heermann ist eine schwerblütige, grüblerische Natur. In den lateinischen Epigrammen war sein Herz noch offen gewesen für die Lockungen des Lebens ... Später versinkt das Irdische vor dem jenseitigen Sinn des Lebens. Alle Erdenpracht und -schönheit ist zu nichts nütze; zuletzt fressen uns doch die Würmer. Sein Zentralproblem ist die menschliche Sündhaftigkeit ... (2) Rein gefühlsmäßig steht er der erstarkenden mystischen Bewegung oft nicht fern; ja er ist vielleicht der erste Dichter, bei dem die mystische Empfindungswelt zum Durchbruch kommt. (3) ... Gryphius hat ihn darin freilich noch übertroffen. Am unmittelbarsten spricht er zu uns, wenn er persönlich mit seinem Gotte Zwiesprache hält ... (4) ... indem er die durch Opitz genährte Formfreude ... verband mit einer Gefühlsintensität des religiösen Erlebens ... (5) Noch ist der alte Lutherglaube unerschüttert, von keiner mystischen Spekulation untergraben. Nichts Weichliches, Süßliches, Tändelndes ist in seinem Werk ... Aber der Dichter ist nicht mehr bloßes Sprachrohr der Gemeinde. Sein eigenes Leid steht gleichberechtigt neben der Not der Gläubigen, und durchaus persönlicher Art ist die weltverachtende, gramvolle Grundhaltung ... Unverkennbar ist bei ihm eine deutliche seelische Entwicklung, vom heitern lebensfrohen Jüngling zum ernsten, strengen, ja grämlichen Greise. (6) Seit 1623 plagte ihn ein Halsleiden, das immer schlimmer wurde und ihm zuletzt das Predigen unmöglich machte ... Nicht nur seine leibliche Gebrechlichkeit hat ihm zu schaffen gemacht. Die Drangsale des Dreißigjährigen Krieges trafen ihn persönlich schwer ...[86]

verhinderte, belastete ihn ebensosehr wie die Heimsuchung durch den Krieg. (7) Sein dichterisches Schaffen zeigt den Weg, auf welchem das protestantische Kirchenlied den Anschluß an die heimische Mystik und den Kreis um Jakob Böhme finden konnte.[87]

Mit seinem letzten Satz – er besitzt bei Heckel keine Entsprechung – leitet Newald zurück in den Zusammenhang, in den er Heermann gestellt hat. Er behandelt ihn – mit Abraham von Franckenberg, Theodor von Tschesch, den Rosenkreuzern und Daniel Czepko – in dem Kapitel „Mystik und geistliche Lyrik", und zwar in dem Abschnitt „Die Nachfolge Jakob Böhmes". Es ist allerdings zu fragen, ob das der rechte Platz für Heermann ist, ob man ihn wirklich zusammen mit diesen Dichtern sehen kann[89].

Das Ergebnis der Übersicht ist einigermaßen deprimierend, doch sollten diese Bemerkungen nur zeigen, wie sehr die Forschung hier noch in den Anfängen steckt. Da neue Untersuchungen und neue Ergebnisse fehlen, werden die alten Ergebnisse weitergeschleppt[90]. – Der zweite Teil dieser Arbeit möchte versuchen, einzelne Probleme aufzuhellen und damit einen bescheidenen Beitrag zur Erforschung der geistlichen Barocklyrik zu leisten.

ZWEITER TEIL

DIE DICHTUNG JOHANN HEERMANNS

IV. Kapitel

Die Andacht als Stilprinzip der geistlichen Barocklyrik

Der erste Teil der Arbeit brachte eine Übersicht über die Forschungslage, der zweite möchte aus den Quellen zu Erkenntnissen über die geistliche Lyrik des 17. Jahrhunderts und die Dichtung Johann Heermanns gelangen. Zunächst wird versucht, aus Äußerungen Heermanns und anderer Einsichten in die poetischen Grundsätze zu gewinnen, die für die geistliche Lyrik des 17. Jahrhunderts gelten, außerdem wird den Beziehungen zwischen der Erbauungsliteratur und der geistlichen Lyrik nachgegangen. – Diese Ansätze werden dann in den folgenden Kapiteln wieder aufgenommen. Das erste der beiden behandelt die Beziehungen zwischen Heermann und denjenigen Erbauungsschriftstellern, die ihn im persönlichen Umgang oder durch ihre Schriften beeinflußt haben. Das andere bringt Bemerkungeen zum Aufbau und zur Sprache der „Devoti Musica Cordis". Am Schluß der Arbeit steht eine Untersuchung der Begriffe „Blut" und „Wunden" in Johann Heermanns Dichtung.

1. Die geistliche Lyrik und die Poetik des 17. Jahrhunderts

Hans-Wolf Becker hat in seiner Dissertation einzelne Stimmen zur Poetik der geistlichen Lyrik angeführt, er hat dann von Äußerungen Birkens auf Opitz und seine Zeit geschlossen und schließlich behauptet, das geistliche Lied sei „barock", genauso barock wie alles, was seit 1624 gedichtet werde[1].

Dem wurde schon oben widersprochen, es wurde darauf hingewiesen, daß Opitz in seiner geistlichen Dichtung nicht „gelehrt" sein, daß er kein geistliches Kunstlied schaffen wolle[2]; Gryphius' Äußerung, er habe in seinen „Thränen über das Leiden JEsu Christi" die Andacht gesucht, wurde erwähnt[3]; bei der Kritik an Aussagen Paul Böckmanns über Johann Heermann und den von ihm abhängigen Auffassungen Hans-Wolf Beckers wurden je eine Aussage von Heermann und von Opitz als Argumente dafür zitiert, daß in der geistlichen Lyrik nicht die „Zierlichkeit", nicht das rhetorische Sprechen gesucht werde, sondern die „Andacht"[4]. Was damit gemeint ist, soll jetzt im einzelnen ausgeführt werden.

Es scheint erstaunlich, daß sich in einer Zeit, in der die geistliche Lyrik einen so bevorzugten Platz einnimmt, in den Poetiken kaum theoretische Äußerungen dazu finden. Wenn in einer Poetik vom göttlichen Ursprung der Dichtkunst gesprochen wird, so ist das ja noch keine Aussage über die geistliche Lyrik. Allerdings gibt es Ausnahmen; bei Birken und Harsdörffer stehen Hinweise darauf, wie geistliche Gedichte, Kirchenlieder verfaßt werden sollen. Im allgemeinen aber ist man der Meinung, daß die geistliche Dichtung nicht reformbedürftig sei; die geistlichen Gedichte werden nicht dem neuen Kunstwollen unterworfen, sie gehören überhaupt nicht hinein in den Rahmen einer Poetik. Die Gestalt der geistlichen Lyrik ist weitgehend durch die Tradition bestimmt. Ihre Themen werden seit Luthers Tagen von Generation zu Generation weitergegeben. Die alten Melodien bestimmen den Rhythmus der Lieder; nur sehr zögernd dringt der Alexandriner in das Kirchenlied ein. Hier geht Johann Heermann voran mit seinem Lied „O Gott, du frommer Gott, du Brunnquell guter Gaben", aber es steht in seiner Sammlung noch unter den Gebeten, mit einer Melodie, die wahrscheinlich von Heermann selbst stammt, vielleicht auch von seinem Kantor[5].

Sehr viel eher als aus den Poetiken wird man aus den Vorreden zu Gedichtsammlungen – aus der Abwehr eines Angriffs, aus der Rechtfertigung gegenüber Vorwürfen – etwas über die Gesetze erfahren, die für die geistliche Lyrik gelten[6].

Die Verse Johann Heermanns, die in dem Widmungsgedicht vor seiner „Devoti Musica Cordis" stehen und die gleichsam seine Poetik in nuce darstellen, machten uns auf das Problem aufmerksam. Widersprüche zwischen Äußerungen in der Sekundärliteratur und der geistlichen Lyrik selbst zeigten dann, daß hier tatsächlich ein Problem liegt. – Manches hat Bruno Markwardt in seiner „Geschichte der deutschen Poetik" angedeutet, er spricht auch einmal von einer „Gefühlsrevolte von der geistlichen Liederdichtung her gegen die Anmaßung der Renaissance- und Barockpoetiker"[7]. Markwardt faßt Jakob Masen und Sigmund von Birken – Masen mit der „Palaestra Eloquentiae Ligatae"[8], Birken mit der „Teutschen Rede-bind- und DichtKunst" – unter dem Begriff der „Religiösen Umschränkung" zusammen[9]. Masen gilt bei ihm als „klerikal eingestellter Barockpoetiker"[10] – er gibt im wesentlichen eine Theorie des Jesuitendramas; Birken möchte alle Dichtung auf die Ehre Gottes richten. Markwardt spricht also in diesem Abschnitt von Poetiken mit christlicher Zielsetzung, es geht ihm um die „ausgesprochen christliche Bewertungsweise" der beiden Verfasser[11]. Einen grundsätzlichen Unterschied zwischen geistlicher und weltlicher Lyrik sieht Markwardt nicht, er glaubt nur, daß „eine religiös ausgerichtete Kunstforderung notwendig zu einer starken Bewertung des Gehalts und der Haltung zu gelangen" pflege[12]. Gegen Markwardt meinen wir, daß in der geistlichen Dichtung nicht etwa einfach das Inhaltliche, der christliche Gehalt, stärker betont werde als das Formale, daß also nicht die Form gegenüber dem Inhalt vernachlässigt werde. Auch von diesem Formalen hat man sehr konkrete Vorstellungen, auch die Form der geistlichen Lyrik ist nach ganz bestimmten, in der Gattung begründeten Gesetzen bewußt gestaltet. Heermann und Rist, nach ihnen Paul Gerhardt, Johann Franck, Ernst Christoph Homburg dichten ihre Lieder nach diesen Gesetzen; Gryphius, Zesen und Birken setzen sich damit auseinander. Heermann findet seine besondere Form keineswegs in einer „Gefühlsrevolte" gegen Opitz.

Wenn wir davon gesprochen haben, daß Opitz von Hugo Max[13], aber auch von Günther Müller mißverstanden werde[14], wenn wir die Meinung vertreten haben, daß Opitz gar kein „Kunstkirchenlied" habe schaffen wollen[15], so ist doch einzuräumen, daß er schon von seinen Zeitgenossen vielfach in ähnlicher Weise verstanden wurde. Das kompliziert das Problem. Dichter geistlicher Lyrik stellen sich gegen „Opitz", wenn sie sich dafür rechtfertigen, daß sie in ihren geistlichen Gedichten nicht in

1. Die geistliche Lyrik und die Poetik des 17. Jahrhunderts

allem den Regeln in der „Deutschen Poeterey" folgen, weil sie hier die „Andacht" suchen. Opitz ist also auch für viele geistliche Dichter seiner Zeit einfach der Vertreter der „Gelehrtendichtung", ohne daß man seine Theorie in der „Deutschen Poeterey" von seiner Praxis und den entsprechenden theoretischen Äußerungen in der geistlichen Dichtung trennt. In Wahrheit verwirklicht man in diesem Protest die Opitzschen Absichten, man führt damit gerade das durch, was Opitz in seiner geistlichen Lyrik auch getan und gewollt hatte. – Gryphius erkennt zwar für sein eigenes Dichten solche Unterschiede zwischen der geistlichen und der weltlichen Lyrik nicht mehr an, er möchte „Blumen der Wolredenheit" auch in „Gottes Kirche" haben[16], aber er hat sich ursprünglich selbst an diese Grundsätze gehalten. Balthasar Schupp, der „Haubt-Prediger der Kirchen zu Sanct Jakob in Hamburg", und der bayrische Jesuit Albert Graf Curtz wenden sich gegen Opitz und gehen dann allerdings in ihrer geistlichen Lyrik zum Teil auch ganz hinter ihn und die Regeln der „Deutschen Poeterey" zurück.

Martin Opitz stellt seiner Erbauungsschrift „Vber das leyden vnd sterben vnsers HEYLANDES", die zuerst 1628 gedruckt wurde, eine Widmung „An Herrn Herrn Dietrichen von dem Werder" voran. Diese lautet:

> DEr eitlen Sinnen zucht/ die Vbung frommer Worte
> So der in vns erregt/ der hier an diesem Orthe
> Gepriesen werden soll/ die gute Rew der Welt/
> Für die das Leben stirbt/ O Werder/ werther Held/
> Der Ritter Blum vnd Ziehr/ nimb hin mit deinen hāndē
> Von welcher Wissenschafft man weiß an allen Enden
> Wo Tugend wohnen kan. hier ist nicht dein *Torquat*,
> Nicht dein Jerusalem das Geist vnd Fewer hat/
> Vnd steiget Himmel an. doch sieht deß Höchsten Güte
> Das Hertz' an das er gibt: dir stellt sich mein Gemüte
> Für meinen Ruhm von dir zum trewen Bürgen ein.
> Gelehrt zur andern Zeit/ hier laß vns Christlich seyn.[17]

Natürlich ist das ein „opitzierendes" Gedicht, daran kann gar kein Zweifel bestehen. Da ist der rhetorische Preis Dietrichs von dem Werder, da gibt es das Wortspiel „O Werder/ werther Held" und die antithetische Formel „das Leben stirbt", mit der das Heilsgeschehen umschrieben wird[18]. Solange man ein solches Gedicht isoliert betrachtet, mag es möglich sein – wie es Hugo Max tut –, davon zu sprechen, daß diese Zueignung „der überaus gerne frömmelnden Fruchtbringenden Gesellschaft geschmeichelt haben" möge[19]. Doch hier ist mehr gesagt, und es ist nicht nur gespielte Bescheidenheit, die mit diesen Versen ausgedrückt wird. „Gelehrt" und „Christlich" stehen vielmehr für die weltliche Dichtung auf der einen, für die geistliche Dichtung mit ihren Gesetzen auf der andern Seite. In der geistlichen Dichtung ist keine „Gelehrsamkeit", hier ist kein „Geist vnd Fewer", und wenn Opitz davon spricht, daß das „Erlösete Jerusalem" Dietrichs von dem Werder Geist und Feuer habe, so ist das nicht nur Schmeichelei, sondern mit diesem Lob wird auch auf den Unterschied der Gattungen angespielt[20].

In der Präambel zu der Erbauungsschrift selbst macht Opitz dann die Forderungen der Gattung zu seinen eigenen – und diese Wendung ist wieder ein Stück Rhetorik –, er spricht davon, daß der Gegenstand „Andacht vnd Danckbarkeit" erfordere und daß er allerdings mit seinen Kräften nichts anderes zu geben vermöge, daß „Beredtsamkeit vnd zierliche Wort", die nicht zu der Sache gehören, auch nicht in seinen Kräften stünden[21]. – Hier hat „Gelehrsamkeit" einen andern Sinn, hier bilden „Gelehrt" und „Christlich" keinen Gegensatz. Opitz sagt, daß vor ihm andere, die „Lehrer vnd Liechter der Kirchen", mit gelehrter Frömmigkeit" an diesen Stoff herangegangen seien. Doch wer nicht „gelehrt" zu sein vermag, der kann sich in Demut dieses Stoffes bemächtigen, seine Aussage wird immer noch dem Gegenstand entsprechen.

> Angesehen aber/ daß durch das Geheimnüß dieser vnerschöpfften Liebe/ die Demuht aber niemals verworffen wird: So wollen wir/ weil wir dieser Sache Hochheit mit Gedancken zuerreichen nicht vermögen/ dannoch jhre Ordnung mit danckbarem Hertzen betrachten/ vnd die Ehrerbietung an stat der Geschicklichkeit/ die Gottsfürchtige Betrachtung an stat künstlicher Wort/ zu dem Leyden vnsers Heylands bringen.[22]

Auch hier also wird auf „Geschicklichkeit", auf „künstliche Wort" verzichtet[23].

Es gibt noch eine zweite Stelle, wo Opitz Andacht und Gelehrsamkeit miteinander verbindet, wo jemandem das höchste Lob dafür zuerkannt wird, daß er „mit der gelehrten Hand" die Andacht zu bewahren suche: Opitz hat zu dem Bilde Johann Heermanns, das Lucas Kilian 1631 gestochen hatte, ein Gedicht in lateinischer und deutscher Fassung beigesteuert. Es heißt dort:

> Dum patriam Musæ, pietas dum deserit orbem,
> Heermannus docta sistit Vtrasque manu,
> Hic quem, Lector habes; quas si non sistere posset,
> Scriptis quæ legimus redderet ille suis.

Die deutsche Fassung lautet:

> Die Andacht leßt die Welt/ die Musen vnser Landt/
> Herr Heermann helt sie auff mit der gelehrten Handt.
> Der hier steht: wann sie dann auch solten schon verschwinden/
> So würden wir sie doch in seinen Schrifften finden.[24]

Hier ist Geistliches und Weltliches miteinander verbunden: die Andacht und die Musen[25]. Heermann ist es, der als geistlicher Poet die Andacht, die „pietas", bewahrt.

Deutlicher als in dem Widmungsgedicht an Dietrich von dem Werder aus dem Jahre 1628 spricht Opitz über die geistliche Dichtung in einer Widmung vor den „Sonntagsepisteln", die an „Herrn Georgen Rudolphen/ Hertzog in Schlesien/ zur Lignitz vnd Briegk" gerichtet ist:

> HIer habt jhr/ was jhr mir/ O Hoffnung vnsrer Zeit/
> Zu thun befohlen habt: Der Worte Zierlichkeit/
> Der Zungen schöner Klang gehört zu anderm Wesen/
> Das schnöd' vnd jrrdisch ist. Allhier wird nichts gelesen/
> Als vnsers Heyles Lieb'/ als eine solche Gunst/
> Die von dem Himmel kömpt/ vnd hasset MenschenBrunst.
> So leset/ wenn jhr legt die grossen Sorgen nider/
> Für vnser Vatterland/ O Held/ die newen Lieder/
> Die ich zu Gottes Ehr/ vnd ewrer Lust gemacht/
> Ohn allen Erdenschein/ ohn alle Redner-Pracht.[26]

Ein rhetorischer Preis des Fürsten schließt sich an[27]. – Die „Sonntagsepisteln" erschienen 1624, im Jahre der „Deutschen Poeterey". Wenn Opitz also sagt, daß er hier

1. Die geistliche Lyrik und die Poetik des 17. Jahrhunderts

auf „der Worte Zierlichkeit" verzichtet habe, daß die Zierlichkeit „zu anderm Wesen" gehöre, so muß er dabei an das gedacht haben, was er in seiner „Poeterey" „Von der zuebereitung vnd ziehr der worte" sagt. Gerade dieser Abschnitt der „Poeterey", das VI. Capitel[28], ist besonders wichtig, wichtiger jedenfalls als das, was über Herkunft und Würde der Dichtung und über die Einteilung der Gattungen gesagt wird, er ist auch von unmittelbarer praktischer Bedeutung für die Zukunft. Hier wird über das gesprochen, was den eigentlichen Charakter barocker Sprache und barocker Dichtung ausmacht. „Der Zungen schöner Klang", der von Opitz für die neue Kunstdichtung erstrebt wird, der die Dichtung erst zur „Barock"dichtung macht, die Pracht der Rede, gehören nicht in eine Dichtung, die es nicht mit irdischen Dingen, sondern mit Geistlichem zu tun hat.

Noch 1637 sagt Opitz in der Vorrede zu seiner Psalterparaphrase, die er „Herrn Johann Christian vnd Herrn Georgen Rudolphen Gebrüdern/ Hertzogen in Schlesien zur Lignitz vnd Briegk" widmet:

> Poëtische vmbschweiffe vnd farben zu gebrauchen wil sich in solchen schrifften anders nicht schicken als in beschreibungen der weltgeschöpffe/ zeiten/ Landschafften vnd dergleichen: welches ich mir aber auch nur wo es sich gefuget vnd sehr sparsam zugelassen.[29]

Das widerspricht dem nicht, was Opitz 1624 ausgesprochen hatte, vielmehr will er sagen, daß „in solchen schrifften", nämlich geistlichen Dichtungen, „poëtische vmbschweiffe vnd farben", metaphorische Ausdrücke und schmückende Beiwörter also, nur da verwendet werden dürfen, wo nicht die eigentliche geistliche Substanz berührt wird. Opitz kennt den Doppelcharakter der Psalmen als r e l i g i ö s e r P o e s i e. Gryphius weist später gerade auf die Psalmen hin, um mit ihnen die entgegengesetzte Auffassung von der geistlichen Dichtung zu begründen und zu rechtfertigen[30].

Johann H e e r m a n n schließt sich in seiner Dichtung eng an Opitz an. Er kennt dessen besondere Stellung zur geistlichen Lyrik; eifrig folgt er seinen Grundsätzen: Er bemüht sich in seiner Kirchenlieddichtung um die Reinheit der Sprache, er vermeidet den Hiatus, er feilt ständig an seinen Dichtungen, er bringt Verbesserungen, wenn neue Ausgaben seiner Werke erscheinen können: Aus den „Flores" wird das „Exercitium Pietatis", er arbeitet seine „KirchSeufftzer" zum „Schließ-Glöcklein" um – er macht hier aus einer Sammlung von Gedichten in Vierhebern, die vielfach in der Sprachbehandlung noch an die Meistersinger erinnern, Gedichte in Alexandrinern –, aber er sucht keine schmückenden Beiwörter, keine kühnen Metaphern, keine „Zentnerworte". – In dem Alexandrinergedicht, das Heermann seiner „Devoti Musica Cordis" als Widmung voranstellt („Dem WolEdlen/ Gestrengen vnd Hochbenambten Herrn David von Schweinitz ... Meinem großgünstigen hochgeehrten Herrn/ Patron/ vnd trewen Beförderer"), sagt er:

> HIer hab ich/ was ich mir aus Andacht auffgesetzet/
> Vnd offt in Trawrigkeit mein Hertz damit ergetzet:
>   Das auch manch fromer Christ zu haben hat begert.
>   Wolan/ er sey nun des/ was er jhm wüntscht/ gewärt.
> Wer jhm der Redner Pracht für allem lest belieben/
> Der find hier nichts für sich. Hier mus er sich nur vben
>   In Andacht. Hier ist weg der Worte Zierd vnd Kunst.
>   Hier such ich mir bey Gott in Demut Gnad vnd Gunst.

> Wer mit Gott reden wil/ vnd seine Huld erlangen/
> Der darff für jhm nicht erst mit hoher Rede prangen.
> Das Hertze siht Gott an. Ist diß nur gut vnd rein/
> Die Worte können leicht jhm wolgefällig seyn.[31]

Eindrucksvoll ist hier die Hervorhebung der „Andacht" durch das Enjambement und durch die ungewöhnliche Zäsur, die durch den Satzschluß nach der dritten Silbe bedingt ist. In den folgenden Strophen wendet sich Heermann dann an David von Schweinitz. Er lobt ihn als Christen, in einer Sprache, die nicht mit rhetorischen Mitteln arbeitet. Er lobt ihn als einen, der „Kunst vnd Gottseligkeit" liebt:

> ... Bey Euch stimbt Mund vnd Hertz.
> Bey euch der Musen Schaar darff fürchten keinen Schertz.[32]

Heermanns Gedichte, und das ist das Neue an ihnen, sind aus eigener Andacht hervorgegangen, und sie sind ebenso für die Hausandacht bestimmt wie für den Kirchengesang. Übrigens sagt auch der Titel der Sammlung etwas über die Entstehung der Lieder, es ist eine „Hauß- vnd Hertz-Musica" – Devoti Musica Cordis – „Das ist: Allerley geistliche Lieder/ aus den H. Kirchenlehrern vnd selbst eigner Andacht ... verfasset". Heermann hat versucht, dieser Andacht einen angemessenen Ausdruck zu geben, und Andacht ist nach seiner Meinung nur dann möglich, wenn man auf große Worte verzichtet. Andacht schließt „hohe Rede" aus, der „Redner Pracht" gehört nicht vor Gott. Wer sich Gott nähern will, muß das Herz in Demut sprechen lassen, der darf nicht „der Worte Zierd vnd Kunst" suchen. Diese Verse sind der Schlüssel für Heermanns Dichtung, hier grenzt er sich ab gegen die Prinzipien der Kunstdichtung, hier setzt er sich als geistlicher Dichter mit den Grundsätzen der „Deutschen Poeterey" auseinander. Er bringt sich damit jedoch nicht in einen Gegensatz zu Opitz. Auch dieser hat seine Sonntagsepisteln „Ohn allen Erdenschein/ ohn alle Redner-Pracht" geschrieben. Hitzeroths Bemerkung, daß Heermann mit diesen Versen „sein Abbiegen von Opitz besonders betonen und durch das religiöse Interesse erklären" wolle[33], trifft so nicht den sehr viel komplizierteren Sachverhalt.

Mit der Formel „der Worte Zierd vnd Kunst" wird auf alles angespielt, was seit Opitz bestimmend für die Dichtung ist. So versteht auch Johann R i s t diese Wendung, wenn er 1644 in einem Gedicht an Justus Georg Schottel über dessen „Teutsche Vers- oder ReimKunst" sagt, Opitz habe die „Muschel" „nur ein wenig auffgethan", Schottel aber habe den Weg zur „Vollenkommenheit" der Dichtkunst gezeigt, er habe

> ... den begehrten Schatz/ die theure **Perl**/ gefunden/
> Die zeigt er uns mit Lust/ wie man im Teutschen wol
> In allem/ nach der Zier und Kunst verfahren sol.[34]

Rist nimmt schon eine Übergangsstellung ein. Er gehört einer neuen Generation an: Als Opitz 1639 stirbt, hat Rist erst seine Jugendgedichte, meist Gelegenheitsdichtung, in der „Musa Teutonica" gesammelt und herausgegeben[35]. 1641 erscheint „Das Erste Zehen" seiner „Himlischen Lieder"[36]. Rist tritt nicht mehr mit der gleichen Schärfe und Entschiedenheit wie Opitz und Heermann für die Sonderstellung der geistlichen Dichtung ein, er theoretisiert überhaupt wenig und spricht mehr für die Praxis. Viele der Regeln aus der „Deutschen Poeterey" sind inzwischen zum selbstverständlichen Besitz aller geworden. Auch zur Frage der Melodie nimmt Rist

1. Die geistliche Lyrik und die Poetik des 17. Jahrhunderts

eine andere Stellung ein: Der Charakter des Kirchenliedes beginnt sich zu ändern. Rists „Himlische Lieder" sind für die Hausandacht geschrieben, Johann Schop vertont ihm diese Gedichte. Später dichtet Rist seine Lieder zwar wieder auf die alten, vertrauten Melodien, aber doch nur, um ihnen eine größere Verbreitung zu sichern. Es ist keine grundsätzliche Entscheidung für das Lied Luthers und der Reformation, denn gleichzeitig läßt Rist die Gedichte auch von Johann Andreas Hammerschmidt, Jakob Schultz (Prätorius) und andern mit neuen Melodien versehen. Thomas Selle komponiert ihm die Lieder der „Sabbahtischen Seelenlust"[37]. Es sind also halb alte Kirchenlieder und halb geistliche Arien. Rist sieht aber davon ab, die „Himlischen Lieder" wieder umzudichten[38], denn die Gesänge haben sich mit den neuen Melodien durchgesetzt, und stolz berichtet er:

> Fürß Ander/ so hat man auch darum unterlassen dise Lider zu ändern/ und auf solche Melodeien/ derer wir uns in den Evangelischen Kirchen gebrauchen/ zu richten/ diweil dise gegenwertige Weisen nunmehr durch gantz Teütschland dermahssen bekant sind/ daß Sie auch von denen/ welche der Musik nicht eben kündig/ Ja so gahr von Weibespersonen/ Kindern/ Knechten und Mägden gahr fein gesungen werden...[39]

In der Vorrede zu seinen „Neüen Musikalischen Katechismus Andachten" von 1656 wehrt Rist sich heftig gegen seine Kritiker und Neider. Er ist sehr empfindlich und besitzt ein starkes Geltungsbedürfnis. Rist verbindet die Abwehr der Kritik mit viel Eigenlob. Er hat Feinde, und er macht sich Feinde[40], und er ist dann allerdings wieder auf Ausgleich bedacht. – Man habe gesagt, seine, Rists, „Schriften und Bücher" könnten „ja nichts besonders" sein, weil er nicht in Frankreich und Italien gewesen sei[41], und man werfe ihm, dem Geistlichen, vor allem Weltlichkeit vor:

> Dieweil Ich in der Jugend bisweilen weltliche Lieder geschribē/ nachgehendes auch unterschiedliche Schauspiele/ Komedien und Tragedien oder Freüd- und Traurspiele herfür gegeben/ ja so gahr *Balletten* und Aufzüge verfertiget/ so könten Meine Geistliche Sachen so hoch nicht geschätzet werden.[42]

Natürlich weist Rist einen solchen Vorwurf zurück. – Es folgen dann andere kritische Stimmen, und nachdem er auf sechs Seiten von denjenigen gesprochen hat, die ihn bis jetzt wegen seiner Dichtung gelobt, die ihm Ehrengedichte zugeschickt haben[43], setzt er sich mit dem schwersten Vorwurf auseinander, den man ihm gemacht hat, dem nämlich:

> **das Rist gahr zu sehr** *opiti*zire/ **sich auch an die** *Leges* **oder Gesetze der Teütschen Dichtkunst alzu stark binde.**[44]

Was kann eine solche Aussage bedeuten? Das heißt doch, Rists Kritiker sind der Meinung, daß er als Geistlicher sich zu sehr an Opitz halte, daß seine Kirchenlieder der neuen Kunstdichtung zu nahe ständen, daß er seine Rede zu sehr schmücke. Hinter einem solchen Vorwurf steht die Auffassung, daß es nicht angebracht sei, sich in der geistlichen Lyrik allzu eng an die Regeln zu halten: Der Gegenstand, die Gattung verbieten es. Die Auseinandersetzung um die Gestalt der geistlichen Lyrik hat sich jetzt verlagert auf die Frage: Für oder gegen „Opitz".

Doch Rist sieht hier keinen Vorwurf. Er tut so, als verstehe er es gar nicht:

> Wohin man mit dem Wohrte *opitisir*en ziele/ kan Ich zwahr so eigentlich nicht errahten...[45]

Rist nimmt Opitz in Schutz, er wehrt sich dagegen, daß man Opitz verlästert; einen Gott will er nicht aus ihm machen, aber er weiß, daß die Dichtkunst nicht ohne Gesetze sein kann. Auch diejenigen, die sich gegen Opitz wenden, sind das, was sie sind, nur durch Opitz. Von ihm haben sie gelernt, Verse zu machen[46].

> Herr **Opitz** ist ein fürtreflicher/ redlicher und hochgelehrter Mann gewesen/ den Kaiser/ Könige und Fürsten haben gelibet und geehret ... Und/ **wer begehret doch aus Herren Opitzen einen Gott zu machen?** Man rühmet allein Seine Kunst und Fleis/ welche Er bei der Teütschen Sprache und Dichterei so treülichst hat angewendet/ wofür ihm billich hoher Dank gebühret/ mit nichten aber/ daß man disen herlichen Mañ auch noch im Grabe solle lästern.[47]

Eine „reine uñ verständliche Ahrt im Schreiben" lehnt Rist nicht ab. Wenn das „*opitisir*en" heiße, dann sei es „vielmehr zu loben/ als zu schelten."[48] Aber mit der „modernen" Art ist Rist nicht einverstanden.

> Was Mich betrift/ so lasse Ich mich in Ewigkeit nicht überreden/ daß Ich der neüen/ hasierlichen Schreibahrt solte zustimen/ oder solcher unerhörten Fantasie beipflichten/ Meine Edle Teütsche Muttersprache so muhtwilliger weise dadurch zu verderben und zu verhümplē...[49]

Rist glaubt jedoch nicht mehr, daß man in der geistlichen Lyrik auf jeden Schmuck verzichten solle. Allerdings spricht er immer von Dichtung überhaupt und macht dabei keinen Unterschied zwischen weltlicher und geistlicher Dichtung. Schon fünf Jahre früher, 1651, hatte Rist vor seiner Liedersammlung „Neüer Himlischer Lieder Sonderbahres Buch" in dem „Nohtwendigen Vorbericht an den Christlichen Leser"[50] davon gesprochen, daß nicht jeder, der imstande sei, einen Vers zu machen, „darüm auch flugs ein guhtes untadeliches Lied machen könne."[51] Dazu ist nach seiner Meinung mehr nötig:

> Es gehöret hiezu eine sonderbahre/ lebhaffte/ frische/ geschmückte/ völlige und mit anmuhtigen Figuren durch und durch gezierte/ ja gleichsam verblühmte Ahrt ...[52]

Vor einer Sammlung geistlicher Lieder scheint eine solche Aussage eine ganz neue Einstellung anzudeuten. Tatsächlich hat es jedoch nicht so weitgehende Konsequenzen, wie aus dem Wort „verblühmt" hervorzugehen scheint. Diese Formulierung bezieht sich vor allem auf Epitheta. Rist sagt dazu:

> Sonderlich aber müssen guhte Lieder von füglichen und wolzustimmenden *Epithetis* reich seyn...[53]

Über das Verhältnis von Substantiv und Adjektiv heißt es dann:

> ... und klinget es über die masse lieblich/ wenn das eine des andern Wesen und Beschaffenheit in rechter Ordnung fein klärlich und verständlich außdrükket/ als wenn ich singe: **Du grosser Gott/ du starker GOtt/ du gerechter/ weiser/ barmhertziger GOtt/ Wir arme Maden/ Ein liebliches Blühmlein/ Die höchste Noht/ Mein süsser Bräutigam/ O frecher Muht/ Die wolverdiente Straffen/ der starke Menschenfresser/ Die Lasterreiche Welt/ Die Flügelschnelle Zeit/ Die lange Ewigkeit/** und mehr desselben Schlages.[54]

Das sind Beispiele, die aus geistlicher Dichtung genommen sind oder die doch in geistlichen Gedichten stehen könnten[55]. Ebenso entschieden aber wehrt sich Rist für seine Dichtung gegen diejenigen Epitheta, die er als „ungeschikt", das heißt unpassend, unangemessen, empfindet. Um diese Art des Dichtens zu charakterisieren, gibt er auch hier eine Reihe von Beispielen:

1. Die geistliche Lyrik und die Poetik des 17. Jahrhunderts

> **Der herbe/ kalte Bräutigam brent itz in dikker Liebe:** Er stund in einem **schwartzen Wahn/** bald kriegt er einen **Fetten Sieg: O Eisen schöner Leib/** (sol ein schönes/ aber dabenebenst gantz verstoktes Weibesbild bedeuten) **Ein wolgebauter Wald im aufgeschwelten Grase. Es plaget mich mein schwangers Glük.** Sie gab mir einen **rohten Kuß/** warumb aber? darumb vieleicht/ daß sie blaue Leftzen hatte. Da komt **der schwartze lumpen Tod/ O Goldverbrämte Wunderlust. Ein schön gespiktes Ehrenlied. Ein hochvernünftigs Tummelpferd. Mein Hertzerfreülichs Klaggedicht hat Phillis doch erweichet nicht. Die Feuranstekkend Winterzeit.** Er sitzt in starker **Einsamkeit/** macht einen **wolgeputzten Brieff an seine Hertzformierte Braut/** und tausend andere Narrenpossen...[56]

Diese Beispiele könnten aus weltlicher Dichtung genommen sein. Allerdings sagt Rist das nicht ausdrücklich. Er hat sie so gewählt, daß er mit ihnen diese Art zu dichten ins Lächerliche zieht. Doch es sind Epitheta, die sich unter Berufung auf Opitz und seine Theorie rechtfertigen lassen. In weltlicher Dichtung mag diese Ausdrucksweise eine gewisse Berechtigung haben, aber Rist empfindet es als einen Mißbrauch der Dichtkunst, wenn man G o t t so anredet. Unter den Dichtern gibt es nun nach Rists Meinung

> etliche/ welche zwahr zimlich guhten Verstandes sind/ und dannenhero bißweilen gahr feine Infälle haben/ Sie mißbrauchen aber selbige zum allerschändlichsten/ in deme sie von göttlichen und heiligen Sachen so liederlich/ so weltlich/ ja vielmahls so spöttisch schreiben/ singen und dichten/ daß ein Gewissenhaffter Christ billich einen Abscheü träget/ derogleichen Lästerschrifften zu lesen oder zu hören...[57]

Rist redet dann von Dichtung, die zu verwerfen sei, von anderer, die man gelten lassen könne; die geistliche Dichtung nimmt für ihn den höchsten Rang ein[58]. – Es ist kein Gegensatz „höfisch-antihöfisch", den Rist mit seinen Beispielen hervorheben möchte, sondern in diesen Beispielen zeigt sich der Gegensatz von weltlichem und geistlichem Dichten. Durch die „hasierliche Schreibahrt", mit der die „Edle Teütsche Muttersprache" verdorben wird, wird Gott gelästert, sie gehört nicht hinein in die geistliche Dichtung.

Rist spricht nicht von „Andacht". Doch auch Heermann hätte noch mit dem einverstanden sein können, was Rist von der Verwendung der Adjektive in geistlicher Dichtung sagt. Tatsächlich benutzt Heermann Epitheta wie die von Rist angeführten, ohne daß er hier einen Widerspruch zur „Andacht" sieht, die bei ihm die Sprache der geistlichen Lyrik bestimmt.

In der Folgezeit tritt nun aber ein Wandel ein: Gryphius, Birken und andere entfernen sich von diesen Grundsätzen. Gryphius fordert auch für die geistliche Dichtung „Blumen der Wolredenheit", Birken fordert „Poetische und Figürliche Redzierden", und beide finden dafür eine Begründung, die aus dem Gegenstand selbst kommt. Das protestantische Kirchenlied ist diesen Weg nicht mitgegangen. Je mehr sich die geistliche Lyrik in der zweiten Jahrhunderthälfte der gleichen Sprachformen bedient wie die weltliche, je mehr sie sich der barocken Kunstdichtung nähert, desto mehr verliert sie ihre Funktion als Kirchenlied. Es ist kein Zufall, daß die geistliche Lyrik des Andreas Gryphius bis auf eine Ausnahme bald wieder aus den Gesangbüchern verschwindet, obwohl vieles für den Gemeindegesang bestimmt war[59], und es ist ebensowenig ein Zufall, daß die geistliche Lyrik der Nürnberger nicht wirklich zum Kirchenlied geworden ist. Auch Hofmannswaldaus hochbarocke geistliche Lyrik taucht nur vorübergehend in den Gesangbüchern auf, als Kirchenlieder haben sich seine „Geistlichen Oden" nicht durchgesetzt[60].

Als Andreas Gryphius 1652 seine „Thränen über das Leiden JEsu Christi" herausgibt, da sagt er, daß er hier „nichts als die Andacht gesuchet" habe, daß er „auff das schlechteste", geschrieben, auf die „gemeineste Weyse" geredet habe[61]. Wenn Gryphius hier von „Andacht" spricht, stimmt das noch mit dem überein, was Heermann für die geistliche Lyrik fordert. Heermann ist das Vorbild für Gryphius, von ihm geht seine Dichtung aus[62]. Bewundert hat er ihn zeit seines Lebens, und noch 1656 widmet er ihm vor der posthumen Ausgabe der „Poetischen Erquickstunden" einen Nachruf „An die seeligste Seele Deß weitberühmten und umb die Kirche Gottes wohlverdieneten JOHANN. HEERMANNS Vber dessen heilige Oden."[63] Es ist keins der üblichen Lobgedichte. – Doch die „Thränen" sind eine Jugenddichtung, sie sind, nach der Vermutung Manheimers, schon um 1636 entstanden[64]. Gryphius sagt, daß er sie

> in erster Blüthe der noch kaum zeitigen Jugend dem Papier vertrauet...[65]

Gerade weil Gryphius „hier nichts als die Andacht gesuchet", hat er diese 19 Lieder auf die bekannten Melodien gedichtet[66]. Es sind Melodien von Kirchenliedern, von lateinischen Hymnen und solche aus dem Hugenottenpsalter. Die Melodie ist bestimmend für die Sprache dieser Lieder, die oft schlicht, sogar unbeholfen ist; manches erinnert durchaus noch an den alten Nicolaus Herman und seine meistersingerlichen Verse. Aus dem Liede „MEnsch wach/ vnd nim dich in acht!" soll hier die vierte Strophe zitiert werden:

> Wie hat JEsus sich betrübt/
> Als der/ den Er so Treu gelieb't
> Ihn zuverkauffen tracht.
> Einer auß Euch/ fieng Er an/
> Dehn ich noch nicht hassen kan/
> Ist mich warlich diese Nacht/
> Zuverrathen gantz bedacht.[67]

Doch einzelne Wendungen deuten auch in diesen Liedern schon voraus[68], und als Gryphius ein Lied nach der Melodie von Johann Heermanns ursprünglich als Gebet geschriebenem „O Gott, du frommer Gott" dichtet, da reißt ihn der Alexandriner mit fort. Der Vers mit seinem Gesetz, mit seinen Möglichkeiten ist stärker als das Gesetz der Gattung. Heermann bewahrt auch hier noch den Ton des Lutherliedes, bei Gryphius wird ein „barockes" Kirchenlied daraus:

> Die Wunder bey dem Tode Christi.
> O Gott du grosser Gott:
> 1. REiß Erden: Himmel brich: ihr Friedens-Engel klaget
>   Der Fürst der Welt vergeht! saust Lüffte/ Menschen zaget!
>   Der alles trägt verfällt/ die Ehre wird veracht!
>   Der alle deckt ist nackt/ der Tröster ist verschmacht.
> 2. Der Höchste steht am Holtz genagelt an die Aeste.
>   Die Hände sind durchbohrt/ durch die die Wolcken feste
>   In ihren Standt gesetzt/ der Leib ist eine Wund.
>   Von Fuß auff/ Scheitel ab/ ist nichts an Ihm gesund.[69]

Das Lied hat im ganzen zwölf Strophen zu je vier Versen, aber in den „Son- undt

1. Die geistliche Lyrik und die Poetik des 17. Jahrhunderts

Feyrtags Sonneten" von 1639, und das hat man offenbar bisher noch nicht gesehen, ist daraus ein Sonett geworden. Gryphius übernimmt einzelne Wendungen, doch es ist nun nicht mehr Kirchenlied, es ist nicht mehr für die singende Gemeinde bestimmt. Wir zitieren die ersten vier Verse, die etwa den beiden angeführten Strophen entsprechen. Dabei sind der zweite und dritte Vers des Sonetts fast wörtlich aus dem Lied von 1636 übernommen.

> Am gutten Freitage.
> O schmertz! das leben stirbt! o wunder! Gott mus leiden!
> Der alles trägt, felt hin! die ehre wirdt veracht!
> Der alles deckt ist nackt! der alles tröst verschmacht!
> Der luft undt bäume schuff, mus luft undt VVälder meiden![70]

Das Lied aus den „Thränen über das Leiden JEsu Christi" ist also eine Vorstufe für das Sonett. Hier haben wir bei Gryphius den Übergang vom Kirchenlied zu geistlicher Lyrik, die nur noch Dichtung sein will, die der Andacht und Erbauung des einzelnen dienen möchte[71].

Aus der Vorrede zu den „Thränen" erfahren wir von Gryphius, daß er für die geistliche Dichtung nach neuen Wegen sucht, daß er sich von den Grundsätzen gelöst hat, nach denen er in der geistlichen Lyrik begonnen hatte. Gryphius weist auf andere Dichtungen hin, in denen er sich an diese Gesetze nicht mehr gehalten habe: In diesen bringe er „poetische Erfindungen" und „Farben"[72], und zur Begründung sagt er, er sei

> der Meynung gar nicht zugethan/ die alle Blumen der Wolredenheit vnd Schmuck der Dichtkunst auß Gottes Kirche bannet ...[73]

Es ist also wirklich eine „Meinung", mit der Gryphius sich auseinandersetzt. Gerade eine solche Äußerung zeigt, daß er das Problem kennt. Er weiß, daß die geistliche Lyrik eine Sonderstellung einnimmt, daß in ihr – nach allgemeiner Überzeugung – kein Platz für „Zier und Kunst" der Worte ist. Gryphius lehnt nun aber „Zier und Kunst" – „Blumen der Wolredenheit vnd Schmuck der Dichtkunst" – nicht mehr ab. Er glaubt auch nicht, daß dadurch die „Andacht" beeinträchtigt werden könne, er ist nicht der Meinung, daß zu dieser Dichtung kein Schmuck der Rede gehöre, denn als Begründung für seine Auffassung führt er die Psalmen als „Gedichte" an,

> derer etliche übermassen hoch vnd mit den schönesten Arten zu reden/ die himmlischen Geheimnüß außdrucken/ wie daß ich anderer nicht erwehne/ auß dem 19. 104/25/68. mehr denn Sonnen klar zu spüren.[74]

In der gleichen Vorrede spricht Gryphius davon, „daß der 45.68. vnd andere Psalmen", obwohl sie „zierlich vnd verblümet" sind, doch „deß heiligen Geistes" seien[75]. Hier bestehen für ihn also keine unvereinbaren Gegensätze mehr.

Martin O p i t z war bei seiner Beschäftigung mit dem Hohenlied noch nicht zu dem Schluß gekommen, daß sich aus dessen Sprache eine Rechtfertigung dafür herleiten lasse, daß auch die geistliche Lyrik geschmückt sein dürfe. Im Gegenteil: Ihm geht es gerade darum, diesen Ton zu entschuldigen, zu entschuldigen, daß hier vieles „zu buhlerhafftig vnd weltlich" scheint. Es hat einen andern Sinn; die Flammen, die es hier gibt, sind nicht Flammen der Wollust:

> Es sind freylich Flammen hier: aber von solchem Fewer mit dem die Seraphin brennen/ vom Fewer durch welches die frommen Seelen wie Elias zu Himmel geführet werden/

daß die Zungen der Botten Gottes am heiligen Pfingsttage erfüllet/ vnd zu allen Zeiten der gläubigē Gemüther erwärmet hat.[76]

Opitz will das Hohelied vor allem – im Sinne der Tradition – allegorisch verstanden wissen[77]. Weil es geistlich und poetisch zugleich ist, sind hier Farben, aber Opitz fordert diese Farben deswegen nicht für die geistliche Dichtung, vielmehr sucht er sie in diesem besonderen Fall zu entschuldigen, wenn er in seiner Vorrede „An den Leser" sagt:

> Will jemand vermeynen/ eine vnd andere Rede sey etwas zu buhlerhafftig vnd weltlich/ der erwege daß hiesige Lieder nichts sind als eine Historie der allerkeuschesten Liebe/ die Salomon/ nach Ablegung der verführerischen üppichen Begierden (wie gelehrte Theologen darfür halten) zu Bezeugung seiner Busse auß Göttlicher Regung dermassen herauß streicht/ daß seine zierliche Worte so weit vber andere gehen/ so weit zeitlicher Wollust von der Himmlischen vbertroffen wird. Er gedencke/ daß die Poeterey so wenig ohn Farben/ als wenig der Früling ohne Blumen seyn soll. Wie er dann/ als von einem andern Geiste weder die Heydnischen Poeten angeblasen wird/ an diesem Orte alle Zier/ Art vnd eygenschafft der Eclogen oder Hirtengetichte begriffen hat.[78]

Opitz selbst hat diese Flammen und Farben nicht nachgeahmt[79].

Eine ähnliche Haltung wie Gryphius nimmt auch Philipp von Zesen ein. In seinen „Gekreutzigten Liebsflammen", die 1653 erschienen, bringt er „wenig dichterische bluhmen und verzukkerungen/ sondern nur einfältige reden", denn er weiß, daß „auch die göttliche Liebe keine andere erfordert"[80]. Zesen hat also noch die gleiche Auffassung vom Wesen geistlicher Dichtung wie Opitz, Heermann und Rist. Doch er glaubt schon, dies besonders rechtfertigen zu müssen, und in der Vorrede „An den Gott-liebenden Leser" sagt er dazu, daß er dies Werk in seiner „erst-auskommenden und fast kindlichen jugend/ für zehen/ ja achtzehn jahren geschrieben" habe[81]. Das kann natürlich Topos sein – bei Gryphius, der sich ähnlich äußert, war es das nicht –, aber Zesen beruft sich hier nicht auf die eigene Unfähigkeit; die Schlichtheit der Sprache, das Fehlen von „bluhmen und verzukkerungen" haben ihren Grund vielmehr in der Gattung selbst. In dieser Äußerung scheint jedoch gleichzeitig, wie bei Gryphius, eine leichte Distanzierung zu liegen; vielleicht hatte Zesen das Gefühl, man könne ihn für altmodisch und unmodern halten.

Georg Philipp Harsdörffer hat eine veränderte Einstellung zur geistlichen Lyrik. In der Vorrede zum „Poetischen Trichter" rechtfertigt er die Notwendigkeit einer deutschen „Poeterey", als einer Anweisung zum Dichten, einer Sammlung von Vorschriften, auch damit, daß geistliche Lieder gemacht werden müssen. Wenn diese ihren Zweck, „hertzbrünstige Andacht" zu erwecken, erfüllen sollen, dann komme man „ohne kunstrichtigen Bericht" nicht aus[82].

Sigmund von Birken, der Nachfolger Harsdörffers in der Leitung des Nürnberger Dichterkreises, hat den „Blumen-Orden" nach Harsdörffers Tode wieder neu belebt, er hat aber auch die schon von Harsdörffer unter Johann Michael Dilherrs Einfluß vollzogene Wendung des Ordens auf den religiösen Bereich verstärkt[83]. Darüber legt er 1679 in seiner „Teutschen Rede-bind-und DichtKunst" Rechenschaft ab. Sie ist wie jede Poetik Programm und Zusammenfassung zugleich.

Birken will alle Dichtung, jede Gattung, auf das Lob Gottes richten. Deshalb

1. Die geistliche Lyrik und die Poetik des 17. Jahrhunderts

versieht er diese „Kurze Anweisung zur Teutschen Poesy" mit „Geistlichen Exempeln". Die Dichtkunst, die vom Himmel kommt, soll wieder zum Himmel steigen[84]. Von den „Poeten" heißt es, sie seien „himlische SpringBrunnen/ oder sie sollen solche seyn/ und das Himmels-FlutFeuer nicht Irdisch verwenden ..."[85] Die ersten Dichter waren Schäfer, die von den Vögeln das Gotteslob lernten. Schäfer wurden zu Dichtern, und nun, in Birkens Tagen, werden Dichter wieder zu Schäfern. Der Kreis soll sich schließen, die Dichtung soll als geistliche Hirtendichtung in ihren Ursprung zurückkehren.

> Es scheinet/ die Zeit/ die nun bald in die Ewigkeit sol verwandlet werden/ kehre mit ihrem Ende/ wie eine in Zirkel geschlungene Schlange/ in ihren Ursprung zurücke. Sie höret auf mit diesem Thun/ wie sie angefangen/ und macht ihre jetzige Poeten zu Schäfern.[86]

Birken rechtfertigt so auch die eigene Existenz: Die „Blumgenoßhirten" sind „zugleich Schäfere/ Poeten/ und Gekrönte" wie David, den sie deshalb zu ihrem „Gesellschafter" gemacht haben[87]. Auch aus der sonstigen zeitgenössischen Dichtung glaubt Birken schließen zu können, daß man sich dem Ursprung wieder nähere: „Die zwo so-genannte **Arcadien/** die Hispanische des *Lope de Vega,* und die Englische des Ritters Sidney" sind Birken eine Bestätigung dafür. Auch hier gibt es „poetisirende Schäfer"[88].

Die Überzeugung, daß die Dichtung „nützen und ergötzen" solle, ist noch unerschüttert, aber neben diese beiden stellt Birken ein Drittes: die „**Ehre des Himmels**", das Lob Gottes[89]. Der christliche Dichter soll „in frölichen Materien auf Belustigung/ und in allem auf GOttes Ehre zielen"[90]. Auch die Heiden haben schon – neben dem „**Nutzen** und **Belusten**" – „zur Ehre ihrer Götter/ die Poesy mit Lobgesängen verwendet"[91]:

> So nennen dañ wir Christen den dritten Zweck der Poesy/ vielmehr den ersten/ die **Ehre Gottes.** Die Poetische Dichtfähigkeit/ wie zuvor erwehnt/ und der Geist/ komt von Hiṁel: so ist ja billig/ daß dessen Wirkung in seinen Ursprung wiederkehre.[92]

Johann R i s t spricht meist nicht vom Nützen, sondern vom Lehren und Belustigen – *„Docere & Delectare"* – als dem Ziel des Dichters[93]. In der „Zuschrifft" zur „Sabbahtischen Seelenlust" von 1651 hatte er gesagt, der Zweck der Dichtung sei

> so wol daß *Docere,* oder Lehren (welches der fürtrefflicher *Horatius Prodesse* nennet/ damit man eine gewisse Ahrt der Lehre müge verstehen) alß auch daß *Delectare,* oder daß belustigen ...[94]

Rist gibt diesen Begriffen eine christliche Deutung. Dabei versteht er sie sehr viel tiefer, als Birken es tut. Für Rist ist die „Gottseligkeit" das Ziel des Lehrens und Belustigens; sie belustigt, sie ergötzt, sie erfreut:

> Gleich aber/ wie einem Christen nichtes nützlichers ist in disem vergänglichem Leben/ alß eben die wahre Gottseligkeit ... Also wird auch unter der Sonnen nichtes gefunden/ daß einen rechtschaffenen Christen mehr könte belustigen/ mehr ergetzen/ mehr erfreuen/ alß eben dise himlische Mutter aller andern Tugendē/ **die Gottseligkeit/** den Sie allein bleibt immer lieblich/ süß und angenehm ...[95]

Die Dichtung soll, indem sie nützt und erfreut, die „wahre Gottseligkeit" befördern[96]. Die Gottseligkeit ist für Rist nicht ein Drittes, das neben dem Nützen und Ergötzen steht, wie die Ehre Gottes, das Lob Gottes bei Birken. Rist sucht mit seiner Dichtung, wie er es von David sagt: „daß Lehren und Belüstigen/ nicht zwahr deß äusserlichen/ sondern vielmehr deß innerlichen Menschen"[97].

Einen grundsätzlichen Unterschied zwischen geistlicher und weltlicher Dichtung gibt es bei Birken nicht mehr. Alles Dichten soll ja geistliches Dichten sein[98]. Damit werden nun aber auch viele der Aussagen Birkens recht unverbindlich; gerade die „geistlichen Exempel", die Birken heranzieht, sind oft nur „christlich" in einem ganz allgemeinen Sinne. Ein „Christlicher Poet", wie Birken ihn fordert, ist kein geistlicher Dichter mehr. Hier liegen schon die Anfänge zu einer Säkularisierung. Tatsächlich wird bei Birken nicht alles geheiligt, sondern, darauf hat schon Borinski hingewiesen, das Heilige wird profaniert[99]. Zu dieser Entwicklung gehört es auch, daß Birken neben die „**Gottes-Ehre**" die „**Tugend-Lehre**" stellt[100].

Birken bespricht im ersten Teil seiner Poetik die „Redebind-Kunst", d. h. die Quantität der Silben, die Versfüße, die Zäsur, den Rhythmus. Er will dort auch zeigen, wie man „einem Vers die WörterZierde geben" kann[101]. Im zweiten Teil behandelt er die „DichtKunst", und damit ist im wesentlichen die Wahl der richtigen, dem Stoff angepaßten Gattung gemeint. Hier ist von der „Erfindung", der „*Inventio*", als der „Seele" einer Dichtung die Rede. Birken sagt dazu:

> IM vordern Theil ist der DichtKunst-begierige angewiesen worden/ wie er soll ein Redgebände oder *Carmen* auf seine Füße stellen/ daß es Tritt-richtig daherwandele. Nun folgt die Anweisung zur **DichtKunst**/ wie ein *Poëma* oder Gedichte zu verfärtigen sei. Diese beide Wörter/ Redgebände und Gedichte/ *Carmen* und *Poëma*, sind voneinander unterschieden/ wie Leib und Seele. Der schöne und sonderbare Ausfund/ (*Inventio*) ist der GebändRede Seele: die dann/ ohne solchen/ ganz todt und leblos/ und nur ein nichtiges leeres Geschwätze ist.[102]

In den drei Kapiteln des zweiten Teils spricht Birken „Von den Gedichten und ihrer Erfindung", „Von den Feld-Helden und Straff-Gedichten" und „Von den Schauspielen".

Im „X. Redstuck. Von den Gedichten und ihrer Erfindung. *De Poëmatibus eorumq; Inventione*" redet Birken ausdrücklich über die „Geistlichen Lieder"; sie sind „die ersten" unter den „Gedichtarten"[103]. Birken wendet sich anschließend gegen den Gebrauch von heidnischen Götternamen in geistlicher Dichtung[104] und sagt dazu:

> Droben ist erinnert worden/ wie übel es stehe/ wañ ein Christlicher Poet/ die Namen der Heidnischen Götzen/ in seinen Gedichten anführet. Was ist dann erst dieses für ein Ubelstand/ wann man solches thut/ in Geistlichen Liedern und Gedichten/ und also die Lade des Bunds neben den Dagon/ den Belial neben Christum/ setzet? ...
> Weil Geistliche Lieder für jederman/ auch für Ungelehrte/ gesetzet werden/ so hat man auch darum diesen Unform zu vermeiden.[105]

Die geistlichen Lieder werden also bewußt in den Geltungsbereich der Poetik einbezogen. Birken fährt fort:

> Es folget aber hieraus nicht/ daß man/ zum gegenspiel/ in dergleichen Gedichten/alle Poetische und Figürliche Redzierden hinweg lassen/ und nur schlechthin leblose Reimen leimen und daher lirlen müße. GOtt/ der uns den Verstand und die Rede verliehen/ hat uns ja nicht verboten/ zierlich von und vor ihm zu reden. Er hat auch befohlen/ daß man ihm ja nichts gebrechlichs/ dürres oder dergleichen/ sondern etwas gutes und unmangelhaftes/ opfern solle/ sonst werde es nicht angenehm seyn. Und wie solte es können GOtt gefallen/ wann ein fauler Gesell/ der das Gehirne nicht anstrengen mag/ ein rechtschaffenes Gedicht zu verfärtigen/ oder verfärtigen zu lernen/ ein leeres Ge-

1. Die geistliche Lyrik und die Poetik des 17. Jahrhunderts

wörtel ohne Geist und Andacht/ wie es ihm ungefähr und in der Eile zwischen die Backen und Finger kommet/ auf das Papier sudelt/ und solche Schalen ohne Kern/ wie jener/ ihm aufopfert?

Da auch Geistliche Lieder zu des Nächsten Gebrauch/ und daß auch andere GOtt damit verehren/ geschrieben worden: wie kan/ durch ein solches HülsenLied/ die Andacht bei jemand erwecket und dessen Geist angefeuret werden/ da es ohne Geist und Andacht geschrieben worden?[106]

Wenn Birken davon spricht, daß Gott uns nicht verboten habe, „zierlich von und vor ihm zu reden", so wird damit zunächst geistliches Dichten überhaupt gerechtfertigt. –

Die Frage, ob es erlaubt sei, Gott anders als mit den Worten der Bibel zu preisen, mit Menschenwort, mit Gesang, hat die Christen zu allen Zeiten beschäftigt. Man müßte hier auf die Gegensätze eingehen, die zwischen Luther und den Reformierten in der Frage des Kirchengesangs bestanden. Einiges wurde dazu schon angedeutet[107]. Auch Andreas Gryphius setzt sich mit diesem Problem auseinander und wendet sich nun gegen diejenigen, die meinen, „es wäre gar nicht erlaubt/ daß *Musen* vmb das Creutz deß HErren singen solten"[108]. –

Birkens Äußerung bedeutet aber auch und gerade, daß geistliche Dichtung nicht ohne rhetorischen Schmuck sein soll. Birken versteht das geistliche Lied als „Opfer". In einer Anmerkung zu der eben zitierten Stelle verweist er auf „3 B. Mos. 22 v. 22". Dort werden Opfer genannt, die Gott nicht angenehm sein können. Ihnen entsprechen die Gedichte, die ohne „Poetische und Figürliche Redzierden" verfaßt sind. – Auch für Luther ist der Gesang ein Lobopfer. Der Christ soll Gott „mit Psalmen und Lobgesängen und geistlichen lieblichen Liedern" preisen. „Das Lob Gottes bei Luther" – so der Titel einer Arbeit von Christa Müller – hat allerdings eine andere Dimension als das Gotteslob, wie Birken es versteht; das Lob umgreift bei Luther die gesamte christliche Existenz: „‚Crux probat omnia.' Das Kreuz erweist, ob das Lob des Schöpfers echt ist..."[109] Während Luther sich auf das Neue Testament beruft, auf eine Stelle aus dem Brief des Paulus an die Kolosser (Kol. 3, 16), geht Birken für das Lobopfer auf das Alte Testament zurück. Auch Heermann, der mit seinem Lied in der Tradition Luthers steht, setzt, gewissermaßen als Motto, die Kolosser-Stelle vor seine Sammlung geistlicher Lieder, die „Devoti Musica Cordis"[110]. Bei Luther liegt der Ton auf dem Lob Gottes, bei Birken auf dem Opfer. Ihm kommt es vor allen Dingen darauf an, daß dieses Opfer nach den Regeln der Poetik richtig zubereitet ist: Es ist ein gutes Opfer, das Gott wohlgefällt, wenn es richtig geschmückt ist. Damit nähert sich Birken der Werkgerechtigkeit der alten Kirche. Da Dichten lehrbar ist, muß der Dichter nur sein „Gehirne anstrengen", um ein gutes geistliches Lied zu machen, ein gutes Opfer zu bringen. Auch seine eigene geistliche Lyrik faßt Birken in diesem Sinne auf. Seine Gedichte sind „Weihrauchkörner", er hat sie „gesamlet/ vorhabens/ dieselben öffentlich ausrauchen zu lassen" und hat sie „in das Rauchfaß der Andacht" geworfen[111]. Wie die Weihrauchkörner dem zum Himmel aufsteigenden Opferrauch einen angenehmen Geruch geben, so hat Birken seine Gedichte, seine „Andachtskörnlein", „Gott zu einem süssen Geruch/ in dem Rauchfaß [seines] Hertzens gleichsam auf dem Altar [seiner] Lippen/ angezündet und aufgeopfert"[112]. Birken zieht auch hierfür wieder eine Stelle aus dem Leviticus heran, nämlich „III. B. Mose I. 9."[113]

Geistliche Lieder sollen mit „Geist und Andacht" geschrieben werden. Während nun bei Opitz mit den Worten „Geist vnd Fewer" noch die weltliche Sphäre umschrieben wurde und die „Andacht" für den Bereich geistlichen Dichtens stand, ist bei Birken mit der Formel „Geist und Andacht" die Verbindung beider Bereiche vollzogen. Der Geist muß nun dazu verhelfen, daß ein geistliches Lied richtig gemacht wird. Man darf zierlich vor Gott reden, „Poetische und Figürliche Redzierden", und das heißt vor allem Metaphern und Epitheta, sollen in geistlichen Liedern gebraucht werden. „Zier und Kunst" werden also nicht mehr von geistlicher Dichtung ausgeschlossen.

Das ist eine neue Auffassung von der geistlichen Lyrik. Mit den Regeln in seiner Poetik erfaßt Birken vor allem die Nürnberger Sonderentwicklung. Hierher gehört, was zwischen 1650 und 1679 in diesem Kreis entsteht: Birkens eigene geistliche Gedichte, die geistlichen Lieder von Klaj, geistliche Lyrik von Harsdörffer, Dichtungen Dilherrs[114]. Wirkliche Kirchenlieder gibt es hier kaum noch. – Auch von den Dichtungen der Catharina Regina von Greiffenberg, die in loser Verbindung mit dem Nürnberger Kreis steht, ist nichts in die Gesangbücher eingegangen[115]. 1659 hatte Birken zum erstenmal durch Johann Wilhelm von Stubenberg ein noch ungedrucktes Sonett der Dichterin kennengelernt; im Jahre 1661 hatte dann der Freiherr Hans Rudolph von Greiffenberg dem hochangesehenen Birken das Manuskript mit den Gedichten seiner Nichte Catharina Regina zur Beurteilung vorgelegt[116]. Diese Gedichte entsprachen ganz dem, was Birken in der Dichtung erstrebte; hier waren die Tendenzen seines poetischen Bemühens am reinsten verwirklicht; dies dichterische Werk stand in Einklang mit der Devise der Pegnitzschäfer: „Alles zur Ehre Gottes"[117]. Catharina Regina von Greiffenberg übertrifft allerdings mit der Innigkeit ihrer Verse, mit der Echtheit ihres Gefühls weit Birkens nüchternes Theoretisieren. Birken versieht die „Geistlichen Sonnette/ Lieder und Gedichte" der Dichterin mit einer „Vor-Ansprache zum edlen Leser", und so erscheinen sie 1662. Im folgenden Jahr lernte Birken die Dichterin auch persönlich kennen, als sie zum erstenmal nach Nürnberg kam. Es begann dann ein Briefwechsel zwischen beiden, es entwickelte sich eine Freundschaft, die schon viele Züge der späteren Seelenfreundschaften des Pietismus in sich trägt[118]. Man darf wohl annehmen, daß Birken auch an die Gedichte der Catharina Regina von Greiffenberg gedacht hat, als er die Lehrsätze, die er um 1650 aufgestellt hatte, zu seiner Poetik von 1679 umarbeitete und erweiterte[119]. Wo Birken hier von den „Vierzehnzeiligen RedGebänden", das heißt den Sonetten, spricht, erwähnt er die Dichterin als „die HochFürtreffliche Teutsche **Uranie**". Er druckt dort ihr Sonett „Uber GOttes unbegreifliche Regirung/ seiner Kirchen und Glaubigen" unter dem Titel „**Göttliche Wunder-Regirung**" ab[120]. – Die geistliche Lyrik der Catharina Regina von Greiffenberg ist vielfach aus persönlichen Erlebnissen hervorgegangen, es sind Dichtungen, die Ausdruck ihrer eigenen Andacht sind, die für die private Andacht und Erbauung geschrieben sind. Es ist ihr Werk, das wir dem datierbaren Entschluß verdanken, ihr Leben, ihr Dichten in den Dienst Gottes zu stellen[121]. Das „Ich", das sich hier ausspricht, ist nicht mehr das gleiche „Ich", wie in den Liedern Paul Gerhardts. Die „Ich-Lieder" Paul Gerhardts können noch von einer Gemeinde als ihr Bekenntnis gesungen werden. Die ganz persönlich geprägte Lyrik der Catharina Regina von Greiffenberg konnte gar nicht mehr den Weg in die Gemeindegesangbücher finden[122]. Diese Dichtung bedient sich jetzt, um der „Andacht" einen angemessenen, würdigen Ausdruck geben zu können, der gleichen Schmuckformen wie die weltliche Dichtung. Die Dichterin sucht „Zierlichkeit", sie bemüht sich um „zierliche" Entsprechung für das, was sie aussagen will; sie ist dabei in vielem von der Nürnberger Dichtersprache beeinflußt[123]. Man hat mit Recht von der „Kunstfreude" der Dichterin bei der Wahl der Strophenschemata gesprochen[124]. Damit entfernt sich diese Dichtung von dem, was bestimmend für das protestantische Kirchenlied der älteren Generation ist.

Albrecht Christian Rotth, „des *Gymnasii* zu Halle in Sachsen *ConRector*", der in der zweiten Hälfte des 17. Jahrhunderts lebte (1651–1701), sieht beide Seiten. Er ist schon viel zu sehr Rationalist, als daß er auf Regeln verzichten möchte; aber er weiß auch, daß geistliches Dichten „ein andächtiges Gemüthe" erfordert, und er wünscht, daß durch ein geistliches Lied „das Gemüthe eines Menschen ... zu einer Andacht beweget wird."[124a] Rotth hat in seine Poetik von 1688, die „Vollständige Deutsche Poesie/ in drey Theilen", im II. Teil einen Abschnitt „Von geistlichen Liedern" eingefügt[124b] und sagt dort über das Dichten von Kirchenliedern:

> Wiewohl wir einem andächtigem Gemüthe nicht eben regeln setzen wollen/ sondern es in diesem Fall vielmehr dem Triebe des H. Geistes frey überlassen. Denn es gewis ist/ daß die ohne Regel gemachte Lieder offt die kräfftigsten und nachdrucklisten sind/ wie ich an meiner eigenen Arbeit sehr offt gespühret. Jedoch ists nicht unrecht/ daß man die Fußtapfen der Kunst dabey wol anmerckt/ weñ dieselben schon ausgearbeitet sind/ und lernet denselben nachgehen.[124c]

Rotth gibt genaue Anweisungen für das Verfertigen geistlicher Lieder. Soweit ein Kirchenlied nicht nur eine Nacherzählung oder Beschreibung enthält, will er es auf einen Satz, eine Propositio, aufbauen. Das Thema müsse, je nach Art des Liedes, als „thema simplex" oder „thema compositum" ausgearbeitet werden[124d]. Rotth teilt die Lieder ein in solche, die der „Lehre", andere, die der „Wiederlegung", der „An- und Abmahnung" oder dem „Troste" dienen. Die größte Gruppe bilden jedoch die „vermischeten" Lieder[124e]. Die Beispiele, die Rotth für die einzelnen Arten von Kirchenliedern anführt, hat er, soweit es sich ermitteln läßt, selbst verfaßt. In ihrer Nüchternheit erinnern sie an Hofmannswaldaus Kirchenlieddichtung[124f].

Doch es gibt auch in dieser Zeit noch Stimmen, die die Eigengesetzlichkeit geistlichen Dichtens verteidigen. Wenn man sich dabei gegen Opitz ausspricht, so ist damit allerdings nicht der Opitz von 1624 gemeint, sondern mit „Opitz" bezeichnet man die sprachliche Entwicklung, die sich in den Sprachgesellschaften in seiner Nachfolge und unter seinem Namen vollzogen hat. Man lehnt die Sprache der weltlichen Dichtung und ihre Ausdrucksmittel für die geistliche Lyrik ab, und man beruft sich auch hier wieder auf die „Andacht".

Zunächst soll eine Stelle untersucht werden, die von der Forschung schon mehrfach herangezogen wurde, wenn man nachweisen wollte, daß die Regeln in der Literatur des 17. Jahrhunderts noch nicht überall befolgt werden. – Victor Manheimer berichtet, Johann Balthasar Schupp habe „einmal gepoltert, einer Silben halben solle man auch dem Opitio zu gefallen einen guten Gedanken nicht fahren lassen."[125] Schon Eduard Emil Koch zieht diese Stelle für die geistliche Lyrik heran,

Borinski, Markwardt und andere erwähnen sie. Markwardt führt das Zitat aus Schupps Schriften an, um zu zeigen, daß in der geistlichen Lyrik „ungezwungener Gefühlsausdruck und Gesinnungsausdruck" stärker seien als die Regeln der Poetik[126]. Manheimer verbindet mit diesem Zitat Julius Mützells Bemerkungen über die Änderungen in den verschiedenen Fassungen der Lieder Johann Heermanns; er will es damit noch verdeutlichen. Doch ist zu bezweifeln, ob Manheimer weiß, was in den verschiedenen Ausgaben bei Heermann tatsächlich geschieht. Schon die erste Fassung der „Devoti Musica Cordis" von 1630 ist „opitzierend", Heermann beginnt nicht mit „altmodisch klingenden Kirchenliedern", wie Manheimer sagt, es wird ihm dann nicht „leid ... um die frühere Schlichtheit", und er greift auch später nicht etwa auf die früheren Fassungen seiner Lieder zurück, er ändert vielmehr immer von neuem. Die Schlichtheit wird von diesen Änderungen gar nicht berührt. Manheimer liest bei Mützell etwas heraus, was dieser so überhaupt nicht gesagt hatte[127].

Schupp hat in der Literaturgeschichte einen Platz als Satiriker, er hat aber neben einer Reihe von Erbauungsschriften auch einige geistliche Lieder verfaßt[128]. Das von Manheimer angeführte Zitat steht in der Vorrede zu Schupps „Morgen- und Abend-Liedern". So, wie es von Manheimer wiedergegeben wird, scheint es darauf hinzudeuten – und so nimmt er es ja auch –, daß Schupp für die geistliche Lyrik jede Rücksicht auf Regeln ablehnt, daß er ganz allgemein den „guten Gedanken" über die Regeln stellt. Doch man darf dieses Zitat nicht nur isoliert sehen, es ist keine grundsätzliche, programmatische Äußerung. Um zu verstehen, wie es gemeint ist und was hier gemeint ist, müssen wir von der Situation ausgehen, in der dieser Satz gesprochen wurde.

Die „Morgen- und Abend-Lieder" stammen aus Schupps Marburger Zeit, das heißt aus den Jahren zwischen 1635 und 1646[129]. 1655 gibt Schupp die Lieder mit einem rechtfertigenden Vorwort erneut heraus. Schupp meint, er habe diese alten Lieder sehr wohl ändern können; aber er will es ganz bewußt nicht tun[130]. Schupp beruft sich hier auf einen Ausspruch Conrad Bachmanns, des „alten hochgelehrten Hessischen Poeten", der damals – vor 10 oder 20 Jahren also – eigene ältere Verse ebenfalls nicht hatte ändern wollen. Bachmann, „ein gelehrter und ehrlicher Mann", hatte allerdings auch Opitz nicht anerkannt; sein poetischer Grundsatz war noch, „was sich reyme/ das reyme sich"[131]. Angesichts der neuen Prosodien hatte er, halb spöttisch, halb bewundernd, gemeint, derjenige, der sich „auf den Nothfall nicht *resolviren*" wolle, „daß er wolle innerhalb 14. Tagen ein Teutscher Poet werden", sei „nicht werth daß er das Brod esse."[132] Seitdem ist viel geschehen, die Dichtersprache hat sich weiter gewandelt, jetzt ist Schupp mit seinen Versen in der gleichen Lage. Er möchte bewahren, was schon wieder überholt scheint.

> Was damals der Alte ehrliche Bachmann von seinem Teutschen Carmine sagte/ das sage ich von diesen Liedern. Ob das Wörtlein/ nur/ die/ das/ der/ ihr und dergleichen/ kurtz oder lang seyn/ daran ist mir und allen Mußquetirern in Stade und Bremen wenig gelegen. Welcher Röm. Kayser/ ja welcher Apostel hat ein Gesetz geben/ daß man einer Sylben halben/ dem *Opitio* zu Gefallen/ solle einen guten Gedancken/ einen guten Einfall fahren lassen?[133]

Das klingt recht streitbar. Die Lieder selbst, auf die sich diese Äußerung bezieht, hat aber offenbar noch niemand darauf hin angesehen: Sie stehen, wie die Heer-

1. Die geistliche Lyrik und die Poetik des 17. Jahrhunderts

manns und Rists, in der Tradition des Lutherliedes, sie sind auf bekannte Kirchenliedmelodien gedichtet[134], die Sprache ist geglättet, sie ist ohne Opitz gar nicht denkbar; die Lieder sind nicht etwa in der alten, meistersingerlichen Art geschrieben, in der der alte Nicolaus Herman, „den das Podagra plagte", seine Kirchenlieder dichtete[135]. Opitz selbst würde hier gar nichts geändert haben. Schupp, der gegen Opitz Stellung nimmt, reguliert seine Sprache doch nach den Regeln der „Poeterey". Nur möchte er – wie Rist – keinen „Gott" aus Opitz machen. Schupp hat die Schriften von Dietrich von dem Werder gelesen („dieses tapfferen Helden *Particulir*-Schrifften"), er kennt die Prosodien von Opitz, Buchner, Harsdörffer und Zesen[136]. Jetzt möchte er seine Lieder nicht verändern, er möchte einen „guten Einfall" bewahrt wissen. Und wer wollte ihm übelnehmen, daß er seine Verse aus früherer Zeit als gute Einfälle empfindet.

Doch in der Vorrede zu den „Morgen- und Abend-Liedern" wird noch mehr gesagt. Schupp wendet sich hier „An den Leser/ Sonderlich an die junge Teutsche Poeten"; er fordert die jungen Dichter auf, geistliche Lieder zu dichten. Darum geht es ihm vor allen Dingen. Schupp vergleicht sich selbst mit einem „alten Leyrendräher .../ der nach seiner Einfalt etwas gespielet", mit jemandem also, der etwas Veraltetes, Unmodernes bringt. Er möchte mit seinen geistlichen Liedern die junge Generation nur anregen, auch geistliche Lieder zu schreiben. Das bedeutet aber für die künftigen Liederdichter einen Verzicht auf all das, was zur weltlichen Dichtung gehört:

> ... indem ihr diese Lieder höret/ last eure *Galateen*, eure *Rosemund*, eure andere Salbadereyen fahren/ und übet euch in andern geistlichen Dingen.[137]

Dieser Verzicht auf den weltlichen Ton bedeutet auch eine Absage an die Überbewertung der „Regeln". In der geistlichen Dichtung gilt nur das „Anliegen des Herzens". David habe sich nicht nach den Regeln Pindars gerichtet, auch „Lutherus" habe beim Dichten seiner geistlichen Lieder

> mehr auff das Anliegen seines Hertzens/ und auff die *realia*, als auff Poetische/ Opitianische/ Isabellische/ Florabellische/ Corydonische/ Galatheische *Phrases* gesehen...[138]

In diesem einen Satz faßt Schupp alle Erscheinungen der weltlichen Kunstdichtung von Opitz bis zur Schäferpoesie zusammen. Wir sehen bei Schupp in der Ablehnung von „Opitz" in erster Linie nicht eine „ganz bewußte Opposition gegen die Zeitpoetik", der Schupp, wie Markwardt es ausdrückt, „eine gleichsam klassisch gewordene Formulierung gegeben" habe[139], sondern vor allem eine Besinnung auf das Wesen und die Gesetze des lutherischen Kirchenliedes, die da ihren Platz haben kann, wo zum Dichten von Kirchenliedern aufgerufen wird. Das Lied Luthers ist für Schupp noch Vorbild. „Opitz" ist hier Terminus für die Sprache der weltlichen Dichtung. Schupp verzichtet für die geistlichen Lieder auf „Poetische ... *Phrases*" – wir werden an Heermanns Verzicht auf „der Worte Zierd vnd Kunst" erinnert –, er wendet sich gegen das Schäfergewand in geistlicher Dichtung, er stellt sich gegen eine Sprache, die Rist als „hasierlich" bezeichnet hatte.

Eine wirkliche Wendung gegen Opitz findet sich aber nun bei dem bayrischen Jesuiten Albert Graf Curtz[140]. Die Sprache seiner Psalterparaphrase von 1659, der „Harpffen Dauids Mit Teutschen Saiten bespannet", ist nicht geglättet, sie ist altmodisch, vom Dialekt beeinflußt, die Betonungsgesetze werden nicht beachtet, die Verse sind holperig[141]. Daß Curtz sich für seine Dichtung nicht der neuen Dichtersprache bedient, ist zunächst einmal eine süddeutsche Reaktion gegen die Sprache der Mitteldeutschen, eine Wendung gegen die „Meißner" und gegen die „Maintzer", also durchaus nicht nur eine katholische Reaktion gegen die Sprache der protestantischen Schlesier[142]. Curtz glaubt, seine Sprache den didaktischen Absichten seines Werks in dieser Weise unterordnen zu sollen; er möchte sich dem Geschmack und den Bedürfnissen s e i n e s Publikums anpassen, denn er hat seine Psalterparaphrase „zu Geistlichem Nutz/ vnd Trost deß Oesterreichischen/ Bayrisch: vnd Schwäbischen Frawenzimmers" geschrieben[143].

Curtz wehrt sich dagegen, daß in geistlicher Dichtung die gleiche Sprache gebraucht wird, wie sie in den Sprachgesellschaften gepflegt wird. Er ist der Meinung, daß eine solche Sprache zu „Auffzügen/ Schawspilen/ vnd Tantzereyen" gehöre, also zu weltlicher Dichtung; zur „Einfalt deß heiligen Lieds" aber passe sie nicht. Wieder ist es also die Würde des Gegenstandes, auf die man sich beruft, wenn für die geistliche Lyrik rhetorischer Schmuck abgelehnt wird. Curtz sagt dazu:

> Absonderlich auch ist hier zu bedeuten/ daß wir vns in vbersetzung dises heyligen Psalters/ keines weegs der newgeteutschten/ vnd an etlichen Orthen eingeführten Worten gebrauchen wollen; diß seynd Bemühungē etlicher sinnreichen Geister/ mit welchen die Einfalt deß heiligen Lieds nicht zuschaffen hat. Ist auch ohne daß zweiffelhafftig/ ob diser newe fruchtbringende Baum/ in dem richtig teutschen Garten geduldet werden wolle? Dergleichen auffgemutzte/ vñ frembdklingende Wort gehören zu Auffzügen/ Schawspilen/ vnd Tantzereyen/ bey welchen man sich ohne das der Franßen/ Federn vnd Schellen bedienet/ das heylig Lied aber also zubekleiden/ wäre nit vil besser/ als wann man vnsern gebenedeyten Erlöser in jetzund eingeführter Fremder Tracht auffziehen lassen ... wolte.[144]

Die „Davidische Harmonia" von 1659, die hier schon als ein katholisches Gesangbuch erwähnt wurde, das besonders viele protestantische Kirchenlieder enthält, bringt nur Gesänge aus der Zeit vor Opitz[145]. Doch wissen wir ja, daß Opitz die Kontinuität in der Entwicklung des protestantischen Kirchenliedes nicht unterbricht. Das jüngste Lied in der „Davidischen Harmonia" ist Philipp Nicolais „Wie schön leucht vns der Morgenstern"[146]. In der Vorrede „An den andächtigen Singer" entschuldigt sich der anonyme Herausgeber dafür, daß hier keine „zierlichen/ nach der Kunst geschrenckten Reyme" zu finden seien[147]. Er versucht, was er bringt, ganz offenbar vor einem Publikum zu rechtfertigen, das recht weltfreudig ist und dem die Andacht nicht so selbstverständlich ist. Der Herausgeber spricht davon, daß wir jetzt, Gott lob, unsere Gesänge kunstmäßiger machen könnten[148], wobei offen bleibt, ob damit nicht allein die weltliche Dichtung gemeint ist. Doch gerade diese alten Gesänge werden die „Andacht gegen GOtt desto fewriger" machen[149], sie sollen „jnbrünstige Andacht" erwecken[150]. Zum Abschluß wendet sich der Herausgeber noch einmal „An den Klügling", denjenigen, der die alten Gesänge nicht achtet:

> HIer ist nicht Opitz Kunst:
> Nicht Orpheus süsse Leyer;
> Der Alten Andacht ists/ vnd
> jhres Eyfers Frucht.

2. Die geistliche Lyrik und die Erbauungsliteratur

> Drumb Klügling mach jetzt Platz;
> Herzu/ wer ernstlich sucht
> Was himlisch ist/ vnd mehrt der rech-
> ten Andacht Fewer.[151]

Die Andacht der Alten ist es also, die bei dem „andächtigen Singer" die Andacht mehren und erregen soll, und diese Lieder brauchen keinen dichterischen Schmuck, sie können ohne „Opitz Kunst" bestehen, sie können aber auch ohne „Orpheus süsse Leyer" auskommen, und damit ist wieder die Entwicklung zusammengefaßt, die die Dichtung seit Opitz' Tagen genommen hat, es ist das, was Schupp „Isabellische/ Florabellische/ Corydonische/ Galatheische *Phrases*" nennt.

Wir haben weit ausgeholt, um zu zeigen, welche Stellung die geistliche Lyrik in der Poetik des 17. Jahrhunderts einnimmt. Regeln für die geistliche Lyrik lehnen auch Opitz, Heermann und Rist nicht ab; gerade Rist spricht sich mit dem ihm eigenen Selbstbewußtsein gegen Regellosigkeit und Willkür aus, die er, den man „einen **Fürsten Aller Poeten in gantz Teütschland**/ mehr den hundert mahl *tituliret*" habe, sich nach seiner Meinung wohl am ersten erlauben könnte[152]. Die älteren Dichter suchten für die geistliche Lyrik keinen rhetorischen Schmuck: Wer sich Gott nähern will, muß dies in Andacht tun, und die Andacht verträgt keine „Zier und Kunst", keine großen Worte. Andreas Gryphius ist dann der Meinung, daß sich rhetorischer Schmuck sehr wohl mit der Andacht vertrage. Birken vertritt eine Auffassung, die der von Opitz, Heermann und Rist völlig entgegengesetzt ist. Für Birken, wie für die Dichter seines Kreises, kommt es gerade darauf an, die geistlichen Gedichte mit rhetorischen Mitteln zu schmücken, damit sie ein gutes Opfer vor Gott sind; die geistliche Lyrik unterscheidet sich hier nicht mehr von der weltlichen, die Traditionen des Lutherliedes sind weitgehend durchbrochen.

Die Klage, daß rechte Andacht nur bei den Alten sei, daß die Andacht aus der Welt verschwunden sei, daß man sie in vergangener Zeit suchen müsse, hören wir in jener Zeit immer wieder. Das Gefühl, daß „Wahres Christentum" nicht bei den Zeitgenossen zu finden sei, bestimmt auch die Entstehung der protestantischen Erbauungsliteratur. Hier erweist sich, daß diese Klage nicht nur Topos ist. Die Erbauungsliteratur und ihr Einfluß auf das protestantische Kirchenlied werden uns im folgenden Abschnitt beschäftigen.

2. Die geistliche Lyrik und die Erbauungsliteratur

Hermann Beck, Constantin Grosse und Paul Althaus haben mit ihren Arbeiten zur Erforschung der Erbauungsliteratur beigetragen. – Zu dieser Gattung gehören, neben einer reichen Predigtliteratur, Erbauungstraktate und Sammlungen derjenigen Gebete, die für den Gebrauch außerhalb der Kirche bestimmt waren. Ausgeschlossen sind also die liturgischen Gebete[153]. Das Gebet umfaßt Bitte, Lob und Dank, aber auch Meditationen, Gespräche mit Gott, Preis und Anbetung. – Hermann Beck untersucht die Erbauungsbücher im weitesten Sinne: die „religiöse Volksliteratur"[154], Paul Althaus beschränkt sich auf die reine Gebetsliteratur des 16. Jahrhunderts, Constantin Grosse will einen Nachweis derjenigen Schriften geben, die im Zuge der Erweckungsbewegung des 19. Jahrhunderts erneut gedruckt wurden: Das sind seine „Alten Tröster".

Besonders Paul Althaus hat in seinen „Forschungen zur Evangelischen Gebetsliteratur" das Verhältnis der Erbauungsliteratur zum Kirchenlied, die Rolle der Gebetsliteratur als Quelle protestantischer Kirchenlieder untersucht[155]. Wegen der Bedeutung der Gebetsliteratur für die geistliche Lyrik des 17. Jahrhunderts muß hier ein kritischer Überblick über ihre Geschichte und Entwicklung gegeben werden. Dabei geht es nicht darum, einige Namen zu wiederholen, die Althaus nennt, vielmehr soll versucht werden, die Linien der Entwicklung unter Heranziehung weiterer Forschungsergebnisse stärker herauszuarbeiten. Althaus steht in der theologischen Situation von 1914, er schreibt aus der Sicherheit eines landeskirchlichen Protestantismus heraus. Für ihn ist die Gebetsliteratur des 16. Jahrhunderts trotz mancher Vorbehalte vor allem eine Schöpfung der „Kirche der Reformation"[156], während die heutige Theologie vielfach die Meinung vertritt, daß hier der Boden der Reformation verlassen sei.

Das Mittelalter hat eine umfangreiche Erbauungsliteratur hervorgebracht. Dabei wird Erbauung verstanden als ein Auferbauen des Glaubens[157], dies wird aber oft gerade dadurch erreicht, daß man sich an das Gefühl wendet, daß man die Kräfte des Gemüts zu wecken sucht. – Aus dieser Zeit müssen Schriften wie die „Imitatio Christi", die „Biblia pauperum", die „Deutsche Theologie", ferner Postillen, Psalterien und die „Seelengärtlein" des ausgehenden Mittelalters genannt werden[158]. Es sind Schriften aus dem Geiste der Mystik. Vielfach wird in ihnen mystisches Erleben beschrieben; doch bringt es der volkstümliche Charakter dieses Schrifttums mit sich, daß manches recht trivial ist, daß einfach moralisiert wird[159].

Luther ist seit seiner Jugend damit vertraut. Er selbst gibt 1516 und 1518 die „Deutsche Theologie" mit einem Vorwort heraus[160]. Aber bald distanziert er sich von den mittelalterlichen Traktaten; die mystische Frömmigkeit ist für Luther unvereinbar mit der reinen Lehre, mit der Paulinischen „Theologie des Kreuzes"[161]. Luthers „Betbüchlein" aus dem Jahre 1522 ist eine Anweisung zum rechten Beten[162]; die Gebete sind Schriftgebete: Vaterunser, Psalmen, Magnificat. Friedrich Heiler hat Luthers Gebet als „prophetisches Beten" charakterisiert, das im Gegensatz zum „mystischen Beten" stehe[163]. Der prophetische Beter ergibt sich nicht in den Willen Gottes, sein Beten ist aktiv, er mahnt Gott, er erinnert ihn an seine Zusagen, an frühere Gnadenerweise, er beschwört ihn, er schleudert ihm seine Verheißungen ins Gesicht[164].

Noch zu Luthers Lebzeiten, etwa seit 1530, entsteht aber im Protestantismus eine eigene Gebetsliteratur. Man beschränkt sich nicht mehr auf das Vaterunser und die Psalmen[165]. Zuerst werden einfach Schriftstellen aneinandergereiht. Noch ist die Bibel „das Gebetbuch des Christen"[166]. Doch schon sehr bald geht man daran, neue Gebete zu schaffen. Diese sind zunächst vor allem für Kranke und Sterbende bestimmt. Vom Leiden und Sterben des Menschen geht der Blick aber auch hinüber auf das Leiden Jesu Christi. Es sind nun keine Bibelgebete mehr, aber doch biblische Gebete. Oft werden dabei Bibelstellen paraphrasiert[167]. Althaus spricht im Hinblick

2. Die geistliche Lyrik und die Erbauungsliteratur

auf die Sammlung von Jakob Otter (1537) davon, daß die Gebete „evangelisch gesund" seien[168]. Auch die Gebete in den Sammlungen von Johann Spangenberg, Michael Cölius und Veit Dietrich sind noch unberührt vom Geiste der mittelalterlichen Mystik[169].

Doch seit der Mitte des 16. Jahrhunderts tritt in mehrfacher Hinsicht ein Wandel ein[170]. An die Stelle der biblischen treten freie Gebete. Die Individualisierung der Gebete wird verstärkt[171]. Das ist allerdings nicht so zu verstehen, als seien diese Gebete Ausdruck einer Subjektivität, vielmehr betrifft die Individualisierung zunächst nur eine Differenzierung nach möglichen Situationen. Das geht dann schließlich so weit, daß man schon im voraus Gebete für die verschiedensten Lebenslagen konstruiert. Es sind also Kasualgebete. Die Gebetbücher werden – wie später die Gesangbücher – zu Enzyklopädien[172]. Bei Johannes Hermannus aus Bernßdorf am Lichtenstein (1602)[173] – er wird oft mit dem Kirchenliederdichter verwechselt[174] – und bei Johann Deucer (1619 und 1620), der wieder aus den Schriften des Johannes Hermannus schöpft[175], stehen Gebete „eines Beisitzers im Gericht, eines Studenten, der eine Probepredigt tut, eines frommen Bauersmanns, eines Händlers, der über Land reiset, eines Hausvaters, der ehrliche Leute zu Gast gebeten, eines reichen Mannes, eines geizigen Menschen, eines ruhmredigen und stolzen Menschen, eines Lügners, eines Ehebrechers, einer bußfertigen öffentlichen Sünderin, einer Person, so unversehens einen Mord begangen"[176]. Ein Christ konnte also in jedem Beruf in jede beliebige Situation geraten, ein Gebet fand er immer vor.

Weit wichtiger ist es aber, daß nun mystisches Gedankengut in die protestantischen Gebetbücher aufgenommen wird. – Die Jesuiten erkennen sehr bald, wie groß – auch auf protestantischer Seite – das Bedürfnis nach solcher Erbauungsliteratur ist. Sie stellen diese Schriften in den Dienst der Erziehung und Propaganda, sie veranstalten Ausgaben der Kirchenväter und geben spätmittelalterliche mystische Traktate heraus. Neue Erbauungsschriften werden angeregt[177]. Neben der Arbeit der Jesuiten ist die der Kartäuser von großer Bedeutung. Darauf hat Joseph Greven eindringlich hingewiesen[178]. Seit dem Ausgang des Mittelalters war aus dem Orden eine ganze Reihe von Erbauungsschriftstellern hervorgegangen, so Ludolf von Sachsen, Dionysius Ryckel, Johannes Hagen (Johannes ab Indagine) und Johann Gerecht aus Landsberg (Johannes Justus Lanspergius)[179]. Hier wurde besonders das „Leben Jesu" als literarische Gattung gepflegt. Die „Meditationes de vita Christi" Ludolfs von Sachsen gelten nach Greven „mit Recht als das verbreitetste und beliebteste Erbauungsbuch des späten Mittelalters"; sie haben noch Ignatius von Loyola beeinflußt und seien „mit ein Anstoß zu seiner Bekehrung" geworden[180]. Greven betont besonders die Bedeutung der Kölner Kartause St. Barbara für den Jesuitenorden. Er ist sogar der Meinung,

> daß die ersten Jesuiten durch die Kartause den Anschluß an die mystische Frömmigkeit der Vorzeit gefunden haben, und daß auf diese Weise die Verbindung zwischen ihnen und den Vertretern der spätmittelalterlichen Reformgedanken hergestellt wurde...[181]

Petrus Canisius hält sich in der Kölner Kartause auf, ehe er als erster Deutscher 1543 dem Jesuitenorden beitritt. Er forscht in Köln nach Taulerhandschriften und gibt 1544 Taulers deutsche Predigten heraus. Es ist „die erste aus der Gesellschaft Jesu hervorgegangene Druckschrift"[182]. Der Kölner Kartäuser Laurentius Surius veranstaltet 1548 seine lateinische Tauleraugabe, in der sich auch die pseudotaulerischen „Exercitia super vita et passione salvatoris nostri Jesu Christi" finden[183], die später – vermittelt durch Martin Moller – für Johann Heermann von Bedeutung wurden. – Bald schöpfen auch Protestanten aus den hier erschlossenen Quellen. Dabei geht man zunächst auf Schriften älterer Verfasser zurück, die gar nichts „Gefährliches" an sich zu haben scheinen: auf Schriften Augustins, Bernhards und Taulers – oder auf das, was man für Augustinisch, Bernhardisch, Taulerisch hielt oder doch halten wollte. Die Verfasser dieser Erbauungsbücher wissen nämlich sehr gut, welche Quellen sie nennen dürfen und welche sie besser verschweigen. Althaus bemerkt, daß es bei der Zusammenstellung von Gebetbüchern „ganz gewiß nicht immer ohne ein gewisses Maß von Vertuschen und Versteckenspielen abgegangen" sei, er spricht auch von einer „geflissentlich verheimlichten und künstlich verdeckten Benutzung des Eigenguts der gegnerischen Seite, aus keineswegs immer ganz lauteren Motiven"[184]. Oft werden in den Gebetbüchern überhaupt keine Quellen angegeben, bisweilen werden auch Namen fingiert, und das wohl nicht nur, um den Gebeten ein größeres Ansehen zu verleihen, wie Althaus vermutet[185], sondern ebensosehr, um die wahren Quellen zu verheimlichen. – Luther, der Augustiner, hatte Augustin gelten lassen; Tauler stand auch bei Protestanten in Ansehen; in Bernhard sieht man vor allem den Gegner der Scholastik, den Mann, der keiner Schule angehört, denjenigen, der die Verehrung Jesu, die Frömmigkeit höher stellt als den Streit um die Reinheit der Lehre, als die Spitzfindigkeiten der scholastischen Theologen. Man glaubt, in ihm einen Bundesgenossen zu haben[186]. – In Wahrheit stammt vieles von dem, was jetzt aus katholischen Quellen in die protestantischen Erbauungsbücher aufgenommen wird, aus Schriften Hugos von St. Victor, Bedas, Bonaventuras, aus Reden Anselms – es gehört also einer ganz andern Schicht an[187]; einiges aus der Traktatliteratur des ausgehenden Mittelalters kommt dazu. Aus der bernhardischen Mystik dringt die Jesusliebe, die Blut- und Wundenverehrung in die protestantische Frömmigkeit ein.

Ein niederrheinischer Katholik, Timannus Borckensis, und der Dominikaner Johann Fabri aus Augsburg schöpfen als erste, 1551 und 1558, aus den pseudoaugustinischen Schriften: den Meditationes, dem Manuale und den Soliloquien[188]. Johann Fabri begründet dies damit, daß bei den alten Christen „große Andacht" zu finden sei. Sie kann der eigenen Zeit als Vorbild dienen, sie kann zum wahren Glauben führen, die Andacht der Alten soll aber auch – und das ist katholisch – die Ursache für gute Werke werden.

> Es ist große andacht, ernst vnd fleyß gewesen bey den alten Christen im gebet, in dem sie Gott angerüfft haben, tag vnd nacht, das er sie wölle stercken in einem rechten waren glauben, sie anzünden inn der liebe Gottes, sie fruchtbar machen in guten wercken, vnd safftig in der genade.[189]

Fabri möchte, daß seine Zeitgenossen erkennen,

> mit was worten, andacht, weynen vnd seufftzen die alten Christen zu Gott vnnd seinen lieben Heiligen gebettet haben, damit wir vnns auch durch andechtige Gebett Gott im Himmel befelhen, ergeben, vnd bey jm suchen gnad vnnd das ewig leben.[190]

Nachdem der Lutheraner Andreas Musculus aus Frankfurt an der Oder schon 1553 ein lateinisches Erbauungsbuch aus Gebeten der Kirchenväter zusammengestellt hatte, gibt er 1559 sein deutsches „Betbüchlein" heraus. Er geht auf die gleichen Quellen zurück wie Fabri, er baut sein „Betbüchlein" ebenso auf wie dieser[191], und vor allem rechtfertigt er den Rückgriff auf die mittelalterlichen Schriften ganz ähnlich: Bei den Alten sei mehr Frömmigkeit gewesen als in jetziger Zeit, wo „boßheit vnd sicherheit" herrsche:

> So muß ich für mein person bekennen, halt auch, das mir in dem niemandt wird vnrecht geben, wer der sachen erfaren, das in den lieben alten Lehrern vnd Merterern, da die welt noch nicht so sehr mit boßheit vnd sicherheit vberfallen, als leider jetzunder, ein brünstiger, ernster vnd hefftiger geist gewesen, als eben jetzundt in vns, Vnd derwegen vns nicht dürffen schemen, jhnen den ruhm vnd ehr zu geben, vnd vnser andacht mit jhrem fewer anzuzünden...[192]

Das ist jetzt das Ziel: die eigene Andacht an dem Feuer der Alten zu entzünden.

Althaus hat auf die Motive hingewiesen, die den Katholiken Fabri zu diesem Rückgang auf die Väter veranlassen. Für ihn ist es ein Weg in die eigene Vergangenheit: Augustin, Bernhard und die andern sind ihm „Garanten der Rechtgläubigkeit" im Kampf gegen die Ketzer; er geht aus „bewußt antievangelischer" Einstellung auf die Väter zurück[193]. Musculus dagegen übernimmt diese Gebete in sein „Betbüchlein", weil für ihn die Frömmigkeit der „Alten" wahrer, echter, inniger ist als das Gezänk der protestantischen Theologen, als das, was er als bloßen Streit um Worte empfinden muß.

Martin Moller, der am Ende des 16. Jahrhunderts seine Erbauungsbücher zusammenstellt – sie erscheinen seit 1584 –, benutzt die gleichen Quellen wie Fabri und Musculus. Auch er geht auf die Kirchenväter zurück, auf Cyprian, Hieronymus, (Pseudo-)Augustin, (Pseudo-)Bernhard und andere, außerdem auf „Tauler", wie ihn die Kölner Kartause überliefert hatte. Auch Moller beruft sich auf die „Andacht der lieben Alten". Von ihr sagt er, daß sie

> warlich viel hitziger vnd brünstiger ist/ vnd mehr nachdruck hat/ als leyder der jetzigen/ letzten/ sicheren Welt/ kalte/ nachlessige Gedancken...[194]

Er glaubt, daß diese Andacht

> allen andechtigen Leuten/ hoch zu Gemüth steiget/ vnd die Hertzen gantz sehnlich vnd lieblich erwecken kan...[195]

Damit bestimmt Moller die „Meditationes" für die Erbauung, und zwar ausdrücklich in dem Sinne, den das Wort für das späte Mittelalter besaß und den es im Pietismus wieder annimmt: Das Gemüt soll hier angesprochen, die Herzen sollen erweckt werden. Mollers „Meditationes Sanctorum Patrum" geben die mittelalterliche Frömmigkeit an das Kirchenlied des 17. Jahrhunderts weiter.

Auch Johann Arndt weist auf die Alten und deren Frömmigkeit hin. Als er 1597 – vor seinen eigenen Schriften – die „Teutsche Theologia" herausgibt, sagt er dazu:

> Solcher alten kurtzen Büchlein/ die zu einem heiligen Leben füren/ liegen viel im Staube verborgen/ wie Joseph im Kercker/ denn warlich vorzeiten auch Leute gewest sein: Vnd die jenigen/ so im Leben Christi gewandelt haben/ sindt stets die erleuch-

IV. Kapitel: Die Andacht als Stilprinzip der geistlichen Barocklyrik

> testen gewesen ... Wie aber Joseph durch einen Traum/ aus seinem Gefengnus erlöset: Also werden durch Gottes eingeben solche Büchlein gesucht/ gefunden/ geliebet/ vnd herfür gezogen.[196]

Nicht nur Gebete aus den Kirchenvätern und aus der spätmittelalterlichen Literatur werden jetzt in die protestantischen Gebetbücher übernommen, sondern auch neue katholische Gebete gehen in sie ein. In der Volksfrömmigkeit verwischen sich die Grenzen zwischen den Konfessionen. Dem widerspricht es nicht, daß gerade im 17. Jahrhundert die großen theologischen Systeme der protestantischen Orthodoxie vollendet werden: von Leonhard Hutter, Johann Gerhard, Abraham Calov, Johann Andreas Quenstedt und David Hollaz. Der Weg geht dabei von Hutter (1610), dem „Orthodoxesten der Orthodoxen"[197], zu Hollaz (1707), der in seiner Theologie schon von Johann Arndt beeinflußt ist[198]. In den Dogmatiken wird eine andere Sprache gesprochen als in den Gebetbüchern. Diese Zweischichtigkeit wäre etwa bei Johann Gerhard zu zeigen, der neben den neun Bänden seiner „Loci theologici" ein Betbüchlein, die „Meditationes Sacrae", verfaßt hat. Althaus sagt zu diesem Problem:

> Es ist überaus bedeutsam, daß ebendieselben Persönlichkeiten, welche in ihren wissenschaftlichen Arbeiten in den Geleisen der herrschenden scholastischen Doktrin einhergehen, einen völlig andern Ton anschlagen und in schlichter, volkstümlicher Sprache, wie jeder einfache Laie, reden, sobald sie ihre Gebete oder Lieder niederschreiben. Aller gelehrte Kram, der nach dem Geschmacke jener Zeit auch ihren Predigten beigemischt ist, ist in den Gebeten beiseite gelassen.[199]

Wenn Günther Müller in der Übernahme von Gebeten aus katholischen Quellen „eine Entwicklung" sieht, „die der Ausbildung einer protestantischen Scholastik einigermaßen parallel läuft"[200], so ist dazu zu sagen, daß der Rückgang auf die mittelalterliche, „scholastische" Frömmigkeit – auf Augustin, Bernhard und andere – gerade eine Reaktion gegen die „Scholastik" im Protestantismus ist.

Die wichtigsten Erbauungsbücher aus der zweiten Hälfte des 16. Jahrhunderts, in denen die neue, vertiefte Frömmigkeit zum Ausdruck kommt, sind die von Andreas Musculus (1559), Ludwig Rabe (1566 und 1568), Joachim Minsinger (1566) und Johann Habermann (1567)[201]. – „Der Habermann", Habermanns „Christliche Gebett, für alle Noth vnd Stände der gantzen Christenheit", war für ein ganzes Jahrhundert das Erbauungsbuch und wurde erst durch Christian Scrivers „Seelenschatz" verdrängt, der – in fünf Bänden – zwischen 1675 und 1692 entstand und bei dem sich schon pietistischer Einfluß bemerkbar macht[202]. Habermanns Gebetbuch entspricht in seiner Anordnung weitgehend der – übrigens lateinischen – „Serta honoris" des Jesuiten Petrus Michaelis (Peter Brillmacher)[203]. – Eine Generation später, an der Wende vom 16. zum 17. Jahrhundert, folgt erneut eine ganze Reihe von Erbauungsbüchern: von Martin Moller (zwischen 1584 und 1602), Philipp Kegel (1592), Philipp Nicolai (1599), Valerius Herberger (seit 1601), Johann Arndt (1605 bis 1612) und schließlich Johann Gerhard (1616). Wirkung und Einfluß Johann Arndts waren anhaltender und tiefer als die aller andern Erbauungsschriftsteller[204]. Die Schriften von Moller, Kegel, Arndt und Gerhard bezeichnen den Abschluß einer Entwicklung, die im Luthertum schon ein halbes Jahrhundert früher einsetzte und die nun das Kirchenlied erfaßt.

2. Die geistliche Lyrik und die Erbauungsliteratur

Die „Rekatholisierung" des Protestantismus beginnt in der Volksfrömmigkeit, in den Erbauungsbüchern, sie dringt von da in das Kirchenlied ein, und sie ergreift schließlich die Theologie selbst. Es ist der Weg vom prophetischen zum mystischen Beten, von prophetischer, „evangelischer" Frömmigkeit zu mystischer Frömmigkeit, von der Reformation zum Pietismus.

Es gibt verschiedene Parallelen zwischen der Entwicklung der Gebetsliteratur im 16. und der des Kirchenliedes im 17. Jahrhundert; außerdem werden die Gebetbücher vielfach zur unmittelbaren Quelle für die geistliche Lyrik des 17. Jahrhunderts.

Zum Teil übernehmen die Gesangbücher jetzt die Funktion der Erbauungsbücher[205]. Oft erhalten sie einen Anhang mit Gebeten, und immer mehr geistliche Dichter schreiben ihre Lyrik für die Privatandacht, für das „Hauskirchlein". Johann Heermanns „Devoti Musica Cordis" (1630) ist eine Sammlung von Liedern und Gebeten. Diese sind hervorgegangen „aus den Worten der alten Kirchenlehrer" und aus „selbst eigner Andacht"; sie sind für die Andacht bestimmt, und sie sollen Andacht erwecken. Die Gebete sollten zwar auch gesungen werden – die entsprechende Rubrik trägt die Überschrift: „Etliche Gebet vnd Andachten. Viel Christliche Hertzen pflegen in ihrem HaußKirchlein nachfolgende Gebete auff beygesetzte Weise zu singen" –, sie standen aber, worauf schon hingewiesen wurde, nicht mehr in der Tradition des Kirchenliedes. Auf diesem Wege dringen zuerst neue Versformen in das Kirchenlied ein; Heermanns Alexandrinergebet „O Gott, du frommer Gott, du Brunnquell guter Gaben" ist ein Beispiel dafür[206]. Auch Martin Rinckarts „NVn dancket alle Gott Mit Hertzen, Mund und Händen" (FT 1, 526) ist in Alexandrinern geschrieben. Es ist um 1630 entstanden. Ursprünglich war es ein „Tisch-Gebetlein", erst eine spätere Zeit machte es zum „Deutschen Tedeum", es hat also durchaus Gebetscharakter und gehört in das „Hauskirchlein". – Johann Rist dichtete seine geistliche Lyrik für die Erbauung des einzelnen; so sagt er auf dem Titel der „Sabbahtischen Seelenlust" (1651), sie sei „Gott zu Ehren und Christlichen Hertzen zu nützlicher Erbauung abgefasset und heraus gegeben". Auch seine „Neüen Musikalischen Katechismus Andachten" sind „Dem Grossen Gott zu allerschuldigsten Ehren/ Frommen Christlichen Hertzen aber zu nohtwendiger und fruchtbarer Erbauung" geschrieben[207]. – Luther wollte mit seinem Liede die neue Lehre verkünden; jetzt ist die Andacht, die schlichte Frömmigkeit, das „Leben" wichtiger als die „Lehre". Rist spricht von seinen Sammlungen geistlicher Lieder als „Einfältigen/ aber doch verhoffentlich/ erbaulichen Schrifften", mit denen er

> die Epikurische Sicherheit auß dem heütigen/ schier biß auf den Grund verderbeten Christenthum in etwaß verbannen/ und vermittelst Göttlichen Beistandes Ein Christliches/ Gott gefälliges Leben und Wandel inführen/ auch jedermänniglich durch den wahren Glauben in hertzlicher Brüderlicher Libe ... erbauen helffen

wolle[208].

Zeigte sich im 16. Jahrhundert das Bedürfnis nach einer Individualisierung der Gebete, so werden im 17. die Lieder immer stärker individualisiert, die Gesangbücher erhalten immer neue Rubriken; ein Wandel in den Liedern geht vorher[209]. Auf die Gebetskasuistik des 16. folgt die Liedkasuistik des 17. Jahrhunderts. Wenn ein geistlicher Dichter mit seinen Liedern alle nur möglichen

Fälle zu erfassen sucht, so ist das kein Zeichen von Einfallslosigkeit, kein Zeichen eines Nachlassens der dichterischen Kraft, wie Kipphan das von Rists geistlicher Lyrik gemeint hat[210]. Diese Liedkasuistik gehört zur geistlichen Lyrik des 17. Jahrhunderts. Die Gliederung der Gesangbücher entspricht bisweilen der Gliederung theologischer Systeme, man ist zudem um „Vollständigkeit" bemüht. Als Johann Christoph Olearius seinen „Evangelischen Liederschatz" (1705–1706) zusammenstellt, dichtet er selbst etwa 240 Lieder, um die „Lücken" zu füllen. Johann Jacob Gottschaldt, der schon genannte Verfasser der „Lieder-Remarquen", bezeichnet 1737 sein Gesangbuch als „THEOLOGIA IN HYMNIS" und gibt ihm den Untertitel: „Oder: Universal-Gesang-Buch, Welches auf alle Fälle, alle Zeiten, alle Glaubens-Lehren, alle Lebens-Pflichten, auf alle Evangelia und Episteln, auf allerley Stände und Personen, besonders auf den Catechismum gerichtet". Hier scheint nichts mehr zu fehlen[211].

Das bisher Gesagte betrifft strukturelle Übereinstimmungen zwischen Erbauungsliteratur und geistlicher Lyrik. Die gleiche innere Entwicklung, die gleiche Sehnsucht nach Frömmigkeit, führt dazu, daß viele der Gebete von den Kirchenliederdichtern als Vorlagen gebraucht werden. In den Gebeten sind die Gedanken ausgesprochen, die den Dichter bewegen. Aus der Gebetsliteratur dringen katholische, unreformatorische Vorstellungen in die geistliche Lyrik des 17. Jahrhunderts ein: die Jesusminne mit der Verehrung des Blutes Christi und der Seitenhöhle. Es ist ein ganz ernstzunehmendes Bedürfnis nach einer Verinnerlichung der Frömmigkeit, das hier seinen Ausdruck findet. Hankamer wird der Erscheinung nicht gerecht, wenn er vom Blut- und Wundenkult als von einem „zwielichtigen Zeitbedürfnis" spricht, das Johann Heermann in das protestantische Kirchenlied einbezogen habe[212]. Die „Erbauungstraktate" lassen sich auch nicht als ein „trübes Medium" bezeichnen[213], in ihnen wird vielmehr gerade das ausgesprochen, was der religiöse Mensch des 17. Jahrhunderts sucht. Besonders Martin Mollers „Meditationes" und Johann Arndts „Paradiß Gärtlein", aber auch Johann Gerhards „Meditationes Sacrae" dienen immer wieder als Vorlagen für geistliche Lieder. Johann Heermann, Johann Rist, Paul Gerhardt, Ernst Christoph Homburg und andere Dichter, bis hin zu Benjamin Schmolck, haben Gebete aus der Erbauungsliteratur zu Kirchenliedern umgeformt[214].

Auch das „Versteckspielen", von dem oben gesprochen wurde, wiederholt sich jetzt. Nur zögernd gibt man die wirklichen Quellen preis. Rist nennt sie überhaupt nicht, Johann Heermann gibt zwar den Namen Johann Arndts an, verschweigt aber den von Martin Moller. Es heißt bei Heermann vor seinen Liedern: „Aus J. A. ParadißGärtlein", „auß J. A. Betbuche in Reimen verfasset", im übrigen aber: „aus dem H. Augustino", „aus Taulero", „aus S. Bernhardi Vermahnung", wo in Wirklichkeit Martin Mollers „Meditationes" die Quelle für (Pseudo-)Augustin, (Pseudo-)Tauler und (Pseudo-)Bernhard sind[215]. Das ist kein Zufall. Arndt hatte sich gegen den Widerstand seiner Zeitgenossen durchgesetzt; ein lutherischer Christ konnte Augustin, Tauler und Bernhard mit gutem Gewissen nennen, ohne sich dadurch dem Verdacht einer Häresie auszusetzen; Martin Moller dagegen galt als Kryptocalvinist, als einer von den Anhängern Melanchthons also, denen man ihre Abweichungen von Luthers Abendmahlslehre zum Vorwurf machte – und das war beinahe ein todes-

2. Die geistliche Lyrik und die Erbauungsliteratur

würdiges Verbrechen. Noch im Jahre 1601 wurde der kursächsische Kanzler Nikolaus Crell nach zehnjähriger Haft deswegen von Protestanten hingerichtet[216]. Jedenfalls war diese Beschuldigung ein ausreichender Vorwand für die Beseitigung eines Menschen, dessen man sich auch aus politischen Gründen entledigen wollte[217]. Moller stand durch seinen Kryptocalvinismus noch beinahe außerhalb der Kirche, und deshalb nannte man seinen Namen besser nicht. Wenig später sind die Gedanken Johann Arndts, die kaum „harmloser", kaum weniger „gefährlich" als die Martin Mollers sind, auch innerhalb der Kirche möglich. Arndt hatte zwar viele Feinde, aber es war ihm doch gelungen, sich zu rechtfertigen, und er war 1621 als „General-Superintendent des Fürstenthums Lüneburg" geehrt und geachtet in Celle gestorben[218]. – Auch hier zeigt sich wieder, wie groß der Wandel ist, der sich im Luthertum innerhalb weniger Jahrzehnte vollzieht. Valentin Weigel, der bis 1588 lebte, hatte nicht gewagt, seine Schriften zum Druck zu geben; sie erschienen erst seit 1606, also fast 20 Jahre nach seinem Tode. Natürlich hätte Weigel sich von der Kirche trennen können, wie es Schwärmer, Wiedertäufer und andere Sektierer taten; diesen Weg ging er nicht. Martin Moller lebte angefeindet und verdächtigt am Rande der Kirche. Johann Arndt konnte sich Geltung verschaffen, sein „Wahres Christenthum" wirkte in die Zukunft.

Die Tatsache, daß es in der Volksfrömmigkeit – zunächst in der Erbauungsliteratur, dann im Kirchenlied – zu einer Annäherung der Konfessionen, zu einer Rekatholisierung, kommt, daß hier eine Entwicklung einsetzt, die in den Pietismus mündet, hat die Forschung nicht übersehen. Besonders Theologen haben den Vorgang meist schärfer erfaßt als Geisteswissenschaftler, auch wenn sie diese Entwicklung vom Dogma her kritisieren, mißbilligen oder ablehnen.

Vor allem Albrecht R i t s c h l sieht im Kirchenlied des 17. Jahrhunderts – tadelnd – erste Ansätze für den Pietismus. Er erkennt, welche Rolle die mittelalterlich-katholisch geprägte Erbauungsliteratur für das Kirchenlied spielt, er sieht die Gefahren, die von hier der Reformation selbst drohen. Für Ritschl ist der Pietismus d e r Feind[219]. Nur um diesen Feind zu stellen, schreibt er seine dreibändige „Geschichte des Pietismus" (1880–1886). Ritschl glaubt zwar noch, Heermann nehme die Vorlagen für einen Teil seiner Lieder unmittelbar aus Schriften der Kirchenväter[220], aber er weist auch darauf hin, daß die „Soliloquia", das „Manuale" und die „Meditationes", die Heermann aus Martin Mollers Übersetzung in den „Meditationes Sanctorum Patrum" kennengelernt hatte, in Wirklichkeit aus Schriften Bernhards, Reden Anselms, Traktaten Hugos von St. Victor zusammengestellt sind[221]. Auch die Duldung, die Luther und das 17. Jahrhundert gegenüber Bernhard zeigen, teilt Ritschl nicht. Er sieht ihn vor allem in Verbindung mit der „Devotio moderna" und lehnt ihn ab[222]. – Ritschl analysiert die Theologie, die den Grund von Heermanns Liedern bildet. Er zeigt, daß seine Auffassungen von der Sünde, der Buße, der Erlösung, der Gnade, von der Kraft des Blutes nicht reformatorisch sind, sondern auf Anselm und dessen Theologie zurückgehen[223]. Wenn man Ritschls Position, seine Einstellung zum Pietismus kennt, dann versteht man seine Vorbehalte gegen Heermanns Dichtung, wenn er sagt:

> Der religiöse Charakter, welchen Heermann's lateinische und deutsche Gedichte kund geben, ist jedoch weniger lutherisch, als man regelmäßig annimmt. Diejenige Liebe

zu Jesus, welche der Grundzug seiner Stimmung ist, ist nun einmal auf keinem andern Boden heimisch als auf dem des mittelaltrigen Katholicismus.[224]

Mag Ritschl auch in bezug auf das Kirchenlied des 17. Jahrhunderts und den Pietismus zu ähnlichen Ergebnissen kommen wie Lucas Christ, Karl Barth und Christhard Mahrenholz, so hat seine Ablehnung des Pietismus doch andere Wurzeln. Ritschl vertritt eine strenge Orthodoxie, er gehört in die Nachfolge der Kontroverstheologen des 16. Jahrhunderts, eines Flacius Illyricus und eines Martin Chemnitz[225]. Adolf von Harnack sagt treffend von ihm, er sei „bis auf weiteres der letzte lutherische Kirchenvater"[226].

Werner E l e r t sieht deutlich, welche Entwicklung sich im Protestantismus des 17. Jahrhunderts vollzieht. Er spricht hier vom „Verlust des evangelischen Ansatzes". An die Stelle der Erbsünde treten einzelne Sünden, die immer weiter differenziert und systematisiert werden. Das „Urgrauen" vor Gott, wie Luther es empfunden hatte, geht verloren: Christus wird als Freund und Bruder gesehen, Gott wird hineingezogen in die menschliche Sphäre. Aber auch Luthers fröhliches „Dennoch" zum Leben kennt das 17. Jahrhundert nicht mehr[227].

Paul A l t h a u s sieht einen Grund für die Übernahme mystischer Vorstellungen in die Erbauungsliteratur in einer „gewissen evangelischen Ermattung des Geistes und der Kraft"[228]. Er fragt, wie dies zu erklären sei, glaubt jedoch, daß man „zur Erklärung dieser Erscheinung zunächst nicht sowohl nach tiefen inneren Gründen zu suchen" habe[229]. Seine Antwort befriedigt nicht; er spricht davon, daß die „Frage nach dem Eindringen der Mystik in die evangelische Gebetsliteratur ... in erster Linie nicht ein religionsgeschichtliches, sondern ein literargeschichtliches Problem" sei[230]. Althaus scheint um der Sache willen über diesen Ausweg fast erleichtert. Aber damit ist „das Problem der Mystik im Luthertum" nicht gelöst. Die Frage ist nur auf eine andere Ebene geschoben. Es sieht so aus, als seien die Verfasser von Erbauungsschriften doch mehr oder weniger zufällig an ihren „Stoff" geraten.

Friedrich Wilhelm W o d t k e beruft sich in seinen Ausführungen über die Erbauungsliteratur – im „Reallexikon der deutschen Literaturgeschichte" – gerade auf diese Formulierung von Althaus. Auch er ist der Meinung, das Eindringen der Mystik in die Erbauungsliteratur sei „nicht so sehr ‚ein religionsgeschichtliches, sondern ein literargeschichtliches Problem'" gewesen. Er interpretiert dies nun so, als habe Althaus damit sagen wollen, „daß literar[ische] Traditionen stärker sein können als religiöse Neuerungen"[231]. Das ist nicht gemeint, und damit ist außerdem viel zu wenig gesagt. Es sind mehr als nur literarische Traditionen, die hier wieder zur Geltung kommen, und sie kommen nicht als bloße Traditionen wieder herauf. Auch für Wodtke ist also „das Problem der Mystik im Luthertum" nur eine Frage des Stoffes.

Schon G e r v i n u s hatte die Aufnahme mittelalterlicher Vorstellungen in das Kirchenlied des 17. Jahrhunderts so gesehen. Als er eine Entschuldigung dafür sucht, daß sich bei Heermann neben der „älteren Gesinnung" auch neue Töne finden, die das Kirchenlied – nach seiner Meinung – in der Folge „breit, rednerisch und leer" erscheinen lassen, da schiebt er dies auf die Quellen. Aber er findet eine Entschuldigung dafür: Heermann habe wegen der eigenen Unselbständigkeit ständig Stoffe gebraucht, und „da die Psalmen und die Schrift schier ausgeschöpft waren", habe er

2. Die geistliche Lyrik und die Erbauungsliteratur

auf die neueren Erbauungsschriften und schließlich „auf Tauler, auf St. Bernhard, Augustin, Cyprian und alle Kirchenväter" zurückgegriffen[232]. Die Benutzung dieser Texte scheint also zufällig und entschuldbar.

Vielfach wird in den Darstellungen auch von einem Austausch zwischen den Konfessionen gesprochen. So sieht es Günther Müller[233]. Gewiß, protestantische Gebete wurden auch in katholische Gebetbücher aufgenommen, so von Johann Wild und Johann Fabri[234]. Doch protestantische Gebete, auch die Luthers, sind nicht polemisch, und es ist nicht dasselbe, ob ein biblisches Gebet in einem katholischen Gebetbuch steht oder ob Gebete, die vom Blute Christi und der Verehrung der Seitenhöhle sprechen, in ein protestantisches Gebetbuch übernommen werden. In einem katholischen Gebetbuch wirkte ein lutherisches Gebet höchstens nüchtern, im andern Falle aber stand ein katholisches Gebet nur allzuoft im Widerspruch zur „reinen Lehre".

Die Aufnahme mystischer Gedanken in die Gebetsliteratur und ihre anschließende Übernahme in das Kirchenlied des 17. Jahrhunderts sind Ausdruck einer Wendung, in der die Reformation in Frage gestellt wird. Hier ist ein Bruch im Protestantismus. Das sollte nicht übersehen werden. – Davon wird die Frage nicht berührt, ob der Pietismus hineingehöre in die Kirche der Reformation oder nicht. Wenn man historisch denkt, und es gibt auch heute noch Theologen, die das tun, ist der Pietismus Teil der Geschichte des Protestantismus, und man kann dann darauf hinweisen, daß der Pietismus selbst sich im Kampf gegen die Orthodoxie auf Luther beruft; sieht man es aber von der Offenbarung her, d. h. ahistorisch, so ist der Pietismus sicher unlutherisch. Auf keinen Fall aber geht er, mit seinen Vorstufen in Erbauungsliteratur und Kirchenlied, folgerichtig und bruchlos aus der Reformation hervor, es führt keine gerade Linie von Luther zum Pietismus[235]. Das sieht Ritschl, wenn er den Pietismus aus theologischen Gründen ablehnt, das sieht Werner Elert, wenn er vom „Verlust des evangelischen Ansatzes" im Luthertum des 17. Jahrhunderts spricht, das sieht schließlich die Dialektische Theologie mit aller Schärfe[236].

Die Annäherung der protestantischen Volksfrömmigkeit an die katholische kann ebensowenig für die „Una sancta" in Anspruch genommen werden. Es ist kein Vorgang, der bewußt im Dienste der Wiedervereinigung der Kirchen steht, kein Ergebnis eines erstrebten Ausgleichs zwischen den Konfessionen, dieser wird dadurch nicht einmal gefördert. Dafür, daß die Feindschaft zwischen den Konfessionen bestehenblieb, sorgten schon die Dogmatiker, die im 17. Jahrhundert die offizielle Kirche vertraten. Auch der Pietismus sucht keine Wiedervereinigung im Glauben, man will die Gegensätze nicht ausgleichen, sondern sie werden überhaupt gleichgültig. In der radikalsten Form des Pietismus herrscht vielmehr Indifferenz gegenüber jeder Art von Kirchlichkeit. Im übrigen werden die Versuche, zu einer Wiedervereinigung im Glauben zu kommen, in ihrer Bedeutung sicher überschätzt, so interessant sie geistesgeschichtlich auch sein mögen[237]. Aussicht auf Erfolg hatten diese Pläne eigentlich nie, schon deshalb nicht, weil jeder die Wiedervereinigung nur unter seinen Bedingungen verwirklicht sehen wollte. Von den Protestanten erwartete man, daß sie die Autorität des Papstes und die Verbindlichkeit des Tridentinums anerkannten[238].

In der Strenge der lutherischen Orthodoxie des 16. Jahrhunderts, doch auch in der Reformation selbst, liegt der eigentliche Grund für die Annäherung der protestantischen Volksfrömmigkeit an die katholische. Die „Gelehrsamkeit" der Streittheologen gab den Menschen des 16. und 17. Jahrhunderts nicht das, was sie im Glauben suchten. Der Zustand der Kirche, die sich nach der Meinung vieler schon bald nach der Reformation nicht von der Papstkirche unterschied, die „Babel" war wie diese, befriedigte sie nicht. Wenn Luthers Lehre von der heutigen Theologie richtig verstanden wird, wenn der Glaube wirklich nur in einem dialektischen Prozeß möglich ist, dann war es ganz natürlich, daß der „evangelische Ansatz" verlorenging, dann mußte es notwendig zu dieser Rückwendung auf die katholische Frömmigkeit kommen. Die Menschen des 17. Jahrhunderts suchten im Glauben Ruhe und Geborgenheit, sie suchten etwas, dem sie schlichte Verehrung entgegenbringen konnten, sie suchten „Andacht", und sie fanden all dies nicht in dem, was die Kirche ihnen bot. Die Reformation oder doch die Theologie der Nachfolger Luthers wurde den „religiösen Bedürfnissen" dieser Menschen nicht gerecht. Sie wollten „Leben" und nicht „Lehre", sie suchten die „Nachfolge Christi"[239].

Die vertiefte und verinnerlichte Frömmigkeit, die zunächst in der Gebetsliteratur ihren Ausdruck findet, wird von Johann Heermann in das Kirchenlied hineingenommen. Heermann ist der erste, zugleich der bedeutendste dieser Dichter – das Vorbild für eine ganze Generation –, die nach Vorlagen aus den Erbauungsbüchern ihre Kirchenlieder schreiben. Die meisten seiner Lieder beruhen auf Gebeten, die er aus Johann Arndts „Paradiß Gärtlein" und Martin Mollers „Meditationen" kannte. Bei den „Alten" findet Heermann die Andacht, die er sucht, und in andächtiger Haltung spricht er diese Gedanken wieder aus, er verzichtet auf „der Worte Zierd vnd Kunst". Damit bekommt die geistliche Lyrik des Barockzeitalters Gestalt und Inhalt.

V. Kapitel

Der Einfluß der Erbauungsliteratur auf die Dichtung Johann Heermanns

Valerius Herberger, Johann Arndt und Martin Moller haben entscheidenden Einfluß auf Johann Heermann und dadurch auf die geistliche Lyrik des 17. Jahrhunderts ausgeübt. Jetzt werden Gebete zu Kirchenliedern, eine Liedkasuistik bildet sich aus, die Blut- und Wundenmystik dringt in das protestantische Kirchenlied ein. Martin Moller (1547–1606) ist der älteste in dieser Reihe, doch beginnt seine Wirkung erst nach der Johann Arndts (1555–1621). Valerius Herberger (1562–1627) wirkt ein auf die Frömmigkeit des jungen Heermann. Er bestimmt seinen weiteren Weg. Daneben gibt es noch einige andere Erbauungsschriftsteller, von denen Heermann Gebete in Verse bringt oder die er in seinen Predigten anführt. Hier sind zu nennen: Herbergers Lehrer Abraham Buchholzer, der Jenaer Theologe und Schüler Arndts Johann Gerhard und Paul Egard, ein Anhänger und Verteidiger Johann Arndts – „der cimbrische Arndt" – aus Nortorf in Holstein.

1. Johann Heermann und Valerius Herberger

a) Grundzüge der Theologie Valerius Herbergers

Im Jahre 1602 – als Siebzehnjähriger – kommt Johann Heermann auf Empfehlung des dortigen Kantors Balthasar Thilo nach Fraustadt. Er besucht die Schule bei dem Rektor Brachmann – einem Schulmann, der später in Guhrau wirkte[1] –, und er wohnt im Hause des Fraustädter Pfarrers Valerius Herberger[2]. Der junge Heermann hilft Herberger als Amanuensis bei seiner schriftstellerischen Arbeit und unterrichtet gleichzeitig Herbergers damals elfjährigen Sohn Zacharias[3]. Beiden bleibt Heermann auch später verbunden; auch die Beziehung zu dem Fraustädter Diakonus Johann Timäus hält er aufrecht, dem Rektor Brachmann widmet Heermann noch 1631 zum „Ehrengedächtnis" eine „Leichpredigt"[4]. Brachmann regte den jungen Heermann zum Dichten an, und es scheint, als habe Johann Timäus, der selbst geistliche Lieder und religiöse Distichen schrieb, noch die Form von Heermanns „Exercitium Pietatis" beeinflußt[5]. Vor allem aber kommt Heermann in Fraustadt, im Hause Valerius Herbergers, zum erstenmal mit der „frühpietistischen" Frömmigkeit, der Jesusverehrung und dem Blut- und Wundenkult, in Berührung.

In Fraustadt und Lissa, zwei polnischen Städten mit deutscher Bevölkerung, war man damals in religiösen Fragen verhältnismäßig tolerant, toleranter jedenfalls als im benachbarten Schlesien[6]. Seit dem Konsens von Sandomir (1570) lebten Lutheraner, Reformierte und Böhmische Brüder in Polen einträchtig nebeneinander. Dieses Übereinkommen wurde 1573 noch durch die Warschauer Konföderation ergänzt, „die allen christlichen Bekenntnissen in Polen gleiche Rechte und Freiheiten zusicherte"[7]. Die Fraustädter kümmerten sich zu Herbergers Lebzeiten nicht einmal um die lutherischen Synoden in Großpolen[8], man war gleichgültig gegenüber allen Formen kirchlicher Organisation. – Das benachbarte Lissa wurde zu einem Zufluchtsort der Böhmischen Brüder, die sich hier, dicht hinter der schlesischen Grenze, wieder sammelten. Es war der Mittelpunkt der Brüderunität in Polen: Johann Amos Comenius wirkte dort – mit Unterbrechungen – zwischen 1627 und 1656, seit 1636 (bis 1641) als Leiter des Gymnasiums, von 1648 an als Bischof der Brüdergemeine[9]. Es ist nicht ohne Bedeutung, daß Johann Heermann in dieser Umgebung seine letzten Lebensjahre – von 1639 bis zu seinem Tode im Jahre 1647 – verbringen konnte. Obwohl er stets strenger Lutheraner sein wollte, stand er doch seit seiner Jugend der vermittelnden Richtung im Luthertum nahe. Auch ihm war die Frömmigkeit des Herzens wichtiger als theologischer Streit.

Schon unter Herbergers Taufpaten war eine Frau „böhmischen Bekenntnisses" gewesen, die sogar später nach Lissa zog, um sich der dortigen Brüdergemeine anschließen zu können[10]. Herberger besuchte von 1579 bis 1582 die Lateinschule in Freystadt, dem damaligen Hauptort der „Philippisten" in Schlesien; er nennt die Stadt auch später noch sein „anderes Vaterland" und fügt mit der ihm eigenen Naivität hinzu: „(wie Nazareth deß HErrn Christi)"[11]. Einer seiner dortigen Lehrer, „wohl sein eigentlicher geistlicher Vater"[12], war Abraham Buchholzer, der als Anhänger Melanchthons des Kryptocalvinismus verdächtig war[13]. Herberger hatte auch später Verbindung zu Reformierten und Böhmischen Brüdern, und er hatte stets besonders enge Beziehungen zu den „Philippisten". Er ist in Wahrheit einer der Ihren[14]. Wenn er trotzdem in Fraustadt unangefochten blieb, so ist das auch ein Zeichen dafür, daß der Einfluß der Wittenberger Fakultät, die 1591 zum strengen Luthertum zurückgekehrt war, nicht bis nach Polen reichte. Herberger lehnte es ab, von der Kanzel herab gegen theologische Gegner zu streiten, er nannte auch Calvin nicht unter den Ketzern[15]. Für die orthodoxen Lutheraner dagegen waren oft gerade die Calvinisten die eigentlichen Gegner, die man vielfach sogar mit katholischer Hilfe bekämpfte. In seiner irenischen Haltung gleicht Herberger Johann Arndt, aber auch Johann Balthasar Schupp und Johann Rist. – Nachdem Herberger sechs Jahre im Schuldienst verbracht hatte, erhielt er 1590 die zweite Pfarrstelle, das Diakonat, in Fraustadt[16]. Die Prüfung für das geistliche Amt legte er in Liegnitz vor dem dortigen Superintendenten Leonhard Krentzheim ab. Krentzheim war schon in jungen Jahren ein Schützling Melanchthons gewesen. Dieser hatte den Einundzwanzigjährigen 1553 zum erstenmal in Wittenberg predigen lassen[17], und Krentzheim war seitdem der Melanchthonischen Richtung treu geblieben. 1593 wurde er auf das Gutachten einer Wittenberger Visitationskommission als „Philippist" aus Liegnitz vertrieben, er wandte sich zuerst zu Gleichgesinnten nach Böhmen, anschließend – 1595 – nach Fraustadt[18]. Dort fand man nichts dabei, ihm die erste Pfarrstelle zu geben. Krentzheim hat übrigens auch ein Kirchenlied gedichtet; es ist, wie die Lieder des Timäus, noch ganz in der Sprache des 16. Jahrhunderts abgefaßt[19]. – Johann Brachmann, Heermanns Fraustädter Lehrer, ist ein Neffe von Krentzheim; er lebte von 1584 bis 1588 in dessen Hause und half ihm bei seiner schriftstellerischen Arbeit[20]. Nach Fraustadt kam er erst 1600, nach Krentzheims Tod; vorher war auch er in Böhmen gewesen.

1. Johann Heermann und Valerius Herberger

Als Krentzheim 1598 starb, wurde Herberger, auf dessen Empfehlung[21], sein Nachfolger, bald rückte Johann Timäus in das Diakonat auf, und 1615 folgt ihm Herbergers Sohn Zacharias als „Katechet und Katechismus-Prediger"[22]. Dieser erhielt dann 1627, nach dem Tode seines Vaters, das höchste geistliche Amt in Fraustadt. Doch er starb schon 1631, und nun übernahm der Stiefvater von Andreas Gryphius, Michael Eder, die Pfarrstelle. Von 1632 bis 1633 besuchte der junge Gryphius die Fraustädter Schule[23]. – Heermanns Verbindung zu Fraustadt riß nicht ab, noch nach 1630 verfaßte er Leichenpredigten für Fraustädter Bürger und von 1636 bis 1638 schickte er seinen ältesten Sohn Samuel auf die dortige Schule[24].

Valerius Herberger ist noch heute bekannt als der Verfasser des Liedes „VALEt wil ich dir geben, Du arge, falsche Welt" (FT 1,125; EKG 318). Es entstand zur Zeit der Pest von 1613, die von den 6000 Einwohnern Fraustadts mehr als ein Drittel dahinraffte[25]. Herberger unterbrach damals seine literarische Arbeit, um Gebete und Sprüche gegen die Pest, „Pestilenzpillen", auszuarbeiten und „geistliches bewährtes Giftpulver aus der Bibel" zu suchen[26]. Diese Formulierung zeigt schon, daß er die Bibel fast wie ein Orakelbuch ausschöpft. Herberger dichtete das Lied auf seinen Wahlspruch „Munde maligne VALE". Zuflucht in der Not ist die offene Seite Christi. In der vierten Strophe des Liedes heißt es:

> Verbirg mein Seel aus Gnaden
> In deiner offnen seit,
> Rück sie aus allem schaden
> Zu deiner Herrligkeit.

Die Anfänge der einzelnen Strophen ergeben Herbergers Vornamen „VALE-R-I-V-S". Auch in seine Meditationen bezieht er seinen eigenen Namen immer wieder ein. Die Kirche ist die „Herberge" Jesu; der Prediger ist dort der „Herberger". Gleichzeitig ist Jesus ein „Herberger" seiner Christenheit, der ihr bei sich Raum gönnt. Aber auch der Christ muß – und das ist nun eine mystische Wendung – Jesus in die „Herberge seines Herzens" aufnehmen:

> ... richte alle deine Sorge dahin/ daß der HErr JEsus auch in der Herberg deines Hertzens wohne/ räume ihm aus das Stüblein deines Hertzens/ denn dasselbe ist ihm die liebste gewündschte Wohnung auff Erden/ Proverb. 23. Es. 42. 57. & ultimo.[27]

„VALEt wil ich dir geben" ist nicht Herbergers einziges Lied, wie manchmal gesagt wird, sondern in den Schriften stehen verstreut noch weitere Verse[28]. – Doch die Bedeutung Valerius Herbergers, gerade für Johann Heermann, liegt an anderer Stelle: in seinen Predigten und Erbauungsschriften. Eine kurze Übersicht über Herbergers religiöse Anschauungen soll hier folgen, damit deutlich wird, welchen Einflüssen Johann Heermann in einem für seine Entwicklung entscheidenden Jahr ausgesetzt war.

Seit 1601 arbeitete Herberger an den „MAGNALIA DEI de JESU, Scripturæ nucleo & medulla", einer Auslegung der Bücher des Alten Testaments in zwölf Teilen[29]. Er deutet das gesamte Geschehen des Alten Bundes auf Jesus. Natürlich steht er damit in einer sehr alten Tradition. Wie Jesus „der Grundstein unserer Seligkeit" ist, so ist er auch „der Grundstein der gantzen Heil. Schrifft/ auff welchem alles beruhet" (MD 1, S. 2). Jesus ist

> unsers Hertzen Schatz und Freude/ unserer Seelen Ehr uñ Krone/ das A und das O/ der Anfang/ Mittel und Ende unserer Hertzen-Sorge/ der gantzen heiligen Schrifft/ Kern/ Ziel/ Zweck/ Marck und Safft ... (MD 1, S. 1)[30]

Zu diesem Kern der Schrift will Herberger mit seinen Meditationen vordringen:

> Es seyn wol schöne Historien in der Bibel von Adam/ Eva/ Abel/ Noah/ Abraham/ ꝛc. Viel schöne Haußlehren und Lebensregeln: Aber das seyn nur die Schalen und Hülsen. JEsus ist der Kern uñ das Marck/ man muß die Schalen lernen abklitschen/ und das Marck außpressen. (MD 1, S. 6f.)[31]

In der Schrift ist „alles voll lauter Geheimnis", Herberger bekräftigt dies noch, wenn er fortfährt: „Ich rede mit sonderm Fleiß also/ **Geheimniß**" (MD 1, S. 8). Für ihn ist Jesus das Ereignis, er ist Inhalt und Ziel der ganzen Schrift; alles weist hin auf ihn. Herberger sucht das große Geheimnis offenbar zu machen, er will den inneren Wortsinn, den esoterischen Gehalt der Schrift, erschließen. Er geht dabei noch über das Bibelverständnis seiner Zeitgenossen hinaus. Was Emanuel Hirsch bei August Hermann Francke, dem Angehörigen einer späteren Epoche also, den „jedes Maß überschreitenden Gebrauch dieser Auslegungsweise" nennt – er gibt dafür die deutsche Übertragung des lateinischen Titels einer Schrift Franckes wieder: „Die einträchtige Harmonie von Moses, Propheten und Psalmen über die Auferstehung Jesu Christi" (1701) –, das ist für Herberger schon ganz selbstverständlich[32]. Herberger gibt nach seinen Worten keine allegorische Bibelerklärung, sondern er enthüllt Geheimnisse, er zeigt, was Gott – durch das „Zeugniß des heiligen Geistes" – mit der Schrift wirklich gewollt hat.

> Denn du solt nicht meynen/ daß ich dir Christum werde weisen in gemeinen schlechten *allegoriis*, das ist/ künstlichen Deutungen uñ Gedancken/ aus Menschen Vernunfft gesponnen/ wie *Origenes* gethan. ... Sondern ich wil dir Jesum ... fürtragen/ in schönen Geheimnissen/ welche nit in MenschenKlugheit/ sondern in klarem Zeugniß des heiligen Geistes/ in der Schrifft jhren Grund haben ... Es werden auch wol ausserhalben der Schrifft allerley *Allegoriæ* gefunden/ aber solche *Mysteria* seyn nirgends/ als in der Bibel anzutreffen. *Allegoriæ* seyn alle feine anmutige Deutungen/ darinnen uns was Denckwürdiges wird fürgetragen ... Aber diese *Mysteria* oder Geheimnis seyn nur aus der Schrifft genommen/ reden auch **nur allein von Christo**/ oder seiner Kirchen/ und haben **klaren außdrücklichen Grund**/ aus der heiligen Schrifft bewiesen. Etliche *Allegoriæ* seyn faule/ leppische Possen/ wie *Augustinus* auch saget: Aber diese **Geheimniß** seyn lauter Wort des Lebens/ aus gewissem Grund der Bibel gesponnen. (MD 1, S. 8)[33]

Herberger sucht den „geistigen Sinn des Wortes" zu erfassen, und er steht damit noch tief in mittelalterlichem Denken. Doch er erschließt den heilsgeschichtlichen Sinn des Alten Testaments nicht in der Weise, daß er die Einzelheiten des Neuen im Alten Testament aufsucht, er will nicht viele, in sich unterschiedene Antworten geben. D i e   A n t w o r t   i s t   i m m e r :   J e s u s. Das ist das Besondere an seinen Allegorien[34]. – Herberger versteht die Bibel als Quelle dauernder Offenbarung, und er fühlt sich als „Haußhalter über die Geheimniß Gottes"[35]. Während Luther nicht in Gottes Geheimnisse eindringen möchte[36], glaubt Herberger sich in ihrem Besitz. Die Unterschiede zwischen beiden sind also groß, und es besagt natürlich nichts, daß Herberger sich für seine Arbeit mehrfach auf Luther beruft[37]. – Ein solches mystisch-spiritualistisches Bibelverständnis erinnert an das Jacob Böhmes. Auch Böhme sucht das große Geheimnis der Schrift, und er gibt seiner Auslegung der Genesis den Namen

1. Johann Heermann und Valerius Herberger

„Mysterium Magnum"[38]; Martin Moller – neben Herberger und Arndt der dritte „Lehrer" Heermanns – schreibt unter dem Titel „Mysterium Magnum" eine Auslegung von Matthäus 22 und andern Schriftstellen[39].

Da Herberger stets vom inneren Sinn des einzelnen Wortes ausgeht, kann in seinen „Meditationen" vieles nebeneinanderstehen, das für einen heutigen Betrachter scheinbar widersprüchlich ist. Jesus ist „der Engel deß HErrn/ und der HErr selber" (MD 3, II), er ist Joseph und Jehovah, der den Joseph segnet, er ist Moses, der sein Volk zurückführt in das Land seiner Väter, der es dem höllischen Pharao entreißt, er ist aber auch Pharao, denn, wenn dieser seinen Knechten eine Mahlzeit gibt (1. Mos. 40), so ist er damit „ein schön Fürbild JEsu Christi unsers Erlösers/ Job. 19. der uns frey machet von allen Feinden unserer Seligkeit/ Joh. 8." (MD 4, S. 97), und dann steht Pharao wieder für die, die Gott widersprechen und daher „nicht rechte gute Christen werden" können[40]. – Es zeigt sich auch hier – was Friedrich Ohly „vom geistigen Sinn des Wortes im Mittelalter" sagt –, daß mit dem „Ding" eine „Bedeutungswelt" verbunden ist, „die von Gott bis zum Teufel reicht und potentiell in jedem mit einem Wort bezeichneten Dinge vorliegt."[41] – Jesus begegnet Bileam (MD 8, LXI), er ist der Herr der Welt, und er wird von Esau um ein Linsengericht verkauft. Er ist „Abels Opfferlämblein" (MD 2, IV), und sein „Himmelschreyendes Blut/ redet viel besser als Abels" (MD 2, V). – Jesus ist „der tröstliche Noah" (MD 2, X), und er „heisset Noam ... in dem neuen Kasten einziehen" (MD 2, XIII), er „schleust ... die Thür hinter ihm zu" (MD 2, XIII), und er ist selbst die Arche – der „Gnadenkasten Noä" (MD 2, XIV) –, er ist der Altar, an dem Noah Dank opfert (MD 2, XVII), er ist „der schöne Regenbogen" (MD 2, XXI), „der edleste Weinstock/ in Noä Weinberge" (MD 2, XXII) und „der Priester nach der weise Melchisedech" (MD 2, XXX). Adam, Noah, Abraham, Isaak, Jakob, Joseph, Benjamin, Josua, Simson weisen auf Jesus. – Aber nicht nur Personen deuten auf ihn, Jesus ist auch „der volle Eymer Israelis/ aus welchem Trostwasser fleusst für alle gläubige Hertzen" (MD 8, LXIII), und er ist „der allerheiligste Weihekessel seiner lieben Christenheit", er „wäschet durch seine Blutröhrlin alle bußfertige Hertzen in der heiligen Tauff/ in der Predigt des Evangelij/ in der Absolution und Brauch des hochwürdigen Abendmahls/ daß sie getrost mögen ins Heiligthumb des Himmels eingehen" (MD 6, XLV). Überall sieht Herberger Hinweise auf das Blut Jesu, er spricht davon, daß „gemeiniglich alle rothe Farbe im alten Testament auff das rothe Blut JEsu Christi geweiset" habe[42]. Jesus ist „unser Blutbräutigam" (MD 5, XX), „der rote Mann von Edom/ mit rötlichen blutigen Kleidern von Bazra" (MD 4, XI), er ist der Keltertreter, und er ist der Wurm, den man zerquetscht[43].

Von 1601 bis 1611 entstanden, in neun Bänden, Herbergers Auslegungen der Fünf Bücher Mosis. Diese umfassen 593 Meditationen, das ganze Werk, das Herberger in sieben weiteren Jahren bis zum Buch Ruth fortführte, 771, und jede einzelne dieser 771 Meditationen steht unter dem Wort „JESUS", beginnt mit der Nennung des Jesusnamens. Hierin wird Herberger nur vom Pietismus übertroffen[44]. – Bei seinem Tode war er mit der Auslegung des Psalters, seinem „Psalterparadies", bis zum 23. Psalm gelangt. Schon 1609 hatte er einen Traktat über das „Himmlische Jerusalem" geschrieben. Ein Abschnitt aus der Offenbarung (Kap. 21–22) bildet die Grundlage dieser eschatologischen Meditationen. In seinem „Passionszeiger", der „Horoscopia Passionis" von 1611, wird das Leiden Christi im Ablauf der 24 Stunden vom Abend des Gründonnerstag bis Karfreitagabend betrachtet. Jede Stunde jedes Tages soll den Christen an das Leiden des Herrn erinnern. Herberger hat dafür Martin Mollers „Soliloquia de passione Jesu Christi" von 1587 benutzt[45].

Jesus und seine Passion bestimmen Herbergers ganzes Leben. Die Liebe zu Jesus und die Betrachtung seiner Leiden sind der Inhalt seiner Schriften, das Thema seiner Predigten. Das ist in dieser Ausschließlichkeit nicht reformatorisch, für Luther steht nicht der leidende, sondern der auferstandene Christus im Mittelpunkt. – Herberger nennt sich selbst einen „Liebhaber JESU"[46], und er liebt ihn wirklich von ganzem Herzen. Es ist eine innige, kindliche Liebe, eine Jesusminne, die mystische Züge trägt. Diese Jesusliebe verbindet Herberger mit dem Pietismus und den Frühpietisten des 17. Jahrhunderts. Hier mag daran erinnert werden, daß Heermann das Wort „Mihi omnia Jesus" als Wahlspruch nimmt[47].

Herberger hatte sein Amt als erster Prediger am Neujahrstage 1599 mit einer Predigt „Von dem süßen Namen Jesu" angetreten[48]. Er ist immer ein „Jesusprediger" geblieben, er sucht und findet überall Jesus[49]. Herberger erklärt und deutet das Buch Sirach in 95 Predigten; zwischen 1614 und 1621 erscheinen sieben Bände mit Leichenpredigten – „Geistliche Trauerbinden"; es gibt von ihm Evangelien- und Epistelpredigten für das ganze Kirchenjahr – die „Evangelische" und die „Epistolische Herzpostille"[50]. Obwohl manches erst aus dem Nachlaß zum Druck gegeben wurde, war Herbergers Wirkung schon zu seinen Lebzeiten groß.

Herberger nennt sein Predigtwerk eine „Herzpostille". Was er sagt, hat seinen Grund im Herzen, es soll vom Herzen des Predigers in das Herz des Zuhörers gehen, es ist für „Herzchristen" bestimmt[51]. Das Herz selbst wird zur Kirche. In der „Zuschrifft" zur „Evangelischen Herzpostille" schreibt Herberger:

> **HErtz-Leute sind die besten Leute unter der Sonnen: Hertz-Christen sind die auserlesenen Kern-Christen auf Erden.** ...
>
> **Aus diesem Bedencken pflegen treue Seelsorger** diß/ was sie sagen und schreiben/ zuvor in ihrem **eigenen Hertzen** wohl zu besinnen/ und was ihrem **eignen Hertzen** tröstlich/ anmuthig und schmackhafftig ist/ ihren Zuhörern fürzutragen. Da giebt denn GOtt Gnade/ daß das alte Sprichwort wahr wird: **Gute Predigten kommen vom Hertzen/ und gehen wieder zu Hertzen.** So hoch ein Springwasser im Quell lieget/ so hoch treibets wieder durch Röhren. Steiget nun die Predigt **in des Redners Hertz/** so rinnet sie wieder **in die Hertzen der Zuhörer.** Also speisen gute Prediger nicht mit eitel Zungen/ wie *Æsopus,* sondern mit **lauter Hertzen;** daß ichs klärer mache: **Fleißige Seelsorger** sind nicht Ohrenkrauer/ Fuchsschwäntzer und Federleser/ sondern **Hertzprediger/** deñ sie zielen richtig auf der Zuhörer Hertz ... Und solche **HertzPrediger** bleiben die nützlichsten/ wie es die allgemeine Erfahrung giebt. ...
>
> **Weil ich nun meine** *Inventiones* **und Reden/ so viel möglich/ allezeit aufs Hertz habe gerichtet/** so habe ich auch diesem Buch keinen andern Namen geben wollen/ als **Hertz-Postill.**[52]

Das Gebet des Christen ist ein „Herzgespräch". In den „Magnalia Dei" sagt Herberger: „Rede gern mit Christo im Gebet. Hertzgespräche/ das sind ihm liebe Gespräche/ Ps. 19."⁵³ Herberger wendet sich an das Herz, nicht an den Verstand. Seine Theologie ist eine „Herztheologie"⁵⁴. – Für Johann Heermann hat das „Herz" die gleiche Bedeutung. Seiner „Devoti Musica Cordis" – Musik eines ergebenen, andächtigen Herzens – gibt er den deutschen Untertitel „Hauß- vnd Hertz-Musica". Die Lieder sind für die häusliche Andacht, für die Erbauung bestimmt, sie kommen aus dem Herzen, und sie wenden sich an das Herz. Damit rücken Herberger und Heermann schon in die Nähe des Pietismus. Dort stiftet das Herz, als Sitz des Gefühls, – nicht der Verstand, der Kopf – die Verbindung mit Gott. Die überlieferte Lehre tritt zurück gegenüber dem, was im Herzen unmittelbar erfahren wird. Auch die Auflösung des Kirchenbegriffs, der Verzicht auf jede kirchliche Bindung bei den radikalen Pietisten, erfährt von hier eine Begründung. An die Stelle der „Steinkirche" tritt die „Herzkirche".

Die Frömmigkeit, wie sie in Herbergers Hause gelebt wurde, muß Johann Heermann gleichfalls beeindruckt haben. Bezeichnend dafür ist folgende Begebenheit: Ein halbes Jahr bevor Heermann dort Aufnahme gefunden hatte, am 26. September 1601, war Herbergers zweiter Sohn Valerian gestorben. Herberger berichtet, daß schon das noch nicht einmal sechsjährige Kind bei seinem Tode „nur Jesus" gewollt habe und daß es gebetet habe: „O du süßer Jesu, hilf mir doch! O komm doch, ich wäre gar gerne hinauf."⁵⁵ Das erinnert schon an ähnliche Zeugnisse aus der Zeit des Pietismus.

Heermanns Arbeit für Valerius Herberger bestand darin, aus dessen Manuskripten durch Auflösung der zahlreichen Abkürzungen und Ausschreiben der angemerkten Bibelstellen druckfertige Texte herzustellen⁵⁶. Er mußte sich also wirklich hineinvertiefen in den Inhalt dieser Schriften. Das dritte und vierte Buch der „Magnalia Dei" erschienen 1603, sie sind demnach beide zu Heermanns Zeit in Fraustadt entstanden. Zwar verließ Heermann bereits nach einem Jahr, zu Ostern 1603, das Herbergersche Haus und ging auf das Elisabethanum nach Breslau, später auf die Schule in Brieg, aber in Fraustadt hatte er Eindrücke empfangen, die ihn für sein ganzes weiteres Leben prägten⁵⁷. Hier hatte er etwas von dem Geheimnis der Schrift, von ihrem „inneren Wortsinn", erfahren, hier hatte er eine mystische, verinnerlichte Frömmigkeit kennengelernt, hier war er mit der Jesusminne in Berührung gekommen.

Heermann begann als Dichter von Epigrammen, weltlicher und geistlicher Gelegenheitsdichtung in lateinischer Sprache. Dafür wurde er schon 1608 von Caspar Cunrad, einem Breslauer Arzt, in Brieg zum Dichter gekrönt. Cunrad hat selbst religiöse Distichen geschrieben, er stand in brieflicher Verbindung mit Herberger, und er gehörte überdies dem Breslauer Kreis an, der sich um Crato von Craffheim gebildet hatte⁵⁸. – Crato war sechs Jahre lang Luthers Tischgenosse gewesen, hatte sich aber später immer stärker an Melanchthon angeschlossen und war schließlich zum Gegner der strengen Lutheraner, ja sogar zum Fürsprecher der Böhmischen Brüder geworden⁵⁹. – Caspar Cunrad ist auch einer der Vorsteher der reformierten Gemeinde, die im Frühjahr 1620 von Friedrich von der Pfalz ein Privileg für Breslau erhalten hatte. (Schon die Schlacht am Weißen Berge setzte deren Wirken allerdings wieder ein Ende.) Ihr gehörte auch Heermanns Studienfreund Nicolaus

Henel, ein Verwandter Caspar Cunrads, an, der zwischen 1606 und 1610 zum Reformierten geworden war[60].

All diese Beziehungen lassen Heermann in einem ganz andern Licht erscheinen: Er wird von einem Lehrer unterrichtet, der vorher an einem Hauptort der Brüder Schule gehalten hatte, er steht unter dem Einfluß Valerius Herbergers, der vielfältige Beziehungen zu Brüdern und Philippisten besaß und mit seinen Schriften mittelalterliche Frömmigkeit weitergab, er wird von Caspar Cunrad zum Dichter gekrönt, er steht in freundschaftlicher Verbindung mit Nicolaus Henel, und er bleibt sein Leben lang mit diesen Männern verbunden, er verbringt schließlich seine letzten Jahre in Lissa unter Lutheranern, Brüdern und allerlei Sektierern. Das alles macht verständlich, mit welcher Bereitwilligkeit Heermann mittelalterliche Quellen für seine Kirchenlieddichtung benutzt hat. Das bestätigt aber auch den „Verdacht", rechtfertigt den Vorbehalt, den Albrecht Ritschel, Lukas Christ, Karl Barth und andere gegenüber Heermanns Kirchenliedern geäußert haben[61].

b) Einflüsse Herbergers in Heermanns frühen Erbauungsschriften

Heermann hat, nachdem er zum Dichter gekrönt worden war, zunächst noch in lateinischer Sprache gedichtet. 1609 schrieb er in den „Flores" lateinische Verse mit deutschen Übertragungen. 1616 erschien von ihm das erste Werk, welches nur deutsche Gedichte enthält, seine „Andechtigen KirchSeufftzer". Herberger hat hier nicht auf Heermann eingewirkt. Die Gedichte stehen vor allem in der Tradition der „Schlußreime". Sie folgen dem Gesetz der Gattung. In der Praxis sieht das so aus, daß ein Gedanke aus der Predigt aufgenommen und dann in – allerdings holperige – Vierheber gebracht wird. Nur an einigen Stellen redet Heermann von der Seele als dem Waldvögelein, das Zuflucht in den Steinritzen, den Wunden Christi, sucht[62].

In seiner Prosa konnte Heermann dagegen schon eher eine andere Sprache sprechen, denn seit der Mitte des 16. Jahrhunderts waren ja – zunächst aus der mittelalterlichen Erbauungsliteratur, später auch aus gegenreformatorischen Quellen – neue Gedanken und Motive in die protestantische Erbauungsliteratur eingedrungen. Hier bestehen denn auch Verbindungen zu Werken Herbergers. 1618 und 1619 gab Heermann seine ersten erbaulichen Prosaschriften – „Crux Christi" und „Heptalogus Christi" – in Druck. Heermann wird zu einem beliebten Erbauungsschriftsteller; das beweisen die Auflagen dieser Traktate[63]. Es sind Passionsbetrachtungen. Übereinstimmungen mit Meditationen Herbergers sind sicher nicht nur auf die gemeinsame Grundlage und das gleiche Thema – das Leiden Christi – zurückzuführen. Ein Beispiel soll dies zeigen.

In seinem „Passionszeiger" fordert Herberger dazu auf, sich unter das Kreuz zu begeben:

> Drum mache dich auf, liebes Herz, lauf unter das Kreuz Jesu, beschaue es mit Fleiß und herzlicher Andacht...[64]

In den sich anschließenden Betrachtungen heißt es dann:

> Deine Wunden sind lauter Heilsbrunnen, Jes. 12, daraus der Reichthum unserer Seligkeit fleußt, sagt Athanasius. Es sind die heiligen Löchlein, dadurch sich die herzliche Barmherzigkeit meines Gottes ergossen hat, wie Bernhardus redet. Aus diesen Ritzen

1. Johann Heermann und Valerius Herberger

quillt der Honig der Vergebung meiner Sünden, 5 Mos. 32. Das sind die lebendigen Troströhrlein, dabei ich Kraft finde in meiner Anfechtung. Deine offene Seite ist meine Freistadt. Das Privilegium, sicher darinnen zu wohnen, Jer. 23., soll mir kein Teufel nehmen, ich will mich in deine Wunden wickeln, sicher drin leben und selig sterben. Dein Blut wäscht mich, Herr Jesu Christ, dein offne Seit mein Steinritz ist, drin will ich allzeit sicher sein, wie vorm Wetter die Täubelein, Jer. 48.

Ich mag dein Herz durch deine aufgespaltene Seite anschauen, da ist nichts Falsches, da ist eitel Gnade und Liebe. ... Aus deiner rechten Seite fleußt ein wunderbarer Gnadenstrom, wie aus der rechten Seite des Tempels, Ez. 47. Das ist ein schönes Bildniß. Du mein Bräutigam kömmst mit Wasser und Blut, 1 Joh. 5. Dein Wasser soll mich waschen, dein Blut soll mich stärken.[65]

Herberger beruft sich auf die Väter Athanasius und Bernhard, er reiht Bibelstellen aneinander und deutet sie auf Jesus und die Passion. Wie in den „Magnalia Dei" sucht er auch hier das große Geheimnis, das in den Worten verborgen ist. Herberger fügt jeweils kurze Betrachtungen, bestätigende Sätze, ein. Er schließt den ersten der beiden hier zitierten Absätze mit einem Vierzeiler, den er auch sonst anführt und der sich auch bei Heermann findet[66]. Herberger meditiert über die Wunden Christi, er bedient sich dafür einer Sprache, deren Leitworte aus der Mystik stammen und zum „Wortschatz des Pietismus" gehören: die Substantive „Heilsbrunnen", „Troströhrlein", „Gnadenstrom", die Verben „quellen", „waschen", aber auch „fließen" und „sich ergießen"[67]. Auffällig ist bei Herberger – nicht nur hier – die häufige Verwendung von Diminutiven, wie „Löchlein", „-röhrlein", „Täubelein". Darin liegt Zärtlichkeit, aber auch etwas Spielerisches, wie es später in der tändelnden Jesusliebe Zinzendorfs zu finden ist. Herberger spricht in seiner Meditation von „herzlicher Andacht" und „herzlicher Barmherzigkeit". Der Honig aus den Felsritzen, mit dem Gott das Volk Israel speist (1. Mos. 32,13), wird zum „Honig der Vergebung" der Sünden, der aus der offenen Seite Christi quillt. Aus den Wunden Jesu, des Bräutigams, fließt Wasser und Blut. Es ist das Taufwasser, das „mit Christi Blut gefärbet" ist[68]. Die offene Seite Christi ist die Freistadt, der Zufluchtsort, wo der Sünder sicher wohnen, wo er sich vor der Anfechtung des Teufels verbergen kann wie die Taube in den Steinritzen. Er will sich in die Wunden Jesu wickeln, in ihnen leben und sterben. Das ist eine mystische Vorstellung. Aus der Mystik stammt auch der Gedanke, das Herz Jesu durch die aufgespaltene Seite zu betrachten. Hier sind Ansätze zu einer Herz-Jesu-Verehrung. In der aufgespaltenen Seite, im Herzen Jesu, findet der Christ die Gnade und die Liebe Gottes, von dort geht der Gnadenstrom aus. Damit scheint also die lutherische Gnadenlehre zur mystischen Kontemplation hinzuzutreten. Aber die Erlösung ist nicht ein Werk der Gnade, sondern der Kraft des Blutes; das Blut wäscht die Befleckung durch die Sünde ab, und das wird von Herberger immer ganz wörtlich verstanden.

Ähnlich heißt es nun bei Heermann in der „Crux Christi":

Wende hier christliche Seele deine Augen, ja dein Herz zu dieser aufgespaltenen Seite deines HErrn Jesu. Denn sie ist die Ritze oder Höhle, darein du dich verbergen kannst. Wir müssen in den Wunden Christi uns Nester und Wohnungen machen, wie die Vöglein in den hohlen Bäumen, sagt Bernhard. Wenn ein ungestüm Wetter aufzeucht, so verkriechen sich die kleinen Waldvöglein in die ausgehöhlten Bäume; ja die Tauben nisten in den hohlen Löchern. Also verbirg du dich auch in die durchstochene Seite Christi, wenn sich das Zornwetter Gottes findet und dich deiner Sünde halben ver-

V. Kapitel: Der Einfluß der Erbauungsliteratur auf die Dichtung Johann Heermanns

zehren will, so wird dichs nicht treffen. Wer in der allgemeinen Sündflut wollte sicher sein, der mußte in den Kasten Noä gehen. Wahrlich meine Seele, willst du das Leben erretten, wenn Gott seine Zornfluten ausgeußt, so mußt du dich in die heilige Arche der geöffneten Seite Christi mit Buß und Glauben finden, sonst wirst du im höllischen Schwefelwasser ersaufen. ... – Hast du dich vergriffen an Gott und deinem Nächsten; eilt dir der Bluträcher, der Zorn Gottes nach – verzweifle nicht in deinen Sünden! Die aufgespaltne Seite deines HErrn Jesu ist die rechte Freistadt, dahin fleuch mit Buß und Glauben, da wirst du sicher wohnen, Ruhe, Trost, Fried und Leben finden. Durch diese Spalte kann man zum himmlichen Vater im Himmel gehen, sagt Angelomus.[69]

Auch Hermann steht vor der aufgespaltenen Seite Jesu, auch er möchte in den Wunden Jesu sicher wohnen. Wie Herberger beruft er sich auf Bernhard, außerdem auf Angelomus, einen Benediktiner aus dem 9. Jahrhundert, von dem ein Kommentar zum Hohenlied stammt[70]. Beiden Betrachtungen liegen fast die gleichen Bibelstellen zugrunde, aber Heermann paraphrasiert hier stärker, bei ihm ist es zudem eine wirkliche Allegorie. Er vergleicht die Seitenhöhle mit den ausgehöhlten Bäumen, in denen die Waldvögelein eine Zuflucht finden. Das Unwetter wird zur Sündflut, die Seite Christi zur Arche; sie ist als Spalte zugleich der Eingang zu Gott. Es scheint, als sei bei Heermann auch das Gefühl für den furchtbaren Zorn Gottes, für den Bluträcher, stärker, als stehe er hier also der Reformation näher als Herberger. Der Sünder soll „mit Buß und Glauben" in die Seite Christi fliehen. – Aber auch Herberger kennt den Zorn Gottes, des Bluträchers. In den „Magnalia Dei" sagt er:

> JEsus gibt uns die allertröstlichsten Freystädte/ darinn wir wider den Blutrecher des Zorns Gottes erhalten werden zur Freyheit des ewigen Lebens/ Jos. 20. (MD 10,XLIX)

Auch auf Angelomus weist Herberger schon hin im Vorwort zum dritten Teil der „Magnalia Dei", der zu Heermanns Zeit in Fraustadt entstanden war. Er ist dem schlesischen Freystadt gewidmet. Der Name dieser Stadt ist Ausgangspunkt seiner Betrachtung, Herberger wendet sich an ihre Einwohner als die „nicht allein Keyserlichen/ sondern nunmals auch himmlischen und geistlichen Freystädter". Die Stelle zeigt im übrigen, daß die gleichen Bibelzitate unermüdlich wiederholt werden; auch vom Bluträcher wird hier gesprochen.

> JEsus Christus ist die rechte Freystadt aller gläubigen Hertzen/ in ihm wohnen wir sicher (Jer. 23.) so lange wir leben ...
> Sinnet doch in Christlicher Andacht diesem grossem Geheimniß ein wenig nach. Adam ist im Paradieß zum Mörder worden/ an seiner Seelen/ und an allen seinen Kindern. ... Diesem Adam bawet Gott im Paradieß eine Freystadt/ in seinem lieben Sohne/ da er spricht: Deß Weibes Samen sol der Schlangen den Kopff zu treten. JEsus Christus/ der Jungfrawen Sohn/ sol sich selbst deiner annehmen/ und sich für dich auff opffern. ... glaube an ihn/ so soltu sicher wohnen für dem Bluträcher/ für dem Zorn Gottes/ und für der Gewalt der Höllen. Adam lieber Adam/ fleuch für dem Bluträcher/ verzweiffele nicht in Sünden/ fleuch in deine Freystadt/ wenn dir der böse Geist nachjaget/ so wirstu Ruhe haben/ und Trost finden dein lebenlang.[71]

Herberger zählt dann die sechs Freistädte in den Wunden Jesu auf, die den sechs Freistädten in Israel (nach Josua 20) entsprechen. Von der sechsten, der Seite Jesu, sagt er:

> Dahin weiset alle fromme Hertzen Jeremias/ da er saget: verlasset die Städte/ traut euch keinen andern Troste/ wohnet in den Felsen/ der Felß ist CHristus 1. Cor. 10. Der ist geschlagen mit dem Stab deß Creutzes/ er ist auffgespalten/ es fleust Blut und Was-

ser heraus/ unser Genetz und Krätz zuwaschen/ thut wie die Tauben die da nisten in den holen Löchern/ verberget euch in der auffgespalten Seite JEsu CHristi/ so wird euch das Wetter deß Zorns GOttes nicht treffen.

Hie mag Esaias sagen/ cap. 26. Gehe hin mein Volck in die Kammer/ (der auffgespaltenen Seiten JEsu CHristi) und schleuß die Thür nach dir zu/ verbirge dich ein kleinen Augenblick/ biß der Zorn fürüber gehe. *Per istam rimam intratur ad Patrem*, spricht *Angelomus Monachus* für 772. Jahren/ über das hohe Lied Salomonis/ c. 2. [72]

Herberger und Heermann finden Zuflucht in der offenen Seite Christi. Herberger hatte gesagt: „Deine offene Seite ist meine Freistadt", bei Heermann heißt es: „Die aufgespaltene Seite deines HErrn Jesu ist die rechte Freistadt". Sie steht bei beiden im Mittelpunkt ihres Glaubens. Ritschl kennt diese Stellen nicht, sonst hätten sie sicher – und mit Recht – einen Platz in seiner „Geschichte des Pietismus" gefunden.

Heermann hat aus den Werken Herbergers nichts in Verse gebracht. Als Vorlagen für Kirchenlieder waren die Meditationen wenig geeignet. Ein unmittelbarer Einfluß Herbergers zeigt sich aber in Heermanns erbaulicher Prosa. Auch Heermanns Art zu predigen ist von Herberger beeinflußt[73]. Als Prediger war Herberger bedeutender, als Dichter aber hat Heermann ihn weit übertroffen[74], und seine Dichtung ist nicht zu denken ohne den Grund, der in seiner Jugend in Fraustadt gelegt worden war. Vorlagen für seine Kirchenlieder hat Heermann vor allem bei Johann Arndt und Martin Moller gefunden.

2. Johann Heermann und Johann Arndt

a) Johann Arndt und das „Wahre Christenthum"

Im Hause von Valerius Herberger war Johann Heermann mit der Jesusliebe, mit der „Herzfrömmigkeit" in Berührung gekommen. Vieles von dem, was er dort erfahren hatte, fand er in den Schriften von Johann A r n d t wieder. Wegen der großen Bedeutung, die Arndt für die Geschichte der Frömmigkeit besitzt, aber auch wegen seiner besonderen Stellung innerhalb der Kirche soll hier eine Übersicht über seine religiöse Gedankenwelt gegeben werden. Arndts Wirkung reicht bis weit ins 18. Jahrhundert hinein: Spener und Francke haben von ihm gelernt, Heermann, Rist, Homburg, Gerhardt und Schmolck haben nach seinen Gebeten Kirchenlieder geschrieben, noch Brockes wird von ihm beeinflußt[75].

In den Jahren von 1605 bis 1610 war Arndts Hauptwerk, seine „Vier Bücher vom Wahren Christenthum", erschienen, 1612 folgte eine Sammlung von Gebeten, das „Paradiß Gärtlein". Beide haben alle Merkmale der protestantischen Erbauungsbücher, wie sie oben beschrieben wurden. Der Untertitel des „Paradiß Gärtleins" sagt, es sei „Voller Christlicher Tugenden/ wie dieselbige in die Seele zu pflantzen/ Durch Andächtige/ lehrhaffte vnd tröstliche Gebet/ zu ernewerung des Bildes Gottes/ zur vbung des wahren lebendigen Christenthumbs/ zu erweckung des newen Geistlichen Lebens . . ." Arndt knüpft also hier an das „Wahre Christenthum" an; später wurde diese Beziehung noch durch Hinweise auf einzelne Gebete verstärkt, die jeweils im Anschluß an einen Abschnitt des „Wahren Christenthums" gesprochen werden sollten. Auch in der Vorrede zum dritten Buch des „Wahren Christenthums" hatte Arndt schon auf das „Paradiß Gärtlein" hingedeutet. Er „halte dafür", in den ersten drei Büchern „sey das gantze Christenthumb (so das Betbüchlein darzu kömpt) ... nach Notturfft beschrieben"[76].

Das „Wahre Christenthum" bekam seine heutige Gestalt und seinen Umfang erst im Lauf des 17. Jahrhunderts. Mehrere Generationen haben daran weitergearbeitet[77]. Erst 1674 wurde – in einer von Philipp Jacob Spener besorgten Ausgabe – das jetzige sechste Buch hinzugefügt[78]. Es enthält eine 1620 von Arndt verfaßte „Verantwortung" der ersten drei Bücher, außerdem Sendschreiben und Briefe Arndts und zwei „Bedencken über die Teutsche Theologia"; in ihnen stellt Arndt eine Verbindung her zwischen dem „Wahren Christenthum", dem „Paradiß Gärtlein" und der „Teutschen Theologia"[79]. In der Rigaer Ausgabe von 1681 fehlt dieses Buch wieder, doch dafür kommt das jetzige fünfte hinzu[80]. Es ist eine Lehr- und Trostschrift Johann Arndts. Aber auch fremde Zusätze finden sich jetzt: Paul Gerhardts „Geh aus mein Herz und suche Freud" und Heinrich Müllers „Ach, was mach ich in den Städten" (nach Hl. 7,11) aus dessen „Geistlichen Erquickstunden" (1664), welches Wilhelm Koepp „das die ärgsten Geschmacklosigkeiten des späteren Pietismus vorwegnehmende Lied einer sinnlichen Jesusliebe" nennt[81]. In der Rigaer Ausgabe wird das Werk auch mit den emblematischen Holzschnitten, den dazugehörigen Versen und den jedes Kapitel abschließenden Gebeten versehen, die heute untrennbar mit dem Ganzen verbunden scheinen[82]. – Arndts Schriften haben zahllose Auflagen erlebt, es gibt Übersetzungen in die entlegensten Sprachen[83]. Das „Paradiß Gärtlein", das für Heermanns Dichtung wichtig ist, wurde allein zwischen 1612 und 1630, dem Erscheinungsjahr der „Devoti Musica Cordis", in neun verschiedenen Ausgaben gedruckt[84].

Es wurde schon erwähnt, daß auch Arndt auf die „Alten" zurückgeht. 1597 hatte er die „Teutsche Theologia" für sich entdeckt und sie sogleich mit einer eigenen Vorrede und der Luthers neu herausgegeben. Während sich aber Luther, der das Büchlein 1516 und 1518 zum Druck befördert hatte, nach kurzer Zeit von Schriften dieser Art abgewandt hatte, weil er sie für unvereinbar mit dem rechten Glauben hielt[85], drang Arndt von hier aus weiter in das mystische, vorreformatorische Schrifttum ein[86]. Vieles davon hat er in das „Wahre Christenthum" übernommen. Neben theologischen hatte Arndt in seiner Jugend aber auch medizinische Studien getrieben. Dadurch war er mit Paracelsischen Gedanken in Berührung gekommen[87]; noch der Einundfünfzigjährige beschäftigte sich während einiger Stunden des Tages mit chemischen – d. h. „chymischen" – Studien[88], und bis in seine letzten Lebensjahre interessierte Arndt sich für Magie, Chemie und Naturphilosophie[89]. Mystik, Pansophie und Luthertum sind in Arndts Werk miteinander verbunden. Den ersten drei Büchern des „Wahren Christenthums", dem „LIBER Scripturæ", dem „LIBER vitæ Christus" und dem „LIBER Conscientiæ", steht das vierte, der „LIBER Naturæ", gegenüber. Die eine Wahrheit soll im Buch der Schrift und im Buch der Natur erkannt werden. Arndt will das Licht der Natur mit dem Licht der Gnade verbinden – „lumen naturae et gratiae coniungere"[90]. Er unterscheidet drei Stufen des

2. Johann Heermann und Johann Arndt

geistlichen Lebens, die den drei Lebensaltern – „Kindtheit/ Mannheit vnnd Alter" – entsprechen und die wiederum eine Entsprechung in den drei Büchern des „Wahren Christenthums" haben. Im ersten ist es die Buße, die zur Besserung führt; im zweiten die Erleuchtung durch Betrachtung, Meditation und Gebet; im dritten schließlich die „gäntzliche Vereinigung durch die Liebe". Es sind die Stufen des mystischen Weges der Seele zu Gott: Purgatio, Illuminatio und Unio[91]. Arndt sagt zu seinem Plan in der Vorrede zum dritten Buch:

> GLEich wie vnser natürliches Leben seine Gradus hat/ seine Kindtheit/ Mannheit vnnd Alter/ also ists auch geschaffen mit vnserm Geistlichen vnnd Christlichen Leben. Denn dasselbe hat seinen Anfang in der Busse/ dadurch der Mensch sich täglich bessert/ darauff folget eine mehrere Erleuchtigung/ als das MittelAlter/ durch Göttlicher dinge betrachtung/ durchs Gebet/ durchs Creutz/ durch welches alles die Gaben GOttes vermehret werden/ Letzlich kömpt das vollkommene Alter/ so da stehet in der gäntzlichen Vereinigung durch die Liebe/ welches S. Paulus das vollkomne Alter Christi nennet/ vnnd ein vollkommen Mann in Christo/ Ephes. 4.[92]

Schon Wilhelm Koepp hat darauf hingewiesen, daß es nicht in die Mystik gehört, wenn ihr Stufengang von Arndt auf die verschiedenen Lebensalter bezogen wird[93]. Auch darin, daß diese Gedanken schließlich in ein Wort des Apostels Paulus einmünden, zeigt sich, wie sehr bei Arndt mystische und lutherische Frömmigkeit immer wieder ineinander übergehen.

Das erste Buch, der „LIBER Scripturæ", ist aus Arndts Beschäftigung mit der Mystik hervorgegangen. Hier soll die „fromme Praxis" gelehrt werden. Arndt fordert Buße und Besserung statt theologischen Streits. Nach einer Vermutung Friedrich Julius Winters war das Buch ursprünglich die selbständige Fortsetzung einer Auslegung der „Deutschen Theologie"[94]. Schon 1606 ist das „Wahre Christenthum" jedoch auf vier Bücher angelegt. – Der „LIBER vitæ Christus" spricht von Christus, er ist das wahre Buch des Lebens. Hier hat Arndt Abschnitte aus dem „Memoriale" der italienischen Franziskanerin Angela von Foligno, ihrem „Liber de vera fidelium experientia", eingefügt[95]. Arndt schaltet hier auch Valentin Weigels „Gebetbüchlein" ein (WChr 2, 34). Er kannte es aus einem Traktat Weigels[96]. – Das dritte Buch, der „LIBER Conscientiæ", soll eine Einführung in Taulers Theologie sein. Unter Taulers Namen gingen damals allerdings auch Predigten Eckeharts und anderer Mystiker. Es handelt „vom Inwendigen Menschen", davon, „WIE Gott den höchsten Schatz/ sein Reich/ in des Menschen Hertz geleget hat/ als einen verborgenen Schatz im Acker: Als ein Göttliches Liecht der Seelen"[97]. – Inhalt des ersten Buchs ist also die Schrift, des zweiten Christus, des dritten der Mensch. – Führen schon die ersten drei Bücher hin zu einer „gäntzlichen Vereinigung durch die Liebe", so leitet die Übereinstimmung mit der „Natur" zurück in den „Vrsprung/ welcher GOtt selbst ist". Arndt fährt in der Vorrede, aus der eben zitiert wurde, fort:

> Solche Ordnung hab ich in diesen dreyen Büchern/ so viel sich leyden wollen/ in acht genommen ... Das vierdte Buch aber hab ich darumb hinzu thun wollen/ daß man sehe wie die Schrifft/ CHristus/ Mensch/ vnd gantze Natur vberein-stimme/ vnd wie alles in dem einigen/ Ewigen/ Lebendigen Vrsprung/ welcher GOtt selbst ist/ wieder einfliesse/ vnd zu demselben leite.[98]

Das vierte Buch, der „LIBER Naturæ", handelt von der Schöpfung, dem Makrokosmos, und vom Menschen, dem Mikrokosmos. Schon früher hatte Arndt nach der

124   V. Kapitel: Der Einfluß der Erbauungsliteratur auf die Dichtung Johann Heermanns

„Signatura rerum" gefragt und vom „Alphabet der Natur" gesprochen[99]. Die Kapitel 6 bis 40 des zweiten Teils im vierten Buch sind ein Auszug aus dem „Liber creaturarum seu Liber de homine" des Raimundus Sabundus. Das Werk war auch unter dem Titel „Theologia naturalis" verbreitet. Raimundus Sabundus hatte es zwischen 1434 und 1436 geschrieben. Er bemühte sich darin um eine Apologie des Christentums aus der Natur[100]. – Zitate werden von Arndt meist in einer wortgetreuen Übersetzung wiedergegeben oder, wenn sie deutschen Ursprungs sind, wörtlich übernommen. Arndt gibt jedoch seine Quellen nirgends an, auch das ist ein Beweis für das „Versteckspielen", von dem Althaus in ähnlichem Zusammenhang gesprochen hatte[101]. Auf den Anteil der Angela von Foligno wurde zum erstenmal 1705 von einem Herausgeber des „Wahren Christenthums" hingewiesen, später auch von Gerhard Tersteegen, der bei seiner Beschäftigung mit der mittelalterlichen Erbauungsliteratur auf das „Memoriale" der Angela von Foligno gestoßen war und der natürlich auch Arndts „Wahres Christenthum" kannte[102]. Er hat ihre Vita in seine „Auserlesenen Lebensbeschreibungen heiliger Seelen" aufgenommen. Ein Hinweis auf den Anteil des Raimundus Sabundus findet sich – an versteckter Stelle – überhaupt erst 1841[103]. Beachtet wurden diese Zusammenhänge bisher nicht. Arndts Werk wird als Einheit verstanden, man übersieht seine Vielschichtigkeit.

Arndt will „Leben und Lehre" verbinden. „Wahres Christentum" zeigt sich da, wo diese beiden übereinstimmen. Andacht, Herzensfrömmigkeit stellt er über alle „Gelehrsamkeit". Er möchte den einzelnen zur Nachfolge Christi führen, er will mit seinen Schriften den Weg zu einem frommen Leben zeigen, einem Leben in Armut und Geduld, Sanftmut und Demut. Auch der leidende Christus ist Vorbild. „Christliches Leben und Wandel" und die „Nachfolge Christi" stehen für Arndt an erster Stelle. Mit Bernhard sagt er: „Christum sequendo citius apprehendes quàm legendo."[104] Christi Leben soll in Lehre verwandelt werden, und Christi Lehre soll Leben werden. Die Theologie soll eine „lebendige Erfahrung" sein.

> Viel meinen/ die *Theologia* sey nur eine blosse Wissenschafft vnnd Wortkunst/ da sie doch eine lebendige Erfahrung vnnd Vbung ist. Jederman studieret jetzo/ wie er hoch vnnd berümbt in der Welt werden möge/ aber from seyn wil niemand lernen. Jederman suchet jetzo hochgelarte Leute/ von denen er Kunst/ Sprachen vnnd Weißheit lernen möge/ aber von vnserm einigen Doctore JEsu Christo/ wil niemand lernen Sanfftmut vnnd Hertzliche Demut/ da doch sein Heiliges lebendiges Exempel/ die rechte Regel vnnd Richtschnur vnsers Lebens ist/ Ja die höchste Weißheit vnnd Kunst/ das wir billich sagen können.
>
> *Omnia nos Christi vita docere potest.*[105]

Der Aufbau des Werkes ist dann doch nicht so konsequent durchgeführt, wie Arndt es in der Vorrede angibt. Während der Arbeit an den vier Büchern wurde manches verändert, einmal eingeschlagene Wege wurden wieder verlassen[106]. Arndt ist kein Systematiker, er will es auch gar nicht sein, er will keine Dogmen bestreiten, um sie durch neue zu ersetzen[107]. Vieles hat Arndt aus fremden Quellen geschöpft, er ist vor allem ein großer Synkretist[108]. Seine Bedeutung liegt darin, daß er die Mystik in das Luthertum eingeführt hat[109]. Mit seinen erbaulichen Schriften hat er auf ein ganzes Jahrhundert, auf die Frömmigkeit mehrerer Generationen gewirkt. Jetzt gewinnt die Gebetsliteratur Einfluß auf das Kirchenlied. Die Tendenzen, die dort schon seit der zweiten Hälfte des 16. Jahrhunderts wirksam geworden waren, dringen nun auch in das Kirchenlied ein.

Arndt bereitet den Pietismus vor, und dieser kann sich auf ihn berufen[110]. Es ist mehr als eine nur äußerliche Beziehung, daß Philipp Jacob Spener die „Pia Desideria", die am Anfang des eigentlichen Pietismus stehen, 1675 als Vorrede zu seiner Ausgabe von Johann Arndts „Postille" geschrieben hat, die zuerst 1615 erschienen war. August Hermann Francke empfahl in seinen „Monita pastoralia theologica" (1715) neben den Schriften Speners besonders Arndts „Wahres Christenthum". Es ist sein Lieblingsbuch[111].

Die Zeitgenossen warfen Arndt vor allem vor, er sei ein heimlicher Anhänger Valentin Weigels, aber man machte ihm auch den Vorwurf des Papismus, des Synergismus und des Majorismus[112], und es schadete ihm natürlich, daß sich Schwärmer und Schwenckfelder – aus dem ganz richtigen Gefühl einer inneren Verwandtschaft – auf seine Schriften beriefen[113]. Arndt hat im ersten Buch des „Wahren Christenthums" auf Vorhaltungen einiges geändert, anderes suchte er zu erklären und zu rechtfertigen. Er hat immer seine Rechtgläubigkeit betont, er will keine Sonderung, er will keine „Altäre umreißen"[114]. – Arndt wurde viel angefeindet, aber er konnte sich doch in der Kirche behaupten, die Auseinandersetzungen um sein Werk verstummten schon wenige Jahre nach seinem Tode. Sicher ist auch das ein Zeichen für die sich wandelnde Frömmigkeit. Heermann konnte sich ihm daher ganz unbefangen nähern, er konnte seinen Namen nennen, während er den Mollers und anderer älterer Verfasser, Philipp Kegels z. B., verschweigen mußte, jedenfalls soweit er Texte von ihnen als Vorlagen für seine Kirchenlieder benutzte. Er erwähnt allerdings erbauliche Schriften Mollers und Kegels als „gute nützliche Bücher", als er die Frömmigkeit einer Verstorbenen rühmt[115].

b) Heermanns Lieder nach Gebeten aus dem „Paradiß Gärtlein"

Die Meditationen des „Wahren Christenthums" eigneten sich ebensowenig für eine Versifizierung wie die Betrachtungen Herbergers. Heermann hat aber eine Reihe von Gebeten aus dem „Paradiß Gärtlein" zu Kirchenliedern – Gebetsliedern – umgeformt. In seinem „Paradiß Gärtlein" nähert Arndt sich stärker der Mystik Bernhards. Vieles ist Ausdruck persönlicher Frömmigkeit. Quellen für einzelne Gebete sind zwar nicht nachgewiesen, doch vermutet Koepp, daß neben spätmittelalterlichen oder jesuitischen Meditationen über die Passion Jesu Christi auch andere mittelalterliche Texte benutzt worden seien, die Arndt vielleicht aus Schriften Martin Mollers oder Valerius Herbergers kennengelernt habe[116]. – Wenn Arndt sein Gebetbuch ein „Paradiß Gärtlein" nennt, dann knüpft er damit an die Tradition der mittelalterlichen „Seelengärtlein", der „Hortuli animae", an, die Luther so scharf abgelehnt hatte[117]. Die Gebete sind teilweise recht nüchtern und langatmig, ihnen fehlt der dichterische Schwung, der Mollers Gebetshymnen auszeichnet. Die Ursache dafür, daß Heermann sich hier nicht allzu eng an die Vorlagen anschließt, liegt in den Texten selbst.

Es wurde schon mehrfach angedeutet, daß Heermann die Lieder nach Gebeten aus Arndts „Paradiß Gärtlein" vor denen nach Texten aus Mollers „Meditationen" geschrieben haben müsse. Dafür sprechen verschiedene Gründe.

Die „Arndt-Lieder" stehen in der „Devoti Musica Cordis" – bis auf zwei Ausnahmen – dort, wo Heermann ältere Dichtungen zusammengefaßt hat: bei den „Anderen geistlichen Liedern". Das Gebet „Vmb Weisheit" hat Heermann in die dritte Gruppe gesetzt, die – neben Gebetsliedern – auch eine Nachlese von Gebeten enthält. Darüber wird im folgenden Kapitel im einzelnen zu sprechen sein. – Die Sprache dieser Lieder klingt vielfach noch recht schwerfällig. Hier sind die Abweichungen von der natürlichen Wortbetonung häufiger als in den Liedern der ersten und den Alexandrinergebeten der dritten Gruppe der „Devoti Musica Cordis". Der Rhythmus der Lieder ist oft schleppend, die Verse sind holperig. Auch das spricht dafür, daß diese Lieder älter sind, denn die Änderungen, die Heermann in den verschiedenen Ausgaben der „Devoti Musica Cordis" vornimmt, zeigen, daß er sich um die Beseitigung solcher Mängel bemüht. – Hier werden allerdings später noch einige Einschränkungen zu machen sein, denn nicht alle Verse, die einem heutigen Leser unkorrekt scheinen, waren es auch nach den metrischen Gesetzen des 17. Jahrhunderts.

Ein Unterschied in Sprache und Rhythmus zwischen den verschiedenen Gruppen von Liedern zeigt sich besonders deutlich, wenn man von dem letzten der ersten Gruppe zu dem ihm folgenden ersten der „Anderen geistlichen Lieder" übergeht, von dem nach Moller (MSP I. III. III) gedichteten „Von der Liebe, die ein Christlich Hertz zu Jesu tregt vnd noch tragen wil – O Jesu, Jesu, Gottes Sohn, Mein Bruder vnd mein Gnadenthron" (FT 1, 340) zu dem nach Arndts „Paradiß Gärtlein" (PG 3, 8) geschriebenen „Vmb Frewde des H. Geistes in Trawrigkeit – ACh GOtt, dessen Reich ist Frewd Im Geist, Fried vnd Gerechtigkeit" (FT 1, 341). Das zuerst genannte Lied ist auf die „Morgenstern-Melodie" gedichtet. Schon dadurch ist es besonders ausgezeichnet. – Philipp Nicolais „Geistliches Brautlied der gläubigen Seelen von Jesu Christo ihrem himmlischen Bräutigam" von 1599 ist das erste protestantische Lied, in dem ein Einfluß der Mystik Bernhards zu spüren ist. Nicolai gilt – neben Martin Moller – als Vorläufer Johann Arndts[118]. – Heermanns Lied spricht von der Liebe zu Jesus, er ist der Schatz, der Bruder, dessen Süße der Anbetende – allerdings erst im jenseitigen Leben – schmecken wird. Die letzten beiden Strophen lauten:

>   Drumb las ich billich diß allein,
>   O Jesu, meine Sorge seyn,
>   Daß ich dich hertzlich liebe,
>   Daß ich in dem, was dir gefelt
>   Vnd mir dein klares Wort vermeldt,
>   Aus Liebe mich stets vbe,
>   Biß ich
>   Endlich
>   Werd abscheiden
>   Vnd mit Frewden
>   Zu dir kommen,
>   Aller Trübsal gantz entnommen.
>
>   Da werd ich deine Süssigkeit,
>   Die jetzt berühmt ist weit vnd breit,

2. Johann Heermann und Johann Arndt

> In reiner Liebe schmecken
> Vnd sehn dein liebreich Angesicht
> Mit vnverwandtem AugenLiecht
> Ohn alle Furcht vnd Schrecken:
> Reichlich
> Werd ich
> Seyn erquicket
> Vnd geschmücket
> Für deim Throne
> Mit der schönen HimmelsKrone.

Das Lied schmiegt sich völlig der Bewegung der Melodie an, dabei hat der Wechsel von betonten und unbetonten Silben nichts Gewaltsames, die Sprache des ganzen Liedes zeigt – bis auf die beiden synkopierten Formen „vermeldt" und „deim" – kaum Unregelmäßigkeiten[119]. Heermann ändert hier auch später nichts.

Das unmittelbar folgende Lied ist nun weit weniger kunstvoll. Mit seinem Inhalt steht es jedoch den traditionellen Themen des Kirchenliedes sehr viel näher als das eben zitierte. Es spricht von der Freude in Gott, von der Gnade Gottes, die den Menschen fröhlich macht[120]. Das Lied beginnt:

> ACh GOtt, dessen Reich ist Frewd
> Im Geist, Fried vnd Gerechtigkeit,
> Ich mus bekennen dir,
> Daß ich stets auff dieser Welt
> Aller Wollust nachgestellt
> Da ich billich für vnd für
> Dich solt suchen mit begier.
>
> Solcher Thorheit nicht gedenck,
> Ins Hertze deinen Geist mir schenck,
> Daß mich nicht mehr verletz
> AugenLust vnd Fleisches Brunst,
> Stoltzer Muth vnd was mir sonst
> Die Welt leget mehr für Netz,
> Daß sie mich in Vnglück setz.
>
> WeltFrewd ist ein falscher Wahn,
> Drumb zünde du selbst in mir an
> Die wahre HimmelFrewd
> Als des Geistes Frucht vnd Gab,
> Daß ich sonst an nichtes hab
> Als an dir zu jederzeit
> Meine gröst Ergetzligkeit.

Diese Verse sind auf die Melodie des Liedes „Weltlich Ehr vnd zeitlich Gut" gedichtet. Es stammt von Michael Weiße, der einer der Führer der Böhmischen Brüder gewesen war. Auffällig ist schon die Wortwahl: „Wollust", „AugenLust", „Fleisches Brunst", „Thorheit", „stoltzer Muth". Während Heermann in dem vorhergehenden Liede von der Liebe zu Jesus und seiner „Süssigkeit" spricht, davon, daß er „mit Frewden" zu ihm kommen werde, bittet er hier in sehr viel einfacheren Worten, er möge an Gott „zu jederzeit" seine „gröst Ergetzligkeit" haben. – Heermann weiß, daß die Verse metrisch schlecht sind. 1644 ändert er in den hier zitierten drei Strophen – von insgesamt elf – an acht Stellen, und doch kann er damit nicht alles verbessern. Den schlesischen Reim „Brunst : sonst" läßt er – nicht nur hier – stehen.

Er beseitigt in der ersten Strophe den Hiatus in „Da ich"; es wird zu „Der ich". Er ersetzt schon 1636 im folgenden Vers das apokopierte Präteritum „solt" durch das Präsens „sol". Er verstärkt in der zweiten Strophe die Aussage: „Daß mich nicht mehr verletz" durch eine Umstellung: „Auf dáß mich nícht verlétz", betont also jetzt die Negation. Heermann ändert „Díe Welt léget méhr für Nétz" in „Légt die Wélt für Strick vnd Nétz" – nun sind die drei Substantive und das Verbum betont. Nach „Strick" folgt ein vokalisch anlautendes „vnd", daher muß das „e" am Ende des Wortes ausfallen. Damit aber auch die Form „Netz" stehenbleiben kann, ersetzt Heermann das folgende „Daß" („Daß sie mich in Vnglück setz") durch „Ob". Er beseitigt außerdem das „nichtes" in der dritten Strophe, der Vers lautet 1644 „Aúf daß ích an sónst nichts háb". Damit ist nun auch die apokopierte Form „Gab" in dem vorhergehenden Vers gerechtfertigt, denn vor dem „Auf" muß Heermann, um den Hiatus zu vermeiden – auch beim Übergang von einem Vers zum andern –, das „e" elidieren, während „Gab" vorher gegen die „Regeln" verkürzt war.

Vor allem in Heermanns „Arndt-Liedern" finden sich noch Erscheinungen, die einer älteren Sprach- und Stilschicht angehören. Besonders die „Gewitterlieder" (FT 1, 343 und 344) zeichnen sich durch eine altertümliche Sprache, durch einfache Worte aus. Allerdings soll nicht übersehen werden, daß gerade diese Sprache dem Donner, dem Aufruhr der Natur, dem Grimm Gottes im Gewitter angemessen scheint. Das Lied „In grossem Vngewitter" (nach PG 3, 30) beginnt:

> ACh Gott, wie schrecklich ist dein Grimm,
> Wann du starck auff den Wolcken gehst
> Vnd deine schwere Donner-Stimm
> Mit starckem krachen von dir stöst.
> Wir arme, blöde Menschen-Kind
> Erkennen deine grosse Macht;
> Drumb wir in Furcht vnd Schrecken sind,
> Weils auß dem Himmel blitzt vnd kracht.
>
> Die Erdkaul, die sich sonst nicht regt,
> In grosser Furcht erschüttert sich;
> Wann du nur schnaubest, wird bewegt
> Der Berge Grund vnd fürchtet dich.
> Dein Arm ist starck, dein Hand ist schwer;
> Wann du im Zorn sie hebest auff
> Vnd wirffst die Stralen hin vnd her,
> Mit zittern treten wir zu hauff. (FT 1, 343, 1. 2)

Auch das mehrgliedrige Asyndeton stammt, so wie Heermann es verwendet, aus der Tradition des Kirchenliedes. In dem nach Arndt (PG 2, 10) gedichteten zweiten Abendmahlslied (FT 1, 338) heißt es:

> Ich bin kranck, vnrein, nackt vnd blos,
> Blind vnd arm. Ach mich nicht verstoß! (Str. 2)

Mit dieser Aufzählung, die in der Form an Luthers „Nehmen sie den Leib, Gut, Ehr, Kind und Weib" erinnert, sucht Heermann die sündige Natur des Menschen erschöpfend zu umschreiben. Es ist bei ihm keine Aneinanderreihung von Synonymen, keine „zusammenballende Worthäufung", kein „expressives Asyndeton", Heermann will hier keine Affekte ausdrücken, sondern mit der Aneinanderreihung

2. Johann Heermann und Johann Arndt

der Adjektive soll Vollständigkeit erreicht werden[121]. – Heermann sieht aber, daß er in diesen Versen mehrfach gegen die natürliche Wortbetonung verstößt. Mit einer Änderung, die er 1644 vornimmt, beschränkt er die Unregelmäßigkeiten auf den ersten der beiden Verse:

> Kranck, vnrein, arm, blind, nackt vnd blos
> Bin ich, doch deine Gnad ist groß.

Allerdings ist auch der ursprüngliche Vers korrekter, als es einem heutigen Leser scheint, denn einsilbige Wörter gelten für Heermann metrisch entweder als lang oder als kurz und können daher betont oder unbetont sein. Hier bemüht sich Heermann jedoch immer wieder um Änderungen[122].

Ähnliche Reihungen finden sich auch in den beiden nach Arndt gedichteten „Gewitterliedern". – In dem Gesang „In grossem Vngewitter" (FT 1, 343; nach PG 3, 30) stehen in der siebten und achten Strophe die folgenden Verse:

> Bedecke du mit deiner Hand
> Leib, Leben, Hauß, Vieh, Gut vnd Haab.
> Erhalt die Früchte auff dem Land
> Vnd was sonst mehr ist deiner Gab.
> Für Schlossen, Hagel, Wasserflut,
> Für Fewr vnd anderm Wetter-Schad
> Halt vns, O Gott, in deiner Hut;
> Wir wollen rühmen deine Gnad.
>
> Du bist allein der HERR vnd Gott,
> Dem Donner, Blitz, Fewr, Lufft vñ Wind,
> Dem alles stehet zu Gebot
> Vnd seinen Willen thut geschwind.
> . . .

In der „Dancksagung Nach dem Vngewitter" (FT 1, 344; nach PG 3, 31) heißt es:

> Du hast Hauß, Hoff, Leib, Leben
> Vnd was ein jeder hat,
> Mit deinem Schutz vmbgeben
> Bey vns vnd vnser Stadt. (Str. 5)

Die Reihungen bleiben auch in den späteren Auflagen bestehen. Heermann stellt das mehrgliedrige Asyndeton in den Dienst der Kasuistik, die „Arndt-Lieder" sind Kasuallieder. Heermann bemüht sich meist, die in der Reihung angestrebte Vollständigkeit durch eine verallgemeinernde, alles einschließende Schlußwendung noch einmal besonders zu unterstreichen, so als fürchte er, eine Möglichkeit könne ausgelassen sein. Diese Wendungen gehen zum Teil auf die Vorlage bei Arndt zurück, so „Vnd was sonst mehr ist deiner Gab", außerdem „Vnd was ein jeder hat". Dagegen ist „vnd anderm Wetter-Schad" Zusatz von Heermann, er ändert es 1644 in „vnd sonst andre Noth", verallgemeinert es damit also noch stärker. Dieses formelhafte „sonst", „vnd was sonst" kehrt in Heermanns Kasualliedern immer wieder, es steht auch in den eben zitierten Strophen des Liedes „Vmb Frewde des H. Geistes in Trawrigkeit": „... vnd was mir sonst   Die Welt leget mehr für Netz" (FT 1, 341, 2). – Mit der Reihung „Leib, Leben, Hauß, Vieh, Gut vnd Haab" und den folgenden Versen „Erhalt die Früchte auff dem Land   Vnd was sonst mehr ist deiner Gab" zwingt Heermann in eine traditionelle Stilfigur, was Arndt bedächtig im Gebet vor Gott ausgebreitet hatte:

9 Zell, Untersuchungen

> Bedecke mit deiner Allmechtigen Hand vnser Leib vnd Leben/ Hauß vnd Hoff/ Viehe/ vnd Früchte auff dem Felde/ vnd alles was wir haben ...

Heermann hat auch die alliterierenden Zwillingsformeln „Leib und Leben", „Haus und Hof", „Vieh und Früchte auf dem Felde" aufgelöst.

Daß diese Art der Reihung bei Heermann tatsächlich einer älteren Sprachschicht entstammt, zeigt sich auch an dem „Christlich Reise-Gesänglein" (FT 1, 346), das zwar nicht nach Arndt gedichtet ist, aber doch auf einer älteren Vorlage beruht[123]. Es ist – als „Reise-Gesänglein" – schon an und für sich ein Kasuallied; in dem Liede selbst werden dann noch einmal alle möglichen Situationen genannt, in die ein „Wandersmann" geraten kann, und es wird außerdem aufgezählt, was er zurückgelassen hat, so daß jeder dies Lied auf seinen Fall beziehen kann.

> Für Strassenräubern mich bewahr,
> Für Wassersnöthen vnd Gefahr,
> Für wilden Thieren, Fall vnd Brand,
> Für Stossen vnd für Sünd vnd Schand.
>
> In deine Händ ergeb ich dir
> Leib, Seel vnd was ich hab bey mir
> An allen Orten, nah vnd weit,
> Bey jederman, zu jederzeit.
>
> Behüt auch vnter des in Gnad
> Weib, Kind, Gesind, Hauß, Hoff für schad;
> Vnd was ich mehr verlassen hab,
> Von dem wend alles Vnglück ab. (Str. 7–9)

Heermann schließt die Reihungen also auch hier jeweils durch verallgemeinernde Wendungen ab, wie: „Vnd was ich hab bey mir", „An allen Orten, nah vnd weit, Bey jederman, zu jederzeit" und ein „Vnd was ich mehr verlassen hab". Später differenziert Heermann hier noch: „Für Wassersnöthen vnd Gefahr" ändert er 1644 in „Aus Wassers-Noth vnd Kriegs-Gefahr". Aus dem Vers „Leib, Seel vnd was ich hab bey mir" macht er „Leib, Seel vnd was sonst ist bey mir". Die nächste Strophe füllt er stärker als bisher:

> Behüt in Gnaden Weib vnd Kind,
> Blutsfreunde, Haus, Hoff, Vieh, Gesind.

„Blutsfreunde" und „Vieh" sind hinzugekommen. Es geht Heermann bei seinen Aufzählungen also um Vollständigkeit. Die apokopierten Formen „Gnad" und „schad" hat er jetzt beseitigt, die Betonung „Blutsfreúnde" ist dagegen völlig korrekt[124].

Heermann übernimmt von Arndt den Ton schlichter, inniger Frömmigkeit. Themen der Lieder sind Sünde, Gnade, Schuld und Gottvertrauen, dagegen fehlt im allgemeinen die Verehrung des Blutes und der Wunden Christi. Nur das Lied „Vom heiligen Abendmahl" (FT 1, 337), das ebenfalls nach einem Gebet aus Arndts „Paradiß Gärtlein" gedichtet ist (PG 2, 11), bildet eine Ausnahme. Hier spricht Heermann vom Blute Christi, und gerade diese Stelle hat er gegenüber der Vorlage hinzugefügt. In der vierten Strophe heißt es:

> Grewlich beflecket ist mein arm Gewissen;
> Ach las ein BlutsTröpfflein fliessen

2. Johann Heermann und Johann Arndt

>Aus deinen Wunden, welche du empfangen,
>Da du bist am Creutz gehangen.
>Kyrieleison.
>Wann mein Hertz damit wird gerüret,
>Wirds von stund an rein vnd gezieret
>Durch dein Blut mit Glauben schön,
>Kan in dir für Gott bestehn.
>Kyrieleison.[125]

Die entsprechende Stelle in Arndts „Paradiß Gärtlein" lautet:

>... ach reinige mich du höchste reinigkeit/ dein Heiliger Leib/ als er vom Creutz abgenommen ward/ würde in rein Leinwand eingewickelt/ ach wolte Gott ich möchte dich mit so reinem Hertzen auffnehmen/ als es dir wollgefellig/ Ach daß ich dich mit Heiliger Andacht vmbfahen/ Vnnd in meine liebe einwickeln/ dich mit den Myrren des zubrochnen Hertzens vnd Geistes salben solte/ das Himmelbrod müste in einem Güldenen Gefeß auff gehoben werden zum Gedechtnis/ in der Lade des Bundes/ ach wolt Gott ich möchte dich in reinem Hertzen bewahren.

Arndts „ach reinige mich du höchste reinigkeit" wird für Heermann zum Ausgangspunkt eigener Betrachtungen. Er spricht von der Befleckung des Gewissens durch die Sünde. Christus kann den Sünder mit seinem Blute, mit e i n e m Blutströpflein, reinigen. Es gibt zwar bei Heermann noch ein Bekenntnis der Schuld, er bittet auch in diesem Lied um „ein recht bußfertig Hertze" (Str. 3), aber die Kraft des Blutes ist stärker. Nicht der Glaube ist die Voraussetzung für die Sündenvergebung, sondern das Blut wirkt den Glauben, „ziert" das Herz „mit Glauben schön". Es ist kein Zufall, daß der Ton hier auf „e i n" liegt („Ách las ein BlutsTröpfflein fliessen"), es genügt wirklich ein einziges Blutströpflein. Dies sagt Heermann auch in andern Liedern; es ist katholische Auffassung[126]. Sie findet sich schon bei Valerius Herberger. Bei diesem heißt es in einer Betrachtung über 2. Mos. 30:

>**Sey getrost mein Kind/ dir sind deine Sünde vergeben/** ein einiges Blutströpfflein JEsu Christi überwieget alle deine Sünde. (MD 6, S. 166f.)

Herberger nimmt hier mittelalterliche Spekulationen über das Blut Christi auf. Er kann sich dafür auf Bernhard von Clairvaux berufen. – So umschreibt er am Schluß der Vorrede zum dritten Teil der „Magnalia Dei" das Datum folgendermaßen:

>... eben an dem Tage/ da der Him̃lische Freystädter JEsus CHristus/ uns die ewige Freyheit zu erwerben/ bey seiner Beschneidung das erste Blutströpflein/ welches überwichtiger ist/ als aller Welt Sünde/ vergossen hat/ denn *minima guttula sanguinis Christi præponderat peccatis totius generis humani*, saget *Bernhardus*.[127]

Heermann geht also in der eben zitierten Strophe mit den Betrachtungen über das Blut Christi über seine Vorlage hinaus[128]. Dafür spricht er jedoch nicht – wie Arndt – davon, Christus mit Andacht zu umfassen, ihn im eigenen Herzen zu bewahren.

Heermanns „Abendmahlslieder" (FT 1, 337 und 338) nehmen eine besondere Stellung ein. Sie stehen in der ersten Gruppe der „Devoti Musica Cordis", zwischen Liedern nach Vorlagen Martin Mollers, deren Thema das Blut Christi und seine Wunden sind. Es scheint, als habe Heermann den beiden Liedern – als Abendmahlsliedern – gerade diesen Platz gegeben, weil für ihn im Abendmahl nicht das Wort Gottes und die Sündenvergebung im Vordergrund stehen, sondern das Blut Christi.

132 V. Kapitel: Der Einfluß der Erbauungsliteratur auf die Dichtung Johann Heermanns

Es ist verselbständigt, es ist zu einem Lebenselixier, gleichsam zu einer „materia coelestis", geworden[129]. Ebenso ist der Leib Christi wirkliche Speise, die den Hunger stillt. In dem ersten Lied „Vom H. Abendmal" (FT 1,337) heißt es in der zweiten Strophe:

> All andre speiß vñ Tranck ist ganz vergebens;
> Du bist selbst das Brodt des Lebens.
> Kein Hunger plaget den, der von dir isset,
> Alles Jammers er vergisset.
>   Kyrieleison.
> Du bist die lebendige Quelle;
> Zu dir ich mein HertzKrüglein stelle,
>   Las es mit Trost fliessen voll,
>   So wird meiner Seelen wol.
>   Kyrieleison.[130]

Ein Satz aus der eben herangezogenen Meditation Herbergers zeigt, wie nahe Heermann hier dessen Abendmahlsauffassung kommt. Herberger sagt:

Im heiligen Abendmahl da ist der gesegnete Kelch ein heiliges Blutröhrlein/ dardurch meine Seele wird erfrischet/ da halte ich mein Hertzkännlein unter/ und werde schneeweiß gewaschen/ weiß wie Wolle Esa. 5. ... (MD 6, S. 167)

Heermann verwendet fast die gleichen Worte, er spricht vom „HertzKrüglein", Herberger vom „Hertzkännlein". Das Blut ist für Heermann ein Trank, der die Seele erquickt, Christus ist die „lebendige Quelle", aus der der Trost fließt. Bei Herberger ist der Kelch ein „heiliges Blutröhrlein", ein Brunnen also, der die Seele erfrischt. (In dem oben zitierten Beispiel aus dem „Passionszeiger" hatte Herberger von den Wunden als „lebendigen Tostöhrlein" gesprochen[131].) Für Herberger ist das Abendmahl ein mystischer Vorgang; im Abendmahl wird das Blut, werden die Wunden Christi verehrt. – Im vierten Buch der „Magnalia Dei", das zu Heermanns Zeit – 1603 – in Fraustadt entstanden war, sagt Herberger – mit Chrysostomos – in einer Meditation über den Traum des Mundschenken (1. Mos. 40):

> HERR JEsu/ deine heilige fünf Wunden/ sind die rothen Trauben (wie auch Num. 13. gebildet wird) die sind voll Weinbeerblut/ wie Jacob auff seinem Todtbette redet: Deine heilige fünff Trauben pausen gar für heilsamen Blut/ daß mich rein machet von allen meinen Sünden.
> ...
> Der Trauben-Safft wird geflösset in den Königlichen Becher Pharaonis: HERR JEsu/ dein allerheiligstes Blut wird mir geflösset in deinen Königlichen Becher/ du bist mein Freyherr/ du läst mir fürtragen in deinem Königlichen gesegneten Kelch des hochwürdigen Abendmahls/ dein allerheiligstes Blut/ dz aus deinen allerheiligsten Wundē ist geflossen/ darumb sagt *Chrysostomus: Non aliter debes cogitare, nisi quod bibas ex aperto latere Jesu Christi, ut ita firmiter credas per diluvium Baptismi & preciosum sanguinem Christi peccata tua ablata esse.* Wenn du zu dem heiligen Abendmahl gehest/ so ists eben so viel/ als wenn du aus der auffgespaltenen Seiten JEsu Christi trünckest/ daß du also gewiß seyn kanst/ daß deine Sünde abgewaschen seyn/ durch die Gnadenflut der heiligen Tauffe/ und durch das theure Blut JEsu Christi.[132]

In dem zweiten Abendmahlslied (FT 1,338; nach PG 2,10) wird Jesus angesprochen als Bräutigam, eine Vorstellung, die der Mystik und dem Pietismus ganz geläufig ist.

> O Jesu, du mein Bräutigam,
> Der du aus Lieb am CreutzesStamm
> Für mich den Todt gelidten hast,
> Genommen weg der Sünden Last:
>
>> Ich kom zu deinem Abendmal,
>> Verderbt durch manchen SündenFall.
>> Ich bin kranck, vnrein, nackt vnd blos,
>> Blind vnd arm. Ach mich nicht verstoß! (Str. 1. 2)

Die Beziehung zu Arndts „Dancksagung für die einsetzung vnd stifftung des Heiligen Abendmals" ist nicht sehr eng. Arndt spricht in diesem Gebet von Christus als dem Bruder. Er sagt: „... im Abentmal/ gibstu mir das Pfand deines Leibes vnd Blutes/ daran erkenne ich/ das du mein Bruder bist/ mein Fleisch vnd Blud."[133] Auch das kommt aus der Mystik, aber Heermann hat mit dieser Umsetzung eine Übertragung in einen andern Bereich vorgenommen: Aus der schlichten, kindlichen Liebe zum Bruder wird die Liebe zum Bräutigam des Hohenliedes.

Auch die eben zitierten Beispiele bestätigen die Beobachtung, daß die Sprache dieser Lieder einfach, daß ihr Rhythmus schwerfällig ist („grewlich beflecket ist mein arm Gewissen"). Wegen ihres Inhaltes aber stehen sie mit Recht bei den Liedern, die Heermann nach Vorlagen Martin Mollers gedichtet hat.

3. Johann Heermann und Martin Moller

a) Martin Moller als Erbauungsschriftsteller

Martin Moller wurde 1547 in Kropstädt bei Wittenberg geboren. Er trat schon mit jungen Jahren in den Dienst der Kirche. 1568 übernahm er das Amt eines Kantors in Löwenberg in Niederschlesien, 1572 wurde er, ohne daß er eine Universität besucht hatte, zum Pfarrer ordiniert; er war zunächst in Kesselsdorf „im Löwenbergischen Kreise", anschließend wieder in Löwenberg, nun als Diakonus, seit 1575 als Pfarrer in Sprottau; im Jahre 1600 kam er als Oberpfarrer – Pastor Primarius – nach Görlitz. Dort ist er schon 1606 gestorben[134]. Zu seinen Görlitzer Pfarrkindern gehörte auch Jacob Böhme. Tholuck berichtet, daß Böhme sich „fleißig" an privaten Erbauungsversammlungen in Mollers Hause beteiligt habe[135]. Eine geistige Verwandtschaft zwischen beiden besteht ohne Zweifel. Solange Moller lebte, blieb Böhme in Görlitz unbehelligt, erst nach Mollers Tode war er, unter dem Oberpfarrer Richter, Schwierigkeiten ausgesetzt, die sich immer mehr steigerten und schließlich dazu führten, daß er, nachdem man es ihm nahegelegt hatte, vorübergehend die Stadt verließ. Auch der Rat von Görlitz wandte sich jetzt gegen Böhme.

Martin Moller galt als „Theologus pacificus et practicus"[136]. Als „Theologus pacificus" nahm er eine versöhnliche Haltung gegenüber theologischen Gegnern ein, er gehörte nicht zu den Streittheologen: Ihm war, als einem „Theologus practicus" nicht das Dogma, die Lehre, das Wichtigste, sondern praktisches Christentum, wahre, verinnerlichte Frömmigkeit. Darin ist er ein Vorläufer Johann Arndts[137]. Doch ging es ihm nicht – wie Arndt – darum, seine Rechtgläubigkeit zu beweisen. –

Besonders der Wittenberger Theologe Salomon Geßner (1559–1605) verdächtigte ihn, nachdem die „Praxis Evangeliorum" erschienen war, des Kryptocalvinismus[138]. Er zog zur Bestätigung Gutachten, „Theologische Bedenken", der Fakultäten zu Leipzig, Jena, Rostock und Tübingen heran. Moller tat nicht viel zu seiner Verteidigung, er blieb in dem Zwielicht, das ihn umgab. So konnte bei seinem Tode in den Görlitzer „Annalen" vermerkt werden: „Ward den 5. Mart. Sonnt. zu S. *Nicolai* begraben, auch von vielen beklaget, von vielen auch gehasset ..."[139]

Martin Moller hat eine Reihe von Erbauungsschriften verfaßt. Auf die „Meditationes Sanctorum Patrum" (1584–1591) wurde hier schon oft hingewiesen. Auch die „Soliloquia de passione Jesu Christi" (1587) und das „Mysterium Magnum" (1597) wurden – in Verbindung mit Schriften Valerius Herbergers – erwähnt. Dazu kommen ein Sterbebüchlein, das „Manuale de præparatione ad mortem" (1593), ferner eine Sammlung von Evangelienpredigten, die eben genannte „Praxis Evangeliorum" (Bd. 1–4, 1601), und Weihnachtsbetrachtungen, die „Natalitia Christi" (1603). Die Gebete aus der „Praxis Evangeliorum" sammelte Moller in einem „Thesaurus precationum" (1603). Außerdem übersetzte er mehrere asketische Schriften aus dem Griechischen: die Briefe des Ignatius (1578), die „Dialoge" Theodorets – „Drey Schöne Gespreche/ Von vereinigung vnd vnterscheidt beyder Naturen in der einigen Person Jesu Christi" – (1582) und eine Schrift Agapets (1590). – Übrigens beruft sich auch Valerius Herberger auf die „Dialoge" des Theodoret – vielleicht kannte er sie in der Übersetzung Martin Mollers –, als er in den „Magnalia Dei" zeigen will, wie Christi Kreuzestod in einer besonderen Weise in Isaaks Opferung vorgebildet ist[140]. – Die verschiedensten Gattungen erbaulicher Literatur sind also in Mollers Werk vertreten. Am beliebtesten waren die Predigtsammlung und das „Manuale"[141]. Die „Praxis Evangeliorum" erlebte 17 Auflagen, für das „Manuale" verzeichnet Jöcher bis 1751 14 verschiedene Drucke, darunter auch eine Übersetzung ins Französische[142]. Die Schrift wurde noch 1870 neu aufgelegt. Es ist eine „heylsame vnd nützliche Betrachtung/ wie ein Christenmensch aus GOttes Wort sol lernen Christlich leben vnd seliglich sterben". Ähnlich wird in den „Soliloquien" das Leiden Christi zum Vorbild: Aus der Meditation darüber soll „ein jeder Christen Mensch ... Allerley schöne Lehren vnd heylsamen Trost ... schöpffen/ vnd zu einem Christlichen Leben vnd seligen Sterben/ in teglichem Gebet vnd Seufftzen/ nützlich gebrauchen". Das eigentliche Ziel ist das selige Sterben, das Leben ist Vorbereitung dafür. Solche Bücher waren zu jener Zeit und auch später noch weit verbreitet, am bekanntesten ist wohl Sebastian Friedrich Treschos „Sterbebibel in Poesie und Prosa" von 1762 geworden. (Trescho ließ ihr, in einer Zeit, die nicht mehr ausschließlich auf das selige Sterben gerichtet war, der auch das s e l i g e Leben schon nicht mehr das Wichtigste war, 1765 auf Anregung der Susanna Katharina von Klettenberg eine „Lebensbibel" – „Die Kunst, glücklich zu leben" – folgen.) – Moller hat auch einige Kirchenlieder gedichtet. Vier davon stehen noch im heutigen Gesangbuch[143]. „Ach Gott, wie manches Herzeleid" (EKG 286) ist das bekannteste. Das Lied stammt aus den „Meditationes Sanctorum Patrum" (MSP I. III. XII). Es ist Mollers Übersetzung des Jubilus, mehr Paraphrase allerdings als Übersetzung. Johann Arndt hat es an den Schluß seines „Paradiß Gärtleins" gestellt[144]. Mit dieser Eindeutschung des Jubilus steht Moller am Anfang einer Reihe, die auf evangelischer Seite über Johann

Heermann, Heinrich Müller, Christian Knorr von Rosenroth, Heinrich Georg Neuß zum Grafen Zinzendorf führt.

Als Quelle für das protestantische Kirchenlied sind vor allem Mollers „Meditationes Sanctorum Patrum" wichtig geworden. Althaus stellt fest, daß „die literargeschichtliche Bedeutung dieses Buches ... fast unübersehbar" sei. Er sagt weiter: „Es ist von zahlreichen Gebetbüchern benutzt und ausgeschrieben worden und hat ebenso zahlreichen Kirchenliederdichtern den Text zu ihren Dichtungen gegeben"[145].

Auch Moller suchte und fand die „Andacht" bei den „Alten", den Theologen des Mittelalters und den Vätern der Kirche[146]. Er gibt an, die Gebete des ersten Teils seiner „Meditationen" seien „Aus den heyligen Altvätern *Augustino, Bernhardo, Taulero,* vnd andern/ fleissig vnd ordentlich zusammen getragen vnd verdeutschet", die des zweiten „Aus den heyligen Altvätern *Cypriano, Hieronymo, Augustino, Bernhardo, Anshelmo,* vnd andern"[147]. In Wirklichkeit liegen den Gebeten des ersten Teils – darauf wurde hier schon mehrfach hingewiesen – pseudo-augustinische und pseudo-bernhardische Texte zugrunde, deren Verfasser Alkuin, Beda, Hugo von St. Victor und andere sind, außerdem Gebete, die der Kölner Kartäuser Laurentius Surius unter dem Namen Taulers aus der mittelalterlichen Erbauungsliteratur übernommen hatte[148]. Natürlich mußte Moller mit seinen Zeitgenossen der Meinung sein, echte Schriften Augustins, Bernhards und Taulers vor sich zu haben, aber bezeichnend ist doch, daß ihn gerade diese Texte anziehen und daß er aus ihnen seine „Meditationen" zusammenstellt. Hier fand er die Frömmigkeit, die er suchte. Es sind die gleichen Texte, die die Jesuiten in den Dienst der Glaubenspropaganda gestellt hatten. – Im ersten Teil der „Meditationes Sanctorum Patrum" finden sich 46 Gebete aus den pseudo-augustinischen Meditationen, elf aus den Pseudo-Soliloquien[149], acht nach pseudo-bernhardischen Texten und fünf aus „Tauler"; der zweite bringt 36 Gebete aus dem pseudo-augustinischen Manuale. Daß dieses Buch nicht unmittelbar von Augustin stammt, weiß Moller allerdings; deshalb hat er es nicht für den ersten Teil herangezogen. Er schreibt 1591:

> Denn weyl die Vorrede gemeltes Büchleins bezeuget/ das es nicht von S. *Augustino* selber gestellet/ sondern von einem andern Gottseligen Manne/ aus den Sprüchen S. *Augustini/* wie auch die *Censura B. Erasmi Roterodami* vermag/ zuhauffe getragen ist/ liesse ichs dazumahl bleiben/ vnd erwehlete nur das jenige/ was eygentlich S. *Augustinus* selber geschrieben hat.[150]

Mollers Sprache ist vom Latein der Vorlage geprägt. Schwung und Schönheit des lateinischen Originals hat er bewahrt. Es ist eine klar gegliederte, hymnische Prosa. Der Satzbau ist oft parataktisch. Moller übernimmt den Parallelismus der Vorlagen, er verstärkt ihn sogar noch. Es ist die Sprache der dichterischen Bücher der Bibel: der Psalmen und des Hohenliedes. – Moller schließt sich eng an seine Vorlagen an. Wo er ändert oder ergänzt, will er den Text verdeutlichen, will er etwas erklären, die Intensität seiner Aussage steigern. Aber es gibt bei ihm gegenüber Pseudo-Augustin, Pseudo-Bernhard und „Tauler" keine Änderungen in der Grundhaltung. Nur in denjenigen Meditationen, die auf das „Manuale" zurückgehen, hat Moller nach seinen eigenen Worten „an vielen orthen mehr einen *Paraphrasten/* denn einen *Interpretem* gegeben." Hier hat er sogar „den Sententz aus anderen Sprüchen S. *Augustini* ... manchmahl erleutert vnd erlengert", da der

V. Kapitel: Der Einfluß der Erbauungsliteratur auf die Dichtung Johann Heermanns

Bearbeiter, wie schon Erasmus gemeint habe, „nicht besonder *eruditus* noch *eloquens* gewesen" sei[151]. Es geht Moller bei seiner Übersetzung also auch um „Eloquentia". – Die lateinischen Vorlagen wirken durch ihre klare, weitausschwingende, antithetische Sprache, durch die Eindringlichkeit, die mit den Wiederholungen, Aufzählungen und Parallelismen erreicht wird. Mollers Übersetzungen sind im allgemeinen nicht frei, aber an ihnen zeigt sich immer wieder, wie Moller seine Sprache beherrscht. Er hat mit dieser Eindeutschung der Hymnen eine erstaunliche Leistung vollbracht. Es ist deutsche Renaissance-Prosa.

Moller hat den fortlaufenden Text der Vorlage in einzelne, in sich geschlossene Gebete abgeteilt. Er wählt aus, was ihm geeignet scheint, er fügt Überschriften hinzu, er stellt jede Meditation unter ein Bibelwort, das noch einmal deren Thema angibt oder doch darauf bezogen ist, er rundet die Meditationen ab, indem er eine Gebetsformel oder nur ein abschließendes Amen hinzusetzt. Moller macht auch einmal mitten in einem Kapitel einen Einschnitt, beginnt ein neues Gebet, vertauscht die Reihenfolge der Textausschnitte. So beruht die Meditation I. I. VII auf dem Anfang des II. Kapitels der „Soliloquia", wobei auch noch die ersten Sätze des lateinischen Textes ausgelassen sind; sie reicht bis in den zweiten von vier Abschnitten dieses Kapitels, das übrige bildet in Mollers Übersetzung die Meditation I. I. V. – Moller stellt die zuerst genannte unter die Überschrift: „Ein schön Gebet *S. Augustini*/ Darinne ein zuknirschtes Hertze dem HERRN Christo sein Elend klaget/ vnd nach Trost vnd Hülffe schreyet."[152] Es folgt ein Bibelspruch, mit dem Moller eine Antwort auf alle Klagen zu geben sucht: „Kompt her zu mir/ alle die jhr mühselig vnd beladen seyd/ Ich wil euch erquicken" (Matth. 11, 28). Die eigentliche Meditation setzt mit einem Anruf ein, der ebenfalls von Moller hinzugefügt ist: „JEsu Christe mein Schöpffer vnd mein Heyland ...", dann folgen Aussagen über Christus und den Menschen, deren antithetischen Charakter Moller gegenüber der lateinischen Vorlage noch durch ein viermaliges „aber" verstärkt hat.

> [1] JEsu Christe mein Schöpffer vnd mein Heyland/ Du bist das ewige warhafftige Gut/ Ich aber bin ein elender böser Mensch/ Du bist from̅/ ich aber bin Gottloß/ [2] Du bist heylig/ ich bin elendt/ Du bist gerecht/ ich bin vngerecht/ Du bist das Liecht/ ich aber bin blindt vnd vnuerstendig/ Du bist das Leben/ ich aber muß sterben ...[153]

Moller übersetzt damit den folgenden lateinischen Text:

> Tu vere bonus, ego malus: tu pius, ego impius: tu sanctus, ego miser: tu justus, ego injustus: Tu lux, ego cæcus; tu vita, ego mortuus ...[154]

Im lateinischen Original und in Mollers Übersetzung werden die beiden gegensätzlichen Bereiche, der Christi und der des Menschen, einander gegenübergestellt, eindringlich ist die Steigerung in der Abfolge der Gegensatzpaare, deren Höhepunkt die Aussage bildet: „tu vita, ego mortuus – Du bist das Leben/ ich aber muß sterben". – Moller betont den Gegensatz zwischen Christus und dem Menschen durch die Gegenüberstellungen: „Du bist .../ ich aber bin", „Du bist .../ ich bin". Er entfaltet und deutet, was in der Vorlage steht: „Tu ... bonus, ego malus" wird zu „Du bist das ewige ... Gut/ Ich aber bin ein elender böser Mensch". Daß der Grund für diese Änderung in einer Textvariante oder einfach in einem Mißverstehen des „bonus" als „bonum" gelegen haben sollte, ist unwahrscheinlich, vielmehr klang hier für Moller sogleich die mittelalterliche Auffassung von Gott als dem „summum bonum" an. – In den Versen, die Heermann danach schreibt, wird dies noch deutlicher, er sagt: „Du bist from vnd das höchste Gut, Ich bin ein Mensch, der arges thut" (FT 1, 323, 1)[155]. – Dem „ewigen warhafftigen Gut" stellt Moller ausdrücklich den Menschen gegenüber, „malus" wird zu „ein elender böser Mensch". Durch den Zusatz „vnd vnuerstendig" unterstreicht Moller, daß „blindt" hier in einem übertragenen Sinne gemeint ist: Es deutet den Abstand zwischen Gott und dem Menschen an und charakterisiert die Natur des Menschen. – Das Lateinische wirkt gerade durch seine lapidare Kürze: Zu dem „tu" und dem „ego" tritt jeweils nur eine Bestimmung hinzu, auf der Seite Gottes ist alles Gute, auf der des Menschen alles Böse. Die Spannung ist hier sehr viel größer als bei Moller. – Doch für die Beurteilung einer solchen Übersetzung muß natürlich auch der strukturelle Unterschied zwischen der deutschen und der lateinischen Sprache berücksichtigt werden. Das Lateinische ist an und für sich knapper als das Deutsche. In dem hier zitierten Absatz können die Verbformen „sum" und „es" eher fehlen als die entsprechenden deutschen. Zu Mollers Breite gehört das „aber". bei den knappen Antithesen des Lateinischen kann auf ein „autem" verzichtet werden, es würde die Schärfe nur mildern.

Daß es jedoch auch andere Möglichkeiten für eine Übersetzung gibt, zeigt sich an der, die Johann von Neumarkt für Karl IV. angefertigt hatte[156]. Als Johann im Jahre 1355 oder bald danach die „Soliloquia" als „Buch der Liebkosung" übersetzte, war er Hofkanzler des Kaisers – er nennt sich selbst dessen „obersten schreiber" – und hatte zugleich das Bischofsamt in Leitomischl inne[157]. Johann bediente sich der ostmitteldeutschen Kanzleisprache, zu deren Entwicklung er im übrigen selbst entscheidend beigetragen hat; die Übersetzung ist in einem frühen Neuhochdeutsch abgefaßt. Über ihren Rang sagt Joseph Klapper, der Herausgeber der Schriften Johanns von Neumarkt: „... eine durch Kühnheit und Eleganz des Ausdrucks vorbildliche Leistung der jungen Hofsprache."[158] Diese Übersetzung steht der Vorlage sehr viel näher als die Mollers. Johann wollte auf Wunsch des Kaisers „das egenant buch der lipkozung von wort czu worte czu deutscher czung bringen vnd keren"[159]. Das ist ihm gelungen. Es ist fast noch eine Interlinearversion, so eng ist die Bindung an die Vorlage. Bei der Übersetzung der eben zitierten Stelle führt Johann von Neumarkt am Anfang das Verbum ein, wiederholt es aber nicht, außerdem hat er die Gegensatzpaare durch „vnd" miteinander verbunden. Dadurch werden – anders als bei Moller und im lateinischen Text – die einzelnen Stufen stärker betont. Sonst aber hält sich Johann streng an das Lateinische.

> Du bist worhafticleichen gut vnd ich bôze, du senft vnd ich vnsenft, du heilig vnd ich vnselig, du in der einickeit vnd ich in der vild, du ein liht vnd ich ein blinder, du das leben vnd ich der tot...[160]

Doch eine Beurteilung dieser Übersetzung bleibt schwierig, denn seit Luthers Verdeutschung der Bibel, seit über 400 Jahren also, gibt es für den geistlichen Bereich so etwas wie eine verbindliche Sprache. Manches bei Johann von Neumarkt klingt fremd und ungeschickt, während Mollers Übersetzung „richtig" zu sein scheint. Das fällt besonders da auf, wo Moller Bibelzitate mit den – nun einmal vertrauten – Worten Luthers wiedergibt. Auch dafür kann eine Stelle aus der Übersetzung der „Soliloquia" herangezogen werden.

> [3] Was bin ich HERR? O schone meiner HERR/ Ich elender Mensch/ ein Mensch vom Weibe geboren/ der eine kurtze Zeit lebet/ vnd voller vnruhe ist/ Ein Mensch/ der da ist gleich wie nichts/ vnd dauon muß/ wie ein Viehe. Ach HERR/ was bin ich doch? Ein Kindt der Finsterniß/ Eine elende Erde/ Ein Kindt des Zorns/ Ein Gefeß der Vnsauberkeit. Ich bin geboren in Vnreinigkeit/ Lebe in Elendt/ vnd muß mit schmertzen sterben.
> [4] Ach ich elender/ was bin ich? Ach was werde ich noch werdē?[161]

Am Rande ist hinzugesetzt: „Psal. 144." und darunter: „Psalm 49.". Gemeint sind – nach der Zählung Luthers und in dessen Übersetzung – Ps. 144, 4: „Ist doch der Mensch gleich wie nichts..." und Ps. 49, 13: „Dennoch kann ein Mensch nicht bleiben in solchem Ansehen, sondern muß davon wie ein Vieh." Die lateinische Entsprechung zu Ps. 144, 4 lautet in der Vulgata (dort Ps. 143, 4): „Homo vanitati similis factus est", dem entspricht in den Pseudo-Soliloquien: „homo vanitati similis factus". Johann von Neumarkt übersetzt es wörtlich, deutscht aber die Konstruktion schon insofern ein, als er das Partizip in einen Relativsatz auflöst: „Ein mensch, der gleich der eitelkeit worden ist."[162] – Die sich anschließende, auf Ps. 49, 13 beruhende Stelle fehlt bei Johann von Neumarkt. Moller gibt mit „vnd davon muß/ wie ein Viehe" ein lateinisches „comparatus jumentis insipientibus, & jam similis factus est illis" wieder. Die Übersetzung scheint frei, der zweite Teil fehlt ganz, doch auch Luther sagt: „sondern muß davon wie ein Vieh" und übersetzt damit einen hebräischen Text, der in der Vulgata (Ps. 48, 13) in „comparatus est jumentis insipientibus, et similis factus est illis" seine Entsprechung hat. Moller geht also dort, wo in der Vorlage ein Bibelzitat steht, auf Luthers Übersetzung zurück. – Zu diesen beiden Stellen aus den Psalmen kommt noch eine aus dem Buch Hiob: „Der Mensch, vom Weibe geboren, lebt kurze Zeit und ist voll Unruhe". Mit „vnd voller vnruhe ist" übersetzt Moller ein „repletus multis miseriis" der Vorlage und gibt damit Luthers Übersetzung von Hiob 14, 1 wieder. Johann von Neumarkt übersetzt demgegenüber ganz wörtlich: „vnd mit vil vnselden erfullet ist." – Die Formulierungen „Ein Kindt der Finsterniß.../ Ein Kindt des Zorns" sind ebenfalls bei Luther vorgeprägt, wenn sie sich auch so nicht wörtlich finden. (Vgl. aber Ephes. 2, 3; 1. Thess. 5, 4. 5.) Um einen Parallelismus herstellen zu können, entfernt Moller sich also von seiner Vorlage. Dort heißt es: „Quid iterum ego? Abyssus tenebrosa, terra misera; filius iræ, vas aptum in contumeliam". Johann von Neumarkt sagt: „Nu was bin ich aber? Ein vinster abgrund, erd der vnselden, sun des czorns, ein vas, das bequem ist czu den schanden"[163]. Umständlich, und doch in der Absicht, sich von der lateinischen Konstruktion zu lösen, umschreibt er das Adjektiv „aptus" mit einem Relativsatz („ein vas, das bequem ist czu den schanden"), während Moller schon sehr viel freier sagen kann: „ein Gefeß der Vnsauberkeit."

Ähnlich wie Moller hier „Kindt der Finsterniß" in Parallele setzt zu „Kindt des Zorns", hat er auch an der folgenden Stelle zu einem „gewissers" von sich aus den Gegensatz „vngewissers" hinzugefügt und erst damit herausgehoben, was auch in der lateinischen Vorlage enthalten ist.

> [11] Vnd vber diß alles/ ist diß das aller gröste Elend/ das ein Mensch/ der nichts gewissers hat/ als den Todt/ dennoch nichts vngewissers hat/ als die Stunde seines Todes/ Vñ wenn er meinet/ er stehe/ so ists aus mit jhm/ vnd seine Hoffnung hat ein ende.

3. Johann Heermann und Martin Moller

Denn der Mensche weiß nicht/ wenn/ wie/ vnd wo er sterben sol/ Vnd ist doch gleichwol gewiß/ das er sterben muß.¹⁶⁴

Damit übersetzt Moller das Folgende:

Et nunc super hæc omnia magna miseria, quia cum nihil sit certius morte, ignorat tamen homo finem suum. Et cum stare putat, colliditur, & perit spes ejus. Nescit enim homo quando, vel ubi, vel quomodo morietur, & tamen certum est, quod eum mori oporteat.¹⁶⁵

Gerade diese Stelle zeigt, wie Moller mit seiner Übersetzung bei aller Genauigkeit immer wieder auch deutet. Er steigert „magna" zu „aller gröste" und verabsolutiert die Aussage damit. Für „mors" und „finis suus" sagt er „Todt" und „Stunde seines Todes". Das Lateinische variiert hier den Ausdruck, Moller nimmt dagegen das Wort „Todt" wieder auf. Der Tod und die Stunde des Todes sind bei ihm auf den Menschen bezogen, für diesen gibt es „nichts gewissers" und „nichts vngewissers", während „quia nihil sit certius morte" unpersönlich konstruiert ist, „nihil" ist Subjekt des Satzes. Eine Selbständigkeit gegenüber der Vorlage liegt darin, daß Moller für „colliditur" „so ists aus mit jhm" sagt und für „perit spes ejus" „seine Hoffnung hat ein ende". Außerdem hat er die Aussage des begründenden Nebensatzes „quia cum nihil sit certius morte" zum Inhalt eines Relativsatzes gemacht und das Substantiv „Mensche" vorgezogen, während sonst in der Prosa des 16. Jahrhunderts ein begründender Satz – wie im Lateinischen, doch auch in Übereinstimmung mit dem Mittelhochdeutschen – durchaus voranstehen kann¹⁶⁶.

Schließlich soll noch der letzte Absatz dieser Meditation angeführt werden, um zu zeigen, wie Moller seine Übersetzung auf den Schluß hin steigert.

[14] Hilff mir HERR/ meine Stercke/ das ich auffgerichtet werde/ [15] Kom̄ mir zu hülffe/ HERR/ meine krafft/ das ich erhalten werde/ Kom̄ HERR mein Liecht/ das ich sehen möge/ Erscheine mir HERR mein Herrligkeit/ das ich mich frewe/ Erscheine mir HERR/ mein Leben/ das ich leben möge/ Amen.¹⁶⁷

Dem fünfmaligen Anruf an Gott steht fünfmal antithetisch ein „ich" gegenüber. Moller variiert „Hilff mir .../ Kom̄ mir zu hülffe", er bittet noch einmal „Kom̄". Wenn er sagt: „Hilff mir .../ das ich auffgerichtet werde/ Kom̄ mir zu hülffe .../ das ich erhalten werde", so hat er damit einen Parallelismus der Glieder hergestellt, der sich in seiner Vorlage so ausgeprägt nicht findet. Auch „Stercke" und „krafft" sind Synonyma. Moller wiederholt – in Übereinstimmung mit seiner Vorlage – „Erscheine mir", und er wiederholt den Anruf „HERR", zu dem jedesmal eine Apposition tritt. Ihr Inhalt ist durch das Possessivpronomen „mein" auf den Menschen bezogen. Hier wird Gott mit einer seiner Eigenschaften angerufen. Die Stärke soll den Menschen aufrichten, das Licht soll ihn sehen machen, das Leben soll ihm Leben geben. Moller schließt mit einem bekräftigenden Amen. Das Lateinische ist demgegenüber in seiner Kürze nüchtern, fast sachlich; anschließend beginnt dort ja ein neues Kapitel:

Adjuva me fortitudo mea, per quam sublevor: succurre virtus, per quam sustentor: veni lux, per quam video: appare gloria, per quam gaudeo: appare vita, in qua vivam, ó Domine Deus meus.¹⁶⁸

Sicher ist auch die lateinische Reihe „fortitudo – virtus – lux – gloria – vita" eindrucksvoll, und zwar gerade durch ihre Knappheit. – Moller hat jedesmal den Anruf „HERR" und das Possessivum „mein" hinzugefügt, er hat die Vorlage ausgestaltet und eingedeutscht.

Diese Beispiele sollten ausreichen, um Mollers Leistung als Übersetzer zu zeigen.

b) Die Übernahme und Bearbeitung von Texten Martin Mollers durch Johann Heermann

In der „Devoti Musica Cordis" stehen im ganzen 20 Lieder nach Vorlagen Mollers, davon stammen 19 aus dem ersten Teil der „Meditationes"[169]. Diese gehören bei Heermann alle zu der Gruppe der „Andächtigen Buß- vnd TrostLieder". Elf von ihnen beruhen auf den pseudo-augustinischen Meditationen, zwei auf den Pseudo-Soliloquien, drei auf pseudo-bernhardischen Texten und drei auf solchen von Tauler-Surius. 1644 kommt noch ein Lied nach einer Vorlage aus dem zweiten Teil der „Meditationes" hinzu, ein „Trost aus den Wunden JEsu" (FT 1, 363; nach MSP II. III. IX). In den „Poetischen Erquickstunden" finden sich noch einmal 14 Dichtungen nach Vorlagen Mollers, außerdem drei Neubearbeitungen der Lieder nach den pseudo-bernhardischen Vorlagen (FT 1, 319. 320. 321), die jetzt zu Alexandrinerdichtungen geworden sind.

In den „Moller-Liedern" warnt Heermann vor Sicherheit, er spricht von der Not des Sünders, vom Leiden des Herrn, vom Trost aus dem Leiden, von Christi Verdienst, seinen Wunden, seinem Tod, von der Erlösung durch das Blut, dem Abwaschen der Sünde, davon, daß Gott den Sünder nicht hassen kann, daß er den Tod des Sünders nicht will. Das sind neue Töne im protestantischen Kirchenlied.

Martin Moller schreibt große Hymnen. Johann Heermann verwandelt sie in Lieder für den Gemeindegesang. Er zwingt die frei ausschwingende Prosa in ein Reimschema, das durch eine der alten Kirchenliedmelodien bestimmt ist. Heermann sucht möglichst viel von dem zu übernehmen, was in der Vorlage steht. Gerade darum muß er zusammenziehen, wo Moller parallele Satzglieder aneinanderreiht und aufeinandertürmt, dann aber muß er wieder wegen eines Reimes paraphrasieren, ein Wort zerreden, einen Nebensatz, eine Apposition hinzufügen. Darüber hinaus aber setzt Heermann neue Akzente. Er hebt hervor, was ihm wichtig ist und verstärkt es. Auf den folgenden Seiten soll gezeigt werden, wie Heermann mit seinen Vorlagen verfährt.

Der Schluß des Liedes „Jämmerliche Klage vber der Menschen Elend: Dadurch ein jeder zur Busse gereitzet wird" (Wa 5), das auf der zuletzt zitierten Mollerschen Prosa (MSP I. I. V) beruht, lautet:

> ...
> Du bist mein Heyl vnd meine Sterck/
> Drumb las mich nicht verderben.
>
> Kom mir zu hülff/ HERR/ meine Krafft/
> Durch dich werd ich erhalten.
> Du LebensBrunn/ gib LebensSafft/
> Mein Hertz las nicht erkalten.
> Du bist mein Liecht/ mein Herrligkeit/
> Erscheine mir mit Liecht vnd Frewd/
> So werd ich für dir leben. (Wa 5, 14. 15)

Heermann fügt kurze Sätze aneinander. Der innere Zusammenhang, der bei Moller gerade durch die Anaphern, die antithetische Gegenüberstellung von Gott und Mensch und durch den Parallelismus erreicht wird, fehlt. Heermann beginnt immer wieder von neuem und bricht nach jeweils zwei Versen ab; nur am Schluß sind es drei, die zusammengehören. Das Lied schreitet nicht von Stufe zu Stufe in strengen Antithesen weiter. Davon sind lediglich Reste geblieben. Von Mollers fünf Bitten werden nur zwei übernommen: „Kom mir zu hülff" und „Erscheine mir". „Drumb las mich nicht verderben" ist aus Mollers „das ich auffgerichtet werde" hervorgegangen; neu ist: „Mein Hertz las nicht erkalten". Heermann hat den Anruf („HERR/ meine Stercke", „HERR mein Liecht", „HERR meine Herligkeit") in Aussage, in Bekenntnis verwandelt: „Du bist ... meine Sterck", „Du bist mein Liecht/ mein Herrligkeit". Dadurch hebt er bekräftigend hervor, was bei Moller Teil der Anrede an Gott ist.

Heermann wechselt zwischen dem Vorbringen einer Bitte und dem Aussprechen einer Gewißheit: „Drumb las mich nicht verderben" und „Durch dich werd ich erhalten". Den Parallelismus der Glieder („Hilff mir .../ das ich auffgerichtet werde/ Kom̃ mir zu hülffe .../ das ich erhalten werde") bewahrt er nicht. Zwar hat, was er sagt, den gleichen Sinn wie bei Moller, aber Heermann spricht es nicht in parallelen Wendungen aus. Er zerschlägt die Form, die Sätze schließen sich nicht mehr kunstvoll zusammen, sondern streben auseinander. Im ersten der eben zitierten Verse hat Heermann „Hilff mir" zu „Du bist mein Heyl" gemacht, aus dem Verbum ist ein Substantiv geworden, aus der Bitte ein Bekenntnis. „Heyl" wird von Heermann mit dem folgenden „Sterck" verbunden, für „Hilff mir .../ meine Stercke" sagt er „Du bist mein Heyl vnd meine Sterck". Dem Heyl", das auf Gott bezogen ist, steht im folgenden Vers antithetisch das „verderben" auf der Seite des Menschen gegenüber, Doch „Drumb las mich nicht verderben" ist keine Bitte mehr wie Mollers „Hilff .../ das ich auffgerichtet werde", sondern es spricht daraus das Vertrauen auf Christi Verdienst. Gott wird mit dem „Drumb" darauf hingewiesen, daß er den Menschen nicht verderben lassen darf. Heermann w e i ß , daß Gott den Tod des Sünders nicht will. Er sagt es immer wieder[170]. Den nächsten Vers hat Heermann fast wörtlich aus der Prosa übernommen. Dadurch daß er „hülff" statt „hülffe" setzt, kann er Mollers Satz in den Rhythmus seines Verses einfügen: „Kom mir zu hülff/ HERR/ meine Krafft". Wenn Heermann für „das ich erhalten werde" „Durch dich werd ich erhalten" sagt, so spricht er damit statt einer Bitte wiederum seine Glaubensgewißheit aus. Das ist gut lutherisch. Dann aber folgen zwei Verse, die nicht aus der Vorlage stammen: „Du LebensBrunn/ gib LebensSafft/ Mein Hertz las nicht erkalten". Es scheint zunächst, als verdankten sie ihre Existenz nur dem Reimzwang. Heermann entfernt sich mit ihnen von der Linie Martin Mollers, er ergänzt und erläutert, was vorhergeht. Doch „LebensBrunn" und „LebensSafft" weisen auf die neue Frömmigkeit, die ihre Wurzeln in der Mystik und in der Devotio moderna hat. „LebensBrunn" gibt „fons vitae" wieder, einen Begriff, der der Mystik ganz geläufig ist.

Heermann spricht mehrfach von Gott als einem Brunnen. Er ist der „Brunnquell voller Gnad" (FT 1, 345, 5), der „Brunnquell guter Gaben" (FT 1, 355, 1). Aber auch Jesus ist der „Brunn aller Gnaden" (FT 1, 347, 4), der „Brunn aller Gütigkeit", den der Sünder in seinem Herzen hat und in den er sich gleichzeitig hineinrettet vor den

Feinden, in den er sich verbirgt (FT 1, 363, 6)[171]. Während „Brunn" bei Heermann für Gott und für Christus steht, ist der „LebensSafft" immer das Blut Christi. Von Jesu Wunden sagt er: „Diß sind die Blümlein, die mich können heilen Vnd mir LebensSafft ertheilen" (FT 1, 337, 9)[172], er nennt das Blut auch einen „edlen Safft" (FT 1, 322, 9). – In Heermanns erstem Abendmahlslied (FT 1, 337) wird das Blut aus der „lebendigen Quelle" mit dem „HertzKrüglein" aufgefangen[173], in den oben zitierten Versen soll der „LebensSafft" bewirken, daß das Herz nicht erkaltet, daß es ein brennendes Herz bleibt. Heermann spricht an dieser Stelle nicht mehr, wie Moller, von Gott, sondern von Christus. Das Blut ist L e b e n s s a f t, d. h. ein Lebenselixier, es ist die Kraft, die den sündigen Menschen erhält[174]. Gerade solche Zusätze zeigen, wo der Schwerpunkt von Heermanns Theologie liegt.

Die dritte und vierte Stufe von Mollers Prosa („Kom̄ HERR mein Liecht/ das ich sehen möge/ Erscheine mir HERR meine Herrligkeit/ das ich mich frewe") hat Heermann in zwei Verse zusammengezogen. Er beginnt mit den Substantiven. Wieder hat er hier, worauf schon hingewiesen wurde, die Anrede an Gott umgeformt in eine Aussage über ihn: „Du bist mein Liecht/ mein Herrligkeit". Auch die beiden Nebensätze der Vorlage zieht er zu e i n e r Bitte zusammen: „Erscheine mir mit Liecht vnd Frewd". Bei Moller besteht eine Wechselbeziehung zwischen Gott und dem Menschen. Er hatte gesagt: „Erscheine mir HERR meine Herrligkeit/ das ich mich frewe". Bei Heermann ist der Mensch nicht aktiv beteiligt, alles liegt bei Gott: Gott soll zu dem Menschen mit Freude kommen, soll sie ihm bringen. Ebenso sagt Moller: „das ich sehen möge", betont also den Anteil des Menschen, während für Heermann Gott der ist, dessen Handeln erbeten wird: „Erscheine mir mit Liecht . . ."

Von Mollers letztem Satzpaar: „Erscheine mir HERR/ mein Leben/ das ich leben möge" ist nur der zweite Teil geblieben. Heermann nimmt ihm seine eigene Voraussetzung, läßt ihn aus dem eben von ihm Gesagten hervorgehen und schließt damit das Lied ab: „Erscheine mir mit Liecht vnd Frewd/ So werd ich für dir leben". Auch hier spricht Heermann wieder eine Gewißheit aus. Er hat diesen Satz aber auch – damit die Vorlage verdeutlichend – durch das eingeschobene „für dir" ausdrücklich auf das jenseitige Leben bezogen, auf ein Leben vor Gott, vor Gottes Thron. Dies Leben ist das eigentliche Ziel für den Christen.

Heermann führt viele seiner Lieder bis an diesen Punkt und rundet sie dadurch ab. Ob es sich nun um ein „Buß- vnd Sterbegesänglein" (FT 1, 320), um die Klage eines „zerknirschten Hertzens" (FT 1, 323), Bitten „vmb Besserung des Lebens" (FT 1, 325) oder „vmb newen Gehorsam" (FT 1, 327) handelt oder ob in einem „andächtigen BußGesänglein" mit Tauler „vmb Gnade gebeten" wird (FT 1, 326): Am Schluß steht der Gedanke an das Sterben und das ewige Leben. Heermann bittet um ein seliges Ende, um die Auferweckung des Leibes, aber vor allem spricht er immer wieder von der Freude, die den Christen vor Gottes Thron erwartet, wo er zusammen mit den Engeln Gott loben wird, von der „höchsten Frewde", der „ewigen Frewde", die durch keine Trübsal mehr unterbrochen werden kann, er bittet: „Hol endlich mich zu deiner Frewd, Die kein Betrübnis vberfelt" (FT 1, 321, 13). Das Leben auf Erden ist für Heermann nur Durchgang. Luthers fröhliche Bejahung des Diesseits fehlt bei ihm und vielen seiner Generation.

3. Johann Heermann und Martin Moller

Meist befindet sich Heermann mit diesen Schlußwendungen in Übereinstimmung mit seiner Vorlage, aber gerade solche Stellen erweitert er oft. Moller sagt z. B.:

> [12] HERR Jhesu Christe .../ Hilff das ich ... [13] ... trachten möge nach dem das droben ist/ da du/ HErr bist zur Rechten deines Vaters im Himel. (MSP I. I. III)

Er bittet also, Gott möge ihm helfen, hier auf Erden nach dem Reiche Gottes zu trachten, und er bezeichnet es, in einem Relativsatz, als den Ort, wo Christus zur Rechten seines Vaters ist. Heermann bittet zwar auch, Gott möge ihm helfen, stets nach dem Reiche Gottes zu trachten, aber er malt sich aus, wie es für einen Christen nach dem Tode in diesem Reich sein wird. Moller sagt vom Jenseits: „da du/ HErr bist", für ihn ist es durch die Gegenwart Christi bestimmt. Für Heermann ist das Jenseits der Ort, wo er einmal sein wird. Darin liegt eine deutliche Verschiebung. Bei Heermann ist die Distanz aufgehoben.

> Verleyh, daß ich aus aller Macht
> Die Welt mit jhrer Lust veracht
> Vnd trachte stets nach deinem Reich,
> Da ich werd seyn den Engeln gleich,
> Da man dein außererwehlte Kind
> In höchster Frewd beysammen find. (FT 1, 320, 13)

Nur „Vnd trachte stets nach deinem Reich" entspricht der Vorlage, das übrige stammt von Heermann. Doch dieser Satz hat eine andere Bedeutung als bei Moller. Er wird umschlossen von einer Absage an die Welt – das ist Herbergers „arge, falsche Welt" – und dem Gedanken an das jenseitige Reich mit seinen Freuden. Dort wird der Mensch als einer der zum Heil Erwählten „in höchster Frewd" leben, er wird „den Engeln gleich" sein.

Von der Freude, die bei der „Engelschaar" ist, spricht Heermann auch in seinem „andächtigen BußGesänglein, darinnen das sündliche Leben für Gott beklaget vnd vmb Gnade gebeten wird":

> ...
> Vergib die Sünd, heil meinen Schmertz,
> Hilff, daß ich mich stets vbe
> In dem, was dir
> Gefelt an mir,
> Vnd alles Böse meide,
> Biß ich hinfahr
> Zur Engelschaar,
> Da nichts denn lauter Frewde. (FT 1, 326, 11)

Das ist ein schlichtes Gebet um Vergebung der Sünden und um Vermeidung des Bösen; daraus spricht aber auch die Gewißheit, aufgenommen zu werden in Gottes Reich. Mollers Aussage ist demgegenüber sehr viel „theologischer"; der dort bittet, ist „von Ewigkeit erwehlet", ist prädestiniert zum Heil. Darin liegt mehr, als wenn Heermann von den „außerwehlten Kind" spricht (FT 1, 320, 13); das „von Ewigkeit" gibt den Worten ein anderes Gewicht. Moller sagt:

> [11] ... Ach HERR/ mein Gott/ weil du meiner mit der Straffe so lange verschonet hast/ so wircke nu/ vnd richte an in mir/ das jenige/ dazu du mich von Ewigkeit erwehlet hast/ AMEN. (MSP I. I. VIII)

Wieder also hat Heermann eine Bitte Mollers, in der nur in sehr allgemeinen Worten

144   *V. Kapitel: Der Einfluß der Erbauungsliteratur auf die Dichtung Johann Heermanns*

vom ewigen Heil die Rede ist, umgesetzt in eine solche, hinter der als Ziel das Jenseits steht, eine jenseitige Welt, von deren Freude in unerschütterlicher Gewißheit gesprochen wird. – Auch in den bereits zitierten letzten beiden Strophen des Liedes „Von der Liebe, die ein Christlich Hertz zu Jesu tregt vnd noch tragen wil" (FT 1, 340, 6. 7) malt Heermann die Freude aus, die den Christen im Jenseits erwartet. Es ist ein frei gestaltetes, farbiges Bild: Wenn der Christ „endlich" abgeschieden ist, wird er „mit Frewden" zu Jesus kommen, er wird sein Angesicht erblicken und die „schöne HimmelsKrone" tragen[175].

Elf von den 19 „Moller-Liedern", die am Anfang der „Devoti Musica Cordis" stehen, schließen mit dem Gedanken an den Tod oder einem Ausblick auf das Leben im Jenseits, dazu kommt in dieser Gruppe außerdem noch der Schluß des „Oster-Gesangs" (FT 1, 335), der des Liedes von Jesus Christus als dem „Purpurroten BlutWürmlein" (FT 1, 333) und des Liedes „Von Christi Thränen" (FT 1, 339). – Aber auch das eine der beiden nach Arndt gedichteten Abendmahlslieder mündet ein in diese Gedanken. Der Tisch des Herrn wird dort zur Allegorie der „Taffel" im Himmel.

> . . .
> Ach las mich meine Tag in Ruh
> Vnd Friede Christlich bringen zu,
>   Biß du mich, O du LebensFürst,
>   Zu dir in Himmel nehmen wirst,
>   Daß ich bey dir dort ewiglich
>   An deiner Taffel frewe mich. (FT 1, 338, 11. 12)

Hier wird diese Schlußwendung dadurch möglich, daß alles, was dem Christen begegnet, neben seinem vordergründigen auch einen allegorischen Sinn hat. Eine Reise wird zur Lebensreise, das Zur-Ruhe-Gehen am Abend gemahnt durch das Ablegen der Kleider an das Grab und das letzte Kleid, das fröhliche Erwachen am Morgen weist auf die Auferstehung, läßt aber auch wieder an das Ende des Tages und damit an den Tod denken. Dieser allegorische Sinn ist der eigentliche. Das Ziel des Christenlebens ist die jenseitige Welt, der Himmel ist das „Vaterland". – In einem andern Liede nach Johann Arndt, der „Dancksagung Nach dem Vngewitter", faßt Heermann Blitz und Donner als Abbilder des Geschehens am Ende der Zeiten. Aus dem Ungewitter, das vorübergezogen ist, wird Gottes Donnerschlag. Bei Arndt heißt es:

> . . . du wollest . . . vns deine Gnade geben/ daß wir deiner Allmächtigen Hülffe nicht vergessen/ sondern derselben zu wahrer Busse/ vnsers Lebens Besserung/ vnnd zur Erinnerung des Jüngsten Tages gebrauchen/ vnnd desselben mit frewden erwarten . . .[176]

Die Mahnung an den Jüngsten Tag dient Heermann als Stichwort, daraus entsteht seine Schlußstrophe:

> Wann du am jüngsten Tage,
> Der schon ist angestelt,
> Mit deinem Donnerschlage
> Anzünden wirst die Welt,
>   So streck auß deine Hand
>   Vnd zeuch vns, die wir gleuben
>   An dich vnd trew verbleiben,
>   Hinauff ins Vaterland. (FT 1, 344, 7)[177]

3. Johann Heermann und Martin Moller

Arndt dankt für die Bewahrung vor dem Gewitter, er bittet, Gott möge dem Menschen helfen, bei seinem Tun – im neugewonnenen Alltag – an den Jüngsten Tag zu denken, und er schließt noch ein sehr allgemein gehaltenes Gotteslob an. Heermann geht dagegen mit seiner Schlußwendung zurück auf das Thema des Liedes, das Gewitter, und überhöht es durch die Allegorie.

Tod und Ewigkeit stehen am Ende dieser Lieder. Die demütige Haltung, in der Heermann Jesus gegenübersteht, die schlichten Worte, mit denen er seine Ewigkeitssehnsucht ausspricht, erinnern in manchem schon an Tersteegen. Die letzte Strophe von Heermanns mehrfach erwähnter „Klage" lautet:

> Eil nicht so fort, du wahres Liecht,
> Hier ist, der auff dich hoffet;
> Steh still, dein Augen zu mir richt,
> Hilff dem, der kläglich ruffet.
> Mit deiner Hand mich zu dir leit,
> Daß ich das Liecht der Ewigkeit
> In deinem Liecht anschawe. (FT 1, 232, 12)[178]

An den bisher herangezogenen Versen zeigt sich, daß Heermann stärker als Moller die Glaubensgewißheit, das Vertrauen auf Christi Verdienst betont. Er verachtet die Welt mit ihrer Lust und richtet statt dessen den Blick auf die Ewigkeit und das Jenseits. Deshalb warnt er immer wieder vor Sicherheit, er erinnert daran, daß der Tod jeden Augenblick kommen kann. – Zuweilen formuliert Heermann diesen Gedanken in Übereinstimmung mit seiner Vorlage kurz und einprägsam. Es klingt wie christliche Spruchweisheit, wenn er sagt:

> Daß du must sterben, ist dir kund;
> Verborgen ist des Todes Stund. (FT 1, 318, 5)[179]

Viel häufiger aber erweitert er seine Vorlage gerade an solchen Stellen. Das zeigt, wie ernst es ihm mit seiner Sorge um die Seligkeit des Menschen ist. Nur sie ist ihm wichtig.

Das Lied „WAch auff, O Mensch, O Mensch, wach auff Vom tieffen Schlaff der Sicherheit" (FT 1, 321) ist mit allen Strophen ein „WarnungsGesang, Darinnen dir aus S. Bernhardo die schreckliche vnd vnerträgliche Hellen-Qual zu gemüthe geführet wird." Mit dem „dir" wendet sich Heermann unmittelbar an den einzelnen Christen, Moller redet dagegen vom Menschen in der 3. Person, seine „Vermanunge" ist darauf gerichtet, „das sich ein Mensch für der schrecklichen Hellen pein hüten/ vnd nach der ewigen Seligkeit trachten solle." (MSP I. I. IIII) Heermann spricht vom Höllenfeuer, von „Dampff vnd Stanck ... ins Teuffels Höll", von „Pech vnd Schwefel", er beschreibt „Ach vnd Weh", „Angst vnd Qual" der Verdammten und immer wieder den Jammer, der in der Hölle sein wird. Dieser Jammer hat das gleiche Gewicht wie die Freude im Himmel. – Bemerkenswert ist vor allem der Anfang des Liedes. Moller hatte seine Meditation unter das Wort Matth. 25, 46 gestellt: „Die Gottlosen werden in die ewige Pein gehen/ Aber die Gerechten in das ewige Leben." Damit gibt er das Thema der Meditation an. Heermann hat diesen Spruch umgeformt zu einer Strophe von acht Versen, in denen er vor Sicherheit warnt. Er spricht hier nicht – wie Moller – von Gottlosen und Gerechten, **für ihn ist der Mensch ein Sünder**, er ist der Genosse der Gottlosen, der vor der ewigen Pein gerettet werden muß:

146 V. Kapitel: Der Einfluß der Erbauungsliteratur auf die Dichtung Johann Heermanns

> WAch auff, O Mensch, O Mensch, wach auff
> Vom tieffen Schlaff der Sicherheit.
> Las fahren den Gottlosen Hauff,
> Dem Gott die Straff hat schon bereit.
>   Jetzt lebt er zwar in Frewd vnd Glück,
>   Hat keinen Schad vnd Schmertz vmb sich;
> Bald aber werden seine Tück
> Mit Fewr gequelet ewiglich. (FT 1, 321, 1)

Der Einsatz der Strophe, die Epanodos „WAch auff, O Mensch, O Mensch, wach auff", wirkt wie ein Fanal. Heermann stellt dem „Jetzt" im Leben des Gottlosen, wo es „Frewd vnd Glück" gibt, das „Bald" in der Hölle gegenüber. Er will mit seinen Versen Furcht einflößen. Wenn Moller dagegen die Schrecken der Hölle schildert, so ist durch die von ihm gewählte Überschrift schon von Anfang an klar, daß der Mensch zwischen ewiger Pein und ewiger Freude wählen kann[180].

Auch sonst macht Heermann aus einem Satz bei Moller eine ganze Strophe, in der er seine Warnung vor Sicherheit ausspricht. Einmal sagt Moller, Gott verheiße allen Sündern Gnade und Leben: „... Nicht darumb/ das sie nun sollen sicher werden/ vnd auff solche Gnade ferner sündigen" (MSP I. I. I). Nur der erste Vers der von Heermann danach gedichteten Strophe entspricht der Vorlage, das übrige ist daraus weiterentwickelt. Heermann denkt sich hinein in die Gedanken des Sünders, wenn er sagt:

> Doch hüte dich für Sicherheit,
> Denck nicht: zur Buß ist noch wol zeit,
> Ich wil erst frölich seyn auff Erd;
> Wann ich des Lebens müde werd,
>   Alsdann wil ich bekehren mich,
> Gott wird wol mein erbarmen sich. (FT 1, 318, 3)

Das ist das „Lebensgefühl" eines Menschen, der in den Tag hineinlebt. Seine Fröhlichkeit ist trügerisch, wie es „Frewd vnd Glück" des Gottlosen sind, denn wirkliche Freude kann es nur vor Gottes Thron geben.

Mollers Satz, daß der Mensch, der „nichts gewissers" habe als den Tod, „dennoch nichts vngewissers" habe „als die Stunde seines Todes", wurde hier schon zitiert. Im Anschluß daran heißt es:

> Sihe/ HERR/ wie groß ist das Elendt der Menschen/ darinne ich schwebe/ noch fürchte ich mich nicht/ Wie schwer ist die Noth/ die ich leyde/ noch trawre ich nicht/ vnd schreye nicht zu dir. (MSP I. I. V)

Heermann macht daraus:

> Die Welt die setzt mir zu durch List/
>   Darinn ich täglich schwebe.
> Doch fürcht ich mich zu keiner frist:
>   Nach jrrdischem ich strebe.
> Die Noth ist schwer/ noch trawr ich nicht:
> Die Angst mir offt das Hertze bricht:
>   Zu dir ich doch nicht ruffe. (Wa 5, 12)

Auch hier hat Heermann Mollers Parallelismus („wie groß ist das Elendt.../ noch fürchte ich mich nicht/ Wie schwer ist die Noth.../ noch trawre ich nicht") beseitigt; er gibt einzelne kurze Sätze und schiebt neue ein: „Nach jrrdischem ich strebe" und:

„Die Angst mir offt das Hertze bricht". In dem zweimaligen „doch" liegt etwas vom Trotz des Menschen gegen Gott, von seiner Verblendung: „Doch fürcht ich mich zu keiner frist", „Zu dir ich doch nicht ruffe", während Moller nur von einem „noch ... nicht" spricht. Für „schreyen" sagt Heermann „ruffen" und hat dadurch im folgenden Vers die Möglichkeit, seinen Ausdruck in einer Variation zu verdoppeln. Moller fährt dann fort: „So wil ich nun schreyen zu dir HERR/ ehe denn ich vergehe." Dem entspricht bei Heermann der Vers: „Ich ruff/ ich schreye noch zu dir". Im übrigen aber nimmt er die Warnung noch einmal auf, die er schon ausgesprochen hatte. Was vorher noch eine einfache Feststellung sein konnte: daß niemand die Todesstunde wissen könne[181], das bricht nun als Klage über die Sicherheit, als Bitte um Gnade aus ihm heraus, das umschließt den einen aus der Vorlage stammenden Vers:

> O weh der grossen Sicherheit/
>   Die mich so hart betroffen.
> Es ist/ O GOtt mir hertzlich leid:
>   Auff Gnade wil ich hoffen.
> Ich ruff/ ich schreye noch zu dir:
> Mach auff/ mach auff die GnadenThür:
>   Mit Gnaden mich erquicke. (Wa 5, 13)

Hier ist der Schrei, den Moller nur ankündigt: „Mach auff/ mach auff die GnadenThür: Mit Gnaden mich erquicke." Heermann nimmt das „ruffen" noch einmal auf, er variiert es („Ich ruff/ ich schreye"), und er verstärkt die Kraft des Schreies durch die Anapher: „Mach auff/ mach auff". – Heermann klagt in diesen Versen über Sicherheit, und er bittet zugleich um die Gnade Gottes. Das kommt aus dem Geist der Reformation. Doch Heermann bittet, Gott möge ihn „mit Gnaden" e r q u i c k e n. Fragt man, worin diese Erquickung durch die Gnade besteht, so wird man auf die schon zitierten Verse aus der Schlußstrophe des Liedes geführt:

> Du LebensBrunn/ gib LebensSafft/
> Mein Hertz las nicht erkalten.[182]

Die Gnade Gottes und das als Lebenselixier verstandene Blut Christi sind bei Heermann eng miteinander verbunden. Diese Spannung ist konstituierend für den F r ü h p i e t i s m u s, wie er in Heermanns geistlicher Lyrik zum erstenmal in Erscheinung tritt. Heermann steht mit seiner Dichtung zwischen lutherischer und mystisch-pietistischer Frömmigkeit.

c) Die Umformung und Weiterführung einzelner Motive

Gerade an diesen eben zitierten Versen zeigt sich, daß Heermann auch in die theologische Substanz seiner Vorlagen eingreift. Es geschieht zwar aus deren Geist, Heermann wiederholt, was an anderer Stelle auch bei Moller steht, aber er verwendet diese Motive doch selbständig, es ist damit mehr erreicht als nur eine Steigerung der Intensität des Ausdrucks oder eine Verdeutlichung. An einzelnen Stellen geht Heermann über seine Vorlage hinaus und überformt die von Moller übernommenen Gebete mit seiner eigenen „Theologie", die von der „Herztheologie" Valerius Herbergers geprägt ist. Das Blut Christi und seine Wunden stehen im Zentrum dieser Theologie. Besonders aufschlußreich dafür, wie Heermann sich mit seiner Vorlage auseinandersetzt, ist das „Trostgesänglein, Darinnen ein betrübtes Hertz alle seine Sünden mit wahrem Glauben auff Christum leget" (FT 1, 322). – Heermann hat mit diesem Lied ein „Ich"-Lied geschrieben. Doch darf dies nicht so verstanden werden, als gäbe es hier schon Ansätze zu einem Subjektivismus. Jedes „Ich" kann ein solches Lied singen, denn alle sind in gleichem Maße Sünder[183].

M o l l e r geht mit seinem Text auf eine Vorlage aus Tauler-Surius zurück[184]. Der Betende will vor den Sünden fliehen. Jesus Christus und seine Wunden sind das Ziel dieser Flucht, der Mensch wird wieder aufgerichtet durch den Trost, den er aus dem Leiden Christi, seiner Güte und seiner „grossen vnmessigen Barmhertzigkeit" erfährt. – H e e r m a n n spricht von der Bedrückung durch die Sünde, von der Not der Sünde und dem Vertrauen auf die Erlösung durch das Blut Christi. Durch Zusätze, durch eine Verschiebung der Schwerpunkte, durch eine gewisse Selbständigkeit gegenüber der Vorlage, die sich in der Verschränkung, Verdoppelung und Vorwegnahme einzelner Motive zeigt, ist es zu einem Lied vom Blute Christi und von der Wunderwirkung des Blutes geworden[185].

Mollers Meditation ist in sich geschlossen, sie ist ausgewogen. Er bildet lange Sätze; mit der lateinischen Vorlage spricht er seine Gedanken in beinahe umständlicher Breite aus. Er gibt z. B. einen ausführlichen Sündenkatalog:

> [3] Darumb neme ich nu alle meine Sünden/ alle meine Vndanckbarkeit vnd fleischliche Lüsten/ allen meinen Zorn vnd Vngehorsam/ Alle leichtfertigkeit vnd Boßheit/ alle meine Vnbußfertigkeit vnd böse Begierden/ vnd werffe sie/ HERR Jesu/ in den tieffen Abgrundt deiner Göttlichen Gnade vñ Barmhertzigkeit/ Ja/ ich werffe sie in deine aller heyligeste vnd Blutrünstige Wunden/ die du dir vmb meiner Seligkeit willen hast schlagen lassen.

Der ruhige Fluß der Mollerschen Sätze ist bei Heermann verschwunden. Seine Sätze sind kurz, fast jeder Vers umfaßt auch eine Sinneinheit. Enjambement kommt in diesem Lied in elf Strophen zu je sechs Versen dreizehnmal vor. – Nach der eben zitierten Prosa hat Heermann die folgende Strophe gedichtet:

> Ich, dein betrübtes Kind,
> Werff alle meine Sünd,
> So viel jhr in mir stecken
> Vnd mich so hefftig schrecken,
> In deine tieffe Wunden,
> Da ich stets Heyl gefunden. (FT 1, 322, 3)

Das klingt einfacher, „naiver", aber auch lebendiger als in der Vorlage. Heermann spricht zwar, mit Moller, von allen Sünden, doch zählt er sie nicht einzeln auf, hat aber eine Formulierung gefunden, die wirklich alle in sich schließt: „So viel jhr in mir stecken"[186]. Bei Moller überliefert sich der Sünder der Gnade und Barmherzigkeit Jesu, er wirft seine Sünden in den „tieffen Abgrundt" seiner „Göttlichen Gnade vñ Barmhertzigkeit", und erst dann heißt es, bekräftigend und steigernd zugleich: „Ja/ ich werffe sie in deine aller heyligeste vnd Blutrünstige Wunden". Heermann konzentriert seine Strophe ganz auf diesen Satz; daran zeigt sich, was für ihn wichtig ist. Bei ihm lautet er: „Ich ... Werff alle meine Sünd ... In deine tieffe Wunden". 1644 heißt es sogar: „Ich werffe meine Sünd ... In deine tieffe Wunden", wobei es Heermann mit dieser Umstellung allerdings nicht um eine Annäherung an die

3. Johann Heermann und Martin Moller

Vorlage, sondern um die Rechtfertigung der Apokope in „Sünd" geht. Das übrige dient der Unterstreichung dieses Satzes. Heermann nennt sich Jesu „betrübtes Kind", er fügt eine verallgemeinernde Formel hinzu: „So viel jhr in mir stecken", einen deutenden Nebensatz: „Vnd mich so hefftig schrecken" und einen Relativsatz, der eine nähere Bestimmung bringt: „Da ich stets Heyl gefunden." Heermann hat also gegenüber seiner Vorlage sehr stark vereinfacht, hat aber das Übernommene wieder vertieft und gedeutet. Der Vers zwingt ihn, auf die beiden Adjektive zu verzichten, die bei Moller die Wunden charakterisieren: „aller heyligeste" und „Blutrünstige". Sie lassen sich nicht in den Rhythmus seiner Strophe einfügen, obwohl gerade das Wort blutrünstig seiner sinnlichen Auffassung von den Wunden Jesu entsprechen würde. Dieser Verzicht scheint aber noch einen andern Grund zu haben. Heermann spricht auch sonst von den „tieffen Wunden" Jesu, wo bei Moller von „heyligen Wunden" die Rede ist[187].

Moller stellt die Meditation unter das Wort 1. Joh. 1, 7: „Das Blut Jesu Christi des Sohns Gottes/ machet vns rein von aller Sünde." Dieses „rein machen" wird von Heermann auch hier wieder als konkreter Vorgang verstanden. Den Spruch selbst hat er nicht in Verse gebracht, aber der Gedanke zieht sich durch das ganze Lied. Im Anschluß an die kurz vorher zitierte Textstelle, auf der Heermanns 3. Strophe beruht, fährt Moller in seinem Satz fort:

> [4] Vnd bitte dich mein GOTT/ du wollest mich durch dein thewres vnschüldiges Blut/ von aller meiner Vngerechtigkeit also reinigen vnd waschen/ das du jhr nimmermehr gedenckest.

„Waschen" kann hier als Synonym für „reinigen" aufgefaßt werden. Moller will mit seiner Bitte Vergebung der Sünden erflehen. Heermann spricht dagegen vom A b w a s c h e n der Sünde. Das Blut schwemmt die Sünde hinweg, es ist eine „schöne rothe Flut".

>   Durch dein vnschuldig Blut,
>   Die schöne rothe Flut,
>   Wasch ab all meine Sünde,
>   Mit Trost mein Hertz verbinde
>   Vnd jhr nicht mehr gedencke,
>   Ins Meer sie tieff versencke.

Das weist schon auf die Sprache, auf die Vorstellungen des Pietismus. Aber Heermann verbindet damit die Nüchternheit und Strenge der Bibel. „Ungerechtigkeit" nennt er in den oben angeführten Versen – deutlich und unmißverständlich – „Sünde". Das Bild, dessen er sich am Ende der Strophe bedient, stammt von dem Propheten Micha. Was dort Prophezeiung ist („Er wird ... alle unsere Sünden in die Tiefen des Meeres werfen"), verwandelt Heermann in eine Bitte („Ins Meer sie tieff versencke")[188]. Immer wieder zeigt sich also, daß Heermanns Dichtung aus der Spannung zwischen biblisch-prophetischer und mystischer Frömmigkeit lebt. Auch hier vereinfacht Heermann übrigens gegenüber seiner Vorlage, er beschränkt sich auf weniges und variiert es dann. Der 1., 3. und 5. Vers folgen Mollers Text („Durch dein vnschuldig Blut ... Wasch ab all meine Sünde ... Vnd jhr nicht mehr gedencke ..."), aber „thewres" fehlt, „reinigen" fehlt, aus dem abhängigen Satz („du wollest ...") ist ein Hauptsatz geworden, und das „also .../ das" ist durch eine Verbindung mit „Vnd" ersetzt, auch hier also Parataxe statt Hypotaxe. Dafür hat Heermann drei Verse eingefügt, die das aus der Vorlage Übernommene variieren und verdoppeln.

Moller beginnt die eigentliche Meditation mit einer rhetorischen Frage: „WO sol ich nun fliehen hin ...? Ohn zu dir ...?" Heermann macht daraus eine wirkliche Frage, die er in ihrer Eindringlichkeit noch dadurch steigert, daß er sie verdoppelt: „WO sol ich fliehen hin...? Wo kan ich Rettung finden?" Er fügt hinzu:

> Wann alle Welt herkeme,
> Mein Angst sie nicht wegnehme.

Darin liegt etwas von der Ausweglosigkeit, von der Verzweiflung, in der sich der Sünder befindet. Moller hatte sogleich mit einem verkürzten Nebensatz geantwortet und die Frage dadurch zur rhetorischen gemacht: „Ohn zu dir/ du süsser HERR Jesu Christe/ voller Gnade vnd voller Güte?" Heermann antwortet mit einem Bekenntnis:

> O JESV voller Gnad,
> Auff dein Gebot vnd Rath
> Kömpt mein betrübt Gemüthe
> Zu deiner grossen Güte.[189]

Zu der Gewißheit, daß die Welt den Menschen nicht von seiner Angst befreien kann, daß es nichts hilft, „wann alle Welt herkeme", gehört bei Heermann die Antwort des Menschen, daß er zu Jesus kommt. – Heermann umschreibt dies; für „Ich" sagt er „mein Gemüthe" und objektiviert dadurch seine Aussage. Er nimmt damit aber auch etwas vorweg, was Moller später, in dem sonst erst zu Heermanns 5. Strophe gehörenden Absatz der Vorlage, sagt: „... ich komme ja zu dir mit rechtem Gemüte". (Natürlich ließe sich denken, daß er den Text nach einem Reimwort durchflogen hätte und dabei auf „Gemüte" gestoßen wäre.) Auch von Jesus redet Heermann mit einer seiner Eigenschaften, seiner „grossen Güte". – Aus Heermanns „Antwort" spricht das Vertrauen auf Christus, die Erlösungsgewißheit, doch gleichzeitig der Gehorsam gegen Jesus. Er „kömpt" auf dessen „Gebot vnd Rath" zu ihm.

Nur nebenbei kann darauf hingewiesen werden, daß Moller bei seiner Übersetzung wiederum kleine Veränderungen vornimmt. So heißt es an der entsprechenden Stelle im lateinischen Text: „Ad quem ... refugiam, quam ad te misericordia plenum?" Für „misericordia plenum" setzt Moller die alliterierende Zwillingsformel „voller Gnade vnd voller Güte". „Güte" klingt zwar unverbindlicher, scheint allgemeiner als „misericordia", ist jedenfalls weniger vom Gefühl bestimmt, als es „Mitleid" oder „Erbarmen" wären, „Gnade" aber bringt gegenüber der Vorlage etwas Neues. – Heermann zerlegt die Formel wieder, nur „Gnade" bleibt Apposition („O JESV voller Gnad"), Güte wird Objekt des Satzes, auch die Anapher „voller" ist beseitigt, denn Heermann spricht von „grosser Güte". Die einzelnen Teile der von Moller eingeführten Formel werden von Heermann also durch diese Aufspaltung wieder individualisiert.

Von entscheidender Bedeutung ist aber, was Heermann als eigene Bitte an sein Bekenntnis anschließt:

> Las du auff mein Gewissen
> Ein GnadenTröpfflein fliessen.

3. Johann Heermann und Martin Moller

Der Sünder bittet, Jesus möge ein Blutströpflein herabfließen lassen, er weiß, daß ihn und alle Welt ein Tröpflein reinwaschen kann von aller Sünde. Deswegen wird Jesus, der voller Gnade ist, angerufen, seine Güte wird angesprochen. Das Blutströpflein ist Ausdruck der Gnade, ein Geschenk der Gnade, es wird zum „GnadenTröpfflein". In dieser Verbindung von Gnade und Blut liegt eine ungeheure Spannung, hier sind mystische und prophetische Frömmigkeit, Theologie der Gnade und Verehrung des Blutes, miteinander verbunden. Stärker noch als in der Bitte, in der Gottes Gnade erfleht und dann um „LebensSafft" gebeten wird, zeigt sich hier der Frühpietismus, in dem Luthertum und Mystik vereint sind[190].

Fünfmal steht in Mollers Meditation das Wort „Blut", davon einmal in übertragenem Sinne, wenn er sagt, Jesus habe „Fleisch vnd Blut" des Menschen an sich genommen und sei sein „Bruder" geworden[191]. Heermann spricht hier vom Vertrauen auf Christus und vom Tode Christi für den Menschen:

> Darumb allein auff dich,
> HERR Christ, verlas ich mich.
> Jetzt kan ich nicht verderben,
> Dein Reich mus ich ererben;
> Dann du hast mirs erworben.
> Da du für mich gestorben. (Str. 10)

Das Wort „Blut" wird also nicht übernommen, ist auch nicht zum Ausgangspunkt für eine eigene Betrachtung geworden. Ebenso fehlt die Vorstellung von Jesus als dem Bruder[192].

Der Grund dafür, daß Heermann hier eine gewisse Unabhängigkeit gegenüber seiner Vorlage zeigt, liegt darin, daß diese Strophe – es ist die vorletzte des Liedes – schon zu seinem abschließenden Gebet gehört. Heermann rundet damit das Lied noch einmal, wie er es auch sonst tut: Er spricht von seiner Glaubensgewißheit und schließt mit dem Blick auf die Ewigkeit, auf das Leben bei Gott. Der Gedanke an die Ewigkeit findet sich zwar auch in Mollers Text, aber dort ist er nicht der ausschließliche und beherrschende. Um die Geschlossenheit seines Gebetes verstärken zu können, hat Heermann sogar eine Umstellung innerhalb der Vorlage vollzogen. Den mittleren von Mollers letzten drei Absätzen nimmt er aus seinem Zusammenhang heraus. Auf ihm beruht seine 9. Strophe. Moller faßt im Anschluß an diesen (von Heermann vorgezogenen) Absatz noch einmal zusammen, was dort steht, seine Meditation klingt mit einer Wiederholung aus.

[11] Dasselbige dein heyliges/ krefftiges Blut/ laß auch an mir krefftig sein HERR Jesu/ auff das ich mit allen erlöseten dich preysen möge in Ewigkeit/ Amen.

Heermann läßt aus, was nicht zu seinem Schlußgebet paßt, er spricht jetzt nicht mehr von der erlösenden Kraft des Blutes, er nimmt nur auf, was für Moller erst Schlußfolgerung, Inhalt eines Finalsatzes ist: „auff das ich ... dich preysen möge in Ewigkeit". Heermann richtet die Strophe ganz darauf aus. Nichts soll ihn von Jesus trennen, hier auf Erden und dort im Jenseits.

> Führ auch mein Hertz vnd Sinn
> Durch deinen Geist dahin,
> Daß ich mög alles meiden,
> Was mich vnd dich kan scheiden,

> Vnd ich an deinem Leibe
> Ein Gliedmaß ewig bleibe. –

Noch eine weitere Stelle, wo Moller vom Blute Christi spricht, hat Heermann ausgelassen. In einem langen Absatz, der vor der eben erwähnten Schlußpartie steht, spricht Moller davon, daß Jesus den Menschen wieder zum Ebenbild Gottes gemacht habe. Er redet Jesus an, und er meint dieses Bild Gottes, wenn er sagt:

> ... welches/ ob es wol durch die vbertrettung vnser erstē Eltern/ verdorben vñ verblichen ist/ hast du es doch wider ernewert/ durch das Bad der Widergeburth/ in krafft deines heyligen Blutes/ dadurch wir auch der Göttlichen Natur theylhafftig worden/ vnd von dem Himlischen Vater angenomēn sind ...

Wenn es bei Moller heißt, daß Jesus „in krafft" seines „heyligen Blutes" das Bild „wider ernewert" habe, so wird damit im Grunde nur die Tatsache der Erlösung umschrieben. Auch das „Bad der Widergeburth" ist biblisch[193]. Heermann unterdrückt also keine mystischen Wendungen.

Von den fünf Stellen, an denen Moller das Blut Christi nennt, übernimmt Heermann demnach nur zwei, eine für die 4. Strophe, wo er vom Blut – damit schon über seine Vorlage hinausgehend – als der „schönen rothen Flut" spricht, und die andere für die 9. Aber seine Worte dort bekommen dadurch ein anderes Gewicht, daß er in drei aufeinanderfolgenden Strophen, der 6., 7. und 8., Aussagen über das Blut Jesu und die Kraft des Blutes hinzufügt. In Heermanns Lied drängt alles hin auf die 9. Strophe – mit dem Vorklang in der 2., in der er vom „GnadenTröpfflein" spricht, und den Zusätzen in der 6., 7. und 8. Dadurch wird das Blut wirklich zum eigentlichen Thema des Liedes.

Moller bekennt in seiner Meditation: „das aller heyligste Verdienst deines Leydens/ richtet wider auff", er spricht von Jesu „aller heyligste(r) Menschwerdung vnd Leyden" und seiner „grossen vnmessigen Barmherzigkeit".

> [6] Du bist meine feste Hoffnunge/ mein einiger Trost/ meine einige Zuflucht/ wenn mich gleich meine Sünden sehr betrüben/ vnd hefftig darnider werffen/ so erfrewet mich doch viel mehr deine vnmessige Güte/ vnd das aller heyligste Verdienst deines Leydens/ richtet wider auff.
> [7] Ja/ HERR/ mein Heyland/ alles was ich gesündigt habe/ das hastu mit deinem bittern Tode gebüsset. Vnd alles was mir mangelt/ das hastu mir durch deine aller heyligste Menschwerdung vnd Leyden/ vberflüssig erworben.
> [8] Vnd ob wol meine Sünden groß vnd vnzehlich sind/ so müssen sie doch geringe sein/ wenn sie gegen deiner grossen vnmessigen Barmhertzigkeit gehalten werden.

Heermann konkretisiert und versinnlicht die Abstrakta. Das Leiden Jesu führt ihn auf das Blut. Ausdruck der Barmherzigkeit ist der Opfertod Christi am Kreuz, und auch da sieht Heermann wieder nur das Blut, den aus seinen Wunden blutenden Jesus. Er spricht vom Auffangen, dem „Aufffassen" des Blutes, das auch hier wieder zur „materia coelestis" wird, zu etwas, das er dem „Heer des Satans" gleichsam wie einen Talisman entgegenhalten kann. Was dazwischensteht – daß Jesus mit seinem Blute alles erworben habe, was dem Menschen an seiner Seligkeit fehlt –, klingt zwar an und für sich gut reformatorisch, kann aber nicht isoliert, sondern nur im Zusammenhang mit den beiden andern Strophen gesehen werden.

3. Johann Heermann und Martin Moller

    Ist meine Boßheit gros,
    So werd ich jhr doch los,
    Wann ich dein Blut aufffasse
    Vnd mich darauff verlasse.
     Wer sich zu dir nur findet,
    All Angst jhm bald verschwindet.

     Mir mangelt zwar sehr viel;
    Doch was ich haben wil,
    Ist alles mir zu gute
    Erlangt mit deinem Blute,
     Damit ich vberwinde
    Tod, Teuffel, Hell vnd Sünde.

     Vnd wann des Satans Heer
    Mir gantz entgegen wer,
    Darff ich doch nicht verzagen,
    Mit dir kan ich sie schlagen.
     Dein Blut darff ich nur zeigen,
    So mus jhr Trutz bald schweigen.

In drei Stufen nähert sich Heermann also dem, was er in der 9. Strophe sagen will. In der 6. und 8. schließt er wieder, wie vorher in der 1. und 2., mit „christlichen Sentenzen": „Wer sich zu dir nur findet, All Angst jhm bald verschwindet" und „Dein Blut darff ich nur zeigen, So mus jhr Trutz bald schweigen." Die 9. Strophe geht unmittelbar aus diesen Versen hervor. Heermann nimmt die Worte „Dein Blut" wieder auf und bekennt:

    Dein Blut, der edle Safft,
    Hat solche Sterck vnd Krafft,
    Daß auch ein Tröpfflein kleine
    Die gantze Welt kan reine,
     Ja gar aus Teuffels Rachen
    Frey, los vnd selig machen.

Auch damit hat Heermann wieder nur ausgewählt aus der Vorlage, er hat verstärkt, was ihm wichtig ist. Moller hatte gesagt:

[9] Ja/ ich hoffe vnd trawe/ du werdest mich mit nichte verdammen/ weil du mich mit so grosser Angst erlöset/ vnd so thewer erkaufft hast/ Das du auch dein heiligs Blut/ zur vergebung meiner Sünden vergossen hast/ welches so thewer vñ krefftig ist/ das auch nur einiges Tröpfflin die gantze Welt selig machen kan.

Mollers Übersetzung ist frei, seine lateinische Vorlage reicht überdies nur bis zur Entsprechung des „erkaufft hast". Was dann folgt, hat er hinzugesetzt[194]. Wenn er von der Kraft des Blutes spricht, davon, daß es „so thewer vñ krefftig" sei, „das auch nur ein einiges Tröpfflin die gantze Welt selig machen" könne, dann hört sich das beinahe wie eine Aussage über die Qualität dieses Blutes an, so sehr ist die Vorstellung hier materialisiert. – Aus dem Satz „Das du auch dein heiligs Blut/ zur vergebung meiner Sünden vergossen hast" zieht Heermann das Wort „Blut" in den folgenden Relativsatz, den er zum Hauptsatz macht. Er spricht nicht vom h e i l i g e n Blut, wie er nicht von heiligen Wunden gesprochen hatte, denn darin läge eine Distanzierung, und er verzichtet auf die Formel „zur vergebung meiner Sünden vergossen", die den Einsetzungsworten Christi bei der Stiftung des Abendmahls entspricht und die auch Luther, in Übereinstimmung mit den Evangelien, in seinem

154   V. Kapitel: Der Einfluß der Erbauungsliteratur auf die Dichtung Johann Heermanns

Kleinen Katechismus wiederholt („Für euch gegeben und vergossen zur Vergebung der Sünden"). Während diese Worte, die dem biblisch-lutherischen Bereich angehören, bei Heermann fehlen, gestaltet er anderes aus und hebt es dadurch hervor. Er nennt das Blut einen „edlen Safft". Es ist für ihn eine Essenz, eine himmlische Substanz. Mit Moller spricht er davon, daß schon ein einziges Tröpflein („ein Tröpfflein kleine") von Jesu Blut die ganze Welt selig machen könne. Auch in seinem Abendmahlslied (FT 1,337) hatte Heermann – damit über Arndt hinausgehend – gebeten, Jesus möge ein Blutströpflein herabfließen lassen, um die Befleckung des Gewissens durch die Sünde abzuwaschen, damit das Herz mit Glauben „gezieret" werde und vor Gott bestehen könne[195]. – Das ist nicht reformatorisch, sondern kommt aus der Mystik Bernhards von Clairvaux und seines Kreises. In der alten Kirche ist es sogar als Glaubenslehre definiert worden., In der Jubiläumsbulle „Unigenitus Dei Filius" über den Schatz der Kirche („Thesaurus meritorum Christi"), die Papst Clemens VI. am 25. Januar 1343 erlassen hatte, heißt es, Jesus habe die Menschheit nicht mit Gold und Silber losgekauft, sondern mit seinem Blute,

> quem in ara crucis innocens immolatus non guttam sanguinis modicam, quae tamen propter unionem ad Verbum pro redemptione totius humani generis suffecisset, sed copiose velut quoddam profluvium noscitur effudisse ita, ut a planta pedis usque ad verticem capitis nulla sanitas inveniretur in ipso.[196]

Hier wird also gesagt, Jesus habe nicht nur einen Tropfen („non guttam modicam"), sondern Ströme von Blut vergossen („copiose velut quoddam profluvium" – „im Übermaß gleichsam Ströme", nach der Übersetzung bei Neuner-Roos), und es wird eingeschoben, daß dennoch ein Tropfen zur Erlösung des ganzen Menschengeschlechts genügt hätte. – Moller und mit ihm Heermann stehen in der Tradition dieser katholischen Frömmigkeit. Heermann hatte sie bei seinem Lehrer Valerius Herberger kennengelernt. Dieser spricht mit Bernhard von der „minima guttula sanguinis Christi"[197], Heermann bittet um ein „Tröpfflein kleine", ein „BlutsTröpfflein", ein „GnadenTröpfflein".

Nachdem Heermann sein Lied bis an diesen Punkt geführt hat, fügt er sein Schlußgebet an, das ganz von dem Vertrauen auf Christus und der Hoffnung auf ein seliges Ende getragen ist[198]. Hier spricht er nicht mehr vom Blute Christi, und doch ist dieser Schluß nicht künstlich angehängt, es gibt hier keinen Bruch, vielmehr zeigt auch der Aufbau des ganzen Liedes erneut etwas von der Spannung, unter der Heermanns Dichtung steht.

VI. Kapitel

Aufbau, Sprache und Metrik der „Devoti Musica Cordis"

Dies Kapitel knüpft noch einmal an einzelne Gedanken des IV. an. Dort wurde gesagt, die „Devoti Musica Cordis" sei – anders als die bisherigen Sammlungen geistlicher Dichtung – ein Andachts- und Erbauungsbuch. Der erste Abschnitt bringt – in einer einfachen Bestandsaufnahme – eine Übersicht über die Struktur des Werks. Der zweite möchte zeigen, wie die Sprache eines Dichters aussieht, der auf „der Worte Zierd vnd Kunst" verzichtet, der aber gleichzeitig die Forderungen nach Sprachrichtigkeit zu erfüllen sucht. Die verschiedenen Fassungen der „Devoti Musica Cordis" und die Bearbeitungen einzelner Lieder lassen eine solche Untersuchung sinnvoll erscheinen. Die Ergebnisse gelten allerdings nicht nur für die geistliche Lyrik, betreffen aber Punkte, die bei der Betrachtung weltlicher Lyrik im allgemeinen vernachlässigt werden, weil dort Interessanteres – „der Worte Zierd vnd Kunst" – zu beobachten ist. Ein Abschnitt über Heermanns Daktylen zeigt noch einmal, mit welchen Schwierigkeiten er sich auseinanderzusetzen hat, er zeigt aber auch, wie bei ihm ein guter deutscher Vers aussieht.

1. Der Aufbau der „Devoti Musica Cordis"

Als Johann Heermann 1630 seine „Devoti Musica Cordis" erscheinen läßt, gibt er ihr den Untertitel: „Allerley geistliche Lieder/ aus den H. Kirchenlehrern vnd selbst eigner Andacht/ Auff bekandte/ vnd in vnsern Kirchen vbliche Weisen verfasset". Durch ihre Melodien stehen die Lieder in der Tradition des Lutherliedes; mit dem Hinweis, daß sie „aus den H[eiligen] Kirchenlehrern vnd selbst eigner Andacht" stammen, will Heermann sagen, daß in ihnen die neue, verinnerlichte Frömmigkeit einen Ausdruck gefunden hat. Die Sammlung selbst enthält allerdings Altes und Neues nebeneinander.

Heermann hat seine geistliche Lyrik in der „Devoti Musica Cordis" in drei Gruppen geordnet. Lieder, die er in den Ausgaben von 1636 und 1644 hinzufügt, gliedert er nicht in die bestehenden Gruppen ein, sondern bringt sie am Schluß des Werks unter.

Die erste Gruppe ist in sich geschlossen. Diese 24 Lieder heben sich ab von den übrigen. Es sind „Andächtige Buß-vnd TrostLieder/ aus den Worten der alten Kirchenlehrer." Schon in der Überschrift liegt also ein Hinweis auf die „Andacht der Alten" als Quelle der Lieder. Zu den 19 Gesängen, die Heermann nach Vorlagen Martin Mollers gedichtet hat – über sie wurde schon ausführlich gesprochen –, kommen die beiden „Abendmahlslieder" (FT 1, 337 und 338), die auf Gebeten aus dem

„Paradiß Gärtlein" beruhen (PG 2,11 und 10). Warum sie hier ihren Platz haben, wurde bereits erörtert[1]. Außerdem steht hier das Lied „JESVS CHRISTVS, Das Purpurrote BlutWürmlein – O Mensch, merck auff, was ich dir sag" (FT 1,333), mit dem Heermann das Bibelwort auslegt: „Ich aber bin ein Wurm und kein Mensch, ein Spott der Leute und Verachtung des Volks" (Ps. 22,7). Es nimmt eine besondere Stellung in seiner Dichtung ein[2]. In ähnlicher Weise deutet Heermann Christi Klage über Jerusalem (nach Matth. 23,37–39) mit dem Lied „Von Christi Thränen – DV weinest für Jerusalem, HErr JESV, liechte Zähren" (FT 1,339). Schließlich ist noch Heermanns „OsterGesang" zu nennen: „FRüh Morgens, da die Sonn auffgeht, Mein Heyland Christus aufferstehet" (FT 1,335), der wahrscheinlich auf einer altkirchlichen Vorlage beruht.

Die Lieder dieser Gruppe stellen den Höhepunkt von Johann Heermanns geistlicher Lyrik dar. Hier gibt er das, was weiterwirkt, was von andern aufgenommen wird. Die gleichen Vorstellungen und Motive finden sich dann bei Johann Rist, sie finden sich noch im Pietismus. Die Lieder wenden sich in der Mehrzahl an Jesus, sie sprechen von der Liebe zu ihm, von seinem Blut, seinen Wunden, seiner Passion.

Eines der frühesten Lieder Johann Heermanns ist das auf den Tod seiner ersten Frau: „ACh Gott, ich muß in Trawrigkeit Mein Leben nun beschliessen" (FT 1,349); es stammt schon aus dem Jahre 1617[3]. Als Heermann 1630 seine „Devoti Musica Cordis" herausgibt, eröffnet er seine Sammlung nicht etwa mit diesem Lied, sondern er setzt es in die zweite Gruppe, zu den „Anderen geistlichen Liedern". Wenn hier von „anderen" Liedern die Rede ist, so mit Bezug auf die erste Gruppe: Es ist eine Nachlese von Liedern, die dort aus inneren Gründen keinen Platz hatten. – Hier stehen vier Gesänge nach Gebeten aus Johann Arndts „Paradiß Gärtlein": ein Trostlied „Vmb Frewde des H. Geistes in Trawrigkeit – ACh GOtt, dessen Reich ist Frewd" (FT 1,341; nach PG 3,8), ein „Gesang eines wehmühtigen Hertzens, vmb Vermehrung des Glaubens – TRewer Gott, ich muß dir klagen" (FT 1,347; nach PG 1,10,III) und zwei „Gewitterlieder" – „In grossem Vngewitter" und „Dancksagung Nach dem Vngewitter" (FT 1,343 und 344; nach PG 3,30 und 31)[4]. Ferner findet sich hier ein Lied, das Heermann auf das Wort „Gott verlesset Keinen", den Wahlspruch des Georg von Kottwitz (G. v. K.), des Sohnes seines Köbener Kirchpatrons, gedichtet hatte (FT 1,342), außerdem ein „Christlich Reise-Gesänglein – JEtzt reiß ich auß in JESVS Nam" (FT 1,346), das Anklänge an ein anonym erschienenes Lied „Für Wandersleute" aus dem Jahre 1607 zeigt[5]. Dazu kommen ein Lied, in dem zu Gott „Vmb Errettung auß langwieriger Trübsal" gebetet wird (FT 1,345), und ein „Abend-Gesang – ICh dancke dir, liebreicher GOTT" (FT 1,348); auch diese beiden gehen wahrscheinlich auf Johann Arndt zurück.

Diese neun Gesänge sind vermutlich zu verschiedenen Zeiten geschrieben und wohl zum Teil überarbeitet worden. Fast alle Lieder sind an Gott gerichtet, klagen ihm ihre Not, tragen ihm eine Bitte vor, sagen ihm Dank oder suchen bei ihm Trost. Eine Ausnahme bildet nur das „Reise-Gesänglein".

Die letzten acht Lieder dieser Gruppe sprechen alle von einer Bedrängnis, von einer besonderen Not. Sie sind wahrscheinlich im Jahre 1629 entstanden, als die Gegenreformation besonders heftig in Schlesien wütete und die Lichtensteinischen

1. Der Aufbau der „Devoti Musica Cordis"

Dragoner durch das Land zogen[6]. – Von dieser Bedrohung ist in Versen wie den folgenden die Rede:

> Man zeucht vns vnsre Kirchen ein/
> Verjagt/ die dein Wort lehren.
> Man zwingt zum Abfall groß vnd klein/
> Die deinen Namen ehren. (Wa 41, 2) –

In dem Liede „TRewer Wechter Israel" findet sich die durch Clemens Brentanos Gedicht „Drauß vor Schleswig an der Pforte" bekanntgewordene Strophe:

> JEsu, der du JEsus heist,
> Als ein JEsus Hülffe leist!
> Hilff mit deiner starcken Hand,
> MenschenHülff hat sich gewand.
>   Eine Mawre vmb vns baw,
>   Daß dem Feinde dafür graw
> Vnd mit zittern sie anschaw. (FT 1, 351, 7)

Vier dieser Lieder hat Heermann mit einer gemeinsamen Überschrift versehen: „Zur zeit der Verfolgung vnd Drangseligkeit/ frommer Christen. Threnen-Lieder" (FT 1, 350. 351. 352. 353)[7]. Hier stehen „TrostGesänglein von frommen Exulanten", die wegen ihres Glaubens die Heimat verlassen mußten (Wa 40 und 41), in dieser Gruppe gibt es auch eine Bitte „Vmb Erhaltung reiner Lehre" (FT 1, 354). Heermann versteht die Not aber immer wieder als eine allgemeine, sie ist ihm Gleichnis für die Stellung des Christen in der Welt. Lazarus, in dem sich alle Leidenden wiederfinden, ist für ihn „Ein Bild der Christlichen Kirchen" (Wa 38)[8].

Das Lied „TRewer Wechter Israel" (FT 1, 351), aus dem eben zitiert wurde, hat Heermann nach einem Türkengebet des schwäbischen Reformators Johann Brenz gedichtet. Es war in einer ganz ähnlichen Situation der Bedrängnis entstanden. Heermann wendet das Gebet auf die Not seiner eigenen Zeit. Er bittet um Hilfe gegen die Feinde. Von ihnen wird in der kräftigen Sprache der Bibel geredet: „Auff die Hälse tritt du jhn, Leg sie dir zum Schemel hin" (Str. 11)[9].

Paul Althaus hat nachgewiesen, daß die Quelle für ein anderes Lied, Heermanns „O Jesu Christe, wahres Liecht, Erleuchte, die dich kennen nicht" (FT 1, 353), in der katholischen Erbauungsliteratur zu suchen ist[10]. In Philipp Kegels „Betbuch" von 1592 steht ein Gebet „Für die Ungläubigen und Verführten". Auf ihm beruht Heermanns Lied. Kegel war einer derjenigen Erbauungsschriftsteller, die besonders viele katholisch-gegenreformatorische Texte aufgenommen haben. Er hatte das Gebet von dem Jesuiten Petrus Michaelis übernommen, der damit „Um Abwendung der schädlichen Spaltung christlicher Religion" gebetet hatte. Es war ursprünglich gegen die protestantischen Ketzer gerichtet. Heermann streitet mit dem Liede nicht gegen äußere Feinde. Er hat seinen Inhalt so umgeformt, daß er der lutherischen Lehre nicht widerspricht. Entscheidend ist aber, mit welcher Sorglosigkeit Heermann seine Vorlagen aus der Erbauungsliteratur nimmt[11]. Kegel hat nichts Verdächtiges für ihn[12].

Drei der Lieder (FT 1, 350. 352. 354) beruhen auf einer Vorlage Johann Arndts, und zwar auf dessen „Gebet und Trost der Vertriebenen und Verfolgten umb des Bekänntnis willen der Wahrheit" (PG 3, 39)[13]. Die Beziehung ist jedoch nicht sehr eng.

In dieser Gruppe ist also Gelegenheitsdichtung vereint mit gereimten Kasualgebeten (im Gewitter – nach dem Gewitter – für die Reise); das Abendlied ist ein Dankgebet, die „Arndt-Lieder" sind Gebetslieder. Die letzten acht Lieder sind dagegen nicht für mögliche Fälle bestimmt. Sie verdanken ihre Entstehung der ganz unmittelbaren Bedrohung durch die Gegenreformation.

In der dritten Gruppe der „Devoti Musica Cordis" stehen gereimte Gebete. Bis auf drei sind sie von Heermann selbst erdacht. Hier zeigt sich wieder, daß die „Devoti Musica Cordis" ein Andachts- und Erbauungsbuch sein will und einen anderen Charakter als die Liederbücher der vorhergehenden Zeit hat.

Über die Gruppe setzt Heermann die Überschrift: „Etliche Gebet vnd Andachten." Die Texte sind im Original nicht in Strophen abgeteilt, sondern werden fortlaufend gedruckt. Aus einem Nachsatz geht allerdings hervor, daß auch sie – in einer Zeit, der viel mehr sangbar schien als der heutigen – als Gebete gesungen werden konnten, und zwar im „HaußKirchlein". An eine Einführung in den Gemeindegesang dachte Heermann jedoch nicht. Er sagt: „Viel Christliche Hertzen pflegen in jhrem HaußKirchlein nachfolgende Gebete auff beygesetzte Weise zu singen." Dazu ist eine Melodie angegeben. Es folgen zunächst fünf Gebete, die alle in Alexandrinern geschrieben sind, denn bei den Gebeten mußte Heermann sich nicht nach den Maßen richten, die zu den alten Melodien und damit in die Tradition des Kirchenliedes gehörten.

Hier stehen die Gebete „O Gott, du frommer Gott, Du Brunnquell guter Gaben" (FT 1, 355) – es hat die Überschrift „Ein täglich Gebet"[14] –, weiter das Gebet „In Kriges- vnd VerfolgungsGefahr – GRoß ist, O grosser Gott, Die Noth, so vns betroffen" (FT 1, 356), dann ein Gebet, das von der Bedrängnis der Kirche spricht, wobei Heermann von der „Historien vom Cananeischen Weiblin" ausgeht (Wa 44; nach Matth. 15, 21–31), ferner eine umfangreiche Meditation „Von dem schönen JESVS Namen – ACh JESV, dessen Trew im Himmel vnd auff Erden" (FT 1, 357), die Heermann in 33 Strophen nach einem Gebet Hans Fabians von Kottwitz gedichtet hatte[15], und schließlich noch ein vierzeiliges Gebet, „Ein kurtz Seufftzerlein zu JESV": „HERR JESV/ führe mich/ so lang ich leb auff Erden" (Wa 46), auch dieses in Alexandrinern.

Bei den sich anschließenden letzten drei Gebeten fehlt der Hinweis auf eine Melodie. Das erste davon: „Vmb göttliche Weisheit – O Gott, des Gut sich weit ergeust" (FT 1, 358) hat Heermann später noch zweimal bearbeitet. 1630 und 1636 erscheint es in Vierhebern; 1644 steht es in der „Devoti Musica Cordis" als „O reicher Gott, des Güt und Gut sich weit ergeußt" (Wa 48); außerdem steht es, ebenfalls in Alexandrinern, in den „Poetischen Erquickstunden" als „GOTT/ dessen Gütt' und Gut sich weit und breit ergeust" (PE, S. 93). Es ist „Auff begehr Herrn H[ans] F[abians] v. K[ottwitz] auß J[ohann] A[rndts] Betbuche in Reimen verfasset" (nach PG 1, 3, II). Das folgende Gebet: „Alter Leute Seufftzerlein" (Wa 54) ist in Alexandrinern gedichtet, während das „Kinder Gebetlein" (FT 1, 359) in Vierhebern geschrieben ist und noch recht altertümlich klingt.

Es hatte auch vorher schon geistliche Lyrik in Alexandrinern gegeben[16]. Der 89. Psalm des Hugenottenpsalters ist in diesem Versmaß gedichtet. Die deutschen

1. Der Aufbau der „Devoti Musica Cordis"

Übersetzer bildeten die originalen Maße nach, damit die Verse zu den ursprünglichen Melodien gesungen werden konnten. Doch es besteht keine Verbindung zwischen dem Hugenottenpsalter und dem protestantischen Kirchenlied. – Als Cornelius Becker 1602 einen Versuch unternimmt, den gereimten Psalter auch bei den Protestanten einzuführen, verzichtet er bezeichnenderweise auf die französischen Melodien und damit auch auf die originalen Maße des Hugenottenpsalters. Allerdings hat sich sein „Psalter Davids gesangweise, auf die in der Lutherischen Kirche gewöhnliche Melodeyen" dann doch nicht durchgesetzt[17].

Heermann schließt mit seiner Alexandrinerdichtung nicht an den Hugenottenpsalter an, er beginnt vielmehr neu[18]. Was er in Alexandrinern schreibt, sind keine Kirchenlieder, sondern – als gereimte Gebete – einfach „moderne" Gedichte, die in dem Versmaß stehen, das Martin Opitz empfohlen hatte. Der Alexandriner dringt also über die Kunstdichtung in das protestantische Kirchenlied ein.

Auch später verwendet Heermann diesen Vers. Er schreibt die „Andechtigen KirchSeufftzer" von 1616 zum „SchließGlöcklein" um (1632), dabei „verbessert" er die alten Vierheber und fügt außerdem eine neue Version in Alexandrinern hinzu. In den „Flores" von 1609 folgten auf lateinische Distichen deutsche Vierheber; in der Bearbeitung von 1630, dem „Exercitium Pietatis", stehen dafür Alexandriner. Teile der „Praecepta Moralia" von 1644, das ganze 2. und 3. Buch, sind ebenfalls in Alexandrinern geschrieben.

In den späteren Ausgaben der „Devoti Musica Cordis" fügt Heermann noch einige Lieder hinzu. 1636 sind es fünf, darunter drei Trostlieder, die er in der Rolle Verstorbener gedichtet hat: das „Trost-Gedichte/ Damit die selige Seele Herrn Leonhards von Kottwitz/ ꝛc. die hinterlassenen hochbetrübten Hertzen anredet/ vnd von jhrer grossen Trawrigkeit abhelt – WAs weynet jhr? Tragt jhr denn noch Des Trawrens schwere Joch" (Wa 49; auch Lp 3, S. 46–52), dann ein „Trost-Lied" bei dem „tödlichen Abgange des weiland WolEdlen vnd Gestrengen Herrn Adams von Kroschnitzki ... – LAsset ab, Ihr meine Lieben, Lasset ab von Trawrigkeit" (FT 1, 360), schließlich ein „Valet-Gesänglein, auff Herrn David Müllers, Buchhändlers in Breßlaw, Söhnleins Davids Begräbniß – GOtt lob, die Stund ist kommen, Da ich werd auff genommen Ins Schöne Paradeiß" (FT 1, 364). Alle drei stammen aus Leichenpredigten[19]. Es folgen die Lieder „Wider die Trutz-Rede eines Feindes – WIe darfstu mir so drewen/ Du armer Erdenkloß?" (Wa 52) und „ZIon klagt mit Angst vnd Schmertzen" (FT 1, 361). Die Vorlage zu dem zweiten ist „Aus dem schönen Kern-Sprüchlein Esaiæ am 49. Cap." (Jes. 49, 14–16) genommen[20].

In den beiden Ausgaben von 1644 stehen noch einmal fünf neue Lieder; darunter ist ein „New-Jahrs-Gesang" (FT 1, 362), weiter ein „Trauerlied. Vber dem unverhofften Abschiede N. N.", das Heermann „im Namen einer Betrübten" geschrieben hatte (Wa 58), und ein Lied „Von Gottes treuer Vorsorge" (Wa 57). Auf einer Vorlage aus Martin Mollers „Meditationen" (MSP II. IIII. IX) beruht das Lied „Trost aus den Wunden JEsu, in allerley Anfechtung – JESV, deine tieffe Wunden" (FT 1, 363)[21]. – Heermanns Jubilus-Übersetzung wird nur in der Jacobschen Ausgabe wiedergegeben: „Des heiligen Bernhardi Freuden-Gesang von dem Namen JESU. *JESU, dulcis memoria* – O Süsser JEsu Christ/ wer an dich recht gedencket" (Wa 56;

PE, S. 7 ff.). Sie war zunächst – vor 1639 – als Einzeldruck erschienen[22]. Es ist ein Alexandrinergedicht, kein Kirchenlied.

2. Bemerkungen zur Sprachform der „Devoti Musica Cordis"

Schon in dem Abschnitt über die Beziehungen zwischen Heermann und Arndt war versucht worden, die Sprache der „Arndt-Lieder" zu charakterisieren. Dort wurde bereits einiges darüber gesagt, wie Heermann in den verschiedenen Ausgaben der „Devoti Musica Cordis" geändert und gebessert hat; auch die Bedeutung des Asyndetons wurde erwähnt. Eine solche Charakterisierung kann sich selbstverständlich immer nur auf einen Gesamteindruck beziehen. Abweichungen von der natürlichen Wortbetonung und Unregelmäßigkeiten im Rhythmus, die in dieser Gruppe – den „Anderen geistlichen Liedern" – besonders häufig sind, gibt es bei Heermann auch sonst. Absolute Korrektheit der Verse ist kaum zu erreichen. Sie wird in jener Zeit aber angestrebt. Verstöße gegen die „Regeln", wie Opitz sie für die Dichtersprache aufgestellt hatte, sind bei Heermann jedoch niemals Ausdruck eines Individualstils, sie haben keine besondere Funktion, und sie lassen sich auch nicht in diesem Sinne interpretieren. Heermann versucht stets, solche Stellen zu ändern. Hier zeigt sich nur, daß ihm ein Vers nicht gelungen ist. Es gibt jedoch Ausnahmen von den „Regeln", die auf strengen, konsequent befolgten Gesetzen beruhen. Das läßt sich aus den von Heermann selbst in den einzelnen Ausgaben der „Devoti Musica Cordis" vorgenommenen Änderungen erkennen.

Heermann, der schon vor Opitz – seit 1609 – deutsche Verse schreibt, schafft sich die Sprache für seine geistliche Dichtung erst in einer Auseinandersetzung mit den Traditionen des Kirchenliedes auf der einen und den Regeln der neuen Kunstdichtung auf der andern Seite. Er bemüht sich um reine Reime, er sucht, ohne Wortverkürzungen auszukommen, er vermeidet den Hiatus, er möchte die natürliche Wortfolge wahren, und er will streng alternierende Verse schreiben – nur selten weicht er davon ab –, er verzichtet aber auf Schmuckformen, auf „der Worte Zierd vnd Kunst".

Allerdings erreicht Heermann nicht alles beim erstenmal, er muß immer wieder ändern. Es ist ein ständiges Ringen mit den Möglichkeiten der Sprache. Heermann verbessert einzelne Stellen, und er arbeitet ganze Sammlungen um. Dabei gelingen ihm Änderungen, die ein heutiger Leser sofort selbst vornehmen würde, erst nach und nach. Noch ist Heermanns Sprachgefühl nicht so geschärft, noch verfügt er nicht so über die Sprache, daß er mit ihr alles sagen kann, noch besitzt aber auch die Sprache selbst nicht die Geschmeidigkeit, die hier nötig wäre. Ein Dichter des 17. Jahrhunderts steht vor Schwierigkeiten, die nicht unterschätzt werden dürfen. Daß Heermann ein „Welchs" in „Das" ändern kann (FT 1,333,3), daß er ein auf der zweiten Silbe betontes „Niemánd" durch „kein Ménsch" (FT 1,323,3) oder durch eine Verbindung mit „nicht" ersetzt („Niemánd kan síe ermésssen" wird zu „Es kán sie níchts erméssen", FT 1,324,4), daß er für „Offtmáls" „Sehr ófft" schreibt (FT 1,345,3), daß er für ein apokopiertes „solt" die Form „sol" einsetzt (FT 1,341,1), all das ist

2. Bemerkungen zur Sprachform der „Devoti Musica Cordis"

für ihn eine wirkliche Leistung. Das gilt auch für die so einfach scheinende Umstellung von Worten: „So víel guts hást du mír gethán" wird zu „Mir hást du só viel gúts gethán" (FT 1, 348, 7), „Diß álles, óbs zwar fúr schlecht íst zu schétzen" zu „Dis álles, óbs für schlécht zwar íst zu schätzen" (FT 1, 334, 14), „Kein Óhr hat díß jemáls gehört" zu „Kein Óhr hat jémals dís gehört" (FT 1, 340, 5). Die Stellen zeigen, daß Heermann alternierende Verse schreiben will und daß er dabei gleichzeitig auf die natürliche Wortbetonung achtet.

Ältere Dichtungen lassen sich oft nicht ohne weiteres „verbessern". Änderungen einmal festgewordener Formen bereiten immer wieder Schwierigkeiten, manches widersetzt sich hier einer Neufassung, die sprachlichen Unebenheiten sind zu eng mit dem Gehalt der Lieder verbunden. Das zeigt sich besonders deutlich an den nach Johann Arndt gedichteten. In den Liedern nach Vorlagen Martin Mollers sind demgegenüber die „Regelwidrigkeiten" weniger häufig. Allerdings muß Heermann auch hier noch feilen. Die meisten Änderungen stammen aus der Klosemannschen Ausgabe von 1644[23].

Heermann besitzt ein sehr feines Gefühl für Unregelmäßigkeiten im Rhythmus, oder er erwirbt es doch. Er ändert apokopierte und synkopierte Formen, und er vermeidet den Hiatus. Davon soll zunächst gesprochen werden.

In den Versen

    Merck vnd behalt diß, was ich sag:
    Vergiß nicht deinen TodesTag
    ...   (FT 1, 320, 8)

sind die Formen „behalt" und „sag" apokopiert; „merck" mit dem folgenden „vnd" ist dagegen korrekt, hier muß das „e" wegen des vokalischen Anlauts von „vnd" ausfallen; aber „vnd" trägt den Ton, während „merck" unbetont bleibt. 1644 heißt es:

    Ach merck, ach mercke, was ich sag,
    Ach denck an deinen Sterbens-Tag
    ...

Diese beiden Verse sind völlig in Ordnung. Heermann wechselt zwischen den Formen „merck" und „mercke", je nachdem, ob sich ein Hiatus ergeben würde oder nicht; „sag" kann jetzt stehenbleiben, denn ein „Ach" folgt. Ein damaliger Hörer wird diese Verse sogar als besonders kunstvoll empfunden haben, er hörte die Feinheiten heraus, die in dem Wechsel von „merck" und „mercke", in dem „sag" mit dem folgenden „Ach" liegen. Dies dreimal wiederholte „Ach" unterstreicht die Eindringlichkeit der Mahnung. – Ähnlich wechselt Heermann schon 1630 in den folgenden Versen zwischen „gedenck" und „bedencke" (FT 1, 320, 3), wobei noch angemerkt werden muß, daß die Betonung von „hieran" auf der zweiten Silbe zulässig ist:

    Hieran gedenck, O Menschenkind,
    Bedencke, was sie worden sind. –

In dem zweiten Abendmahlslied (FT 1, 338) ändert Heermann den Vers „Der du aus Lieb am CreutzesStamm" – wegen des Zusammentreffens der beiden Vokale in „du aus" – 1644 in „Der du gehenckt ans Creutzes Stamm" (Str. 1).

Apokopierte Formen sucht Heermann dadurch zu rechtfertigen, daß er

Worte umstellt oder daß er das folgende Wort, falls es mit einem Konsonanten beginnt, durch ein vokalisch anlautendes ersetzt. Aus „Leib vnd Seel zugleich" macht er „Seel vnd Leib zugleich" (FT 1, 349, 9), „Straff nicht nach strengem Rechte" wird zu „Nicht straff aus strengem Rechte" (FT 1, 331, 5), dabei ist auch der Akzent von der Negation auf das Verb verlagert. In dem Vers „Ach HÉRR JÉSV, ich háb diß wól verschúldet" ist „hab" apokopiert, und „JÉSV" trägt den Ton auf der zweiten Silbe. Heermann stellt die Worte geringfügig um und läßt das „wol" aus; dadurch gewinnt er eine Silbe, statt „hab" kann er „habe" sagen: „Ich, ách HErr Jésu, hábe dís verschúldet" (FT 1, 334, 3)[24].

In dem „Abend-Gesang" (FT 1, 348) stehen die folgenden Verse:

> Du bist voll Heiligkeit: Auß Gnad,
> Was mir noch fehlt, für mich erstadt.
> Dein Blut mich wasche, daß ich werd
> So rein, wie mich dein Hertz begehrt. (Str. 6)

Um hier die apokopierten Formen zu vermeiden, macht Heermann daraus 1644:

> Erstatt aus Gnaden selbst für mich,
> Was mir noch fehlet, bitt ich dich.
> Dein Blut-Schweiß wasche mich so rein,
> Als wie du wilt, daß ich sol seyn.

„Gnad" ist zu „Gnaden" geworden, „erstadt" bleibt zwar erhalten, aber jetzt folgt ein vokalisch anlautendes Wort („Erstatt aus"), „werd" ist umschrieben. Was vorher in dem Daß-Satz stand („daß ich werd So rein") ist nun in den Hauptsatz hineingenommen („Dein Blut-Schweiß wasche mich so rein"). Änderungen in der Syntax gibt es in diesen Versen auch sonst noch. In der Fassung von 1630 ist der Relativsatz „Was mir noch fehlt" von dem Hauptsatz umschlossen („Auß Gnad, Was mir noch fehlt, ... erstadt"), 1644 steht er hinter dem Verbum, von dem er abhängt („Erstatt ... für mich, Was mir noch fehlet"), doch nun ist der Nebensatz „wie mich dein Hertz begehrt" in zwei Sätze aufgelöst („Als wie du wilt, daß ich sol seyn"). Sicher liegt ein Grund dafür in Erfordernissen des Verses, aber auch von der Sprache dieser Fassung läßt sich sagen, daß sie ruckweise fortschreitet, eine Erscheinung, die Hermann Gumbel der „Renaissance"sprache zuordnen möchte, jedenfalls ist sie im 16. Jahrhundert häufig[25]. – Die Aussage „Du bist voll Heiligkeit" fehlt, wichtiger aber ist, daß Heermann „Blut" durch „Blut-Schweiß" ersetzt hat. Die Änderung läßt erkennen, daß er den Ausdruck verstärken und zugleich versinnlichen möchte. Später – im Zinzendorfschen Pietismus – sind gerade solche Formen besonders häufig. Sie zeigen den Wandel in der Frömmigkeit: Jesus wird heruntergezogen in die menschliche Sphäre. Heermann ist auf dem Wege dorthin.

In dem Lied „In grossem Vngewitter" (FT 1, 343) müßte Heermann in dem Vers „Erhalt die Früchte auff dem Land" nach den „Regeln" das „e" in „Früchte" elidieren, doch dann würde ihm eine Silbe fehlen; 1644 wird daraus „Die Frücht erhalt durch Feld vnd Land" (Str. 7). Der Vers ist damit nicht besser geworden. Doch die Beseitigung eines Hiatus, einer verkürzten Wortform oder einer Unregelmäßigkeit im Rhythmus ist für Heermann im allgemeinen wichtiger als Rücksichten auf den Inhalt.

Synkopierte Formen sind selten, und Heermann bemüht sich um ihre Än-

2. Bemerkungen zur Sprachform der „Devoti Musica Cordis"

derung. „Fewr" ist konsequent beseitigt, entweder wird es zu „Fewer", oder es wird umschrieben[26]. „Schwefelfewr" wird abgeschwächt zu „Ort der Qval" (FT 1, 320, 4). – Oft kommt der Dichter auch nur auf Umwegen zum Ziel. Dabei besteht dann natürlich die Gefahr, daß neue Schwierigkeiten entstehen.

Um in dem eben erwähnten „Gewitterlied" (FT 1, 343) ein synkopiertes „Fewr" zu beseitigen, ändert Heermann vier Verse. 1630 hieß es:

> Für Schlossen, Hagel, Wasserflut,
> Für Fewr vnd andern Wetter-Schad
> Halt vns, O Gott, in deiner Hut;
> Wir wollen rühmen deine Gnad.

Daraus wird 1644:

> Auch Schlossen, Hagel, Wasserflut,
> Entzündung vnd sonst andre Noth,
> Die offters grossen Schaden thut,
> Wend ab von vns, O frommer GOtt. (Str. 7)

Es wurde schon darauf hingewiesen, daß Heermann hier ein verallgemeinerndes „vnd sonst" einfügt und daß mit dem Einsatz „Auch" das vorhergehende „Gab" gerechtfertigt ist. Wenn Heermann aber den Begriff „Feuer" mit „Entzündung" umschreibt, so mußte das schon für die Zeitgenossen schwer verständlich sein[27]. Der Vers „Die offters grossen Schaden thut" scheint nur wegen des Reimes auf „Wasserflut" dazustehen; das Versprechen, Gott zu preisen („Wir wollen rühmen deine Gnad"), fehlt jetzt.

Heermann ändert auch Formen wie „thewr" (FT 1, 319, 6 – allerdings bleibt es dort einmal stehen –), „vngehewr" (FT 1, 320, 4), „sawr" (FT 1, 336, 11) und das schon zitierte „Welchs" (FT 1, 333, 3). Auch ein synkopiertes „Hertzn" beseitigt er. Statt:

> Rechtschaffne Lieb vnd Lust zu dir
> In meinem Hertzn anzünde
> ...

heißt es 1644:

> Rechtschaffne Lieb vnd Lust zu dir
> Durch deinen Geist anzünde
> ...   (FT 1, 325, 3)

Die folgenden Formen bleiben dagegen stehen: „Heilger Geist" (FT 1, 347, 6), „den heilgen Ort (FT 1, 351, 3), „allerheilgste" (FT 1, 329, 7), „heilge mich" (FT 1, 357, 14 u. ö.), auch „sündhafftigs" (FT 1, 331, 1) und „verdamlichs" (FT 1, 348, 9), vor allem aber bleiben Partizipia wie „angezünd", „außgebreit", „behüt", „gerüst", „getröst", „veracht", „verblendt", „verschuldt" usw. und Formen des Präsensstammes wie „findt", „redt", „verschwindt" und „wend" erhalten[28].

Immer wieder geht aus den Änderungen hervor, daß Heermann einen regelmäßigen Wechsel von betonten und unbetonten Silben anstrebt. An einer Reihe von Worten, die er auch in späteren Ausgaben nur zum Teil oder überhaupt nicht ändert, zeigt sich aber, daß für ihn bestimmte Abweichungen von der natürlichen Wortbetonung möglich sind. Heermann befindet sich hier in Übereinstimmung mit der zeitgenössischen Poetik, mit Zesen und Schottel. Von der Praxis und von den Möglichkeiten der Sprache her setzt man sich mit der Forderung nach natürlicher Wortbetonung auseinander und geht in bestimmten Fällen auf Grundsätze der älteren, quantitierenden Metrik zurück. Man kommt ohne solche Erleichterungen, ohne diesen Rückgriff auf die antike Prosodie noch nicht aus.

Einsilbige Wörter gelten für Heermann noch als „kurz" oder „lang", damit aber können sie – ohne Rücksicht auf ihren natürlichen Wortton und auf ihre Bedeutung – im Vers betont oder unbetont sein. Sie haben also Schottels „mittlere Wortzeit"[29].

Auch Sigmund von Birken äußert sich in einem seiner vermutlich schon um 1650 entstandenen Lehrsätze in diesem Sinne – er wiederholt damit nur einen Grundsatz Schottels aus dessen „Teutscher Vers-oder ReimKunst" von 1645:

> III **Alle eingliedige selbständige Teutsche Wörter/** *(monosyllabæ voces)* **sind beidlautig:** *(ancipites)*
> d. i. sie können kurz- und lang-gethönet werden.[30]

Johann Balthasar Schupp setzt sich auf seine Art mit dieser Frage auseinander, wenn er 1655 schreibt:

> Ob das Wörtlein/ nur/ die/ das/ der/ ihr und dergleichen/ kurtz oder lang seyn/ daran ist mir und allen Mußquetirern in Stade und Bremen wenig gelegen.[31]

Während also für Birken und Schottel einsilbige Wörter je nach den Erfordernissen des Verses als kurz oder lang gelten können, ist Schupp an der Frage überhaupt nicht interessiert. Erst Johann Ludwig Prasch bemüht sich in seiner „Gründlichen Anzeige/ VON Fürtrefflichkeit und Verbesserung Teutscher Poesie" darum, die quantitierende Metrik endgültig zu überwinden. Er unterscheidet zwar bei den einsilbigen Wörtern zwischen „lang", „kurtz" und „frey", er kennt auch „gantz lang", „gantz kurtz", „halb lang" und „halb kurtz", aber er will Länge und Kürze von der Bedeutung, vom Sinn der Wörter abhängig machen: Es sei, so sagt er, „auf den *sensum* eines jeden Wortes wol zu sehen"[32]. Einer seiner Sätze lautet:

> Kurtz sind die Articckel/ der/ die/ das; wann es aber *relativa pronomina*, frey; wann sie *demonstrativa*, lang.[33]

Johann Heermann macht keinen Unterschied zwischen Pronomen und Artikeln, zwischen langvokaligen und kurzvokaligen Substantiven. Er schreibt z. B. „Du bíst der, dér mich tröst" (FT 1, 322, 5). Hier wird also gerade das Relativpronomen betont, das Demonstrativum bleibt dagegen unbetont. – Die Bedeutung der Wörter spielt hierfür überhaupt keine Rolle. Unbetont stehen bei Heermann z. B. Pracht, Ehr, Krafft, Schmertz, Weh, Recht („Dás Recht háb ich nícht gebeúget"; FT 1, 360, 4). Trost, Brunn, Hertz, Blut, Creutz, aber auch Sohn (für Christus), HERR und Gott. Heermann sagt: „Dú, Gott, dém nichts íst verbórgen" (FT 1, 347, 2). Er ändert es 1644 in „Dú, Gott, dém kein Díng verbórgen", tauscht also „nichts íst" aus gegen „kein Díng", läßt aber „Gott" weiterhin unbetont und schreibt damit einen korrekten Vers[34]. Heermann kann sagen: „Gott íst geréct, Er stráfft die Súnd" (FT 1, 320, 10), „Gott vnd die Éngel" (FT 1, 335, 18), „Dér GOtt, dér mir hát versprócen" (FT 1, 361, 2), er schreibt auch:

> Wann wir werden grünen schön
> Wie Gras vnd für Gott lieblich stehn
> ...
>   (FT 1, 341, 10)

Wieder bleibt „Gott" unbetont, während „Gras" und „für" betont sind.

2. Bemerkungen zur Sprachform der „Devoti Musica Cordis"

In den folgenden Versen trägt das gleiche Wort einmal den Ton, einmal ist es unbetont:

> ...
> Du bist in Sünd empfangen,
>   Mit Schmértz gebóren aúff die Wélt,
>   Schmertz deín gantz Lében v́berfélt,
> Mit Schmértz mustú von dánnen. (FT 1, 319, 1)

Hier ersetzt Heermann – schon 1636 – lediglich „Schmertz" durch „Weh". – Noch 1644 heißt es in einem neuen Lied: „Deín Todt hát den Tódt zerhawen" (FT 1, 363, 5), ebenso schreibt Heermann: „Já war Já bey mír, Nein Neín(FT 1, 360, 4), ähnlich heißt es aber auch: „Ách Gott, ách du frómmer Gótt" (FT 1, 341, 6). Vom Inhalt her lassen sich diese Unterschiede nicht begründen.

Auch hier nimmt Heermann Änderungen vor, so wird „Weil áber deín Sohn bítt für mích" zu „Doch weíl dein Sóhn sich gíebt für mích" (FT 1, 328, 6). Das gegenüber dem „Weil" zu stark betonte „aber" hat Heermann durch „Doch" ersetzt; durch die Umstellung bekommt „weil" jetzt einen Akzent; der Ton ist vom Possessivpronomen „dein" auf das Substantiv „Sohn" gerückt; auch die kontrahierte Form „bitt" ist ausgetauscht, dabei hat Heermann die Aussage in bezeichnender Weise verändert: An die Stelle der Fürbitte Christi ist sein Opfertod für den Menschen getreten.

An den folgenden Änderungen zeigt sich ebenfalls, daß Heermann sich, soweit dies möglich ist, bemüht, die Worte so zu setzen, daß sie ihren natürlichen Ton tragen können. „„JÉSV, Dú Brunn áller Gnáden" macht er zu „JÉSV, Brúnnqvell áller Gnáden" (FT 1, 347, 4). Die Verse

> Daß ich mit dem vereinigt werd,
> Der sich aus Liebe zu mir kehrt,
> In mein Fleisch sich verkleidet.

ändert er in

> Daß ich mit dem vereinigt werd
> Aus Liebe, der sich zu mir kehrt
> Vnd ín mein Fleisch sich kleidet. (FT 1, 329, 9)

Zweisilbige Substantive, die Komposita aus zwei einsilbigen Wörtern sind – metrisch also Spondeen –, oder solche Wörter, die einen Haupton und einen starken Nebenton tragen, bereiten Heermann noch Schwierigkeiten. Eine Reihe dieser Wörter betont er zunächst auf der zweiten Silbe[35].

Demgegenüber läßt Sigmund von Birken schon um 1650 hier nur die Betonung auf der ersten Silbe gelten. Er sagt in einem seiner Lehrsätze:

VI Alle Zweigliedige Teutsche Wörter/ darinn zwei einsylbige selbständige Wörter zusammen kommen/ sindlangkurzlautig.[36]

Johann Ludwig Prasch vertritt dann 1680 die noch heute gültige Praxis:

> Wann es sich nun füget/ daß 2. Worte zusammengehefftet werden/ die sonst lang wären/ wird das eine davon halb kurtz/ das andere aber/ in dem der eigentliche Unterschied des Dinges und die Krafft des Wortes ruhet/ bleibet lang.[37]

Im übrigen aber warnt er vor dem Spondeus:

> Was den *Spondeum* anreicht/ so gedencken unsere Prosodien zwar desselben wenig/

gleich als wäre keiner recht in unserer Sprache zu finden ... Jedoch solte er/ meines erachtens/ eben um deßwillen mehr bekant werden/ damit er ... desto mehr gemiden werden könte. Einmal ist gewiß/ daß er übel in den Ohren thut.[38]

Heermann betont Ehrgeítz, Mord-Reích, Wehklág, ändert diese Stellen aber später, indem er entweder Wörter austauscht oder versucht, den Akzent durch Verschiebungen im Text auf die erste Silbe zu legen.

Auch andere zweisilbige Wörter bereiten ihm Schwierigkeiten, so sagt er zunächst Heylánd, Irrthúmb, Reichthúmb, ändert aber auch hier. Er schreibt für „Die in Irrthúmb verführet seýn" schon 1636 „Die jrrig vnd verfúhret seýn" (FT 1, 353, 2). – Die Verse

    Nicht méhr als núr drey Táge láng
    Bleibt meín Heylánd ins Tódeszwáng.

ändert er 1644 in

    Auch nícht mehr áls drey Táge láng
    Helt meínen Heýland Tódtes-Zwáng. (FT 1, 335, 3)

Heermann sagt krafftlóß („Nach dém ich wórden bín Krafftlóß/ alt/ schwách vnd mátt"; Wa 54, v. 4). Er ändert Stellen, wo er Armút und gäntzlích betont hatte: „Armút vnd Leíd" macht er 1636 zu „Mit Nóth vnd Leíd" (FT 1, 332, 2), „Gäntzlích getílget bleíben" wird zu „Getílget gäntzlích wérden" (FT 1, 331, 11). Heermann hat nebeneinander hértzlich und hertzlích, Wólthat und Wolthát, Trúbsal und Trübsál, líeblich und lieblích, Weísheit und Weisheít[39]. Eine Reihe von Adverbien und Konjunktionen betont er ebenfalls auf der zweiten Silbe, so dennóch, alsó, vormáls und hieràn, Er ändert Stellen, wo er jemáls, jetzúnd und niemánd betont hatte. Durch bloße Umstellung der Worte macht er aus „Wer sích jetzúnd macht ándern gleích" 1644 „Wer jétzund sích macht ándern gleich" (FT 1, 321, 6), aus „Kan dích jetzúnd verlétzen", ebenfalls 1644, „Kan jétzund dích verlétzen" (FT 1, 349, 6), „Weil fást niemánd gehórchen wíl" wird zu „Weil níemand íst, der fólgen wíl" (FT 1, 343, 3), „Doch wírds niemánd verbrénnen gár" zu „Vnd níemand dóch verbrénnen gár" (FT 1, 321, 5).

D r e i - und m e h r s i l b i g e Adjektive und Substantive betont Heermann um des Verses willen auf der zweiten (bzw. der zweiten und vierten) Silbe, z. B. rechtscháffen, sündhágtig, bußfértig, Augápfel, Hertzkástlein, HertzKrúglein, demütiglích, muthwílliglích, Leichtfértigkeít, Mühséligkeít. Hierher gehören auch die flektierten, mehrsilbigen Formen von Wörtern, die in der Grundform zweisilbig sind. Das betrifft u. a. Formen von hülffreich (Deín hülffreíches Ángesicht"; FT 1, 351, 1), liebreich („O dú liebreícher Gótt", „O dú liebreícher, frómmer Gótt"; FT 1, 331, 11, 348, 10 u. ö., „dein liebreíches Hértz"; Wa 44, 6), grundfest („mein grundféster Gláube"; FT 1, 357, 18) und gottlos („dén Gottlósen Haúff"; FT 1, 321, 1). Auf der ersten und dritten Silbe betont er Niedrigúng und démütíg. „Mit démütígem Hertzen" wird 1644 zu „Mit höchstbetrübtem Hértzen" (FT 1, 326, 1)[40]. Nebeneinander hat Heermann Isráel (FT 1, 351, 1) und Ísrael (Wa 41, 4). Im allgemeinen muß Heermann diese Formen stehenlassen, jedoch bemüht er sich auch hier in einzelnen Fällen um einen Austausch von Wörtern oder sogar ganzen Sätzen. Den Vers „Ich súche Gnád demütiglích" (FT 1, 330, 4), wo neben der Betonung „demútiglích" auch die apokopierte Form „Gnad" verbessert werden sollte, ändert er in der Jacobschen Ausgabe in „Vmb Gnade bitt ich inniglich", in der Klosemannschen in „Ich suche Gnad vnd hoff auf dich". Beide Änderungen sind metrisch gleich gut, das „inniglich" scheint hier jedoch passender. Heermann ändert Ménschwerdúng, Anféchtung, Vorháben („meín Vorháben" wird zu „meíne Sáchen"; FT 1, 346, 5), und Nominalkomposita wie Oelgárten, Siegsfánlein („seín Siegsfánlein" macht er schon 1636 zu „seíne Síegsfahn"; FT 1, 335, 3), Danckópffer (für „Danckópffer wír dir bríngen" schreibt Heermann „Das DánckLied, só wir bríngen"; FT 1, 344, 6).

Vorsilben sind bei Heermann kurz, also unbetont. Auch damit steht er nicht allein. Sigmund von Birken sagt:

> **IV Alle Teutsche Vor- und Nach-Wortglieder**/ *(præfixa & suffixa)* **auch Wortendungen**/ *(terminationes)* **sind kurzlautig.**[41]

Heermann betont auf der Stammsilbe Anschläg („Der Feínd Anschläg"; FT 1, 352, 1), Beystánd (neben Beýstand), Fürwítz, Vnáchtsamkeít, Vndánckbarkeít, Vntúgend, vnrécht, vnschúldig, vnsíchtbar, vnwérth. Hierher gehören auch die eben schon erwähnten Vorháben und Anféchtung. – Doch auch dies gilt nur mit Einschränkungen, daneben gibt es die Betonung Vnlust, Vnschuld, Vnrein. – Heermann kann sagen:

> Vertríeben álle meíne Feínd,
> Die síchtbar vnd vnsíchtbar seýnd.

Nur die apokopierte Form „Feind" ist hier unzulässig, denn der folgende Vers beginnt mit einem Konsonanten; Heermann stellt die beiden Adjektive um, doch bleibt deren ursprüngliche Betonung unverändert:

> Beschütze mích, die Feínd abstóß,
> Vnsíchtbar, síchtbar, kleín vnd gróß. (FT 1, 338, 10) –

Im folgenden Beispiel steht neben einem unbetonten, weil einsilbigen, „Werth" ein auf der Stammsilbe betontes „Vnwerth":

> Vnwérth bin ích, daß man mich nennt
> Ein Werck, von dir geschaffen;
> Werth bín ich, dáß all Élemént
> Zur Straffe mich hinraffen. (FT 1, 326, 9)

1644 schreibt Heermann dafür: „Ich bín nicht wérth, daß mán mich nénnt...", läßt aber das Weitere unverändert. Hätte er „Vnwérth" aus metrischen Gründen austauschen wollen, so wäre die Änderung nur halb gelungen, denn nun stehen betontes und unbetontes „Werth" nebeneinander. Heermann hat aber den emphatischen Einsatz „Vnwerth bin ich" beseitigt, das zweimalige „Werth" – das erste ist zwar negiert, aber doch betont – setzt die Aussagen in Parallele, überdies wird ein „Ich bin nicht werth" der vorhergehenden Strophe wieder aufgenommen.

Trennbare Verbalkomposita mit einsilbigem erstem Kompositionsglied behandelt Heermann metrisch – soweit die Formen zusammengeschrieben werden – wie untrennbare, d. h. er betont sie auf der Stammsilbe. Auch in den bisher angeführten Beispielen kamen solche Formen bereits vor, eben erst hinráffen und abstóßen, früher schon anscháwen, abscheíden und anzünden. Die Vorsilben gelten als kurz, die Stammsilben als lang. Durch diese Vermengung von Quantität und

Qualität ist der regelmäßige Wechsel von betonten und unbetonten Silben gesichert. Birken ist hier allerdings anderer Meinung. Bei ihm heißt es:

> V **Alle Teutsche einsylbige Vorwörter/ die an den Nenn- und Zeitwörtern hangen/** (*præpositiones*) **sind langlautig.**[42]

Birken sagt nicht, ob nun umgekehrt bei den untrennbaren Komposita zwei lange, also betonte Silben aufeinander folgen sollen, im übrigen widerlegt er sich selbst mit Gedichten, die er als Beispiele in seine Poetik einfügt[43].

Dieser Grundsatz bezieht sich bei Heermann vor allem auf den Infinitiv, soweit er nicht mit „zu" gebraucht ist (also besonders beim Futur und in Verbindung mit modalen Hilfsverben), und auf alle die Fälle, in denen das Verbum am Ende des Satzes steht, nicht nur in Nebensätzen, sondern zuweilen auch – hierin älterem Sprachbrauch folgend, doch ebenso um des Verses willen – in Aussagesätzen, Wunschsätzen und beim Imperativ. So sagt Heermann: „Die Ángst mir Réd abzwínget" (FT 1, 323, 10), „Mit Gnáden mích anblícke" (FT 1, 323, 8), „Die Súnd erlás, die Stráff abfúhr" (FT 1, 324, 12), „Deínes Váters Zórn abwénd" (FT 1, 351, 5). Er schreibt:

> Behüte mich für Grimm vnd Zorn
> ...,
> Zur Démut mích anfúhre.
> Was ich noch find
> Von alter Sünd,
> Durch deinen Geíst außfége. (FT 1, 325, 4)

Einige Male stehen auch Partizipien, die Heermann noch ohne „-ge-" gebildet hat: „Jetzt bín ich dír nachkómmen" (FT 1, 332, 6), „Níemand ság, ich seý vmbkómmen, Ob ich gleich gestorben bin" (FT 1, 360, 6). „Der Fúnffte wírd mit Gífft vmbbrácht" (Wa 5, 10).

Daß diese Vorschrift in Erfordernissen des Verses ihren Grund hat, zeigen Stellen, wo Heermann Verb und Vorsilbe auseinanderzieht. Er schreibt: „Der Júngste Tág wirds zeígen án" (FT 1, 335, 9); er läßt Gott sagen: „Ich wíl dich wíeder néhmen án", doch in derselben Strophe antwortet der Mensch: „Du wírst mich aúch annéhmen" (FT 1, 324, 7). Wo es der Rhythmus erfordert, betont Heermann auch nur die Vorsilbe, während nun die Stammsilbe unbetont bleibt, so heißt es: „Speíß áb den Leíb" (FT 1, 325, 5), „Wann mír gleich álle Wélt stürb áb" (FT 1, 335, 15), „Zünd án die schöne GlaúbensKértz" (FT 1, 338, 5), „Treib áb die KríegsGefáhr" (FT 1, 356, 2). Doch sind dies ja auch einsilbige Wörter, die sowieso ihren eigenen Gesetzen unterliegen, daher kann Heermann mit gleichem Recht sagen: „So stréck auß deíne Hánd" (FT 1, 344, 7). – Bei den trennbaren Verbalkomposita handelt es sich um Verbindungen mit ab-, an-, auf(f)-, aus- (auß-), bey-, ein-, fort-, für- (= vor-), her-, hin-, nach-, um- (vmb-), weg- und zu-.[44]

Hier ändert Heermann in den späteren Ausgaben nichts. Genauso konsequent wie bei der Beseitigung eines Hiatus, eines Dialektausdrucks, einer verkürzten Wortform ist er auch bei der Beachtung dieser Regel. Noch 1644 schreibt er in seinem „New-Jahrs-Gesang" (FT 1, 362):

> Stürtz alle die,
> So spät vnd früh
> Sich wíder v́ns ausrústen. (Str. 1) –

Die Stelle „Beschütze mich, die Feind abstöß" (FT 1, 338, 10) aus einer Änderung von 1644 wurde schon zitiert. – Auch sonstige Änderungen zeigen, daß Heermann bis zuletzt an dieser Regel festhält. So wird „Nichts sól davón mich wénden" (von dem Glauben nämlich, daß Gottes Sohn „Sey wahrer Gott ohn Ende") 1644 zu „Nichts íst, daß mích abwénde" (FT 1, 332, 1). Heermann hatte ursprünglich „wenden" auf „Ende" gereimt. Jetzt beseitigt er das überschießende „-n". Er nimmt das Adverb hinein in das Verbum, aus „davón ... wénden" wird „abwénden". Gleichzeitig spaltet er den Satz auf, die eigentliche Aussage verlegt er in den Nebensatz: „daß mich abwende". Das „sol" der ursprünglichen Fassung wird in den Konjunktiv des Konjunktionalsatzes hineingenommen. Diese Aufspaltung des Hauptsatzes kann „barock" genannt werden[45]. – In den Versen

> Bin ich, O Mensch, denn nicht ein Wurm,
> Aus welchem man Blut zwinget?

möchte Heermann die Bedeutung des Blutes hervorheben. Er schreibt 1644:

> Bin ich, O Mensch, denn nicht ein Wurm,
> Den [!] man das Blut auszwinget? (FT 1, 333, 7)

Heermann zieht also, um Blut an eine andere Stelle des Verses setzen zu können, die Präposition zum Verbum. Aus dem präpositionalen wird dabei ein reines Objekt.

In dem Lied „Vmb Frewde des H. Geistes in Trawrigkeit" (FT 1, 341) hatte es 1630 geheißen:

> Ey so gib, daß ich auch mich
> Frew, so offt ich denck an dich,
>
> Biß ich, deinen Engeln gleich,
> Mich frewen werd im FrewdenReich,
> Gerückt aus allem Leid
> ...   (Str. 8. 9)

Den letzten der eben zitierten Verse ändert Heermann 1644 in „Ausláchen álles Leíd". Noch jetzt gilt also die Regel, wonach ein trennbares Verbalkompositum, weil es der Vers erfordert, auf der Stammsilbe betont werden muß. Am Schluß des vorhergehenden Verses steht „FrewdenReich" statt „FrewdenReiche". Um die apokopierte Form halten zu können, braucht Heermann ein Wort, das mit einem Vokal beginnt. Das ist der eigentliche Grund für diese Änderung. Aber damit gewinnt er mehr. „Gerückt aus allem Leid" beschreibt den Zustand des Ich, das den Engeln gleich ist, es unterbricht den Fluß des Verses. „Auslachen alles Leid" spricht von einer Tätigkeit, es ist durch das finite Verbum mit dem vorhergehenden Vers verbunden; „frewen" und „FrewdenReich" werden aufgenommen und gesteigert. Der Vers steht überdies in der Spannung von „Auslachen" und „Leid", Heermann fügt ihn ein in den Zusammenhang des Liedes, das immer wieder von dieser Freude in Traurigkeit spricht. Wenig später heißt es:

> ...
> Da wird lachen vnser Mund,
> Jederman von Hertzengrund
> Frölich seyn vnd jubilirn,
> Nichts denn lauter Frewde spürn. (Str. 10)

In einem andern Lied sagt Heermann 1630:

> Ach grosser König, gros zu allen Zeiten,
> Wie kan ich gnugsam solche Trew außbreiten?
> Keins Menschen Hertz vermag es außzudencken,
>   Was dir zu schencken. (FT 1, 334, 8)[46]

Er ändert den dritten Vers in:

> Kein Menschlich Hertze mag jhm dis ausdencken
> ...

Heermann spricht in beiden Fassungen davon, daß das H e r z des Menschen dies nicht auszu d e n k e n vermöge. Das findet sich weder in Heermanns Vorlage, bei Martin Moller, noch in dem lateinischen Text, auf den Moller zurückgeht. Hier zeigt sich der Einfluß Valerius Herbergers und seiner „Herztheologie". Wenn Heermann sagt: „Keins Menschen Hertz vermag es außzudencken", so ist das eine einfache Aussage, eine Feststellung; „Keins Menschen Hertze mag jhm dis ausdencken" bringt mit dem Dativ des Reflexivums „jhm" den Rückbezug auf das eigene Ich. Doch die Änderung wird durch ganz andere Gründe ausgelöst. „Keins" ist eine synkopierte Form, statt „Hertz" sagt Heermann noch „Hertze", es müßte also heißen: „Keines Menschen Hertze ..." Heermann versucht es zunächst – in der Jacobschen Ausgabe – mit „kein Menschlich Sinn vermag es außzudencken". „Keins" ist jetzt beseitigt, für „Menschen" steht das unflektierte Adjektiv „Menschlich", „außzudencken" ist durch „ausdencken" ersetzt. Dafür aber hat Heermann auf „Hertz" und damit auf eines der Leitworte der neuen Frömmigkeit verzichtet. „Sinn" ist hier unverbindlich und unscharf, es gehört auf die Seite des Verstandes, nicht in den Bereich des Gefühls[47]. Erst in der Klosemannschen Ausgabe von 1644 sagt Heermann: „Kein Menschlich Hertze mag jhm dis ausdencken" und stellt damit den ursprünglichen Gehalt der Aussage wieder her.

Genauso wie die trennbaren Verbalkomposita behandelt Heermann Verbindungen wie „frey máchen" (FT 1, 336, 14), „hoch schétzen" (FT 1, 319, 5), „hoch prángen" (FT 1, 324, 10; Wa 48, v. 16), „hochpreísen" (FT 1, 345, 14) und „wol klíngen" (FT 1, 334, 15). Doch kann sich Heermann hier natürlich darauf berufen, daß „frey", „hoch" und „wol" einsilbige Wörter sind, die schon deshalb unbetont bleiben können[48].

Die dreisilbigen Adjektive und Substantive, einige der Adjektive und Substantive mit Vorsilben und die trennbaren Verbalkomposita gehören zu den dreisilbigen Wörtern, die einen Hauptton und einen starken Nebenton tragen. Wenn ein Dichter alternierende Verse schreiben wollte, dann mußte er hier Ausnahmen von der natürlichen Wortbetonung gelten lassen. Opitz hatte solche Wörter als Daktylen bezeichnet. Er nennt dafür „obsiegen"[49]. Allerdings geht er selbst den Schwierigkeiten, die sich wegen der Betonung der trennbaren Verben ergeben, dadurch aus dem Wege, daß er entweder den Infinitiv mit eingeschobenem „-zu-" verwendet oder Vorsilbe und Simplex auseinanderzieht oder aber die Formen des Präsensstammes überhaupt vermeidet[50]. Hermann und andere können diese Schwierigkeiten noch nicht umgehen.

Andreas G r y p h i u s stimmt in vielen dieser metrischen Grundsätze mit Johann Heermann überein. Er kann einen Hexameter aus lauter einsilbigen Wörtern schreiben, denn auch für ihn haben diese noch die „mittlere Wortzeit", sie sind für Gryphius sogar, wie für Heermann, „von gleichgültiger Quantität"⁵¹. Auch er betont „dennóch", „darúm", „alsó", „großmütig", „Jungfraẃen", weil es der Vers erfordert⁵²; er ändert einmal „verscheíden" in „abscheíden". Er behandelt, wie Heermann, trennbare Verbalkomposita wie untrennbare⁵³. Das hat Manheimer richtig gesehen. Wenn er aber davon spricht, daß Gryphius dies „mit der ihm eigenen gewaltsamen Folgerichtigkeit" durchführe⁵⁴, so klingt das, als gehe Gryphius hier eigene Wege. Tatsächlich jedoch muß er sich nach den metrischen Gesetzen richten, die mindestens für die erste Generation nach Opitz galten. Hier ist also kaum eine, wie Manheimer meint, „vom Dichter gewollte Struktur" zu erkennen, die „ein tieferes Erfassen seiner Persönlichkeit" ermöglichen könnte⁵⁵. Gryphius macht es nicht anders als sein Vorbild Johann Heermann.

Die neue Verslehre kann sich erst nach und nach durchsetzen. Das bestätigen die Äußerungen Birkens, Schupps und Praschs. In geistlicher Lyrik werden um die Mitte des 17. Jahrhunderts, von Paul Gerhardt, zum erstenmal glatte Verse geschrieben, aber es gibt natürlich auch da noch Ausnahmen.

3. Der Daktylus bei Johann Heermann

Heermann hat einige Male versucht, Daktylen zu schreiben. Er kannte sie aus der lateinischen Dichtung und hatte selbst lateinische Distichen verfaßt. Nur wenige seiner deutschen Daktylen sind jedoch ohne weiteres als solche erkennbar, sie lassen aber Schlüsse zu auf die übrigen und damit darauf, wie Heermanns Daktylen beschaffen sind. Meist stehen sie – in gemischten Versen – in Verbindung mit Jamben oder Trochäen, sind also – nach der Bezeichnung Schottels und Birkens – Bestandteil „mängtrittiger Gebändzeilen"⁵⁶. Solche Verse sind in geistlicher Dichtung 1630 etwas Neues. Die geistlichen Oden des Matthäus Apelles von Löwenstern erscheinen erst 1644⁵⁷, auch ihre theoretische Begründung erfährt diese Dichtart erst später: durch Buchner und Zesen, die allerdings – wie Opitz – nur zusammenfassen, was sich in der Praxis schon herausgebildet hatte. Auch hier zeigt sich also, daß Heermann ein „moderner" Dichter sein will, daß er sogar seinen Zeitgenossen voraus ist.

In dem Lied „Vom heiligen Abendmahl" (FT 1, 337) versucht Heermann im 6. und 7. Vers jeder Strophe, das Prinzip des regelmäßigen Wechsels betonter und unbetonter Silben zu durchbrechen. Keiner dieser Verse muß alternierend gelesen werden, einige dürfen es bestimmt nicht. Meist beginnen sie trochäisch, der Versschluß ist in der Mehrzahl der Fälle eindeutig als daktylischer zu erkennen, d. h. es ist ein Daktylus mit einem Trochäus. Allerdings kann es auch sein, daß Heermann hier an den Adoneus gedacht hat, den er ebenfalls kennt und verwendet. Solche Versschlüsse sind: „wollestu weiden" (Str. 1), „Bergen mit Frewden" (Str. 1), „Sünde nicht schertze" (Str. 3), „mit ver]langen ich hoffe" (Str. 5), gesichert sind auch: „schwere] Last von mir wende" (Str. 6) und „sie bald verschwinden" (Str. 7), nur „von stund an] rein vnd gezieret" (Str. 4) könnte auch anders gelesen werden. Einige weitere Stellen sollen aus besonderen Gründen erst im folgenden genannt werden.

Wenn Heermann in der schon zitierten vierten Strophe dieses Liedes den Vers

„Wann mein Hertz damit wird gerühret" 1644 in „Wird damit mein Hertze gerühret" ändert, so will er einmal „Hertz" durch „Hertze" ersetzen, aber offenbar möchte er auch bessere Daktylen schreiben als vorher, denn in der zweiten Fassung kann er weder „Hertzé" noch „gerühret" betonen, die Möglichkeit, den Vers als alternierenden aufzufassen, scheidet also jetzt aus. Die erste Version dagegen scheint eher alternierend als daktylisch zu sein; die einsilbigen Wörter sind zwar „ancipitia", „Hertz" kann – gegen den Sinn – unbetont bleiben, es kann, übrigens in beiden Fassungen, sowohl „damít" als auch „dámit" heißen, aber der Daktylus hätte hier etwas Gewaltsames. Auch nachdem Heermann den Vers geändert hat, ist es allerdings immer noch möglich, drei Daktylen mit Auftakt oder aber zwei Trochäen (bzw. Jamben) mit daktylischem Schluß zu lesen.

Mit zwei Trochäen beginnt der 6. Vers der ersten Strophe, dann folgen Daktylen:

   Déin arm Scháfflein wóllestu wéiden.

Auch im 7. Vers der 3. Strophe stehen Daktylen, allerdings würden hier die einsilbigen Wörter auch trochäischen (oder jambischen) Anfang möglich machen:

   Daß ích mit der Súnde nicht schértze.

In der 5., 6. und 7. Strophe kann der 6. Vers alternierend oder auf jede andere Art gelesen werden, während der 7. jedenfalls nicht alternierend ist, denn es kann in den folgenden Versen weder „vérlangén" noch „hoffé", weder „schweré" noch „wendé", weder „müssén" noch „vérschwindén" heißen. Eine Betonung der Flexionsendungen und der Endung des Infinitivs, die in älterer Dichtung noch möglich und üblich war, gibt es bei Heermann nicht mehr[58]. – Es scheint verlockend, in der 5. Strophe reine Daktylen zu lesen:

   Du bíst ja der Ártzt, den ich rúffe,
   Auff dén mit verlángen ich hóffe.

Aber ebensogut wäre möglich:

   Dú bist já der Ártzt, den ich rúffe

oder sogar:

   Du bíst ja dér Artzt, dén ich rúffe. –

Die betreffenden Verse der 6. und 7. Strophe können als Trochäen mit abschließenden Daktylen aufgefaßt werden, doch machen die einsilbigen Wörter in den 6. Versen auch hier eine andere Betonung möglich, gerade in der 7. Strophe könnte der 6. Vers, wenn es nach dem Sinn der Worte geht, alternierend gelesen werden.

   Ách kom sélbst, leg án deine Hánde
   Vnd die schwére Lást von mir wénde. (Str. 6)
   Ách in mír find ích eitel Súnden,
   In dir müssen síe bald verschwínden. (Str. 7)

(Oder aber: „Ach kóm selbst, lég an deíne Hánde" und: „Ach ín mir fínd ich eítel Súnden".)

Im Gegensatz hierzu schreibt Heermann in den entsprechenden Versen der 8. und 9. Strophe zunächst alternierende Verse mit männlichem Ausgang. Das ist ein Zeichen dafür, wie schwer es ihm fällt, deutsche Daktylen zu bilden.

   Bringe mit, was alle Welt erfrewt
   Deiner Liebe süsse Liebligkeit
   . . .   (Str. 8)

3. Der Daktylus bei Johann Heermann

1644 versucht Heermann, diese Verse im Rhythmus den übrigen anzugleichen.

> Kómm vnd schéncke mír deine Líebe,
> Só wird níchts seyn, dáß mich betrúbe
> ...

Der erste der eben zitierten Verse ist in der geänderten Form nicht alternierend, da Heermann weder „schencké" noch „deiné Liebé" betonen würde; der zweite aber könnte wegen der sechs einsilbigen Wörter auf jede Weise gelesen werden (z. B. – und das klingt sinnvoller –: „So wírd nichts seýn, daß mích betrúbe"), nur wird man, wenn man Heermanns Absichten aus den übrigen Versen erschlossen hat, auch hier Trochäen mit daktylischem Schluß ansetzen müssen. Der Austausch der mehrsilbigen Wörter durch einsilbige ist also, da diese „ancipitia" sind, für Heermann ein Mittel, Daktylen herzustellen. (Es ist übrigens möglich, daß Heermann in der ersten Fassung „Lieblígkeit" betont hat, dann wäre auch dieser Vers für ihn schon in Ordnung gewesen.) – In der letzten Strophe schließlich, der 9., schreibt Heermann 1630:

> Ín dir háb ich álles, wás ich sól;
> Deíner Gnáden Brúnnlein íst stets vóll.

Er ändert es 1644 in:

> Ín dir háb ich wás ich sol háben;
> Deíner Gnáden Brúnnlein mich láben.

Hier gilt Ähnliches wie für die 8. Strophe. (Möglich wäre also: „In dír hab ich was ích sol háben".)

Ein Vorbehalt muß hier gemacht werden: Es ist sicher, daß Heermann mit Hilfe einsilbiger Wörter manchen Daktylus konstruieren kann, doch auch die sonstigen schon erwähnten Ausnahmen von der natürlichen Wortbetonung müssen beachtet werden. Heermann wird auch in diesem Lied – in Übereinstimmung mit ähnlichen Stellen – Isráel, bußfértig, lebéndige und HertzKrúglein betont haben. Während es also Wortfolgen gibt, in denen man heute kaum einen daktylischen Rhythmus erkennen würde, sind auf der andern Seite manche Verse alternierend, die heute als gute Daktylen gelten würden. Wahrscheinlich mußte Heermann betonen: „Aúff Israéls Bérgen mit Frewden" und nicht etwa: „Auff Ísraels Bérgen mit Frewden", wie wir es heute tun würden. Ebenso ist es wahrscheinlich, daß Heermann die entsprechenden, schon oben zitierten 6. und 7. Verse der 2. Strophe nicht für gelungen halten konnte:

> Du bíst die lebéndige Quélle,
> Zu dír ich mein HertzKrúglein stélle
> ...

Das Gleiche gilt für den 6. Vers der 3. Strophe:

> Gib mír ein récht bußfértig Hértze
> ...[59]

Aus allem ergibt sich, wie unsicher Heermann hier noch ist. Er hatte glatte lateinische Verse geschrieben, er war seit seiner Schulzeit mit den antiken Versmaßen und Strophenformen vertraut, und doch gelingt ihm deren Nachahmung in deutscher Sprache nur sehr unvollkommen. Die verschiedenen Änderungen, die er in diesem

Lied vornimmt, zeigen, daß er mit den Schwierigkeiten, die in der Sprache selbst liegen, noch nicht fertig werden kann.

Heermanns Lieder „Vrsache des bittern Leidens Jesu Christi vnd Trost aus seiner Lieb vnd Gnade" (FT 1, 334) und „HERR, vnser Gott, laß nicht zu schanden werden" (FT 1, 350) sind „sapphische Oden". Heermann hat sie auf die Melodie von Melanchthons „Dicimus grates tibi, summe rerum (conditor)" und „Bartholomäus Ringwaldts „Geliebten Freund, was thut jhr so verzagen" gedichtet. – Melanchthons Lied, sein lateinischer „HYMNUS De sanctis angelis" (WKl 1, 453), aus dem Jahre 1543 (oder 1539) ist wirklich im Maß der sapphischen Ode geschrieben[60]. – Ringwaldts „Begrebnis Lied" (WKl 4, 1346), das dieser auf die Melodie einer geistlichen Kontrafaktur des Horazischen „Integer vitae" gedichtet hatte[61], stimmt mit der sapphischen Ode lediglich in der Zahl der Silben überein. Ringwaldt versucht nicht einmal, den Adoneus am Ende jeder Strophe zu bewahren. Die Verse sind gereimt. Ringwaldt folgt damit der Gewohnheit seiner Zeit. Er schreibt eine schlichte, einfache Sprache, er verkürzt einzelne Wörter, er dehnt andere, indem er ein „e" anfügt, wo die Silbenzahl es erfordert, es gibt bei ihm unflektierte, synkopierte und apokopierte Formen. Anderes war 1577, als das Lied erschien, in deutscher geistlicher Lyrik kaum möglich. – Auch Heermann reimt seine Oden. Das Gesetz der Strophe ist nicht befolgt, es gibt keinen Einschnitt nach dem 1. und 2. Vers, der 3. und 4. sind nicht immer eng miteinander verbunden. Die ersten drei Verse jeder Strophe sind bei Heermann jambische Elfsilbler, nur im vierten bemüht er sich, den Adoneus des Originals (– ∪ ∪–∪) nachzubilden[62].

Die Daktylen sind hier von der gleichen Art wie in dem eben besprochenen Lied: Wieder muß berücksichtigt werden, was über die einsilbigen Wörter gesagt wurde. Dann ist allerdings in dem ersten dieser beiden Lieder, dem bekannten „HErtzliebster Jesu, was hastu verbrochen" (FT 1, 334; EKG 60, dort ohne die Strophen 6 und 12), kein Adoneus wirklich ganz schlecht. Natürlich ergeben sich bei der Betonung auch in den guten Versen oft noch leichte Verstöße gegen den Sinn, doch das ist kein Vorwurf, mit dem man einen Dichter aus der ersten Hälfte des 17. Jahrhunderts treffen könnte. Heermann schreibt: „Wás du erdúldet" (Str. 3), „Vnd du must leíden" (Str. 7), „Wás dir zu schéncken" (Str. 8), wo besser das Personalpronomen betont werden sollte, da hier gerade der Gegensatz zu einem – allerdings auch unbetonten – „Ich", der Gegensatz zwischen dem Menschen und Jesus, gemeint ist. Auch „Bístu geráthen" (Str. 1) könnte ebensogut anders gelesen werden.

> HErtzliebster Jesu, was hastu verbrochen,
> Daß man ein solch scharff Vrtheil hat gesprochen?
> Was ist die Schuld? In was für Missethaten
> Bistu gerathen?

Heermann sagt: „Mích nicht beschämen" (Str. 14), wo es im Grunde auf die Negation ankommt. Auch „Fúr seine Knéchte" (Str. 4), „Mít alten Súnden" (Str. 10) und „Zúm guten fúhre" (Str. 11) sind nicht gerade hervorragende Verse. – Nur wenn man weiß, daß einsilbige Wörter für Heermann als „ancipitia" gelten, sind jedoch auch die folgenden Strophenschlüsse noch echte Adoneen: „Áns Creutz gehéncket" (Str. 2), „Ím Werck erstátten" (Str. 9) und „Lób vnd Danck síngen" (Str. 15). – Ein guter Adoneus ist: „Gótt wird gefángen" (Str. 5), hier fordert auch der Sinn keine andere

Betonung. Das Gleiche gilt für „Stéts zu erfüllen" (Str. 12). Gut ist auch „Éwiglich bússen" (Str. 6), obwohl in andern Versen bei „ewiglich" neben der ersten auch die dritte Silbe betont wird[63]. Nur ein Adoneus überzeugt aber wirklich und kann gar nicht anders gelesen werden: „Néhmen zu Hértzen" (Str. 13).

> Ich werde dir zu Ehren alles wagen,
> Kein Creutz nicht achten, keine Schmach vnd Plagen,
> Nichts von Verfolgung, nichts von Todes-Schmertzen
> Nehmen zu Hertzen.

Heermann betont hier übrigens einmal „Nichts vón", dann „níchts von". – Ähnliches wie für diese „sapphische Ode" gilt auch für die zweite[64].

Klopstock ging es bei seiner „Veränderung" von Heermanns „HErtzliebster Jesu" nicht um metrische Verbesserungen. Er wollte in seinen Bearbeitungen älterer Lieder deren „Schwächen" im Ausdruck beseitigen. Er sah es als seine Aufgabe an, den „Hauptton, der in dem Liede herrschte, aufzusuchen" und das Lied der Religion „würdiger" zu machen[65]. Er „dramatisiert" dieses Lied, indem er es jeweils nach fünf Strophen durch den Gesang eines Chors unterbrechen läßt. Die „Gemeine" nimmt am Schluß das Gebet des Chors („... Lass' uns, Mittler, im Gericht Gnade, Gnade finden!") mit diesem zusammen als ihr Bekenntnis auf („... Ja, du läßt uns im Gericht Gnade, Gnade finden."). Heermanns verinnerlichte Frömmigkeit ist durch ein gewisses Pathos ersetzt; es heißt nicht mehr „HErtzliebster Jesu", sondern „Versöhner Gottes"; in Jesus, dem „Gottversöhner", dem „Mittler", wird Gott angerufen. In Klopstocks Fassung lautet die erste Strophe:

> Versöhner Gottes, was hast du verbrochen?
> Dein Todesurtheil haben sie gesprochen?
> Ein Fluch gemacht, sollst du am Kreuze sterben?
> Wie Sünder sterben?

Heermanns Daktylen sind gewiß nicht immer gelungen, aber sie sind auch nicht so mißlungen, wie Viëtor annimmt, wenn er sagt, daß Heermann es in seinen Oden nicht vermocht habe, „den Daktylus herauszubringen"[66]. Er folgt hier den Angaben Hitzeroths, die er jedoch kaum überprüft haben dürfte. Hitzeroth hatte immerhin einige Adoneen gelten lassen. Wenn er andere Verse nicht als Adoneen ansieht, so liegt das daran, daß er nicht erkannt hat, daß Heermanns Ausnahmen von der natürlichen Wortbetonung festen Regeln folgen[67]. Sofern Heermanns Zeitgenossen lateinische Verse, die antike Metrik, die Bemühungen von Opitz, Zesen und Schottel kannten, hörten sie sehr wohl noch Verse wie „Lób vnd Danck síngen" und „Áns Creutz gehénncket" als ordentliche Adoneen in deutscher Sprache. Überhaupt konnten ihnen Verstöße gegen die „natürliche" Wortbetonung nicht so „unnatürlich" vorkommen wie den Angehörigen späterer Generationen. Noch gab es in vielen Fällen die Möglichkeit, von der neuen akzentuierenden Metrik auf die Gesetze der quantitierenden auszuweichen. Viele Wortverkürzungen und viele Verstöße gegen die natürliche Betonung waren überdies in einem g e s u n g e n e n Liede nicht allzu fühlbar. Genauso, wie die Melodie durch ihren eigenen Rhythmus den Eindruck der Monotonie milderte, der leicht bei einem streng durchgeführten Wechsel von betonten und unbetonten Silben entstehen konnte, half sie auch über manche sprachliche Härte hinweg.

VII. Kapitel

„Blut und Wunden" in Johann Heermanns geistlicher Lyrik

Nachdem in den drei vorhergehenden Kapiteln die Stellung der geistlichen Lyrik in der Poetik des 17. Jahrhunderts, die Entstehung und Entwicklung der protestantischen Erbauungsliteratur, Heermanns Beziehungen zu einzelnen Erbauungsschriftstellern und schließlich Probleme der Sprache und der Metrik seiner Lieder betrachtet wurden, sollen im Schlußkapitel einige Begriffe untersucht werden, die bestimmend für den Gehalt und die Sprache seiner Dichtung sind[1].

Einzelnes aus dem „Wortschatz des Pietismus" – Lebensbrunn, Lebensquell, Brunnquell, Jesus als Bruder – wurde schon genannt[2], anderes – Christus als Keltertreter, als Bräutigam, als Arzt, der „Jesusname" und seine besondere Funktion – wird auch im Folgenden nur am Rande erwähnt werden. Im Mittelpunkt des Kapitels steht die Frage nach der Bedeutung des Blutes und der Wunden Christi bei Johann Heermann. Es sind die zentralen Begriffe der neuen, verinnerlichten Frömmigkeit.

Vollständigkeit bei den Belegen ist nicht beabsichtigt, doch sollen außer Zitaten aus der „Devoti Musica Cordis" auch Stellen aus den „Poetischen Erquickstunden" und deren „Fernerer Fortsetzung" sowie aus Heermanns Predigten, aus den „Andechtigen KirchSeufftzern" und dem „Schließ-Glöcklein" herangezogen werden. Die Beziehung Heermanns zu seinen Vorlagen, zu Arndt, Moller und Tauler-Surius, wird dagegen nicht mehr mit der gleichen Gründlichkeit untersucht werden wie bisher. Wiederholungen von einzelnen Zitaten, die schon in den vorhergehenden Kapiteln angeführt wurden, sind nicht immer zu vermeiden, doch ist der Gesichtspunkt jetzt ein anderer. Hier soll gezeigt werden, welche verschiedenen Bedeutungen die Begriffe haben können. Dabei bedeutet das Nacheinander in der Untersuchung nicht, daß es bei Heermann eine Steigerung oder Entwicklung gibt. Ebensowenig kann aus der Art, in der das Material dargeboten wird, auf eine systematische Ordnung oder ein vollständiges theologisches System bei Heermann geschlossen werden.

Am Ende des Kapitels steht die Interpretation des Liedes von Christus als dem „Purpurroten BlutWürmlein" (FT 1,333), das wegen seines Inhalts immer wieder als „Verirrung" bezeichnet wurde, in dem man nur eine Häufung von Geschmacklosigkeiten sah und in dem die Kritiker gerade deshalb schon früh einen Hinweis auf Heermanns Nähe zum Pietismus fanden und das sie auch deswegen ablehnten.

1. Das Blut Jesu Christi

a) Die Erlösung des Sünders durch das Blut

Das Christentum ist eine Erlösungsreligion. Christi Kreuzestod ist hier das eigentliche Ereignis. Die Gewißheit, durch Christi Blut erlöst, „erkauft" zu sein, bildet auch die Mitte von Luthers Theologie. Sie ist eine „Theologie des Kreuzes".

Auch Heermann spricht immer wieder davon, daß der Mensch durch Christi Tod am Kreuz erlöst ist, und damit entfernt er sich noch nicht vom reformatorischen Ansatz. Für diese ganz einfache Aussage sollen zunächst einige Beispiele gegeben werden. Bemerkenswert ist dabei, daß Heermann auch hier die Tendenzen seiner Vorlage verstärkt, daß er „Todt" sagt, wo Moller in unbestimmter Form vom „Leyden" Christi spricht, daß der „Todt" bei ihm zum „bittern CreutzTodt" wird.

In einem Liede heißt es:

> Also hab ich nu Gnad, O Gott,
> Durch Christi Todt,
> Den Er für mich erduldet. (FT 1, 332, 8)

Moller sagt dagegen: „Also habe ich durch sein Leyden gnade erlangt" (MSP I. II. IIII). Ihm geht es nicht um die Einzelheiten des Leidens; aber auch Heermann verzichtet an dieser Stelle darauf, sich in das Leiden Christi hineinzudenken, die Stationen des Leidens mitfühlend zu erleben. Das von ihm gewählte „Todt" ist umfassender als Mollers „Leyden". Es ist der kräftigere, deutlichere Ausdruck, und doch ist „Leyden" für Heermann auch Wortmaterial, er spaltet es auf in „Todt" und „erdulden" und erweitert Mollers Aussage durch einen Relativsatz. „Leyden" wird also nicht einfach durch „Todt" ersetzt. Heermann und Moller sprechen beide in der „Ich"-Form, aber Heermann bezieht das Ganze noch einmal ausdrücklich auf sich, den sündigen Menschen, wenn er sagt, daß Christus den Tod „für mich" erduldet habe.

Der Tod Christi, der die Erlösung des Menschen bewirkt, wird als „CreutzTodt" bezeichnet und damit genauer umschrieben.

> Des Todes Macht so gros nicht ist,
> Der bitter CreutzTodt sie zerbricht,
> Den Gottes Sohn erlidten. (FT 1, 331, 9)

Aus Heermanns knappen Versen – Satz- und Versschluß fallen jeweils zusammen – spricht eine unerschütterliche Erlösungsgewißheit. – Das Lied beruht auf Mollers „... Gebete/ Darinne der Mensch Gott dem Vater vorhelt das Leyden seines Sohns/ vnd vmb seinet willen gnade bittet." (MSP I. II. III) Die Stelle, die den eben zitierten Versen entspricht, lautet:

> Wie mag des Todes gewalt so groß sein/ das sie durch das Leyden vnd Todt des Sohnes Gottes nicht solte zustöret werden?

Das ist eine rhetorische Frage, die sehr viel verbindlicher, verhaltener klingt als Heermanns Aussage. Bei Heermann und bei Moller stehen sich der Tod, als der Feind des Menschen, und Christi Tod gegenüber. Heermann lebt in der Gewißheit, daß Christus „den Tod durch seinen Tod getödtet" (PE, S. 83), daß sein „Todt ... den Todt zerhawen" hat (FT 1, 363, 5). – Die Formel „Leyden vnd Todt" ist bei Heermann aufgelöst. Diese Worte stehen nicht mehr mit gleichem Gewicht nebeneinander. „Leyden" ist zum Verbum geschwächt, es wird zum „erleiden" des Todes: Aus „Leyden ... des Sohnes Gottes" ist der Relativsatz „Den Gottes Sohn erlidten" hervorgegangen. – Christi „Todt" steht im Mittelpunkt dieser Verse. Heermann erweitert das Wort zu „CreutzTodt" und verstärkt den Ausdruck durch das hinzugefügte Adjektiv „bitter". Es ist zwar üblich, vom „bittern Tod" zu sprechen; das ist Topos, aber ein Mitleiden läßt sich hier zumindest heraushören.

Heermann weiß, daß er durch das Kreuz, durch Christi Kreuzestod erlöst ist, daß er dadurch auserwählt ist zum Heil. „Creutz" wird in den folgenden Versen zur Metapher für den Tod am Kreuz und damit für die Erlösung.

> Ein Mensch bin ich zur Welt geborn/
> Hab kurtze Zeit zu leben.
> Das Creutz hat mich jhm außerkohrn/
> Mit Vnruh gantz vmbgeben. (Wa 5, 3)

Heermanns „Das Creutz hat mich jhm außerkohrn" enthält wieder die christliche „Grundüberzeugung". Es ist allerdings möglich, daß hier auch der Gedanke an die „Gnadenwahl" anklingt. Heermann hat diesen Vers gegenüber der Vorlage hinzugefügt[3]. Mit ihm teilt er das Zitat aus Hiob 14, 1 („Der Mensch, vom Weibe geboren, lebt kurze Zeit und ist voll Unruhe") und nimmt dem „Mit Vnruh gantz vmgeben" seinen Schrecken.

Diese Aussagen über die Erlösung des Menschen enthalten nichts, was nicht reformatorisch ist, was nicht Luther selbst ebenso hätte sagen können.

Meist spricht Heermann jedoch, wenn er die Erlösung meint, nicht nur – wie in den bisher angeführten Belegen – vom Kreuz oder vom Tode Christi, sondern vom Blut, das dabei vergossen wird. Auch hier fällt wieder auf, daß er die Neigung hat, zu verstärken, was in der Vorlage steht. „Leyden vnd Sterben" wird bei ihm zu „Blut vnd Todt". Er betont immer wieder, setzt es auch gegenüber Moller hinzu, daß das Blut die Erlösung bewirkt. Alles geschieht durch das Blut. Demgegenüber treten Wort und Glauben zurück. Die Erlösung ist für ihn kein „geistiger" Vorgang, sondern wird als etwas sehr Konkretes verstanden.

In einer Bitte um die Vergebung der Sünden wird Gott in seiner unendlichen Gnade angerufen:

> Darumb, O du liebreicher Gott,
> Des Gnad nicht außzugründen,
> Vmb deines Sohnes Blut vnd Tod
> Verzeih mir meine Sünden! (FT 1, 331, 11)

Christi Blut und Tod geben ein Anrecht auf die Versöhnung mit Gott. Moller spricht hier vom „Leyden vnd Sterben": „Derhalben .../ vergib mir alle meine Sünde/ vmb deines lieben Sohnes Leydens vnd Sterbens willen." (MSP I. II. III) Heermann wählt also nicht die substantivierten Infinitive („Leyden vnd Sterben"), die einen Vorgang umschreiben, sondern er sagt für „Sterben" „Tod", und er redet von dem, was das sichtbare Ergebnis des Leidens ist: dem Blute Christi[4].

1. Das Blut Jesu Christi

Von der Gnade Gottes wird auch in der folgenden Strophe gesprochen. Sie enthält eine Mahnung an den Menschen, eine Warnung vor „Sicherheit".

> Gnad hat dir zugesaget Gott
> Von wegen Christi Blut vnd Todt;
> Zusagen hat er nicht gewolt,
> Ob du biß Morgen leben solt. (FT 1, 318, 5)

Moller sagt hier:

> Derhalben bedencke/ O Mensch/ das dir zwar der HERR seine Gnade versprochen/ vnd vergebunge deiner sünden zugesaget hat/ Aber den morgenden Tag hat er dir nicht verheissen. (MSP I. I. I)

Heermann hat stark vereinfacht, er unterscheidet nicht mehr zwischen „Gnade" und „vergebunge". Gnade und Vergebung fallen für ihn zusammen[5]. Dafür betont er aber ausdrücklich, daß „Christi Blut vnd Todt" erst der Grund für die Gnade Gottes sind. Er fügt es gegenüber seiner Vorlage hinzu, denn es ist für ihn das Wichtigste. – Im übrigen klingt in Heermanns Strophe vielleicht Röm. 3, 24 an: „und werden ohne Verdienst gerecht aus seiner Gnade durch die Erlösung, so durch Christum Jesum geschehen ist".

Auch in den folgenden Versen wird von Heermann die Rolle des Blutes bei der Erlösung besonders hervorgehoben:

> O JESV, JESV, der du hast
> Erlöset mich mit deinem Blut
> Von meiner schweren Sündenlast
> Vnd aus der tieffen Hellen Glut
> ... (FT 1, 321, 12)

Bei Moller heißt es: „HERR Jhesu Christe/ der du mich aus der ewigen Hellen pein hast erlöset..." (MSP I.I.IIII) Heermann hat also die Worte „mit deinem Blut" hinzugesetzt. – Mollers „Hellen pein" steht für Verdammung und Strafe; die „Glut" der „tieffen Hellen" brennt wirklich. Heermann wählt statt eines blassen einen kräftigen, anschaulichen Ausdruck[6].

Das Erlösen ist auch ein Lösen, ein Bezahlen der Sündenschuld, ein Auslösen eines Pfandes. Das Blut Christi wird zum Lösegeld, der Sünder wird freigekauft.

In den folgenden Versen aus einem Gedicht, das von dem „Hertzlichen Verlangen einer betrübten Seelen nach dem himmlischen Jerusalem" spricht, redet Heermann die eigene Seele an. Er sagt ihr, daß sie in die Stadt Gottes eingehen darf, weil Jesus sie mit seinem Blut „erkaufft" hat.

> ... Sey frölich meine Seele/
> Verlaß den Leib/ der nichts/ als eine finstre Höle/
> Und dir beschwerlich ist. Geh' ein in diese Stadt/
> Da dein Erlöser dich wird machen reich und satt:
> Der König/ der so schön/ als je ein Mensch geboren:
> Der dich zu seiner Lust und Ruh' ihm hat erkohren/
> Ja durch sein Blut erkaufft: der sein Hertz hat gewand
> Zu deiner Schön' und Zier: der dich in seine Hand
> Aus Gunst gezeichnet ein. Da wird dich nicht mehr dürsten/
> Dich wird mehr hungern nicht... (PE, S. 57)

Heermanns Vorlage – Mollers „Hertzlich verlangen/ einer betrübten Seelen/ nach der Stadt Jerusalem/ die droben ist" (MSP I. VI. VIII) – ist geprägt von der Sprache des Hohenliedes. Jerusalem ist die „allerliebste Braut Jesu Christi", an ihr ist „kein Flecken", sie ist „aller dinge Schöne", sie wird schön, herrlich, edel genannt, und für diese Prädikationen wird auf die Kapitel 4 und 7 des Hohenliedes verwiesen. Dazu kommt ein Zitat aus dem 45. Psalm (Ps. 45, 12: „so wird der König Lust an deiner Schöne haben"). In diesem Psalm wird die gleiche Sprache gesprochen. Er ist ein „Loblied auf den Gesalbten Gottes und dessen Braut." Das übernimmt Heermann von Moller, aber er gestaltet es aus, er erweitert und deutet es in seinem Sinne. Die Absage an die Welt: „Verlaß den Leib/ der nichts/ als eine finstre Höle/ Und dir beschwerlich ist" stammt von ihm, sie entspricht seiner Auffassung von der „argen, falschen Welt". Es ist die Haltung des Barockzeitalters gegenüber der Welt, die Haltung der Theologie des 17. Jahrhunderts. Heermann bekräftigt die Feststellung, daß der König seine Braut, daß also Jesus die Seele, „zu seiner Lust und Ruh' ihm hat erkohren", mit einem zusammenfassenden, steigernden, abschließenden „Ja durch sein Blut erkaufft", und er setzt außerdem hinzu, daß Jesus die Seele „aus Gunst" in seine Hand eingezeichnet hat. Das erinnert an eine Stelle aus einem andern Lied, wo Heermann sagt, daß Jesus den Namen des hilfesuchenden, zerknirschten Sünders mit seinem Blut in die Hände eingeschrieben habe[7]. Bei Heermann tritt also hier zu der Sprache der biblischen Liebesdichtung, des Hohenliedes und einzelner Psalmen, die er von Moller aus der mittelalterlichen Erbauungsliteratur übernimmt, der Hinweis auf das Blut Christi hinzu, der Hinweis darauf, daß der Sünder in die Wundmale eingezeichnet ist. Beides ist miteinander verbunden.

Die Seele des Menschen ist ein Pfand, das nur mit Blut ausgelöst werden kann:

> Die ist ein solch thewr Pfand vnd Gut,
> Das ohne seines Sohnes Blut
> Nicht könt erlöset werden. (FT 1, 319, 6)

Moller spricht hier nicht von einer einzelnen Seele, sondern davon, daß Jesus sein Leben „für die seelen der Menschen" gegeben habe:

> Ja/ sie sind vor Gott so werth/ das sie mit keinem andern Lösegelt/ ohne allein mit dem thewrē Blut Jesu Christi/ köndten erlöset werden. (MSP I. I. II)

Heermann muß zunächst auf den Terminus „Lösegelt" verzichten, verwendet ihn aber, allerdings auch mit Moller, in einer andern Strophe des gleichen Liedes. – Wieder geht es um die Seele:

> Sein Blutschweiß war das Lösegeld,
> Das Er, der Heyland aller Welt,
> Für sie baar außgezehlet. (FT 1, 319, 9)[8]

Bei Moller heißt es: „... vnd erkauffte sie mit dem Lösegelt seines thewren Blutes." (MSP I. I. II) „Blut" gibt Heermann also mit „Blutschweiß" wieder. Er hat eine Vorliebe für diesen Ausdruck, der „menschlicher" und konkreter ist[9]. Aus der Vorlage ergibt sich, daß hier mit „Blutschweiß" das am Kreuz vergossene Blut gemeint ist und nicht Christi Schweiß, der „wie Blutstropfen" auf die Erde fällt, als er im Garten Gethsemane mit dem Tode ringt. Mollers „Mit-dem-Lösegelt-Erkauffen" kann noch als metaphorischer Ausdruck für ein „Erlösen" verstanden werden, dahinter steht ein geistiger, unsinnlicher Vorgang. Heermann braucht das Wort „Lösegeld" allegorisch, er verwendet es in den hier möglichen Bezügen. Das „Außzehlen" ist wirklich ein Vorzählen von Münzen, das Auszahlen von Geld[10].

Vom Bezahlen der Schuld wird auch in einem Lied „An der Faßnacht" gesprochen. Christus „klagt/ und redet den Menschē an", er ereifert sich in 35 Strophen wie ein Bußprediger über das Fastnachtstreiben[11] und erinnert dabei den Sünder – den „Bacchus Faßnachts Wanst", die „versoffne Faßnacht Zunfft" – an seine Leiden, er sagt ihm, daß die Welt ein „Unglücks Thal" ist und daß er, Christus, die Schuld des Menschen durch seine „Pein", durch „Weh und Quaal ... am Creutz" bezahlt hat:

> Dadurch hab' ich aus Lieb und Huld
> Bezahlet deine Sünden Schuld.
> Dich hab' ich durch mein theures Blut/
> Erlöset aus der Höllen Glut. (PEfF, S. 104; Str. 22)

Auch an anderer Stelle hatte es geheißen, daß Christus den Sünder „aus der Höllen Glut" gerissen, „aus der tieffen Hellen Glut" erlöst habe[12].

Der Mensch, auf dem die Last der Sünde – der Erbsünde und eigener Tatsünden – liegt, muß mit Gott versöhnt werden. Diese Versöhnung geschieht nicht mehr „durch der Böcke und Kälber Blut" wie im Alten Bund (3. Mos. 16, 14f.), sondern dadurch, daß Christus selbst, der ohne Sünde ist, den Sünder mit seinem Blut entsühnt. Er ist der Fürsprecher des Menschen bei Gott, er hat die Rolle des Hohenpriesters übernommen. Während dieser aber beim Versöhnungsfest dreimal in das Heiligtum hineingehen muß und Opfer bringt, die zudem jährlich wiederholt werden müssen und doch nur eine äußere Reinigung bewirken, hat Christus durch seinen Tod die „ewige Erlösung" erreicht. Heermann gibt diesen Gedanken verschiedentlich wieder. Er kann sich dafür auf eine Stelle aus dem Hebräerbrief berufen:

> Christus aber ist gekommen, daß er sei ein Hoherpriester der zukünftigen Güter, und ist ... nicht durch der Böcke und Kälber Blut, sondern durch sein eigen Blut e in m a l in das Heilige eingegangen und hat eine ewige Erlösung erfunden. (Hebr. 9, 11. 12)

Auf dieser Bibelstelle beruht die folgende Strophe. Hier zeigt der Mensch Gott seinen Sohn, er hält ihm Christi Verdienst vor, um Vergebung für die eigene Sünde zu erlangen.

> Sih doch, O Gott, hier ist dein Sohn
> ...,
> Der nicht versöhnet werden darff,
> Ob das Gesetze noch so scharff;
> Er selber hat sein eigen Blut
> Vergossen reichlich mir zu gut. (FT 1, 328, 8. 9)

Das heißt also: Christus bedarf keiner Versöhnung mit Gott, er ist ohne Sünde, auch wenn man die strengsten Maßstäbe anlegt („Ob das Gesetze noch so scharff"). – Moller setzt an den Rand seiner Meditation: „Hebr. 9." und weist damit darauf hin, daß er, wie seine lateinische Vorlage, auf die Bibel zurückgeht:

> [8] Sihe/ GOtt/ mein Vater/ da ist mein Vorsprecher bey dir/ [9] Sihe/ da ist der Hohepriester/ der keiner Versünung bedarff durch frembdes Blut/ Denn Er hat selber sein eigen Blut vergossen. (MSP I. II. I)

Am Schluß dieses Abschnitts sollen Verse aus Heermanns Lied „TRewer Wechter Israel" stehen, in denen ebenfalls die Stelle aus dem Hebräerbrief wiedergegeben wird.

> Hoherpriester JEsu Christ,
> Der du eingegangen bist
> In den heilgen Ort zu Gott
> Durch dein Creutz vnd bittern Todt,
> Vns versöhnt mit deinem Blut,
> Außgelescht der Hellen Glut,
> Wiederbracht das höchste Gut
>
> . . .:
>
> Kläglich schreyen wir zu dir
> ... (FT 1, 351, 3. 5)

Das klingt wie eine Summe des bisher Erarbeiteten. In knapper, atemloser Sprache reiht Heermann aneinander, was zur Erlösung aus der „Hellen Glut" führt: Creutz, Todt, Blut. Die Dynamik der Aufzählung wird durch den Dreireim „Blut – Glut – Gut" noch gesteigert. Der Tod ist wieder der „bittre Todt". Christus hat „außgelescht der Hellen Glut", wobei wohl anklingt, daß das Blut das Feuer in einem ganz wörtlichen Sinne gelöscht hat.

Im Kern sind auch diese Aussagen noch reformatorisch. Aber zumindest in Ansätzen zeigt sich hier schon eine Verschiebung gegenüber der Lehre Luthers. Wichtig ist, daß Heermann immer wieder hervorhebt, daß die Erlösung durch das Blut Christi geschieht, und daß er dabei Wort und Glauben nicht nennt. Wichtig ist auch, daß er verstärkt, was in seiner Vorlage angelegt ist, daß er hinzusetzt, daß Christi B l u t den Menschen erkauft hat, wo Moller und (Pseudo-)Augustin einfach von der E r l ö s u n g sprechen.

b) Das Abwaschen der Sünde durch das Blut

In dem zuletzt angeführten Zitat hieß es, Christus habe das Höllenfeuer ausgelöscht. An anderer Stelle war davon die Rede, daß er sein Blut „reichlich mir zu gut" vergossen habe. In den Versen, die in diesem Abschnitt zitiert werden sollen, wird vom Fließen und Strömen des Blutes gesprochen. Mehrfach wird seine Farbe, seine sinnliche Qualität, genannt: Es ist „rosinfarb", es ist eine „schöne rothe Flut", die sich „mit Strömen" ergießt. Es reinigt den Menschen von seiner Sünde, und das Reinigen wird ganz konkret als ein Abwaschen verstanden. Statt vom „Blut" redet Heermann vielfach auch vom „Blutschweiß"; die Sünde wird mit kräftigen Worten geschildert, sie wird als „Sündenkoth", „Sünden-Schlam", „Unflat", „Eyterfluß" bezeichnet.

D a s B l u t C h r i s t i i s t f ü r H e e r m a n n B l u t a u s d e n W u n d e n . Dabei können die Wunden insgesamt oder nur einzelne – hier besonders die Seitenwunde – genannt werden. Für diese Verbindung von Blut und Wunden werden zunächst einige Beispiele gegeben.

Heermann geht in seinem „Trostgesänglein. Von dem getrewen Hirten Christo, der zur Rechten des Vaters sitzet" (FT 1, 332) von dem zweiten Artikel des Glaubensbekenntnisses aus, dem Glauben an Christus, wobei die Mühsal, die Not und das Leiden Christi besonders hervorgehoben werden. Das wird überhöht durch das Gleichnis vom guten Hirten (nach Joh. 10), der das verirrte Schaf auf seinem Rücken „zur Herde der Gerechten" trägt. Im Gleichnis wird wiederholt, was in den ersten vier Strophen des Liedes von Christi Leiden und Opfertod gesagt wurde. In einer Schlußstrophe, die Heermann selbständig gegenüber seiner Vorlage hinzugefügt hat, gibt er eine Betrachtung, die Deutung des Gleichnisses aus dem Geiste der neuen, verinnerlichten Frömmigkeit und zugleich Wiedergabe des zweiten Artikels in einer verkürzten Form ist, die das enthält, was für ihn daraus wesentlich ist[13]. Er antwortet damit auch auf die vorhergehende 8. Strophe des Liedes: Der Hoffnung auf Gnade setzt er die Gewißheit entgegen, erlöst zu sein durch das Blut Christi. Es ist der Schlüssel zum Paradies.

> Die Thür zum schönen Paradiß
>   Hat Er gewiß
> Durch sein Blut auffgeschlossen,
> Das aus den Wunden mildiglich
>   Am Creutze sich
> Mit Strömen hat ergossen. (FT 1, 332, 9)

Heermann beginnt mit einer Aussage über die Erlösung des Sünders und ergänzt das in einem Relativsatz durch drei weitere Verse, die zeigen, daß das Blut für ihn wirkliches Blut, Blut aus den Wunden Christi ist. Auch das gehört zu seinem Glaubensbekenntnis. Er betont wieder, daß das Blut die Erlösung bewirkt, das Blut, das sich „aus den Wunden mildiglich ... ergossen" hat. Das Adverb „mildiglich" wird hier noch in der älteren Bedeutung von „freigebig", „reichlich" gebraucht[14]. Die Wendung „mit Strömen" hat den gleichen Sinn. Die sich anschließenden – hier nicht zitierten – Verse führen dann zum Anfang des Liedes zurück. In ihnen wird die Überzeugung ausgesprochen, daß Gott den nicht verläßt, der diesen Glauben an Christus besitzt[15].

In einem „Trostlied Von dem Leiden JEsu Christi" wendet sich der Sünder beschwörend an Gott, er sucht dessen Grimm und Zorn zu besänftigen und zeigt ihm – in einer naiven Gebärde – Christi blutige Gliedmaßen: die brechenden Augen, den blutigen Leib, das Blut, das aus den Wunden bis auf die Füße herunterfließt. All dies soll ihn zur Sündenvergebung bewegen. Theologisch ist das „bedenklich", weil der Mensch sich hier anmaßt, über Christus verfügen zu können[16].

> Die Augen brechen, die gesehn,
> Was in der gantzen Welt geschehn,
> Das Blut die Füsse netzet,
>   Das Blut, so aus den Wunden fleust,
>   Vnd sich wie eine Flut ergeust,
> Das alle Welt hoch schetzet. (FT 1, 329, 12)

Die ersten beiden Verse stehen unter antithetischer Spannung. Dem Brechen der Augen steht gegenüber, was der Relativsatz – mit dem von ihm abhängigen Objektsatz – aussagt: Gerade die Augen, die mehr als alle andern gesehen haben, denen nichts verborgen war, müssen brechen. Diesen Gegensatz hat erst Heermann hineingebracht. Moller stellt nur fest: „Wie brechen jm seine zarte Augen" (MSP I. II. II). Allerdings ist das nicht unbedingt als „Barockisierung" einer älteren Vorlage anzusehen, denn es ist ja eine der Grundtatsachen der christlichen Lehre, daß in Christus der Höchste am tiefsten erniedrigt wird. Die zweite Hälfte der Strophe ist Apposition zu „Blut", dabei wird die Bedeutung des Blutes auch durch die Anapher unterstrichen. Heermann zeigt hier wieder, wie er das Blut Christi versteht: als Blut aus den Wunden, als Flut. Umschlossen ist dies von der Aussage „Das Blut..., Das alle Welt hoch schetzet." Damit wird angedeutet, daß das Blut „Gegenstand" der Verehrung ist. Moller sagt lediglich: „Wie sind seine durchborete Füsse mit dem heyligen Blute besprenget." (MSP I. II. II) Für ihn ist es „heyliges Blut", Heermann spricht davon, daß „alle Welt" es „hoch schetzet". Die Distanz, die in dem Worte „heilig" liegt, ist aufgegeben. Darin zeigt sich die gleiche Haltung, die Heermann an anderer Stelle statt von „heyligen" von „tieffen" Wunden sprechen läßt[17].

Die Seitenwunde, die Pleura, hat für die Mystik eine besondere Bedeutung: In ihr findet der Sünder Zuflucht vor der Welt. Als Quelle des Blutes nennt Heermann sie in der folgenden Strophe:

> Ich war empfangen vnd geborn
> In Sünden, ich solt seyn verlorn;
> Und du hast mit dem Blute,
> Das dir aus deiner Seiten flos,
> Gemacht mich aller Sünden los,
> Gestorben mir zu gute. (FT 1, 336, 2)

In diesen Versen ist die Überwindung der Erbsünde gemeint, die bei Heermann sonst kaum eine Rolle spielt. Doch anschließend spricht er dann davon, daß er, der Sünder, der „in frembdem Koth" geboren wurde, sich „auffs new ... beflecket" habe. Heermann hat abgeschwächt, was bei Moller steht. Dieser sagt, daß Jesus den Menschen „abgewaschen" habe.

> Sihe HERR/ Ich bin in Sünden empfangen vnd geboren/ vnd du hast mich abgewaschen vnd geheyliget. (MSP I. III. I)

„Aller Sünden los machen" ist sicher eine schlechte Umschreibung für „abwaschen vnd heyligen", falls Heermann dies überhaupt mit seinen Worten ausdrücken wollte. Aber er fügt gegenüber Moller hinzu „mit dem Blute" und gibt dem besonderes Gewicht durch den Relativsatz „Das dir aus deiner Seiten flos", in dem wieder gesagt wird, daß es wirkliches Blut ist, Blut aus den Wunden. Heermann unterstreicht also auch hier, welche Bedeutung das Blut für die Erlösung hat, und zwar nicht Blut, das nur Symbolcharakter besitzt, sondern Blut, das aus Christi Seitenwunde geflossen ist. – Moller gibt mit einem an den Rand gesetzten „Psal. 51." einen Hinweis darauf, daß seinem Text Bibelzitate zugrunde liegen. Dieser Psalm ist ein Bußpsalm: Sündenbekenntnis und Bitte um Gnade und Vergebung. Allerdings wird nicht der Psalm in Verse gebracht, sondern die Bibelstellen werden in anderer Reihenfolge miteinander verbunden. Auf den 7. Vers folgt der 4.

> Siehe, ich bin in sündlichem Wesen geboren, und meine Mutter hat mich in Sünden empfangen. – Wasche mich wohl von meiner Missetat und reinige mich von meiner Sünde. (Ps. 51, 7. 4)

Auch wenn bei Heermann in dem angeführten Zitat nicht vom „Abwaschen" der Sünde gesprochen wird, so geht seine Vorlage doch auf eine der Bibelstellen zurück,

1. Das Blut Jesu Christi

auf die man sich dafür berufen kann. Deshalb wurden diese Zusammenhänge hier erwähnt.

In der eben zitierten Strophe drückt Heermann sich allgemeiner aus als Moller, doch ist ihm die Vorstellung, daß Christi Blut die Sünde abwäscht, ganz geläufig. Das „Trostgesänglein ... aus Taulero" (FT 1, 322) wurde schon ausführlich besprochen[18]. Jesus wird dort gebeten, die Sünde abzuwaschen und sie ins Meer zu versenken. Auch die Sünde muß – wie das Blut – als etwas beinahe schon Materielles verstanden werden; sie ist eine Befleckung, die abgewaschen wird, und zugleich eine Last, die ins Meer versenkt werden soll. Heermann spricht in seinen Liedern mehrfach von der „SündenLast", er nennt die Sünde auch eine „CentnerLast"[19]. Die betreffende Strophe aus dem „Trostgesänglein" soll hier noch einmal wiederholt werden:

> Durch dein vnschuldig Blut,
> Die schöne rothe Flut,
> Wasch ab all meine Sünde,
> Mit Trost mein Hertz verbinde
> Vnd jhr nicht mehr gedencke,
> Ins Meer sie tieff versencke. (FT 1, 322, 4)

Christi Blut ist „vnschuldig", denn er ist weder mit der Schuld der Erbsünde behaftet, noch hat er in seinem Erdendasein Schuld auf sich geladen. – Aus der Bezeichnung des Blutes als einer „schönen rothen Flut" scheint ästhetisches Wohlgefallen zu sprechen, von hier führt der Weg zum „Genießen" der Passion.

Im Zusammenhang mit der Taufe spricht auch Luther von einer „roten Flut". Er meint damit das Taufwasser. Die Taufe befreit von der Erbsünde. Erst Christi Kreuzestod gibt der Taufe ihren Sinn. Das Taufwasser ist nicht einfaches Wasser; für den Glauben ist es „ein rote Flut/ Von Christus Blut geferbet"[20]. So sagt es Luther in der Schlußstrophe seines Liedes „Christ vnser HErr zum Jordan kam"[21]. Es ist bezeichnend für die sich wandelnde Frömmigkeit, daß diese Strophe schon bald von den andern abgetrennt wurde[22]. Luther will mit seinem Lied die Lehre von der Taufe verkünden. Er übernimmt den Bericht der Evangelien von der Taufe Christi, er bringt Bibelworte in Verse, so sagt er: „Das ist mein lieber Son/ An dem ich hab gefallen" (Matth. 3, 17), er spricht vom Heiligen Geist, der „ernider fert/ In Taubenbild verkleidet" (Mark. 1, 10), er gibt den Missionsbefehl vom Ende des Markusevangeliums wieder: „Geht hin all Welt zu leren ... Wer gleubet vnd sich teuffen lesst/ Sol dadurch selig werden" (Mark. 16, 15. 16), und er spricht schließlich davon, daß es nötig ist, der Gnade Gottes zu glauben. Luther faßt das alles in der 7. Strophe zusammen. Heermann zitiert sie in der „Leichpredigt", die er am 13. Mai 1614 für „Anna geb. Haugwitzin Johansen von Dyhrn ... Haußfrawen" gehalten hat. Im Kontext spricht er vom Abwaschen der Sünde und bezieht sich auch auf den Vers aus dem Propheten Micha, wonach Gott die Sünden in die Tiefen des Meeres werfen wird. Natürlich zeigt sich darin eine gewisse Enge, Heermann spricht immer wieder die gleichen Gedanken aus, immer wieder stellen sich auch die gleichen Gedankenverbindungen bei ihm ein. Heermann gibt Luthers Strophe wieder als verbindliche Lehre von der Taufe, als das, was „die Kirche" singt.

Ja in der heiligen Tauffe hat dich Christus Jesus geheiliget/ vnd mit seinem Blute rein gewaschen/ deine Sünde in die tieffe des Meeres geworffen/ wie die Kirche singet:

> **Das Aug allein das Wasser sihet/**
> **Wie Menschen Wasser giessen.**
> **Der Glaub im Geist die Krafft versteht/**
> **Des Blutes Jesu Christi.**
> **Vnd ist für jhm ein rothe Fluth/**
> **Mit Christi Blut geferbet.**
> **Die allen Schaden heilen thut.**
> **Von Adam her geerbet/**
> **Auch von vns selbst begangen.** (Lp 1, I; S. 17f.)[23]

Bei Heermann hat die „rothe Flut" nicht diese umfassende Bedeutung, er meint in seinem Lied nicht die Taufe und nicht die Erbsünde, vielmehr soll das am Kreuz vergossene Blut den Menschen erlösen, die „rothe Flut" des Blutes soll ihn reinwaschen von den Sünden, die er täglich neu begeht.

Die folgende Stelle stammt aus einem Lied, das von der Marter und vom Tode Christi handelt: „Der Mensch helt Gott dem Vater das Leiden seines Sohnes für vnd bittet deßwegen vmb Gnade...":

> Wann du beschawst das Blut so roth,
> Das von jhm ist geflossen,
> Wasch ab damit den Sündenkoth,
> Weil Ers für mich vergossen. (FT 1, 331, 6)

Auch hier wird wieder vom „Fließen" und „Vergießen" des Blutes gesprochen; Heermann betont, daß es „für mich", also für jeden einzelnen, vergossen ist. In seiner Vorlage heißt es:

> So offte du anschawest das rothe thewre Blut deines Sohnes/ das aus seiner heyligen Seythe geflossen ist/ so tilge alle meine Missethat. (MSP I. II. III)

Moller spricht hier von der „heyligen Seythe"; Heermann kann – wohl aus Rücksicht auf den Vers – nur sagen, daß das Blut „von jhm ... geflossen" ist, aber für „Missethat" wählt er mit „Sündenkoth" den kräftigeren Ausdruck. Das „Tilgen" der Sünde schließlich wird bei ihm zum „Abwaschen". In den andern Strophen dieses Liedes weist Heermann Gott hin auf Christi Kreuzestod und auf die Wunden: die „Nägelmale". Das Lied enthält seine ganze „Blut- und Wundentheologie", wobei natürlich, wie bereits angedeutet, kein geschlossenes System zu erwarten ist. – Schon die Vorlage spricht so, als bestehe ein Rechtsanspruch auf die Gnade Gottes. Christi Leiden wird Gott eindringlich vorgestellt und vorgerechnet. Es hört sich an, als werde hier ein Geschäft Zug um Zug abgewickelt. Was bei Heermann unreformatorisch ist, das Pochen auf die Gnade Gottes, kommt also aus mittelalterlich-katholischen Quellen.

Vom Abwaschen der Sünde ist auch in den folgenden Versen die Rede. Daraus, daß Christus am Kreuz gestorben ist und die „schwere SündenLast" auf sich genommen hat, erwächst dem Menschen die Gewißheit, mit Gott versöhnt zu sein. Darauf bezieht sich der Einsatz der Strophe.

> Drumb ist getrost mein Hertz vnd Muth
> Mit kindlichem Vertrawen.

> Auff diß sein Rosinfarbes Blut
> Wil ich mein Hoffnung bawen,
> Das er für mich vergossen hat,
> Gewaschen ab die Missethat
> Vnd mir das Heyl erworben. (FT 1, 330, 3)

Die drei Relativsätze am Ende der Strophe bringen eine eindrucksvolle Steigerung. Mollers Prosa klingt demgegenüber ruhiger, distanzierter:

> Derhalben setze ich alle mein vertrawen/ vnd alle meine zuuersicht/ fest vnd gewiß auff sein thewres Blut/ welches vmb vns vnd vnser Seligkeit willen vergossen ist ... (MSP I. II. VI)

Heermann nennt das Blut „rosinfarb", er spricht also von einer Eigenschaft des Blutes, die mit den Augen, den Sinnen, wahrgenommen werden kann. Moller redet dagegen vom „thewren" Blut und gibt damit ein Werturteil. Gegenüber der Vorlage fügt Heermann hinzu, daß das Blut „die Missethat abgewaschen" hat. So jedenfalls sollte die Konstruktion verstanden werden. Das „Das" im 5. Vers steht „apo koinu", ist Objekt des Satzes „Das er für mich vergossen hat" und Subjekt der folgenden beiden, die damit Aussagen über das Blut Christi sind. – Hermann Gumbel nennt das Apokoinu „ein typisches Stilmittel des Übergangs", er bezeichnet es als „eine Übergangserscheinung zu größerer hypotaktischer Fertigkeit"[24]. Heermanns Sprache steht hier der des 16. Jahrhunderts noch recht nahe. – Während Heermann im vorhergehenden Beispiel für „Missethat" „Sündenkoth" gesagt hatte, setzt er hier „Missethat" neu ein. Dabei wäre es ihm noch möglich gewesen, auf „vergossen hat" „Sündenkoth" zu reimen[25]. Heermann ist also nicht auf einen bestimmten Wortschatz festzulegen. Entscheidend ist nur, daß er wieder eine Stufe über seine Vorlage hinausgeht, daß er deutlicher sagt, was dort steht, daß er die Akzente verschiebt und gegenüber der Vorlage den stärkeren, unmittelbareren Ausdruck wählt.

Als „rosinfarb" bezeichnet auch Luther das Blut[26]. Heermann zitiert ihn in einer „Leichpredigt", die er der verstorbenen „Helena Thaderin/ gebornen Kottwitzin" gehalten hat. Er erzählt dort ihren Lebenslauf und sagt von ihrer Taufe:

> ... Da sie durch das Wasser-Bad der heiligen Tauffe/ oder vielmehr wie es der Herr Lutherus giebet/ durch das rosinfarbe Blut Christi gewaschen vnd gereiniget/ vnd in das Buch des Lebens eingeschrieben worden ist. (Lp 4, IIII; S. 96)

Auch das kann sich übrigens auf die oben angeführte 7. Strophe des Taufliedes beziehen.

Verschiedentlich spricht Heermann nicht von „Blut" sondern von „Blutschweiß". Der Vers „Sein Blutschweiß war das Lösegeld" (FT 1, 319, 9) wurde schon zitiert. Das Wort ist an und für sich nicht ungewöhnlich, es kommt in gleicher Bedeutung bereits bei Luther vor[27].

Die Verbindung von Blut und Schweiß ist biblischen Ursprungs. Die drei synoptischen Evangelien überliefern, daß Christus im Garten Gethsemane betet, bevor er verraten wird. Bei Lukas heißt es dann: „Es ward aber sein Schweiß wie Blutstropfen, die fielen auf die Erde." (Luk. 22, 44) Auch mit dieser Bedeutung verwendet Heermann das Wort. Er sagt z. B. in einem „Sterbens-Seufftzer", wo er vom Bezahlen der Schuld spricht:

VII. Kapitel: „Blut und Wunden" in Johann Heermanns geistlicher Lyrik

> Dein Angst und Blutschweiß hat deß Vatters Zorn gestillet/
> Und für die Schuld bezahlt. Ob schon der Teuffel brüllet
> ...
> (PEfF, S. 89)

Heermann denkt sich hinein in das Leiden Christi, er fühlt jede Einzelheit mit, und er weist Gott hin auf das Leiden, um ihm zu sagen, daß er durch den Tod des Gottessohnes erlöst ist. Beschwörend ruft er das Erbarmen Gottes an:

> O Gott/ du frommer Gott/ der du in deinem Hertzen
> Nichts als Erbarmung trägst: schau an die grossen Schmertzen
> Den Blut-Schweiß/ Dörner-Kron'/ Angst/ Pein' uñ
> bittern Tod
> Deß/ der dein Mittler ist; und wend' ab diese Noth/
> Und Höllen-Qual von mir. Gib/ daß ich also lebe/
> Wie du mir anbefielst ... (PE, S. 67)

Mit der Aneinanderreihung von „Schmertzen – Blut-Schweiß – Dörner-Kron' – Angst – Pein – bittrem Tod" hat Heermann die einzelnen Stationen der Passion bis zum Tode Christi am Kreuz nachgezeichnet. Das Wort „Blut-Schweiß" bezeichnet auch hier den blutigen Schweiß, den Christus vor seiner Gefangennahme vergossen hat. Heermann wendet sich dann abschließend dem Menschen zu:

> Und so ich ja/ weil ich noch hier im Fleische walle/
> Verführt vom Teuffel/ Welt und Blut/ aus Schwachheit falle:
> So wasche mich dein Blut/ Herr Christ von Sünden rein:
> Auf daß ich ja nicht komm' in solche Noth und Pein. (PE, S. 67)

Es ist also wieder das Blut Christi, das von Sünden rein wäscht. Sünde aber ist Verführung durch „Welt und Blut". Das eigene Blut, die Lüste des Fleisches verführen den Menschen, das Blut Christi wäscht die Sünde ab. Das Blut des sündigen Menschen und das unschuldige Blut Christi stehen in diesen Versen in einem Spannungsverhältnis.

Es gibt aber auch Verse, in denen „Blutschweiß" eindeutig für das am Kreuz vergossene Blut Christi gebraucht wird. Eine Änderung von „Blut" in „Blutschweiß" wurde schon bei der Besprechung solcher Stellen nachgewiesen, an denen Heermann apokopierte Formen beseitigt[28]. In seinem „Abendgesang" hieß es ursprünglich:

> Dein Blut mich wasche, daß ich werd
> So rein, wie mich dein Hertz begehrt.

Daraus wurde 1644 in der Klosemannschen Ausgabe:

> Dein Blut-Schweiß wasche mich so rein
> Als wie du wilt, daß ich sol seyn. (FT 1, 348, 6)

Das läßt sich, wie schon erörtert, nicht allein aus metrischen Erwägungen erklären. „Blut" und „Blutschweiß" meinen hier zwar dasselbe, aber in dem Wort „Blut" kann immer auch noch Symbolisches mitschwingen, „Blutschweiß" ist dagegen ganz konkret: Damit wird Christus vermenschlicht, der sündige Mensch ist dem leidenden Christus näher, und um diese Nähe bemüht sich Heermann. Er spricht hier, wie auch in dem vorher angeführten Zitat, wieder vom „rein waschen" durch das Blut. Das ist biblischen Ursprungs.

Heermann hat ein Lied Bartholomäus Ringwaldts „HERR Jhesu Christ, du höchstes gut, du Brunquel der genaden" (WKl 4, 1523) aus dem Jahre 1588 „Vbersetzt in Alexandrinische Verse". – Ringwaldt, der von 1530 bis 1599 lebte, gehörte nicht zu den „Streittheologen" seiner Zeit. Seine Frömmigkeit ist verwandt mit der Martin Behms, und man hat ihn geradezu als einen Vorläufer von Philipp Nicolai, Valerius Herberger und Johann Matthäus Meyfart, dem Dichter des Liedes „Jerusalem, du hochgebaute Stadt", bezeichnet[29]. In seinen didaktischen Schriften bemüht Ringwaldt sich um eine Besserung der Sitten. Er schlägt herzliche, schlichte Töne an. Das war sicher der Grund dafür, daß Heermann dies Lied einer „Vbersetzung" für wert erachtete. – Hier kann nicht dargelegt werden, wie es im einzelnen aussieht, wenn Heermann Vierheber oder dreihebige Verse mit klingendem Ausgang zu Alexandrinern macht, welcher Art dabei einmal die Füllung der Verse ist, wenn ein Vierheber um zwei Takte erweitert, was auf der andern Seite ausgelassen wird, wenn ein solcher Vers auf einen Halbvers reduziert wird. Heermann variiert Ausdrücke und verdoppelt sie, er strafft und verkürzt anderes[30]. In seiner Fassung des Liedes heißt es:

> Und weil ich denn/ wie ich mit Reu und Leyd geklaget/
> Ein grosser Sünder bin/ den sein Gewissen naget:
> Der gerne durch dein Blut wolt' abgewaschen seyn
> Von seinem Sünden-Schlam/ und frey der Höllen Pein/
> So komm ich auch zu dir in meiner Angst geschritten:
> Wil mit gebeugtem Knie dich umb Erbarmung bitten.
> ...
> Ach tröst' und stärcke mich: ach heile meine Wunden:
> Dein Blutschweiß wasche mich/ wie sonst zu allen Stunden/
> So auch zur letzten Zeit: und nimb mich aus der Welt
> Zur Auserwehlten Schaar/ Herr Christ/ wann dirs gefält. (PE, S. 89f.)

Der zitierte Ausschnitt entspricht Ringwaldts 5., der ersten Hälfte der 6. und seiner 8. Strophe. Wo Heermann „Blutschweiß" setzt, sagt Ringwaldt „Todes schweis": „Wasch mich mit deinem Todes schweis in meiner letzten stunden". Damit könnte auch Christi blutiger Schweiß gemeint sein. Bei Heermann sind „Blut" und „Blutschweiß" dagegen eindeutig Synonyma. In seiner Bearbeitung stehen die Verse „Der gerne durch dein Blut wolt' abgewaschen seyn" und „Dein Blutschweiß wasche mich/ wie sonst zu allen Stunden" in Parallele. Diesen Parallelismus hat Heermann erst hergestellt. Daraus lassen sich Ansätze zu einer „Barockisierung" seiner Sprache ablesen. Heermann verdoppelt und variiert, was ihm wichtig ist. Von der Sünde wird hier als „Sünden-Schlam" gesprochen. Solche kräftigen Ausdrücke kennt Ringwaldt nicht; bei ihm sagt der Sünder, daß er „gerne möcht im Blute dein von sünden Absoluiret sein". Daß die Sünde mit starken Worten geschildert wird, entspricht der Vorliebe des Barock für hyperbolischen Ausdruck. Die Wurzel dafür liegt aber in der Erbauungsliteratur, die Heermann für seine Kirchenlieder benutzt[31].

In zwei Zitaten war davon die Rede, daß das Blut, der Blutschweiß den Sünder rein waschen solle. Auch das kann auf Bibelworte zurückgeführt werden. Sie sind zum Teil schon zitiert worden[32]. Auch aus dem bereits erwähnten 51. Psalm läßt sich hierzu ein Vers anführen:

> Entsündige mich mit Isop, daß ich rein werde; wasche mich, daß ich schneeweiß werde.
> (Ps. 51, 9)

Das gehört zu den Reinigungsvorschriften des Alten Bundes. Bei Heermann wird es – der Tradition folgend – auf Christus bezogen. Er nimmt dies Psalmwort auf in einem Gebet „Zu JESU", das in den „Poetischen Erquickstunden" steht. Heermann bekennt, daß das Blut Christi die Sünde – den „Unflat" – abwäscht, daß es das Herz rein macht. Interessant ist diese Stelle aber vor allem dadurch, daß sich hier das Entstehen einer barocken Stilfigur aus einem Bibelwort beobachten läßt.

> Ich gläube/ daß dein Blut/ so von dir ist geflossen/
> Für mich/ und meine Sünd' am Creutze sey vergossen.
> Das wäscht den Unflat ab/ das macht mein Hertz so rein/
> Und weiß/ daß in der Welt kein Schnee so weiß kan seyn. (PE, S. 17)

„So ... weiß/ daß in der Welt kein Schnee so weiß kan seyn" – das könnte ein Dichter des 17. Jahrhunderts von den Schultern der Geliebten sagen, es gehört in die Sprache der weltlichen Liebeslyrik. Bei Heermann ist die barocke Formel durch Aufspaltung des aus dem Psalm stammenden „schneeweiß" entstanden, aber dies wird ins Negative gewendet und übersteigert: Das Blut Christi wäscht so weiß, wie Schnee nicht sein kann; und doch ist nicht einfach ein hyperbolischer Ausdruck entstanden, denn Heermanns „in der Welt" erfordert als Gegenüber das Jenseits. Was er sagt, besitzt also für den Christen in einem höheren Sinne doch Realität: Das Herz kann – beim Übergang in das himmlische Reich – durch Christi Blut so rein gewaschen werden, daß es weißer wird als Schnee.

Es ließen sich weitere Stellen anführen, wo Heermann vom Abwaschen der Sünde spricht, doch soll hier ein Einschnitt gemacht werden[33]. Da die Zitate stets größere Zusammenhänge umfassen, wird auch auf den folgenden Seiten noch manches angeführt werden, das ebenso in diesen Abschnitt gehört.

c) Die Kraft des Blutes

Unter dieser Überschrift werden verschiedene Stellen zusammengefaßt, die alle vom Blute Christi als einer besonderen Kraft handeln, einer Kraft, die beinahe schon magische Züge trägt. Das Blut Christi bringt dem Menschen E r q u i c k u n g, es ist ein L e b e n s s a f t, ein S c h a t z, den man Gott, aber auch den Feinden entgegenhalten kann.

Das Gebet „Zu JESU", aus dem eben zitiert worden ist, wurde noch nicht vollständig wiedergegeben. Es beginnt damit, daß Jesus gebeten wird, sein Blut möge den, der es spricht, in seiner „TodesNoht" erquicken.

> DEin Blut/ HErr Jesu Christ/ dein Leiden/ Schmertz und Todt
> Laß mein' Erquickung seyn in meiner TodesNoht. (PE, S. 17)

Das muß nicht notwendig so verstanden werden, als sei das Blut ein erquickender Trank, es kann vielmehr in übertragenem Sinne gemeint sein und bedeuten, in der Stunde des Todes möge den Betenden der Gedanke „erquicken", daß ihm die Sünde vergeben ist, denn dann folgen die Verse, in denen der Beter davon spricht, daß das Blut Christi für ihn vergossen ist und daß es den Unflat abwäscht.

Überzeugend ist dagegen das nächste Zitat. Es stammt ebenfalls aus den „Poetischen Erquickstunden". Heermanns Sterbegebet „O JEsu/ meine Freud' und meines Lebens Liecht" ist eine Bearbeitung von Martin Behms Gebet „Um eine selige Heimreise, gerichtet auf Christi Leiden"[34]. Hier wendet der Sterbende, durch dessen

1. Das Blut Jesu Christi

Mund Heermann spricht, seinen Blick auf den Tod Christi, seine „Todes Pein". Die Betrachtung der Passion wird ihm zum Trost in seinem eigenen Sterben, seiner eigenen „Todes Noht". Die Welt des Menschen und der Bereich Christi stehen sich dabei antithetisch gegenüber. Es heißt immer wieder „dein – mein", „dein – mir", „dein – mich". Christi Tod bringt dem Sünder Leben. Seine „Todes Pein" wird in der „Todes Noht" zum „Labsall" für die Seele, Christi Bande lösen die Bande des Todes, die Dornenkrone wird für den Menschen zur himmlischen Freudenkrone. Wieder spricht Heermann auch vom „Blut-Schweiß", wobei hier Christi blutiger Schweiß im Garten Gethsemane gemeint ist, jedenfalls ergibt sich das aus der Abfolge, in der das Wort steht. Der „Blut-Schweiß" ist ein „Safft", der Erquickung bringt.

> ... Laß deine Todes Pein
> In meiner Todes Noht der Seelen Labsall seyn.
> Laß deinen Blut-Schweiß mich durch seinen Safft erquicken:
> Laß deine Bande mir deß Todes Band' aufstricken/
> Darinn' ich bin verfast. Laß deinen Spott und Hohn/
> Laß deine Dörner seyn mein' Ehr' und Freuden Kron.
> Laß deine Backenstreich' und Wunden mich erfrischen/
> Und mir den Sünden-Kleck/ und Eyterfluß abwischen.
> Mein Labsall sey dein Durst und bitter Gallen Tranck/
> Und was am Creutze dir aus deiner Seiten sprang/
> Da sie durchstochen ward. Dein Angst-Geschrey und Klagen
> Wend' ab der Höllen Glut/ und so viel tausend Plagen/
> Die das verdampte Volck dort ewig leiden muß:
> Und trincken fort und fort den blauen Schwefel-Fluß. (PE, S. 31)

Auch hier wird die Passion nacherlebt. Breit wird das Leiden in seiner Grausamkeit vor Augen geführt. Die Sünde wird als etwas Häßliches geschildert, sie wird „Eyterfluß" genannt, Heermann spricht von ihr auch als dem „Sünden-Kleck". Wieder werden die einzelnen Stationen der Passion betrachtet: Todespein – Blutschweiß – die Stricke, mit denen Jesus gebunden wird – Spott und Hohn – die Dornenkrone – Backenstreiche – Wunden am Kreuz – der Durst des Sterbenden – die Seitenwunde, die dem Toten mit dem Speer geöffnet wird. Dabei wird jede Stufe auf die Erlösung des Menschen bezogen. Eine Umsetzung dieser Deutungen, eine Reduzierung auf einen rationalen Kern, erfaßt nicht das Eigentliche von Heermanns Aussage. Es ist nicht die Lutherische Position, daß Christus den Sünder mit seinem Blut erlöst hat, die hier in der Sprache des Barock, in metaphorischen Wendungen, umschrieben wird. Heermann stellt nicht Glaubenstatsachen fest, sondern er bittet um die Erlösung, und er tut das in einer Sprache, die von der katholisch-mittelalterlichen Mystik beeinflußt ist. Christi Blutschweiß soll den Sünder wirklich mit seinem Saft erquicken, die Wunden sollen ihn erfrischen, seine Pein soll Labsal für den Sterbenden sein. Man kann nicht fragen, wie das zu realisieren ist. Es charakterisiert die Enge und die Innigkeit der Gemeinschaft, die mit Christus erstrebt wird, daß sein Durst als Labsal erbeten wird. Diese Stelle ist dadurch besonders ausgezeichnet, daß mit ihr der Fluß der Verse unterbrochen wird. Hier steht das Prädikatsnomen vor dem Subjekt. Während Heermann sonst mit Christus, seinen Wunden, seinen Plagen beginnt, fängt dieser Vers mit dem Menschen an: „Mein Labsall sey dein Durst..." Der bittere Trank aus Galle und Essig (nach Matth. 27, 48) und das Blut aus der Seitenwunde sollen den Betenden erquicken, wobei der Vers „Und was am Creutze dir aus deiner Seiten sprang" keine sehr glückliche und keine ganz deutliche Umschreibung für das aus der Seitenwunde herabfließende Blut darstellt.

Aus dem Lied vom „Vertrauen auf Christi Verdienst" (FT 1, 330) wurde schon die dritte Strophe angeführt, in der es heißt: „Auff diß sein Rosinfarbes Blut Wil ich mein Hoffnung bawen". Heermann spricht anschließend davon, daß das Blut Christi die Sünde abgewaschen habe[35], und fährt dann in seinem Zwiegespräch mit Gott fort:

> In seinem Blut erquick ich mich
> Vnd kom zu dir mit Frewden. (FT 1, 330, 4)

Das könnte bedeuten, daß er Erquickung finde in dem Gedanken an die Erlösung durch das Blut. Bei Moller kann „Blut" noch als Umschreibung, als „abkürzende Metapher", für die Erlösung verstanden werden[36]. Er spricht vom „thewren Blut" Christi („Derhalben setze ich alle mein vertrawen/ vnd alle meine zuuersicht/ fest vnd gewiß auff sein thewres Blut/ welches vmb vns vnd vnser Seligkeit willen vergossen ist"), und stellt anschließend zwei parallele Wendungen nebeneinander:

> Darinne erquicke ich mich/ Darauff verlasse ich mich/ vnd habe lust zu dir zukommen... (MSP I. II. VI)

Heermann verzichtet auf diesen Parallelismus, er vereinfacht die Aussage, konzentriert sie, und nimmt das Wort „Blut" wieder auf. Er sagt deutlich und ausdrücklich, daß er sich im Blute Christi, „in seinem Blut", erquicken will.

Eine allgemeine Bemerkung über dieses Lied soll hier angeschlossen werden. In der 5., der Schlußstrophe, lehnt Heermann – mit der Vorlage – das Vertrauen auf die eigenen Werke, die Werkgerechtigkeit, ab („Wer sich in eignem Werck erfrewt, Wird jämmerlich verführet"); statt aber nun – wie Moller – vom Glauben zu sprechen („Nicht das ich habe meine Gerechtigkeit/ die aus dem Gesetze/ Sondern die durch den Glauben an Christo kömmet"), pocht er auf das, was Christus ihm erworben hat, verläßt er sich auf das „Werck" Christi („Des HErren Jesu Werck allein Das machts, daß ich kan selig seyn"), das damit zum historischen Ereignis und zugleich zu etwas wird, über das verfügt werden kann[37]. Heermann schließt mit einem „Der ichs mit Glauben fasse"; dies bezieht sich aber nur auf den eben zitierten Satz: Der Glaube ist Glaube an die seligmachende Wirkung des Werkes Jesu Christi.

Die folgende Strophe stammt aus einem Lied, in dem der Sünder sich an Gott wendet und ihm Christi blutige Gliedmaßen zeigt. Er fordert ihn auf, das Leiden seines Sohnes, die durchstochene Seite, zu betrachten. Sie ist Gewähr dafür, daß der Mensch erlöst wird.

> Schaw an, mit was für Grawsamkeit
> Hat man sein allerheilgste Seit
> Mit einem Speer durchdrungen.
> Ernewre mich in grosser Gnad
> Durch dieses edle Wunderbad
> Das daraus ist entsprungen. (FT 1, 329, 7)

Heermann vertieft sich in den Anblick des leidenden Christus. Er sieht wirklich, was er Gott zeigt, und beschreibt es genauer und eindringlicher als Moller. Dieser sagt:

> Schawe doch/ wie grawsam ist seine Seyte durchstochen. Vnd ernewere mich durch
> das heilige Badt/ das heraus geflossen ist. (MSP I. II. II)

Es ist bei Heermann nicht nur ein Hinweisen auf die durchstochene Seite; in seinen Worten wird die Tat des Kriegsknechts lebendig, der mit seinem Speer die Seite „durchdrungen" hat.

Es ist möglich, sich auf Luther zu berufen, wenn man vom Blut aus der Seitenwunde als einem Bad spricht. Christus ist der, „der da kommt mit Wasser und Blut" (1. Joh. 5,6). Die Taufe, die von der Erbsünde befreit, und Christi Kreuzestod gehören zusammen. Daß Christus mit der Taufe „ein Bad/ Zu waschen vns von sünden", gestiftet hat, daß er „Durch sein selbs Blut vnd Wunden" den „bittern Tod" ersäuft hat, sagt Luther in seinem Tauflied; im Katechismus spricht er von der Taufe als einem „bad der newen geburt"[38].

Heermann bittet in seinem Lied darum, daß die Sünde abgewaschen wird, wenn der Mensch „von hinnen" muß. Die Sünden, die er meint, sind solche, die im Laufe des Lebens begangen werden. Er weiß, daß er auf der Bahn „straucheln" kann, die die Welt „sehr schlipfrig" macht. Moller nennt das Blut aus der Seitenwunde ein „heiliges Badt". Das ist noch biblisch. Heermanns „edles Wunderbad" hat etwas von einem Zaubermittel, einer wundertätigen Essenz an sich. Das Beiwort „edel" bedeutet fast schon eine Profanierung[39].

Was im Zusammenhang mit Heermanns Abendmahlslied (FT 1,337) und dem Lied „WO sol ich fliehen hin" (FT 1,322) über das Blut Christi und seine Funktion gesagt wurde, soll auf den folgenden Seiten noch einmal zusammengefaßt und durch weitere Stellen ergänzt und unterstrichen werden. Bis jetzt wurde vom Blute Christi als einer Kraft gesprochen, die Erquickung bringt, als etwas, worin man sich erquicken kann. In dem umfangreichen Zitat aus dem „Sterbegebet" hieß es: „Laß deinen Blut-Schweiß mich durch seinen Safft erquicken". Heermann nennt das Blut einen „edlen Safft" (FT 1,322,9), es ist ein „LebensSafft" (Wa 5,15), ein „Trost-Safft" (PEfF 1/XXXII; S. 8), ein „roter Safft", der „die rechte Lebens-Krafft" gibt (SG, S.134). Heermann übernimmt die katholische Glaubenslehre, daß ein Tröpflein vom Blute Christi („minima guttula" – „ein Tröpfflein kleine") genüge, um die ganze Welt selig zu machen (FT 1,322,9); er bittet: „Las du auff mein Gewissen Ein GnadenTröpfflein fliessen" (FT 1,322,2).

Mit dem Gewissen ist etwas Geistiges, Nichtlokalisierbares, ein Vermögen im Menschen angesprochen; doch Heermann bittet auch, Jesus möge ihn – den Sünder – mit dem Blute besprengen. Das Blut Christi wird als „Artzney" erbeten, wo die Arznei der Welt versagt. Der Mensch ist krank von dem tödlichen Gift der Sünde. Christus ist der Arzt, der ihn mit der Kraft des Blutes heilen kann. Es ist „Artzney wider die Gifft der Sünden":

> WIe voller Gifft steckt doch der Menschen Missethat!
> Sie bringt uns bey den Tod/ HErr Christ/ da hilfft kein Rath/
> Kein Artzney/ keine Kunst. Hat jemand Heil gefunden/
> So hat ihn heil gemacht das Blut aus deinen Wunden.
>   Mit dem bespreng auch mich. Durch deines Blutes Krafft
> Wird todt der Sünden Gifft/ damit wir sind behafft.
>   (PEfF 4/XV; S. 76)

Das Blut Christi ist also eine Kraft, die alle andern Kräfte übersteigt; sie tötet, was Tod bringt, wobei Tod nicht nur das Lebensende, sondern ebenso den ewigen Tod bedeutet.

Das Blut Christi wird auf den Menschen, aber es wird auch auf sein Herz erbeten. Den Gedanken, daß der Mensch krank ist, daß nur das Blut Christi – „ein Tröpfflein Blut" – sein wundes Herz heilen kann, spricht Heermann auch im folgenden Gedicht aus, das „Ein verwundeter Sünder" überschrieben ist.

> Weil du nichts hast bey mir/ denn eitel Boßheit funden:
> So hast du lassen dich für mich am Creutz verwunden.
> O komm/ mein Heiland/ komm: mein Hertz ist wund: O eil'/
> Und geuß ein Tröpflein Blut auf mich/ so werd' ich heil!
> (PEfF 1/VI; S. 8 [i. e. 2])

Das Herz, der Sitz der Seele, ist krank durch die Sünde des Menschen, durch seine „Boßheit". Christi Wunden heilen das wunde Herz. Herz ist hier nicht Metapher, es wird nicht metonymisch für den Menschen gebraucht. Das gilt auch für die folgenden Strophen.

Heermann bittet darum, Jesus möge „ein Tröpfflein" seines Blutes auf das Herz des Sünders fließen lassen. In einem kurzen Spruchgedicht von den „Blutströpfflein JESV" heißt es:

> DU kömpst erst in die Welt/ und must dein Blut vergiessen/
> Du aller Menschen Heil. Ach! laß ein Tröpflein fliessen
> Auff mein sündhafftig Hertz. Diß hat die Krafft allein/
> Daß mich es machen kan frey aller Schuld und Pein.
> (PEfF 3/LXXXI; S. 67)

Auch hier denkt Heermann wieder an ein einziges Tröpflein. In diesen Versen ist das Blut gemeint, das bei der Beschneidung des Christuskindes geflossen ist. Es wird zwar nicht erst von Zinzendorf in die Verehrung einbezogen, nimmt aber bei den Herrnhutern eine hervorragende Stelle ein[40]. – Für Valerius Herberger besitzen die Blutstropfen Jesu, die bei der Beschneidung vergossen werden, ebenfalls Bedeutung. In der Meditation über Jesus als den „allerheiligsten Weihekessel seiner lieben Christenheit" (nach 2. Mos. 30, 17–21) zählt er die „Blutröhrlin" Christi auf und beginnt dabei mit der ersten Wunde:

> **Bey der Beschneidung**/ ach da läufft schon kräfftiges Heilwasser/ das ist/ heilsames Blut/ aus deinen Gebenedeyeten Gnadenrörlin/ hilff liebes Salvatorlin/ das ich durch deine erste kindliche Blutströpfflin rein werde von meinen Sünden. (MD 6, XLV; S. 165)[41] –

In Versen wie den eben zitierten, in denen Jesus gebeten wird, ein Tröpflein von seinem Blute auf das Herz des Sünders fließen zu lassen, zeigt sich Heermanns Nähe zur Mystik und zum Blut- und Wundenkult.

Einer Verstorbenen, der Frau des zweiten Verlegers seiner „Devoti Musica Cordis", „Frauen Catharinæ Cleme[n]tin/ Herrn Christopff Jacobs/ Buchhändlers in Breßlau/ seligen Hausfrauen", legt Heermann eine „Gesegnungs-Rede" an die Ihren in den Mund. Es ist ein Rollengedicht, wie auch andere der Gedichte, die Heermann seinen Leichenpredigten beigegeben hat. Darin heißt es:

> Mein Jesus hat den Tod durch seinen Tod getödtet:
> Sein Blut hat mir mein Hertz aufs zierlichste durchrötet. (PE, S. 83)

1. Das Blut Jesu Christi

Auch Herberger wünscht, daß sein Herz von den Blutströpflein Christi „gerötet" sei[42]. Die Vorstellung, daß das sündenvergebende Blut Christi das Herz „durchrötet" hat, ist mystisch[43]. Mit der adverbialen Bestimmung „auffs zierlichste" wird aber auch angedeutet, daß das Blut ein kostbarer S c h m u c k für das Herz ist[44]. Davon wird in dem folgenden Zitat deutlicher gesprochen.

Bei der Erwähnung von Heermanns Abendmahlslied wurde eine Strophe angeführt, in der es heißt, daß das Blut das Herz mit Glauben ziere. Heermann hatte gebetet: „Ach las ein BlutsTröpfflein fliessen" und dann weiter gesagt:

> Wann mein Hertz damit wird gerühret,
> Wirds von stund an rein vnd gezieret
> Durch dein Blut mit Glauben schön,
> Kan in dir für Gott bestehn. (FT 1, 337, 4)[45]

Das Blut „rührt" das Herz, es rührt an das Herz, es macht es dadurch rein von Sünden. Der Glaube ist die Zierde des Herzens, aber diese Zierde ist nur möglich durch das Blut; das Blut schmückt das Herz. Von da ist es nicht mehr weit zu der Vorstellung, daß das Blut selbst der Schmuck des Menschen sei. Es gibt dies schon 1638 in dem Lied eines Unbekannten: „IN Christi Wunden schlaff ich ein", einem Sterbelied, das man lange fälschlich Paul Eber, dem Freunde Melanchthons, zugeschrieben hat[46]. Dort heißt es:

> ...,
> Ja Christi Blut vnd Herrligkeit
> ist mein ornat vnd ehrenkleid.
>
> Damit wil ich für Gott bestehn,
> wenn ich zum Himmel thu eingehn.
> ...   (WKl 4, 9)

Danach hat Zinzendorf 100 Jahre später – 1739 – ein Lied von 33 Strophen gedichtet: „Christi Blut und Gerechtigkeit Das ist mein Schmuck und Ehrenkleid". Heermann kommt dem schon nahe mit Versen eines Gedichtes „Am guten Freytage", das im „Schließ-Glöcklein" von 1632 steht, aber auf eine ältere Fassung von 1616 zurückgeht[47]:

> Ach laß dein gnedig Angesicht/
>   Herr Christ/ auch seyn auf mich gericht.
> Dein' Unschuld und Gerechtigkeit
>   Laß seyn mein Schmuck und Ehrenkleid.
> Laß deine Wunden ohne Zahl
>   Mein Labsal seyn in Todes Qual.
> Laß fliessen in mein Hertz dein Blut:
>   So fürcht ich nichts der Höllen Glut. (SG, S. 337)

Heermann bittet noch darum, daß Christi „Unschuld und Gerechtigkeit" sein „Schmuck und Ehrenkleid" sein möge, aber die sich anschließenden Verse sprechen von den Wunden und vom Blute Christi, das ja auch für Heermann „vnschuldig Blut" ist (FT 1, 322, 4). Hier steht nebeneinander, was bei Zinzendorf zusammengefaßt wird. Wenn Heermann Christus bittet, er möge sein Blut in das Herz des Sünders fließen lassen, wenn er die Wunden als „Labsal" erbittet, so ist das nicht reformatorisch.

Das Blut Christi ist für Heermann auch ein Schatz. In einem Nachtrag zu den "Sontags- vnd Fest-Evangelien", einem Gedicht "Am Tage Elisabeth" auf das Gleichnis vom Himmelreich, das – nach Matth. 13, 44 – gleich einem verborgenen Schatz im Acker ist, heißt es bei Heermann:

> JEsus und sein theures Blut
> Ist mein Schatz und höchstes Gut. (PEfF, S. 126)

Heermann deutet die Bibelstelle, wie auch andere Ausleger seiner Zeit, auf Christus. Der Schatz steht nicht mehr für das Himmelreich, sondern wo vom Schatz gesprochen wird, ist Jesus gemeint. Er ist der Schatz, er ist das "höchste Gut", das "summum bonum". Wenn aber Heermann auch vom Blute Christi als einem Schatz spricht, so ergibt sich hier wieder eine Verbindung zu der schon erwähnten Jubiläumsbulle Clemens' VI. – Unigenitus Dei Filius –, deren Gegenstand Christi Blut als "Schatz der Kirche" ist[48].

Schon mehrfach wurde darauf hingewiesen, daß Heermann sich mit seinen Aussagen über das Blut Christi einer Auffassung nähert, die das Blut als eine "materia coelestis" versteht, die es zu etwas "nahezu Materiell-Verfügbarem" werden läßt[49]. Das Blut wird "auffgefaßt" (FT 1, 322, 6), der Sünder kann es den Feinden "zeigen" (FT 1, 322, 8), er überwindet damit "Tod, Teuffel, Hell vnd Sünde" (FT 1, 322, 7).

Auch diese "Materialisierung" des Blutes Christi läßt sich auf die Bibel zurückführen. Im Alten Bund wird bei der Stiftung des Passahfestes vom "Blut des Lammes" gesprochen[50]. Es ist ein Sühnopfer, mit dem die Türpfosten bestrichen werden, damit Gott der Herr, der "alle Erstgeburt ... in Ägyptenland" schlagen will, an einem solchen Hause vorübergeht. In der Kirche des Neuen Bundes ist das Blut des Lammes immer auf Christus gedeutet worden. So versteht es auch Luther, wenn er in seinem Osterlied "Christ lag ynn todes bandē" singt: "Hie ist das recht Osterlamm .../ Des blut zeichnet vnser thur/ das hellt der glaub dem tod fur/ Der wurger kan vns nicht ruren."[51] Luther bezieht sich auf den Text des Alten Testaments ("Des blut zeichnet vnser thur") und fährt dann fort: "das hellt der glaub dem tod fur". Der Glaube ist also nötig, damit das Blut die Erlösung wirken kann. Erst daraus erwächst dem Sünder die Gewißheit, daß der Tod ihm nicht schaden wird. – Bei Heermann ist der Mensch selbst mit dem Blut des Lammes, dem Blute Christi, gezeichnet. In einem Trostgedicht – "aus den Worten Ambrosii" – sagt er:

> WAs fürchtest du den Tod? ...
> ... Der Tod wird dich nicht morden/
> Der Mörder aller Welt. Er muß fürüber gehn
> So bald er sieht an dir das Blut deß Lambes stehn.
> Dein Heyland rufft dir zu: O Seele/ sey gegrüsset/
> Die du mit Liebe mich im Glauben hast geküsset. (PE, S. 46ff.)

Auch Heermann spricht vom Glauben, aber bei ihm hat er nicht die zentrale Bedeutung wie bei Luther. Das "Küssen-im-Glauben" zeigt, daß die Bindung an Jesus auf mystischem Erleben beruht: Jesus ist der Bräutigam der Seele[52]. Heermann weiß, daß der Tod besiegt ist, deshalb fehlt an dieser Stelle ein Wort über den Glauben. Der Mensch kann Gott das Blut seines Sohnes zeigen und ihn daran erinnern, daß die Schuld der Sünde bezahlt ist. Das Blut des Lammes, mit dem der Sünder gezeichnet ist, läßt den "Mörder aller Welt ... fürüber gehn": "Er muß fürüber gehn".

Hieran wird der Unterschied zwischen der Theologie Luthers und der Frömmigkeit des 17. Jahrhunderts deutlich.

Die Bitte, Christus möge das Herz des Menschen mit seinem Blute zeichnen, findet sich schon in Heermanns frühesten deutschen Versen. Bereits 1616 bittet er in den „Andechtigen KirchSeufftzern":

> O kom mein trewer Artzt/ hilff mir/
> Du weist vnd sihest meinen Schmertz/
> Mit deinem Blut bestreich mein Hertz/
> Welchs mich von Sünden machet rein/
> So werd ich gsund vnd selig seyn/
> In aller Angst/ in aller Not/
> Mein Artzney ist dein Blut vnd Todt
> ... (AK, S. 215)

Das Bestreichen des Herzens mit dem Blute Christi ist nicht nur bildhafter Ausdruck für ein Befreien von dem Gefühl der Schuld und Verlorenheit[53]. Heermann spricht nicht in Metaphern, sondern diese Worte geben die Wirklichkeit seines Glaubens wieder. Sie sind Ausdruck seiner mystischen Frömmigkeit, Ausdruck der mit Jesus gesuchten Gemeinschaft. – Auffällig ist die sentenzartige Zusammenfassung: „Mein Artzney ist dein Blut vnd Todt". – Diese Verse hat Heermann 1632 in folgender Weise umgeformt:

> O komm mein Artzt/ und hilff du mir.
> Laß treuffeln dein Blut auff mein Hertz:
> Bald wird sich lindern aller Schmertz.
> Nichts ist in aller Angst und Noth/
> So heilsam/ als dein Blut und Tod.
> Dein Blut das ist der edle Safft/
> Der meinem Glauben giebet Krafft
> ... (SG, S. 374)

Damit ist der Ausgangspunkt dieses Abschnitts erreicht: Christus ist der Arzt, der die Wunden der Seele mit seinem Blute heilt, der als Seelenarzt ein Tröpflein seines Blutes auf das verwundete Herz des Sünders fließen läßt; sein Blut besitzt eine besondere Kraft, es ist ein „edler Safft".

2. Die Wunden Jesu Christi

Die Wunden sind die Quelle des Blutes. Aber in sie werden auch die Sünden „geworfen", sie sind ein Ruheplatz für den Menschen, der Ort, in den hinein er flieht „wie die Taube in die Steinritzen", wie das „Waldvögelein", das in hohlen Bäumen vor dem Wetter Schutz sucht. Diese Gedanken finden sich schon in Heermanns lateinischen Epigrammen, in den ersten Erbauungsschriften und in den „Andechtigen KirchSeufftzern"[54].

Blut und Wunden sind natürlich nicht voneinander zu trennen. Das zeigte sich auch an den bisher zitierten Belegen. Dabei wurden die Wunden insgesamt, aber auch einzelne genannt, vor allem die Seitenwunde, die „Seitenhöhle", die eine besondere mystisch-erotische Bedeutung besitzt[55].

Von den Wunden in den Händen Christi, seinen Nägelmalen, ist in den folgenden Strophen die Rede:

> Ach schaw doch deine Hände an,
> Durch welch ich bin formiret.
> Dein Hertz mich nicht verstossen kan,
> Bald sich Erbarmung rühret.
> Diß sind die Hände, die für mich
> Mit Nägeln haben lassen sich
> Ans Holtz des Creutzes schlagen.
> Darinnen steht mit deinem Blut
> Mein Name angeschrieben.
> Ließ doch die Schrifft, dir mir zu gut
> In deinen Händen blieben
> ... (FT 1, 323, 6. 7)

Jesus ist in diesem Lied der „Schöpffer aller Dinge", der Schöpfer auch des Menschen, er hat ihn „formiret", er hat ihn „selbselber ... bereitet"[56]. Er wird hier wieder an seine Leiden erinnert, aus ihnen erwächst dem Menschen die Gewißheit, daß er nicht verloren ist. Aber Heermann sagt nicht einfach, daß der Mensch durch Christi Tod erlöst ist, vielmehr sind ihm die Wunden das Unterpfand der Erlösung, in sie ist der Name des Menschen – jedes einzelnen – mit blutiger Schrift eingeschrieben[57].

In einem „TrostLied Von dem Leiden Jesu Christi" (FT 1, 329) betrachtet der Sünder den Gekreuzigten. Er weist Gott hin auf das Leiden seines Sohnes, er will ihm sagen, daß er dadurch erlöst ist. Im Leiden Christi, das in jeder Phase miterlebt wird, in das sich der Mensch hineinversenkt, liegt der Trost für ihn, der sonst verloren ist. Nach Art des pseudo-bernhardischen Passionssalve werden die Gliedmaßen Christi besungen[58]. Heermann nennt Leib, Hände, Seite, Füße, Haupt, Herz und Augen und spricht dann noch einmal zusammenfassend von den Gliedern Christi insgesamt. Von den im Passionssalve genannten fehlen Knie und Brust, dafür stehen hier Leib und Augen. Heermann schließt sein Lied mit einem Gebet und rundet es damit ab. – Christi Erlösungstat, sein Kreuzestod, ist ein „Gnadenwerck". Aber dieses wird mit den Sinnen erlebt und in grellen Farben geschildert. Heermann kann sich nicht genugtun in der Beschreibung des blutigen, grausamen Todes. Der Leib Christi ist so von Blut überflossen, daß er wie eine einzige blutende Wunde ist, er erscheint dem Betrachter „wie ein roth BlutGewandt".

> Schaw doch, wie bluten seine Hend,
> Daß man für Blut sie kaum mehr kennt.
> Vergib, was ich für Sünden
> Mit meinen Händen hab gethan;
> Ob ich sie wol nicht zehlen kan,
> Dein Augen sie doch finden. (FT 1, 329, 6)

Dies Bild erinnert an die Jesajasstelle vom Keltertreter: Gott, der von Edom kommt und die Feinde vernichtet hat, wird gefragt: „Warum ist denn dein Gewand so rotfarben und dein Kleid wie eines Keltertreters?", und er antwortet: „Ich trete die Kelter allein, und ist niemand unter den Völkern mit mir. Ich habe sie gekeltert in meinem Zorn und zertreten in meinem Grimm. Daher ist ihr Blut auf meine Kleider gespritzt, und ich habe all mein Gewand besudelt." (Jes. 63, 2. 3) Man hat diese Stelle schon in der mittelalterlichen Kirche auf Christus bezogen, so versteht sie auch Heer-

2. Die Wunden Jesu Christi

manns Lehrer Valerius Herberger[59]. Moller führt dies Bild nicht so weit aus wie Heermann, seine Sprache ist sehr viel weniger bewegt, er sagt:

> HERR mein Gott/ schawe doch mit den Augen deiner Mayestet/ auff das Werck der vnaußsprechlichen Barmhertzigkeit.
> Sihe doch an deinen lieben Sohn am Creutze/ wie ist sein gantzer Leib außgespannet ... (MSP I. II. II)

Heermann hat in allem die kräftigeren, deutlicheren Ausdrücke. Er spricht vom „Gnadenwerck" und überhöht dies durch ein steigerndes, verabsolutierendes „Dem keines zu vergleichen", er verstärkt Mollers „Sihe doch an" zu einem beschwörenden „Las diß dein Hertz erweichen" und er fügt den Vergleich „wie ein roth Blut-Gewandt" ein.

Nach dieser Strophe – sie folgt auf vier andere, die der Dichter einleitend an Gott gerichtet hatte – werden in den nächsten die einzelnen Gliedmaßen Christi genannt. Dabei zeigt Heermann – wie die Vorlage – den Gegensatz zwischen Christus und dem Menschen. Die Gliedmaßen Christi sind ohne Schuld, der Mensch aber hat mit seinen Händen, seinen Füßen gesündigt. Von den Wunden in den Händen heißt es bei Heermann:

> Darumb, O Gott, schaw doch vnd merck
> Auff dieses grosse Gnadenwerck,
> Dem keines zu vergleichen.
> Deins Sohnes Leib hangt außgespannt
> Am Creutz wie ein roth BlutGewandt:
> Las diß dein Hertz erweichen. (FT 1, 329, 5)

Heermann denkt sich hinein in das Sterben Christi, er fühlt die Grausamkeit dieses Todes in jeder Einzelheit mit. Er sucht sich vorzustellen, wie blutig die Hände Christi sind, und setzt gegenüber Moller hinzu: „Daß man für Blut sie kaum mehr kennt." – Bei Moller stehen die Hände Christi denen des Menschen in einer klaren Antithese gegenüber: Unschuld steht gegen Sünde. Er sagt es in schlichter, verhaltener Sprache:

> Sihe/ wie blutig sind seine vnschüldige Hende. Vnd vergib mir gnediglich meine Sünde/ die ich mit meinen Henden gethan habe. (MSP I. II. II)

Von den Füßen Christi spricht Hermann in gleicher Weise:

> Schaw, Vater, schaw, wie deinem Kind
> Durchgraben seine Füsse sind;
> Las meinen Fuß nicht gleiten. (FT 1, 329, 8)

Weil Christus den Tod am Kreuz auf sich genommen hat, weil seine Füße mit Nägeln durchbohrt sind, ist der Mensch erlöst – er, der mit seinen Füßen ausgleiten kann und schon ausgeglitten ist.

Die 7. Strophe dieses „TrostLiedes" wurde schon zitiert, in ihr spricht Heermann vom „Wunderbad", das aus Jesu Wunden „entsprungen" ist, nachdem man seine „allerheilgste Seit" durchstoßen hat. Heermann nimmt dies noch einmal auf, er zeigt Gott das Herz seines Sohnes, das in der offenen Seite liegt, um dadurch Gottes Erbarmen für sich zu erregen.

> Sih doch, wie ist sein Hertz entblöst,
> Weil man Ihm seine Seit durchstöst! (FT 1, 329, 11)

Heermann nähert sich mit solchen Versen dem Herrnhutischen Kultus der Seitenhöhle, aus ihnen spricht eine Vertraulichkeit gegenüber Gott, eine Intimität mit dem leidenden Jesus.

In einem Lied, das überschrieben ist „Am Guten Frey-Tage", wendet Christus sich an die Seele des Menschen. Heermann schöpft die in dem Wort liegenden Möglichkeiten aus: Der Karfreitag wird zum „Freye-Tag", an dem Christus die Seele zu seiner Braut, seiner Liebsten, erwählt[60]. Das Karfreitagsgeschehen wird gleichzeitig aktualisiert, es wird als gegenwärtiges erlebt[61]. Christus fordert seine Braut auf, in seine Seite zu schauen, wo das Herz offen liegt. Außer der Seitenwunde werden die Füße und der blutige Leib genannt, aber es wird auch von dem Bezahlen der Schuld, dem herabrinnenden Blut, den Blutströpflein, gesprochen. – Die Füße sind ans Kreuz genagelt. Heermann versteht dies allegorisch: Jesus kann sich nicht bewegen, er muß bei dem Menschen bleiben, er hat sich ans Kreuz schlagen lassen, weil er ihm – im Wortsinn – beistehen will. In jedem vordergründigen Zug dieses Geschehens ist also zugleich ein allegorischer Sinn enthalten. Jede Einzelheit der Kreuzigung weist noch einmal auf den Sinn des Ganzen, auf die Erlösung hin.

> Die Seit ist offen: schau hinein
> Wo mag doch grösser Liebe seyn/
>   Als hier in meinem Hertzen?
> Die Füsse sind genagelt an/
> Daß ich von dir nicht weichen kan/
>   Auch in den grösten Schmertzen.
>
> Mein Leib ist Blutroth und verwund:
> Ein jeder Tröpflein macht dirs kund/
>   Das von mir ist geronnen:
> Ich zehle für dich aus mein Blut
> Und thue/ was kein Bräutgam thut/
>   Der sein Lieb lieb gewonnen.
>   (PEfF, S. 108; Str. 15. 16)

An solchen Stellen zeigt sich etwas von der Verehrung, die Heermann den Wunden und dem Blute Christi entgegenbringt. Heermanns Aufforderung, in die Seite hineinzusehen, das Herz anzusehen, um etwas von der Liebe des Bräutigams zu erfahren, hat ihren Ursprung in mittelalterlicher Mystik, sie geht zurück auf das Passionssalve des Arnulf von Löwen. Johann Rist, der sich der Seite des Gekreuzigten schon mit größerer Selbstverständlichkeit als Heermann nähern kann, sagt z. B. in seiner Übersetzung der „Vierten Andacht – An die Seiten seines Allerliebsten HErren JEsu": „Eröffne dich, du seiten loch, Daß Ich dein Hertz begreiffe doch."[62]

Heermann fordert in andern Versen – in einem kurzen Gedicht „Aus den Worten JEsu/ Joh. 12. v. 32" – dazu auf, das Herz des Gekreuzigten in der offenen Seite zu betrachten:

> Seine Seit' ist auffgethan:
>   Kompt und schaut sein Hertz ihm an:
> Da steht euch sein Reich verschrieben.
> Was wolt ihr euch denn betrüben.
>   (PEfF 2/LXI; S. 38)

In einem von Heermanns Liedern hatte es geheißen, der Name des Sünders sei mit dem Blute Christi in seinen Händen „angeschrieben". Daß dem, der das Herz in der Seitenwunde anschaut, dort das Reich Gottes „verschrieben" ist, kann natürlich in übertragenem Sinne gemeint sein, Heermann kann aber ebensogut an wirkliche, blutige Schrift denken.

Blut und Wunden heilen den Menschen, der von Sünden „krank" ist. Belege dafür, daß das Blut für Heermann eine „Artzney" ist, daß es den Sünder „heil" macht, wurden schon angeführt. Hier sollen einige Stellen wiedergegeben werden, wo ähnliches von den Wunden gesagt wird.

In dem schon mehrfach herangezogenen Lied „Vom H. Abendmal" sagt Heermann in der Schlußstrophe, nachdem er Christus eine „lebendige Quelle" genannt und um „ein BlutsTröpfflein" gebeten hat:

> Diß sind die Blümlein, die mich können heilen
> Vnd mir LebensSafft ertheilen
> ...   (FT 1, 337, 9)

Von Dichtern, die der Mystik nahestehen, werden die blutigen Wunden verschiedentlich als rote Blumen, als rote Rosen bezeichnet; Scheffler spricht von ihnen als „Rosenwunden", Spee nennt sie „röselein" und „blumen"[63]. Bei Heermann sind es „Blümlein", die „LebensSafft", seligmachendes Blut, herabfließen lassen.

Heermann mahnt den Sünder, er solle „seiner Seelen trewlich warnehmen", und sagt dazu:

> Schaw doch, wie sehr war sie verwund,
> Daß sie sonst nichtes heylen kunt
> Als Christi Blut vnd Striemen. (FT 1, 319, 10)

Heermann verzichtet hier auf die bei Moller vorgegebene Möglichkeit, davon zu sprechen, daß Wunden Wunden heilen, daß die von Sünden verwundete Seele nur durch Christi Wunden heil werden könne[64]. Erst in einer Bearbeitung dieses Liedes, der Alexandrinerfassung in den „Poetischen Erquickstunden", redet Heermann vom Blute Christi und seinen Wunden:

> Wie schrecklich waren doch der Seelen tieffe Wunden!
> Weil man zu ihrem Heil kein Pflaster hat gefunden/
> Als Christi Blut/ das ihm aus seinen Wunden floß:
> Da er für Salyme am Holtz' hieng nackt und bloß. (PE, S. 6)

Das Blut aus den Wunden ist jetzt zum „Pflaster" für die „tieffen Wunden" der Seele geworden. Durch die Auflösung der Formel „Blut vnd Striemen", in der beide Begriffe gleichwertig nebeneinander standen, wird die Bedeutung des Blutes wieder besonders hervorgehoben.

Ein Vergleich der beiden Fassungen zeigt bei dem Gedicht aus den „Poetischen Erquickstunden" eine deutliche „Barockisierung" der Sprache. Besonders augenfällig ist der „Zuwachs an Masse". Heermann hat die Verse aufgeschwellt: Aus drei Strophen sind vier, aus 18 Worten 36, aus 23 Silben 50 geworden. Verbformen sind durch Substantive ersetzt: „heylen" wird zu „Heil", „verwund" zu „Wunden". Das einfache, hinweisende „Schaw doch" fehlt; die schlichte Aussage „wie sehr war sie verwund" ist dafür auf das Doppelte erweitert und zu einem emphatischen Ausruf gesteigert: „Wie schrecklich waren doch der Seelen tieffe Wunden!" An das Wort von „Christi Blut" schließt Heermann eine Reihe von Bestimmungen an und präzisiert damit die Angaben über das Blut. Er hebt seine Bedeutung auch dadurch heraus. Heermann beginnt mit dem Relativsatz „das ihm aus seinen Wunden floß", diesem folgen Ortsbestimmungen, die sich vom Allgemeinen zum Besonderen erstrecken: „für Salyme" und „am Holtz'", und eine Aussage über die Art und Weise, in der Christus am Kreuz hängt: „nackt und bloß"[65]. Möglich ist diese „Barockisierung" dadurch, daß die Neufassung nicht Kirchenlied, sondern Kunstdichtung ist.

In einem Spruchgedicht „Von den Wunden JEsu" ist nicht das Blut das Pflaster für die Sünden des Menschen, sondern Jesu „tieffe Wunden" selbst sind es. Hier wird eine kontemplative Haltung gegenüber den Wunden gefordert, der Mensch soll sie betrachten, „stets" betrachten, sich also ganz dieser Kontemplation hingeben. Eine beinahe schon magisch-mystische „Krafft" der Wunden heilt ihn.

> KEin besser Pflaster wird in aller Welt gefunden/
> O süsser JEsu Christ/ als deine tieffe Wunden/
> Die dir geschlagen sind. Wer diese stets betracht/
> Der wird durch ihre Krafft Heil und gesund gemacht.
> (PEfF 1/LXXII; S. 14)

Jesus wird in diesen Versen „süß" genannt, ein Prädikat, das in die Mystik Bernhards von Clairvaux weist. Heermann hat dessen Jubilus „Jesu dulcis memoria" als „O Süsser JEsu Christ/ wer an dich recht gedencket" übersetzt (Wa 56; PE, S. 7ff.). Das lateinische Original ist eine Hymne in vierhebigen Versen, die großartig in ihrer Schlichtheit sind. Heermann gibt eine ganz anders geartete, wortreiche Übertragung in Alexandrinern[66].

> O Süsser JEsu Christ/ wer an dich recht gedencket/
> Dem wird sein Hertze bald mit Freud und Lust getrencket/
> Wer dich schon hat in sich/ bey dem weicht alles Leid/
> Da übertrifft dein Trost auch alle Süssigkeit. (PE, S. 7 f.; Str. 1)

Dem entspricht ein knapper lateinischer Text:

> Jesu dulcis memoria,
> Dans vera cordi gaudia:
> Sed super mel et omnia
> Ejus dulcis præsentia. (MPL 184, Sp. 1317, 898)

Thema des Jubilus ist die Liebe zu Jesus. Seine Süße wird immer wieder gepriesen. Heermann verstärkt und steigert dies gegenüber dem Original. So umschreibt er den Vers „O Jesu mi dulcissime" in einer Hyperbel, mit der er sich der Sprache weltlicher Barockdichtung nähert, mit „O süsser JEsu Christ/ mehr süß als alles Süsse" (Str. 26). – Die Liebe, die dem süßen Jesus entgegengebracht wird, zielt auf eine mystische Vereinigung mit ihm: Seine Süßigkeit wird geschmeckt, die Ströme seiner Liebe werden getrunken. In Heermanns Übersetzung lautet das folgendermaßen:

> Wer dich geschmecket hat/ der kan sich nicht erfüllen/
> Mit deiner Süssigkeit. Der kan den Durst nicht stillen/
> Wer einmal trinckt von dir. Nur die begehren dein/
> Die/ JEsu/ gegen dir in Lieb entzündet seyn.
>
> Wer sich/ O JEsu/ setzt/ wo sich die Ström' ergiessen/
> Die Ströme deiner Lieb: und kan ihr so geniessen/
> Daß er sich truncken trinckt: der kan recht sagen mir/
> Was man für Süssigkeit ihm hölen könn' in dir.
> (PE, S. 9 f.; Str. 19. 20)[67]

2. Die Wunden Jesu Christi

Ein Lied der „Devoti Musica Cordis", das erst in den beiden Ausgaben von 1644 steht, handelt ausschließlich von dem Trost, den Jesu „tieffe Wunden" bringen (FT 1, 363). Es beginnt:

> JESV, deine tieffe Wunden,
> Deine Qval vnd bitter Todt
> Geben mir zu allen Stunden
> Trost in Leibs- vnd Seelen-Noth. (FT 1, 363, 1)

Heermann spricht hier von „tieffen Wunden", bei Moller sind es „heylige Wunden". Daraus läßt sich ein grundsätzlicher Unterschied ablesen[68]. Das Heilige gehört dem göttlichen Bereich an. Was h e i l i g ist, wird angebetet, es ist entrückt und erhöht. Die T i e f e der Wunden ist dagegen auslotbar, sie kann mystisch erfahren werden. Heilige Wunden werden gepriesen, in die tiefen Wunden können die Sünden „geworfen" werden, in sie flieht der Mensch, in sie verbirgt sich die Seele. Moller muß daher hinzusetzen, daß diese Wunden eine „Zuflucht in allen ... anfechtungen" sind (MSP II. IIII. IX). Erst damit hat seine Aussage den Sinn, den Heermann mit seiner kürzeren Formulierung wiedergibt. Heermann meint die Wunden als Zuflucht, wenn er von „tieffen Wunden" spricht. Bedeutet die Anbetung der Wunden als „heilige Wunden" eine Erhöhung, so gehört die Verehrung der „tiefen Wunden" in die neue, verinnerlichte Frömmigkeit. Wenn der sündige Mensch in der Betrachtung der „tieffen Wunden" verharrt, dann geht ihre „Krafft" in ihn über und macht ihn, der „krank" ist, „heil". In der Versenkung in die Tiefe der Wunden erlebt er eine mystische Vereinigung mit Jesus. – Im Pietimus, besonders bei Zinzendorf, hat der Kultus der Wunden eine zentrale Bedeutung. Man legt sich in die Wunden, verkriecht sich in sie, verbirgt sich in der offenen Seite Christi. Allerdings ist das oft nicht mehr als ein Spiel mit Worten[69].

Bei der Bearbeitung des Heermannschen Liedes haben die „Gesangbuchverbesserer" Gesenius und Denicke Heermanns „tieffe Wunden" in „heilge Wunden" geändert und hier auch sonst „Verbesserungen" vorgenommen (FT 2, 429). Sie wollten die Texte „modernisieren", wollten die Grundsätze der Opitzschen Reform weiter vorantreiben. Sie glätteten die Sprache der von ihnen bearbeiteten Lieder; im Zusammenhang damit beseitigten sie Wörter, die von ihnen als altertümlich, als altmodisch empfunden wurden. Sie besaßen also ein Gefühl dafür, daß ein Ausdruck wie „tieffe Wunden" etwas „Anstößiges" hatte. Er mußte ihnen zumindest unangemessen erscheinen, auch wenn sie die mystisch-erotische Bedeutung nicht heraushörten[70]. – Klopstock, der Heermanns Lied ebenfalls bearbeitet hat, hat es in wesentlichen Punkten verändert. Er setzt die Überschrift „Jesu, deine tiefen Wunden", nach seiner Gewohnheit, nur, damit man weiß, um welches Lied es sich bei seinen Änderungen handelt[71].

An eine Strophe aus Heermanns „Trostgesänglein" soll in dem hier angesprochenen Zusammenhang noch einmal erinnert werden. Heermann sagt dort:

> Ich, dein betrübtes Kind,
> Werff alle meine Sünd,
> So viel jhr in mir stecken
> Vnd mich so hefftig schrecken,
> In deine tieffe Wunden,
> Da ich stets Heyl gefunden. (FT 1, 322, 3)

Es wurde schon darauf hingewiesen, daß Heermann den Satz „Ich ... Werff alle meine Sünd ... In deine tieffe Wunden" – als den einzigen für ihn wichtigen – aus einem größeren Zusammenhang herausgezogen und dann intensiviert hat. Das „Heyl" des Menschen liegt in den „tieffen Wunden".

Die Wunden seines Sohnes – die Hände, die Füße, der blutige Leib – werden Gott von dem Menschen gezeigt. Sie sollen ihn zur Vergebung der Sünden bewegen. Aber Heermann geht noch einen Schritt weiter: Gott soll die Sünden nicht nur um der Wunden willen vergeben, sondern wenn er sie ansieht, soll er die Sünden in ihnen verschwinden lassen. Das muß genauso gesehen werden wie das Abwaschen der Sünden durch das Blut: Heermann denkt sich hinein, und es gewinnt Realität für ihn. – Ebenso wie er von den Wunden als „Striemen" sprechen kann, nennt er sie auch „Nägelmahl". Heermann bittet:

> Nim wahr, O Vater, deinen Sohn,
> Sey gnädig deinem Knechte.
> Krafft seiner Menschwerdung verschon,
> Straff nicht nach strengem Rechte.
> Wann du sihst seine Nägelmahl,
> Las meine Sünden ohne Zahl
> Darinn verborgen bleiben. (FT 1, 331, 5)

Das könnte Umschreibung sein für eine Bitte um Vergebung der Sünden, aber Heermanns „Darinn", das er gegenüber der Vorlage hinzugesetzt hat, deutet hin auf die Tiefe der Wunden. Er meint damit auch hier, daß die Sünden in den Wunden verschwinden sollen. Bei Moller wird Gott gebeten, die Sünden zu vergessen. Sie sollen vor ihm („für dir") verborgen sein, er soll nicht mehr an die Sünden denken, wenn er die Wunden sieht.

> ...
> So offte du ansihest die Wunden deines Kindes/ so laß meine Sünden für dir verborgen sein. (MSP I. II. III)

Doch nicht nur die Sünden werden in die Tiefe der Wunden geworfen, auch der Mensch selbst sucht Trost und Zuflucht in den Wunden, in der Seitenhöhle. Der Verzagte flieht in die Wunden; die Seele verbirgt sich in ihnen. Leitworte für diesen Vorgang sind: sich verhüllen, sich einschließen, sich verbergen, sich hinein senken, sich verkriechen, sich (ein-)verstecken. Die Flucht in die Wunden ist eine Flucht vor der Welt.

In den Belegen aus Valerius Herbergers „Passionszeiger", seinen „Magnalia Dei" und Heermanns „Crux Christi" fand sich das Bild von der Taube, die in die Steinritzen flieht, von dem Waldvögelein, das vor dem Ungewitter in den hohlen Bäumen Schutz sucht[72]. Es beruht auf einer Stelle aus dem Hohenlied. Dort wird Sulamith angeredet als „Meine Taube in den Felsklüften, in den Steinritzen" (Hl. 2, 14). Das Hohelied ist seit den Tagen des Origenes als Allegorie auf das Verhältnis der Seele zu Christus, ihrem Bräutigam, gedeutet worden[73]. So verstehen es auch Herberger und Heermann. Die bisher angeführten Stellen stammten aus Erbauungsschriften, doch auch in Heermanns Lyrik taucht das Bild verschiedentlich auf: Wie das „Vögelein" vor dem „Ungewitter" in ein „Baum-Loch" flieht, so flieht die Seele in die „Wunden Höle"[74].

2. Die Wunden Jesu Christi

Das folgende Gedicht ist überschrieben: „Christi Wunden". Es enthält eine Aussage des Menschen über seine Seele. Doch ist „meine Seele" in diesem Fall, wie das „ich" des nächsten Verses zeigt, auch Umschreibung für den Menschen.

> GLeich wie ein Vöglein sich dem Baum-Loch' einversteckt/
> Wann uns und unser Vieh ein Ungewitter schreckt:
> Also verbirget sich in deiner Wunden Höle/
> Wann mich Anfechtung schreckt/ HErr JEsu meine Seele.
> Da werd' ich sicher seyn/ wann auch der Teuffel gleich:
> Anzünden wolt' aus Zorn sein schweflicht Marter Reich.
> (PEfF 3/II; S. 48)

Heermann führt den Vergleich bis in alle Einzelheiten durch. Dabei hat er die Glieder chiastisch vertauscht: „GLeich wie ein Vöglein sich dem Baum-Loch' einversteckt ...: Also verbirget sich in deiner Wunden Höle ... HErr JEsu meine Seele." „Baum-Loch" und „Wunden Höle" sind die Mittelglieder des Vergleichs. Doch die verdeutlichende Wirkung, die von dem Chiasmus ausgehen könnte, wird dadurch gemindert, daß Heermann zwei Temporalsätze einschiebt, die von dem sprechen, was die Bedrohung ausmacht. Dem Ungewitter entspricht die Anfechtung. Die Flucht in die „Wunden Höle" ist eine Flucht vor der Anfechtung, der der Mensch in der Welt ausgesetzt ist. In den Wunden ist er sicher davor. Die Bedrohung durch den Teufel, die Heermann in einem abschließenden Satz mit kräftigen Worten schildert, muß unwirksam bleiben.

Bei der Erwähnung von Christi „Blutschweiß" wurde eine Reihe von Versen aus einem Sterbegebet zitiert, das Heermann nach einem Gebet Martin Behms „Um eine selige Heimreise" gedichtet hat. Dort hatte Heermann die einzelnen Stationen von Christi Passion in gedrängter Sprache aneinandergereiht[75]. In seinem Gebet heißt es dann weiter:

> Ach laß du mir dein Creutz seyn meinen Wanderstab:
> Mein Schlaff-und Ruh-Gemach laß seyn dein heilig Grab.
> Durch deine Nägelmal laß mich/ O HErr/ erblicken
> Das Liecht der Gnadenwahl/ die mein Hertz kan erquicken.
> Dein weisses Grabe-Tuch laß seyn mein Sterbe-Kleid·
> So komm' ich an den Ort/ wo keine Sterblichkeit
> Uns mehr betretten wird. Ach laß mein' arme Seele
> Alsdann verbergen sich in deiner Seiten Höle/
> So schadet mir kein Feind. ... (PE, S. 31f.)

Am Ende des Weges tut sich für den Sterbenden die Seitenhöhle auf, in der seine Seele sich verbergen kann. Dort ist Geborgenheit auf ewig. – Hier kann an die Verse Valerius Herbergers erinnert werden, der die Bitte um Entrückung aus der Welt in die Worte faßt: „*Verbirg mein Seel aus Gnaden In deiner offnen seit ...*"[76] – Wichtig ist der zitierte Ausschnitt aber vor allem durch die beiden Verse: „Durch deine Nägelmahl laß mich/ O HErr/ erblicken Das Liecht der Gnadenwahl/ die mein Hertz kan erquicken." Sie beruhen auf der 10. Strophe des Gebetes von Martin Behm, die hier im ganzen wiedergegeben werden soll:

> Laß mich durch deine Nägelmal
> Erblicken die Genadenwahl,
> Durch deine aufgspaltne Seit
> Mein arme Seele heimgeleit.[77]

Heermann wie Behm meinen mit der „Gnadenwahl" nicht die Prädestination; aus ihren Versen spricht nicht das Bewußtsein, schon hier auf Erden zu den Auserwählten zu gehören, zum Heil von Ewigkeit her berufen zu sein. Die Verse stehen in einem Sterbegebet, erst am Ende des Lebens soll die „Gnadenwahl" geschaut werden; der Sterbende bittet also darum, er möge zu denen gehören, die erlöst werden[78]. Martin Behm bittet Christus um seiner „Nägelmal" willen um die „Genadenwahl"; Heermann geht einen Schritt weiter: Er möchte „das Liecht der Gnadenwahl" schauen und sich dann in der Seitenhöhle verbergen. Erst Zinzendorf will in der „Nägel Mal", in den Wunden, die „Gnadenwahl" erblicken. Die aufgespaltene Seite ist ihm die Eingangspforte zur Seligkeit. Doch dieser Gedanke ist ja weder Heermann noch Herberger fremd. Beide haben ihn von Angelomus übernommen[79]. Zinzendorf hat die Verse Martin Behms in das Lied „Du unser auserwähltes Haupt" eingefügt. Die erste Strophe lautet:

> Du unser auserwähltes Haupt,
> an welches unsre Seele glaubt,
> laß uns in deiner Nägel Mal
> erblicken unsre Gnadenwahl,
> und durch der aufgespaltnen Seite Schrein,
> führ unsre Seelen aus und durch und ein.[80]

Daß Zinzendorf Behms Verse gekannt haben muß, ist der Forschung nicht entgangen[81]. Daß auch Heermann Behms Sterbegebet bearbeitet hat, gibt Hitzeroth zwar an, doch der Nachweis der „Abhängigkeit" genügt ihm. Die hier herangezogenen Verse zitiert er nicht[82]. Gerade durch Übernahme und Bearbeitung solcher Verse wird aber Heermanns Zwischenstellung deutlich. Mit leisem Vorwurf sagt Wilhelm Nelle von der Strophe aus Behms Sterbegebet: „Hier haben wir die ganze herrnhutische Poesie im Keime."[83]

Die folgenden Belege sprechen von der Ruhe, dem Frieden, dem Trost in den Wunden. – In dem schon mit einigen Strophen herangezogenen „Karfreitagslied" aus der „Ferneren Fortsetzung" der „Poetischen Erquickstunden" heißt es:

> Stürmt dein Gewissen auff dich zu?
> Heut ists gesetzt in Fried und Ruh':
> Jetzt darffstu nicht verzagen.
> Schleuß dich in Christi Wunden ein.
> Der hat für dich die Straff und Pein
> Am Creutz auff ihm getragen.
> (PEfF, S. 107; Str. 7)

Heermanns Aufforderung an den Sünder, sich in die Wunden einzuschließen, ist nicht nur bildlicher Ausdruck; damit soll nicht einfach gesagt werden, daß der Verzagte Vertrauen zu Christus haben müsse, sondern hier wird die Vereinigung mit Christus „in Christi Wunden" gesucht.

Auch in einem Gedicht „Aus den Worten Bernhardi" sind die Wunden der Trost für den Verzagenden. Das „Denken" des Menschen richtet sich auf Christus, doch dieses Denken ist kontemplativ, es ist ein Sich-Versenken in die Passion. Aus ihm geht der Wunsch hervor, sich in Christi Wunden zu „verhüllen".

> Jedoch darff ich nicht verzagen/
> JEsu/ wann ich denck' an dich.
> Deine Wunden trösten mich.
> Darein wil ich mich verhüllen.
> Bald muß alle Furcht sich stillen.
> (PEfF 2/CXV [i. e. XCV]; S. 46)

Mit dem Wort „verhüllen" ist das Bergende von Christi Wunden besonders eindrucksvoll wiedergegeben. Die Wunden verhüllen, umhüllen denjenigen, der in ihnen Schutz sucht. Es ist auch möglich, sich in die Wunden zu „wickeln". In einer „Leichpredigt" sagt Heermann: „... wickele dich in die Bluttrieffende Wunden deines HErrn Jesu/ vnd sprich: HErr Jesu deine Wunden roth/ die werden mich erhalten." (Lp 1, I; S. 21)[84]

Dem folgenden Spruch auf „Christi Wunden" liegt der gleiche Gedanke zugrunde:

> WO find ich Ruh und Trost? wo find ich Heil und Leben?
> Diß alles kanst du mir in deinen Wunden geben/
> HErr JEsu Christ. Wer sich mit dir darein verbirgt:
> Der lebt/ und ist getrost/ auch wann der Tod ihn würgt.
> (PEfF 4/XII; S. 77)

Der Betende verbirgt sich also mit Christus in Christi Wunden. Das soll nicht heißen, daß er sich zusammen mit Christus in die Wunden einschließt, vielmehr muß er Christus im Herzen haben. Wer Jesus in sich aufgenommen hat, wer ihn besitzt und sich mit diesem Besitz in Christi Wunden verbirgt, der findet Trost, er findet aber auch Ruhe. Es ist die Ruhe dessen, der sich ganz in Jesus ergibt, der auf eigenes Tun verzichtet. Hier nähert Heermann sich einer quietistischen Haltung. In den Wunden ist Ruhe, in ihnen liegt auch das Heil – „Heil und Leben". Davon war schon in Heermanns „Trostgesänglein" die Rede, wo es hieß, daß Jesu „betrübtes Kind" in den „tieffen Wunden ... stets Heyl gefunden" habe (FT 1, 322, 3).

In dem bereits mehrfach erwähnten Lied von Jesu „tieffen Wunden" (FT 1, 363) spricht Heermann von dem Trost, den die Wunden geben. Der Gedanke an sie, an die „Centner-Last" der „Marter", hält den Betenden davon ab zu sündigen und verjagt die „Wollust". Die Welt kann keine Macht über ihn gewinnen. Heermann faßt dies zusammen:

> Ja für alles, daß mich kräncket,
> Geben deine Wunden Krafft.
> Wann mein Hertz hinnein sich sencket,
> Krieg ich newen Lebens-Safft. (FT 1, 363, 4)

Mit „Lebens-Safft" ist auch hier nicht so etwas wie „neuer Schwung" gemeint, es ist keine Umschreibung für eine „Lebenskraft", die durch die Adern des Menschen fließt[85]. Der Betende will in den Wunden bleiben. Die „Krafft", die sie geben, der „Lebens-Safft", ist das Blut Christi. Das Herz senkt sich in die Wunden, der Betende verbirgt sich in ihnen, zugleich aber hat er Jesus, den „Brunn aller Gütigkeit", in seinem Herzen. Das Lied schließt:

> Hab ich dich in meinem Hertzen,
> Du Brunn aller Gütigkeit,
> So empfind ich keine Schmertzen
> Auch im letzten Kampff vnd Streit.

> Ich verberge mich in dich;
> Welch Feind kan verletzen mich?
> Wer sich legt in deine Wunden,
> Der hat glücklich überwunden. (FT 1, 363, 6)

Heermann versteht die Wunden wirklich als einen Ort, in den hinein der Betende sich legen kann; er verbirgt sich in den „tieffen Wunden". – Bei Moller hat das „in" einen andern Sinn. Der dort spricht, möchte sein Leben „in dem süssen Troste" der „heyligen Wunden" führen, d. h. er will sich immer dessen bewußt sein, daß er durch Christi Opfertod erlöst ist, und er möchte „zufrieden" sein „in" Jesus. Daraus wird bei Heermann ein Ruhen in Jesus, in den Wunden, ein Überwinden der Welt. Moller sagt:

> ...
> HERR Jesu Christe.../ Hilff das ich mich allezeit in dir zufrieden gebe/ vnd in dem süssen Troste deiner heyligen Wunden biß an mein ende verharre/ Amen. (MSP II. IIII. IX)

Schon Gesenius und Denicke haben die mystischen Wendungen wieder beseitigt, die Heermann gegenüber Moller in das Lied hineingebracht hatte. Bei ihnen lautet die Schlußstrophe:

> JEsu, deine heilge wunden,
> Deine quaal und bittern tod
> Laß mir geben alle stunden
> Trost in leibs und seelen noth.
> Sonderlich am letzten end
> Hilff, daß ich mich zu dir wend,
> Trost in deinen wunden finde
> Und dann frölich überwinde. (FT 2, 429, 6)

In den ersten vier Versen wird der Anfang des Liedes noch einmal aufgenommen. Es wird also nicht mehr davon gesprochen, daß der Mensch Jesus im Herzen haben müsse; aber auch wenn vom Trost in den Wunden geredet wird, bedeutet das nicht notwendig, daß der Betende sich – wie bei Heermann – in die Wunden hineinlegt. „Überwinden" ist hier Sterben, nicht die Welt soll in Jesu Wunden überwunden werden, sondern es wird um ein fröhliches Sterben gebeten.

Klopstock macht in seinen „Veränderten Liedern" aus Heermanns Text einen Gesang von der Auferstehung. Dazu hat er die 5. und 6. Strophe umgestellt. In Heermanns 5. Strophe heißt es:

> Deine Gnade wird mir geben
> Auferstehung, Liecht vnd Leben.

Daraus bildet Klopstock den Schluß seines Liedes. Die vorhergehende Strophe, die Heermanns schon zitierter Schlußstrophe entspricht, bereitet darauf vor. Klopstock sagt dort mit dem ihm eigenen Pathos:

> ...
> Zu dir flieh' ich, hab ich nun
> Gnung gewandelt, um zu ruhn.
> Ueberwunden, überwunden
> Hab' ich, durch dich überwunden.[86]

Heermann legt sich hier auf Erden in die Wunden und hat damit die Welt überwunden. In Klopstocks Versen ist mit dem dreimaligen „überwunden" das Ziel des Lebens erreicht, wer „gnung gewandelt" hat, der hat „überwunden". Daran schließt sich die auf Heermanns 5. Strophe beruhende an, in der von Tod, Gericht und Auferstehung gesprochen wird. Bei Klopstock heißt es am Ende des „veränderten Liedes":

>Aufzustehn zu jenem Leben
>Wirst du, Gott, mein Gott, mir geben.[87]

Klopstock schließt sein Lied mit dem Gedanken an die Auferstehung ab, Heermann findet Ruhe in den Wunden Jesu.

Davon spricht er auch in einem schlichten Gedicht, das am Schluß dieses Abschnitts stehen soll:

>ICh hab in JESU Wunden
>Nunmehr ein Räumlein funden.
>>Da kan ich sicher liegen
>>Und aller Noth obsiegen. (PEfF 4/LII; S. 83f.)

3. „JESVS CHRISTVS, Das Purpurrote BlutWürmlein"

Bei den bisherigen Überlegungen wurde das Lied „JESVS CHRISTVS, Das Purpurrote BlutWürmlein" (FT 1, 333) von der Betrachtung ausgeschlossen. Überall dort, wo man Heermann vorwirft, er nähere sich zu stark dem Pietismus, doch auch, wo man kritisiert, daß er Konzessionen an den „Zeitgeschmack" gemacht habe, wird es genannt; und wer in diese Ablehnung nicht einstimmt, kann doch mit dem Liede nichts anfangen.

Ritschl meint, daß die „Ausführung des Liedes" „geschmacklos" sei und daß sich hier eine „so gewaltsame Mischung von incongruenten Motiven wie möglich" finde[88], Hitzeroth spricht von einer „fast widerlichen und vollkommen unevangelischen Art" und davon, daß Heermann hier „geradezu ... unser Gefühl ... beleidigt" habe[89], Siegfried Fornaçon sagt im Anschluß an eine positive Beurteilung des Dichters, nur gelegentlich verfalle dieser „in die Barockismen von der offenen Seite Jesu und dem Vergleich mit dem ‚Purpuroten Blutwürmelein [!]'"[90], lediglich Paul Böckmann spricht von der „rhetorischen Ausgestaltung eines in der Bibel selbst bezeugten Bildes"[91] und deutet damit eine Möglichkeit an, dem Verständnis des Liedes näherzukommen, wenngleich sich auch diese Deutung als nicht zutreffend erweisen wird.

Die folgenden Erörterungen wollen nur als Hinweise verstanden werden, die vielleicht zu einer Klärung dessen beitragen können, was Heermann mit dem Liede will. Sie möchten zeigen, daß es einen legitimen Platz in seiner Dichtung hat, sie möchten aber auch versuchen, das Bild Johann Heermanns weiter zu differenzieren. Es wird jedoch darauf verzichtet, zum Vergleich Texte von Gryphius und Lieder von Rist und Birken heranzuziehen, die den gleichen Gegenstand behandeln[92].

Heermann bedient sich einer Sprache, deren Termini aus dem „Wortschatz des Pietismus" stammen. Das Blut Christi ist „rosinfarb", es ist ein „rother Safft", ein „PurpurSafft", es fließt „mit gevierdtem Strom" von dem Gekreuzigten herab, es ist ein „PurpurSchmuck", es „ziert" den Sünder, es kann dem „argen Bösewicht", dem Teufel, vorgehalten, „gezeigt" werden, der Mensch muß es „aufffangen", es hat ihn „durchröthet" und damit für die Erlösung bestimmt. Die Sünde, die „roth" ist „wie Blut", kann nur mit Blut „gebüßt" werden.

Mit seinem Liede will Heermann das Psalmwort auslegen: „Ich aber bin ein Wurm und kein Mensch, ein Spott der Leute und Verachtung des Volks." Er setzt die Stellenangabe über das Lied („Aus dem 22. Psalm, v. 7."). Man hat diesen Vers immer als unmittelbaren Hinweis auf Christus und seine Leiden verstanden. Wenn Heermann ihn auf Christus bezieht, so gibt er damit also die traditionelle allegorische Deutung wieder. Das Besondere daran ist aber, daß Heermann im Namen des Gekreuzigten spricht, daß er Christus selbst über seine Leiden meditieren läßt, daß er seine eigenen Gedanken als die Gedanken Christi ausspricht. – Christus mahnt den Menschen, an seine Leiden zu gedenken. Er sagt von sich, daß er der Wurm des Psalms ist, der Purpurwurm, den man zerquetscht, um die rote Farbe zu gewinnen, der Blutwurm der Alten, den man zerdrückt. Dem „Ich bin ein Wurm vnd nicht ein Mensch" der ersten Strophe wird in der zweiten Christi Größe entgegengesetzt: „Sonst bin ich zwar der rechte Held". Dies wird besonders unterstrichen und durch die Formulierung „Ein Held im streit, den niemand felt, Der Mann von grossen Kräfften" gesteigert. Doch es führt zurück zu der Feststellung: „Jetzt aber werd ich schwach vnd matt". Christus hängt am Kreuz, als Gekreuzigter ist er „ein PurpurWürmlein roth". Er zeigt dem Sünder die einzelnen Stationen seiner blutigen Passion (Str. 4–7): „Oelgarten" – Geißelung und Dornenkrönung im „RichtPallast" – Kreuzigung – die Wunden in Händen und Füßen und das Öffnen der Seite durch den Speer des Kriegsknechts. Am Ende nimmt er das Psalmwort als Frage noch einmal auf: „Bin ich, O Mensch, denn nicht ein Wurm, Aus welchem man Blut zwinget?"

Damit ist die Allegorie abgeschlossen, das Thema der sich anschließenden Betrachtung gegeben. Die Leiden werden zum Anlaß für eine Bußpredigt. Das ist die Botschaft der Passion, Christus selbst verkündet sie. – In der Betrachtung wird – wie auch sonst bei Heermann – ein fester Kreis durchlaufen: Christus hält dem Menschen seine Sünden vor Augen (Str. 8), sagt ihm, daß er erlöst ist (Str. 9 und 10), fordert ihn auf, sich durch den Spott der Leute „nicht betrüben" zu lassen, sondern „Schimpff, Hohn vnd Schmach" zu tragen (Str. 11 und 12), denn mit Christi Blut kann er dem Teufel trotzen (Str. 13 und 14); er sagt dann noch einmal, daß er den Menschen erlöst hat (Str. 15), er ist auch „am letzten End" bei ihm (Str. 16), wenn dieser ihn bei sich aufnehmen will (Str. 17), er wird den Leib „an jenem Tag erwecken" und den sündigen Menschen zum himmlischen „FrewdenMahl" holen (Str. 18), das er ihm durch seinen Kreuzestod erworben hat (Str. 19).

Doch mit dieser stark gerafften „Inhaltsangabe" ist von Heermanns Deutung des Bibelworts erst ein Teil wiedergegeben, das, was ein Geistlicher auch heute noch dazu sagen, als Betrachtung daran anschließen könnte. Aber Heermann macht etwas anderes. Er deutet in diesen Strophen den Sinn der Psalmstelle, indem er den Sinn des „Dinges" Wurm erschließt. Und dafür gilt nun, daß ein Ding so viele Bedeutungen hat, wie es Eigenschaften besitzt[93].

3. „JESVS CHRISTVS, Das Purpurrote BlutWürmlein"

Es gibt hier also eine doppelte Bewegung: Was Heermann sagt, sagt er so, daß er an den entsprechenden Stellen die „richtige" Bedeutung des „Dinges" Wurm einsetzt, erst dadurch legt er die Psalmstelle wirklich aus. Er wählt nicht verschiedene Metaphern, um das auszudrücken, was hier als „Inhalt" skizziert wurde, er schmückt seine Rede nicht mit rhetorischen Mitteln. – Christus wird zertreten, wie man einen Wurm zertritt, er krümmt und windet sich wie ein Wurm. Aber auch der Mensch gleicht einem Wurm, die Welt verachtet ihn und hält ihn für ein „Würmelein", „Würm vnd Motten" sind sein „Bette" im „MordReich" des Teufels, er ist der, welcher im Grabe von Würmern gefressen wird, er „wendet" sich in seiner Todesangst wie ein Wurm hin und her, der „HertzensWurm" nagt ihm im Herzen. Doch Christus, „das Purpurrote BlutWürmlein", hat den Sünder, ihn, der ein „SündenWurm" ist, mit seinem „PurpurSafft" erlöst. Nur muß der Mensch, damit er der Erlösung teilhaftig werden kann, Christus, das „arme Würmelein", zu sich in den „HertzensSchrein" aufnehmen.

> Ob du gleich bist ein SündenWurm,
> Den Satanas mit Grimm vnd Sturm
> In sein MordReich wil treiben,
> Da Würm vnd Motten ohne Zahl
> Dein Bette solten bleiben,
>
> So bin ich worden dir zu gut
> Ein Würmlein, das mit seinem Blut
> Den HertzensWurm getödtet,
> Daß er dich nicht mehr nagen darff,
> Weil dich mein Blut durchröthet.
>
> Wann dir der Todt am letzten End
> Dein abgemattes Hertz anrennt,
> Daß du für Angst dich wendest
> Gleich einem Würmlein hin vnd her,
> Biß du das Leben endest,
>
> So nim mich armes Würmelein
> Zu dir in deinen HertzensSchrein,
> Denck, wie ich mich gerungen,
> Auff Erden ligend in der Angst,
> Vnd deinen Tod verschlungen. (Str. 14–17)

„Wurm" weist auf Christus in der allegorischen Auslegung des Psalmworts (in den Strophen 1, 3, 4 und 7), weiter in den Strophen 15 und 17, auf den Menschen in den Strophen 11, 14 und 16; von den Würmern, die den Menschen fressen, ist in den Strophen 14 und 18, vom „HertzensWurm", der in seinem Innern nagt, in Strophe 15 die Rede.

Heermann gibt damit nicht einfach eine Reihe verschiedener Bedeutungen des „Dinges" Wurm und stellt sie willkürlich nebeneinander – dann enthielte das Lied wirklich eine „gewaltsame Mischung von incongruenten Motiven" –, sondern im Fortgang des eben skizzierten „Inhalts" hat das „Ding" Wurm nacheinander diese verschiedenen Bedeutungen. Die Aufgabe des Auslegers ist es, die jeweils passende, richtige zu finden. Heermann erschließt die Dingbedeutung, soweit sie einen Bezug auf sein Thema hat. Erst damit aber gibt er die eigentliche Bedeutung dieser Textstelle wieder.

Das Blut, das man dem Purpurwurm ausquetscht, deutet hin auf das Blut Christi. Davon spricht Heermann in den Strophen 8, 9 und 10 und am Schluß des Liedes. Christus, der am Kreuz hängt, dessen Leib blutig ist, von dem das Blut „mit gevierdtem Strom" herunterfließt, aus dessen Seitenwunde „Blut vnd Wasser springet", ist wie mit einem roten Gewand bekleidet[94]. Christus hat für die Sünde des Menschen, die rot wie Blut ist, mit seinem Blut gezahlt. Er hat ihn mit dem „PurpurSchmuck" seines Blutes „schön geziert" und ihm das blutrote Kleid des Hohenpriesters angezogen. Darin kann der Mensch – „als ein Priester" – vor Gott treten und für seine Sünde beten. – Rot ist auch der Mantel des Königs. Mit seinem „PurpurSafft" hat Christus dem Menschen die „Königliche Krone" erworben, mit der er im Himmel gekrönt werden wird.

> Der König tregt ein Purpurkleid;
> Mein PurpurSafft hat dir bereit
> Die Königliche Krone,
> Die du im Himmel tragen solt
> Mit Frewd für meinem Throne. (Str. 10)

Christus wird den Leib „an jenem Tag", dem Tag der Auferstehung des Fleisches, erhöhen, er wird ihn mit „PurpurKleidern" schmücken:

> Mit PurpurKleidern wil ich jhn
> Nach deines Hertzens Wuntsch anziehn,
> Die Ich dir hab erworben,
> Als Ich in meinem ScharlachRoth
> Für dich am Creutz gestorben. (Str. 19)

Das Wort des Psalms: „Ich aber bin ein Wurm und kein Mensch, ein Spott der Leute und Verachtung des Volks" wird von Heermann in den ersten sieben Strophen seines Liedes allegorisch auf Christus gedeutet, in der anschließenden Betrachtung wird seine „Sinnfülle" moralisch-anagogisch erschlossen[95]. Dieses Erschließen des geistigen Sinns des Wortes entspricht nicht der reformatorischen Bibelauslegung, sondern hat seine Wurzeln im mittelalterlichen Schriftverständnis. Bei Heermann gibt es ähnliches auch in seinen Predigten, doch würde eine Erörterung dieser Zusammenhänge weit über das hinausführen, was in der Untersuchung gezeigt werden sollte.

ZUSAMMENFASSUNG

Die Arbeit hat sich bemüht, einige Probleme der geistlichen Barocklyrik zu untersuchen. – Die Übersicht über die Forschungslage zeigte, daß der geistlichen Lyrik des 17. Jahrhunderts in den älteren Darstellungen meist der Platz vor der weltlichen zuerkannt wird. Sie gilt – in einer Zeit, die man als Zeit eines geistigen Niedergangs versteht – als „echte Dichtung", man betont, sie sei „erlebt", man sieht hier „poetische Frische", die „Frische des Volksliedes". – Seit der Neuorientierung in der Barockforschung wird die geistliche Lyrik jedoch weniger beachtet. Wo man Barock als „Gestaltung antithetischen Lebensgefühls" auffaßt, wird die geistliche Dichtung oft als notwendiger Gegenpol zur weltlichen gesehen, als etwas, durch das die barocke Spannung überhaupt erst möglich wird. – Die Unsicherheit in der Forschung zeigt sich vor allem in der Übernahme von Meinungen, die sich direkt oder indirekt auf die Position der Wissenschaft des 19. Jahrhunderts zurückführen lassen. Das wurde deutlich bei der Erörterung der Stellung, die Johann Heermann in den Darstellungen einnimmt. Nur der Ansatz von Günther Müller führt hier weiter.

Die Hymnologie als Wissenschaft von der geistlichen Dichtung steht zwischen Theologie, Germanistik und Musikwissenschaft. Sie hat sich jedoch in den letzten Jahrzehnten immer mehr von der Germanistik gelöst. Sie will ihre Arbeit heute als „theologische Aufgabe" verstanden wissen. Damit aber kann sich auch die Literaturwissenschaft bei der Betrachtung geistlicher Dichtung mehr als bisher auf ihre eigenen Aufgaben besinnen, sie kann geistliche Dichtung als Dichtung untersuchen, die auch mit ästhetischen Kategorien gewürdigt und geistesgeschichtlich eingeordnet werden muß.

Es gibt bis heute kaum Arbeiten zur geistlichen Barocklyrik, die sich denen an die Seite stellen lassen, die in den frühen dreißiger Jahren geholfen haben, den Inhalt des Begriffes „Barock" zu bestimmen. Erst das letzte Jahrzehnt hat auch hier in stärkerem Maße Einzeluntersuchungen hervorgebracht. Dabei zeigt sich eine ausgesprochene Bevorzugung solcher Dichter, die entweder in die zweite Hälfte des Jahrhunderts gehören und sich damit schon aus den alten Bindungen lösen oder die sich, wie Friedrich von Spee, weltlicher Ausdrucksformen bedienen. Das Kirchenlied wird kaum beachtet.

Die Bindung des protestantischen Kirchenliedes an die Traditionen des Lutherliedes bestimmt den Gehalt und die Sprachform der geistlichen Lyrik in der zweiten Hälfte des 17. Jahrhunderts. Das ist für die Zeitgenossen selbstverständlich. Sie wird nicht in die Reformen einbezogen und wird – bis auf wenige Ausnahmen – in den Lehrbüchern der Poetik nicht erwähnt. Äußerungen in den Vorreden zu Sammlungen geistlicher Dichtung und in Widmungsgedichten lassen aber erkennen, welche poetischen Grundsätze hier gelten. – In der geistlichen Lyrik wird nur die „Andacht" gesucht. Sie ist bestimmend für Stil und Gehalt der geistlichen Lyrik. In ihr kann auf „der Worte Zierd vnd Kunst", auf rhetorischen Schmuck, auf Metaphern und „Zentnerworte" verzichtet werden. Man wendet sich gegen die Erstarrung in der protestantischen Orthodoxie, man sucht „wahres Christentum". Die „Andacht der Alten" finden die Dichter in der zeitgenössischen Erbauungsliteratur. Aus dieser dringt spätmittelalterliche Frömmigkeit – Mystik Bernhards, Gedanken Anselms, die Frömmigkeit der „Devotio moderna" – in das protestantische Kirchenlied ein. Heermann und andere bringen Gebete und Meditationen aus Erbauungsbüchern in Verse.

Die „Andacht" läßt es nicht zu, daß Heermann seine Lieder „schmückt", er verzichtet auf die „Pracht der Rede", im übrigen aber will er Verse schreiben, die den Regeln der neuen Kunstdichtung entsprechen. Er bemüht sich um reine Reime, er vermeidet den Hiatus, die Apokope und die Synkope, er will alternierende Verse schreiben und möchte den Worten gleichzeitig ihre natürliche Betonung lassen. Auch die Ausnahmen folgen strengen Regeln. Die vier verschiedenen Ausgaben der „Devoti Musica Cordis", die zu Lebzeiten Heermanns erschienen sind, zeigen, daß er ständig an der „Verbesserung" seiner Verse arbeitet, sie zeigen aber auch, welche Schwierigkeiten er dabei überwinden muß.

Heermanns „Devoti Musica Cordis" enthält Lieder für den Gemeindegesang und solche für die Hausandacht, das Werk ist – anders als die Gesangbücher Luthers und seiner Zeit – ein Andachts- und Erbauungsbuch. Blut und Wunden Christi gewinnen besondere Bedeutung für Heermann, Vergebung und Gnade treten demgegenüber zurück. Mit seiner Dichtung steht Heermann am Anfang einer Entwicklung, die zum Pietismus führt.

ANMERKUNGEN

VORBEMERKUNGEN

Die Lieder der Heermannschen „Devoti Musica Cordis" werden nach dem Text in der Sammlung von Albert Fischer und Wilhelm Tümpel zitiert (FT), die wenigen dort nicht enthaltenen nach der Ausgabe von Philipp Wackernagel (Wa), wobei deren Orthographie und Interpunktion an der Ausgabe der „Devoti Musica Cordis" von 1630 überprüft wurden.

Halbfette Typen in Zitaten aus Werken von Birken, Herberger, Prasch, Rist und Schottel geben Fettdruck oder halbfetten Druck des Originals wieder.

Wo in älteren, in Fraktur gedruckten Werken zur Heraushebung einzelner Stellen oder bei der Wiedergabe von Fremdwörtern Antiqua verwendet wird, ist diese in der vorliegenden Arbeit durch Kursivdruck wiedergegeben. Das betrifft Zitate aus Werken der eben genannten Verfasser und von Arndt, Brückner, Corner, Gryphius, Heermann, Moller, Olearius, Opitz, Schupp sowie aus der „Davidischen Harmonia". Bei der Wiedergabe von Werktiteln im Text und im Literaturverzeichnis wurde jedoch von einer Kennzeichnung solcher Stellen abgesehen, da sich eine genaue Wiedergabe der Titel ohnehin nur im Faksimiledruck erreichen ließe.

In den Anmerkungen sind Verweise auf die vorliegende Arbeit, soweit Mißverständnisse möglich scheinen, durch ein der Seitenangabe hinzugefügtes „hier" gekennzeichnet. Verweise auf Anmerkungen des gleichen Kapitels nennen nur die Nummer der Anmerkung; wird auf Anmerkungen aus andern Kapiteln verwiesen, so wird die Nummer des Kapitels in römischen Zahlen vorangestellt (I/... usw.).

Es werden die in der wissenschaftlichen Literatur üblichen Abkürzungen verwendet (ADB, DLE, DuV, DVjs., DWB, Euph, GRM, LThK, Neoph, RE, RGG, RL, ZfdA, ZfÄsth, ZfdPh usw.). Weniger bekannte und selbst geschaffene Siglen werden im Folgenden aufgeführt. Die Kurztitel verweisen auf die entsprechenden Angaben im Literaturverzeichnis.

EKG	= Evangelisches Kirchengesangbuch, 1950 u. ö.
FT	= Fischer-Tümpel, Das deutsche evangelische Kirchenlied.
HbEKG	= Handbuch zum Evangelischen Kirchengesangbuch.
JbLH	= Jahrbuch für Liturgik und Hymnologie.
KLL	= Fischer, Kirchenlieder-Lexicon.
MD	= Herberger, Magnalia Dei.
MGkK	= Monatschrift für Gottesdienst und kirchliche Kunst, Jg. 1–46, 1896–1941.
MPL	= Migne, Patrologia Latina (Angelomus, Augustin, Bernhard).
MSP	= Moller, Meditationes sanctorum Patrum.
PG	= Arndt, Paradiß Gärtlein.
WA	= Luther, Werke (Weimarer Ausgabe).
Wa	= Wackernagel, Heermanns geistliche Lieder.
WChr	= Arndt, Wahres Christentum.
WKl	= Wackernagel, Das deutsche Kirchenlied.

Siglen für die Werke Johann Heermanns:

AK	= Andechtige KirchSeufftzer.
DMC	= Devoti Musica Cordis.
Lp	= Leichpredigten (1–5).
SG	= Schließ-Glöcklein.
PE, PEfF	= Poetische Erquickstunden und deren Fernere Fortsetzung.

Einleitung

[1] Vgl. hierzu die Definition, die Arthur Hübner im „Reallexikon der deutschen Literaturgeschichte" gegeben hat – sie wurde von den Bearbeitern der Neuauflage unverändert übernommen:

Geistliche Dichtung. Als solche wird im folgenden – zum Unterschiede von religiöser Poesie – die Dichtung verstanden, die ihre Wirkung innerhalb des kirchlich-geistlichen Aufgabenkreises sucht, womit von selbst gegeben ist, daß ihre Schöpfer meist Geistliche sind und ihre Stoffe aus kirchlichem Überlieferungs- und Lehrgut schöpfen.

(RL, 1. Aufl., Bd 1, S. 420; 2. Aufl., Bd 1, S. 540)

[2] Besonders die Perikopendichtung besitzt eine reiche Tradition. Die Meistersinger haben biblische Geschichten in Verse gebracht; hier sind weiter die Dichter von gereimten Sonntagsevangelien zu nennen: Nicolaus Herman (1552), Samuel Hebel (1571), Georg Sunderreuther – er hat Hermans Sonntagsevangelien bearbeitet und erweitert (1580) –, Bartholomäus Ringwaldt (1581), Ludwig Helmbold (1615), Martin Hanke (1617), Johann Posthius (1619). (Vgl. Gervinus, S. 41ff., der dazu im übrigen bemerkt: „Alles ohne allen Werth" (S. 41).) Auch Johann Heermanns „Sontags- vnd Fest-Evangelia" (1636) und die „Son- undt Feyrtags Sonnete" (1639) von Andreas Gryphius gehören in diese Reihe. – Später überwiegt in der Evangeliendichtung die Meditation; statt gereimter Nacherzählungen der Evangelien finden sich jetzt Betrachtungen über den Text oder einzelne Textstellen. Schon die Titel der Werke sagen oft etwas über diesen Wandel. Hierher gehört Johann Rist mit seiner „Sabbathischen Seelenlust" (1651; s. FT 6,560 und hier im Literaturverzeichnis), Johann Niedling mit einem „Evangelisch Haus- und Kirchen-Buch/ Darinnen zu befinden Geistreiche Andachten und Gebete/ aus allen Sontags- und Fest-Episteln und Evangelien" (1663; der vollständige Titel: FT 6,724), Abraham Klesel mit den „Jesus-süssen Andachten Auff Sonn- und Fest-Tage" (1675; FT 6,838), Narciß Rauner mit der „Heiligen JESUS-Sonntags- und Fest-Freüde" (1680; FT 6,887) und Gottfried Erdmann mit der Sammlung „Evangelisches Honig oder Himmlischer und Hertzerquickender Trost/ Vor allerhand bekümmert- und Nothleidende Seelen/ Aus den ordentlichen Sonn und fürnehmsten Fest-Tags-Evangeliis" (1690; FT 6,958). – Die Gattung lebt bis heute. Wir haben von Clemens Brentano „Die sonntäglichen Evangelien" (Gesammelte Schriften, Bd 1, Frankfurt a. M. 1852, S. 273–362); sie sind nach Diel etwa 1819, nach Guignard etwa 1826/1827 entstanden. Von Annette von Droste-Hülshoff stammt „Das geistliche Jahr" (1820/1839). Noch in der Mitte unseres Jahrhunderts hat sich Rudolf Alexander Schröder in dieser Gattung versucht; in seinen „Geistlichen Gedichten" steht „Das Sonntagsevangelium in Reimen ⟨1948–1952⟩" (Gesammelte Werke, Bd 1, S. 1084 bis 1176). 1936 hatte er eine Auswahl aus Heermanns Evangeliendichtung veranstaltet.

[3] Das ist auch im Hinblick auf Tendenzen in der heutigen, stärker theologisch ausgerichteten Hymnologie gesagt, die zwischen Kirchenlied, geistlicher Lyrik und religiöser Lyrik – auch von „frommer Poesie" wird gesprochen – scharfe Trennungslinien ziehen möchte. Im Kirchenlied ist danach Gottes Wort, die geistliche Lyrik ist Menschenwerk, sie gibt Stimmungen und Gefühle wieder und steht damit zwischen Kirchenlied und religiöser Lyrik. Zur Ablehnung dieser Auffassung vgl. S. 50ff., bsd. S. 56.

[4] Die „spätbarocken Kapuzinerdichter" sind erst von Klemens Menze zusammenfassend betrachtet worden.

Erstes Kapitel

[1] Auch Hofmannswaldau wollte noch Kirchenlieder schreiben, aber es ist nichts davon in die Gesangbücher übernommen worden. Ein Abschnitt seiner „Deutschen Übersetzungen und Gedichte" enthält „Geistliche Oden"; von diesen sind nur das Morgen- und das Abendlied auf bekannte Melodien gedichtet, die übrigen sind neu. Es sind also keine Kirchenlieder mehr, sondern „Arien". – S. auch Anm. IV/60.

[2] Nelle nennt als Verfasser ausschließlich geistlicher Dichtung – neben Heermann – noch Angelus Silesius, Johann Olearius und Paul Gerhardt (S. 103). – Heermann beginnt mit

I. Kapitel

weltlicher lateinischer Dichtung, und selbst für Gehardt lassen sich Vorbehalte anmelden. Neben seinen deutschen Gedichten gibt es von ihm 15 lateinische Gelegenheitsgedichte. Unter den 134 deutschen Gedichten sind wieder elf Gelegenheitsgedichte, darunter Lobgedichte, Trostgedichte und Sterbelieder. Man könnte auch hier Ansätze zu „weltlicher" Dichtung sehen. In der Ode auf Michael Schirmer „Weltskribenten und Poeten" heißt es z. B.:

> Cato deuchte sich zu stellen
> In der Angst mit Plato Buch,
> Aber Gottes Zorn und Fluch
> Drückt ihn gleichwohl bis zur Höllen
> ... (Gerhardt, Dichtungen, S. 163)

[3] In der hier benutzten Opitzausgabe (Amsterdam 1645–1646) stehen zwar die „Geistlichen Poëmata" am Schluß des Bandes, aber der Gesamttitel lautet trotzdem: „MART. OPITII OPERA POETICA. Das ist Geistliche und Weltliche Poemata", und noch 1690 heißt es: „Des berühmten Schlesiers Martini Opitii von Boberfeld, Bolesl. Opera Geist- und Weltlicher Gedichte".

[4] In der Amsterdamer Gesamtausgabe kommen auf die „Weltlichen Poëmata" 660 Seiten, hierzu gehören auch die Übersetzungen der „Antigone" und der „Trojanerinnen", es fehlen dagegen der „Aristarchus", die „Deutsche Poeterey" und das von Opitz edierte „Annolied". Die „Geistlichen Poëmata" nehmen in der gleichen Ausgabe 323 Seiten ein, doch fehlt hier der Psalter, der in der von mir benutzten Ausgabe von 1637 noch einmal 416 Seiten umfaßt. (In der Gesamtausgabe steht nur eine Auswahl von zwölf Psalmen.)

[5] Vgl. dazu die Angaben in den entsprechenden Abschnitten bei Hugo Max.

[6] Man sollte Opitz' Hoheliedichtung jedoch nicht – wie Hugo Max – zu den „Dramatisierungen" rechnen (S. 22ff.). Die Verteilung der Lieder auf Salomo und Sulamith hat ihn wohl zu dieser Einordnung geführt. Sie entspricht natürlich der Vorlage. Es ist auch bei Opitz geistliche Hirtendichtung, der Zusammenhang mit der Tradition ist gewahrt.

[7] Hugo Max, S. 155.

[8] S. S. 82f.

[9] S. S. 81.

[10] Hugo Max, S. 148.

[11] Hankamer sagt von ihm: „... er war nicht eben eine religiös begabte Natur" (S. 252). Vgl. auch ebda, S. 179.

[12] Die folgenden Beispiele sollen einen Eindruck von Opitz' geistlicher Dichtung vermitteln:

> Am Sontag nach dem Newen Jahre.
> Zun Röm. am 3.
> WAs das Gesetz heist/ wie wir wissen/
> Das gehet nur die Hertzen an
> So auff dasselbe sind beflissen/
> Vnd jhm noch leben vnterthan
> Es muß kein Mund geöffnet werden/
> Die Welt muß gantz Gott schuldig seyn:
> Kein Mensch lebt auff der weiten Erden/
> Der durchs Gesetz' ist recht vnd rein.
>
> ...
> Gott hat gedult mit vns getragen/
> Der nie zuviel mit straffen thut/
> Biß Christus frey vns kundte sagen/
> Vnd lösen vmb sein thewres Blut.
> Recht vnd gerecht in allen Sachen
> Ist Jesus vnd will in der that
> Gerecht auch diesen Menschen machen/
> Der rechten Glauben an ihn hat.
> (Geistliche Poëmata, S. 94) –

Aus dem Hohenlied:

>Das dritte Lied.
>Die Sulamithinn.
>NAchdem ich lag in meinem Oeden Bette/
>Sucht' ich mein edles Liecht/
>Ich sucht' ob ich den Liebsten bey mir hette/
>Ich fand jhn aber nicht.
>Mich zwang die Brunst das Lager zu verlassen:
>Ich lauffe was ich kan
>Hin durch die Statt/ such' vmb auff allen Gassen/
>Vnd treff' jhn doch nicht an.
>...   (Geistliche Poëmata, S. 13f.)

[13] So sagt er in einem Lobgedicht:

>... ich will euch edlen Printzen
>Groß machen vnd bekand bey aller Welt Provintzen;
>Die Teutsche Poesie/ so ich in Schwang gebracht/
>Soll bloß vnd einig seyn auff ewer Lob bedacht.
>(Weltliche Poëmata, Der Ander Theil, S. 13) –

In den „Gedancken bey Nacht/ als er nicht schlaffen kundte" heißt es:

>Durch mich wird jetzt das thun in Deutschläd auffgebracht/
>Dz künfftig trotzen kan der schönsten Sprachen pracht.
>(Weltliche Poëmata, Der Ander Theil, S. 175)

In den „Geistlichen Poëmata" fehlen solche Stimmen.

[14] Sie sind auch bei Fischer-Tümpel abgedruckt (FT 1, 291 und 290).

[15] EKG 324. 24. 8. 73. (FT 2, 204. 184. 243. 190.)

[16] Bei Freylinghausen (1741 bzw. 1771) hatte Rist mit 36 Liedern den sechsten Platz inne; im „Einheitsgesangbuch" von 1950 steht er mit elf Liedern ebenfalls an sechster Stelle.

[17] Man sollte die Dichterkrönung allerdings nicht überbewerten. Birken bemerkt in seiner Poetik einmal dazu: „Mit der Dichter-Krone trifft es wol ein/ was jener Franzos von einem gewißen Orden gesagt: Es sei dasselbe Band ehmals eine EhrenZier der Tugend gewesen/ nun aber sei es eines ieden Hundes Halsband worden." (Vor-Rede, Bl.):( ):(vj v).

[18] Hier ist immer noch die Arbeit von Theodor Hansen aus dem Jahre 1872 heranzuziehen. – Rudolf Bünte behauptet sogar, Goethe habe kaum mehr Ehrungen erfahren als Johann Rist (S. 17).

[19] Ein Gedicht auf Joachim Pipenburg – „Als derselbe zu einem Rahtsherren bei der hochlöblichen Stadt Lüneburg ward erwehlet/ auff und angenommen" – schließt:

>Dieweil wir aber noch in diesem Leben sind
>Das Eitel ist und wie das Wasser so geschwind
>Fürüber laufft/ so last uns bei die Seite legen
>Der Sorgen schwehre Last/ Ja last uns Freündschafft
>   hegen/
>Drauff sterb' Ich nun Eür **Rist**/ mein Hertz habt
>   Ihr dahin/
>So lang' Ihr **Pipenburg** und Ich ein Dichter bin.
>(Rist, Parnass, S. 512)

[20] Den Hauptpastor an Sankt Jakobi in Hamburg, Johann Balthasar Schupp, läßt er als Hirten Waremund über den Tod seiner Frau klagen. Dafnis zeigt ihm eine neue Frau, „ein edle Schäfferin"; es ist Sophia Eleonora Reinking aus Glückstadt, Libewitz genannt:

>Leg ab dein Traur-Gewand/ wir wollen fröhlich sein/
>Der Himmel weiß für dich ein edles Jungfräulein.
>(Rist, Parnass, S. 415)

Ein Glückwunschgedicht schließt die Reihe von vier Gedichten ab, die hier zusammengefaßt sind:

I. Kapitel

> Deß Glükwünschenden Dafnis Dak-
> tylische KlingReimen/ oder Hertz-
> wolgemeinter Freüden-
> Gesang.
> JAuchtzet Ihr Hirten und lasset erklingen
> Fröliche Lider zu Lobe gemacht
> Bei den Verliebten/ die nunmehr bedacht
> Hertzlich und freündlich und muhtig zu ringen/
> Sehet den trefflichen **Schuppen** itzt springen/
> Welchen sein süsses **Sophichen** anlacht/
> Alles ist nunmehr zum Schlusse gebracht/
> Himmel du wollest es lassen gelingen!
> Löbliches/ liebliches/ höffliches Paar
> Küsse dich emsig/ erreiche viel Jahr'
> Alles was nöhtig zu glüklichen Leben/
> Guhte Gesundheit/ Glük/ Reichthum und Ehr'/
> Artige Kinder bei paaren und mehr
> Wolle der gnädiger Himmel Eüch geben.
> (Rist, Parnass, S. 418)

Schupp war damals 41 Jahre alt, ein Jahr vorher war er – nach vierzehnjähriger Ehe – Witwer geworden, er war Vater von fünf Kindern. (Vgl. ADB 33, S. 67ff.) – Heitere, fröhliche Schäfergedichte hat Rist auch zu den Hochzeiten Johann Wohrtman – Katharina Sophia Morrien (Parnass, S. 487ff.), Johan Klaius (Klaj) – Maria Elisabeht Rhumelien (Parnass, S. 648ff.) und Georg Sultzberger – Sophia Stefen (Parnass, S. 663ff.) geschrieben.

[21] So spricht Rist bei der Hochzeit eines Wolff Hinrich vom Kreütz davon, daß die Jungfer Braut in einer langen Nacht mit Freude die Last des Kreuzes auf sich genommen habe:

> Grabschrifft
> Der Jungfrauschafft.
> HIer ligt die Jungfrauschafft in einer langen Nacht
> Durch Ihr geliebtes **Kreütz** erwürgt und ümgebracht/
> O trefflichs WunderDing! Wer hat doch je gelesen
> Daß einer Jungfern sei das **Kreütz** so lieb gewesen/
> Daß sie mit Freüden auch desselben Last auff sich
> Genommen/ und hernach getragen säuberlich?
> Verzeihet Mir: Diß **Kreütz** kan tödten und das Leben
> Der Schönsten Königin mit Freüden wieder geben.
> Es dämpffet zwahr das **Kreütz** des zahrten Fleisches Lust/
> Wie den Verliebten auch ist von Natur bewust/
> Dennoch man zweiffle nicht/ diß süsse **Kreütz** wird machen
> Nach viertzig Wochen ein Paar junger **Kreützlein** lachen.
> (Rist, Parnass, S. 566) –

Man könnte hier an das erinnern, was Sigmund von Birken von den üblichen Hochzeits-gedichten sagt:

> Es gereichet auch der Poesy zur Schmach/ wañ man/ sonderlich zu Hochzeiten/ un-schambare Sau-Verse machet/ Ehrliebende Ohren damit beleidigt und die Allgegen-wart Gottes erzürnet ... (Vor-Rede, Bl. [):( ):(x] r)

[22] Kern, S. 5.
[23] Kipphan, S. 156. Vgl. ebda, S. 150: „Rist gibt sich zu Beginn seiner geistlichen Lyrik viel persönlicher, er geht viel weiter aus sich heraus, als es in der späteren Zeit je der Fall war."
[24] Kipphan, S. 10. Das ganze 1. Kapitel der Arbeit behandelt das Thema: „Johannes Rist, der Geistliche und Mensch".
[25] Kipphan, S. 10.
[26] Er spricht in diesem Zusammenhang von „Breite", „Trockenheit", „Leblosigkeit", aber auch von „ungeheurer Fruchtbarkeit" (S. 10).

[27] Kipphan sagt über Rists „Neüe Musikalische Kreutz-Trost-Lob-und DankSchuhle": „Aber dass er sein Erlebnis nicht innerlich zur Reife kommen liess, dass er unter dem unmittelbaren Eindruck alles Unheils diese Gedichte niederschrieb, sich infolgedessen nicht durchringen konnte zu neuen, vertieften Auffassungen, die alten Wendungen und Ausdrücke beibehielt, das lässt das Buch doch wieder stark mit den andern Werken verknüpft sein." (S. 135).
[28] Kipphan, S. 141.
[29] Kipphan, S. 34. Vgl. ebda, S. 76.
[30] Kipphan, S. 129.
[31] Kipphan, S. 105; ähnlich ebda, S. 115.
[32] Kipphan, S. 112. Vgl. ebda, S. 159f.: „Noch deutlicher, als bei der Belehrung über abstrakte Begriffe wird die Schwerfälligkeit Rists bei der Erzählung und der Schilderung, mit der er innerlich nichts anzufangen weiss, die ihm nur Stoff ist, Belehrung, keine Anschauung."
[33] Kipphan, S. 131; ähnlich ebda, S. 143.
[34] Vgl. S. 79ff.
[35] Hans-Henrik Krummacher hat in der Festschrift für Paul Böckmann „eine größere Arbeit über die Lyrik des Gryphius" angekündigt (S. 136, Anm. 21).
[36] Weiterführende Kritik an Fricke (und Pongs), die nicht übersehen werden sollte, findet sich vor allem in der Arbeit von Heidel Joos, Die Metaphorik im Werke des Andreas Gryphius, Diss.phil., Bonn 1956, [Masch.Ms.].
[37] Sie sagt: „Eine jede Dichtung, wenn anders sie wirklich eine ist, vermag Antwort zu sein auf bestimmte Fragen, die im Menschendasein begründet liegen und nicht aufhören, das Herz des Menschen zu beunruhigen." (S. 5)
[38] Rüttenauer, S. 22.
[39] Rüttenauer, S. 22.
[40] Gryphius, Bd 3, S. 59–90.
[41] Josua Stegmann (1588–1632) gehört der gleichen Generation an wie Johann Heermann. Der junge Rist war um 1625 bei ihm in Rinteln. Stegmann ist im Gesangbuch noch heute mit dem Liede „Ach bleib mit deiner Gnade" (EKG 208) vertreten. Goedeke sagt allerdings von ihm: „Er bearbeitete ältere Lieder und hat wohl selbst keins verfaßt" (Goed. III, 158, 41). Das sollte untersucht werden.
[42] Manheimer, S. 136.
[43] Manheimer, S. 169. – Ein Stilvergleich zwischen Stegmanns „Ernewerten Hertzen Seuftzern" und Gryphius' „Himmel Steigenten Hertzens Seufftzern" könnte weitere Aufschlüsse über seine Sprache und seinen Stil geben.
[44] Die genauen Titel und ältere Standorte bei Manheimer, Gryphius-Bibliographie, in: Euph 11 (1904), S. 713 (Nr 60) und S. 717 (Nr 71). S. auch: Wentzlaff-Eggebert, Bibliographie, S. 264 (Nr 60) und S. 269 (Nr 71).
[45] S. auch S. 88.
[46] S. S. 88f.
[47] Manheimer, S. 199.
[48] Gryphius, Bd 2, S. 17ff.; Od. 1, IX. (FT 1, 433; EKG 328.)
[49] Koberstein, S. 215.
[50] Koberstein, S. 144.
[51] Im Anschluß an das eben wiedergegebene längere Zitat fährt Koberstein fort: „Wo es uns in seiner echtesten und reinsten Natur und in seiner vollendetsten Gestalt entgegentritt, dürfen wir es als die erste gesunde Frucht betrachten, welche die neue Poesie in Deutschland getrieben und bis zur Reife ausgebildet hat. Sie entwickelte sich aus dem lebendigen Reise des neuen Kirchenglaubens, den schon Luther auf den Stamm der Volksdichtung impfte..." (S. 215f.)
[52] Koberstein, S. 216.
[53] Koberstein, 1827, S. 134.
[54] Koberstein, 1827, S. 150.
[55] Koberstein, S. 220.

I. Kapitel

⁵⁶ Koberstein, S. 216f.
⁵⁷ Gervinus hatte vorher u. a. Opitz, Buchner, Paul Fleming, Czepko, Scherffer von Scherffenstein, Simon Dach, Tscherning, Rist, Schirmer, Neumark, Zesen, Klaj, Harsdörffer, Birken und Gryphius mit ihrer weltlichen Dichtung behandelt. Darauf bezieht sich das folgende Zitat.
⁵⁸ Gervinus, S. 423f.
⁵⁹ Gervinus, S. 8.
⁶⁰ Vilmar, S. 298f.
⁶¹ „Er erfand nicht das deutsche religiöse Lied. ... Aber er ist, der das Begonnene vollführt und das Kirchenlied dem Volke als ein Gemeingut giebt. Es war ihm dabei auch nicht im Geringsten darum zu thun, als Erfinder zu erscheinen. Psalmen und die schönsten alten lateinischen Kirchenlieder sind es größtentheils, welche er deutsch, volksmäßig bearbeitete. Aber sein Geist fluthete voll und feurig hinein und machte dies evangelische Kirchenlied fähig, die nächsten Zeiten der Unnatur zu überdauern. Es ist das Einzige aus der Poesie dieser Tage, welches ohne Unterbrechung in lebendiger Ueberleitung aus dem alten und ältesten Geist bis zu unseren Tagen herüberkam." (Lemcke, S. 88) – S. auch ebenda, S. 103.
⁶² Lemcke, S. 103.
⁶³ Lemcke, S. 103f.
⁶⁴ Lemcke, S. 104.
⁶⁵ Lemcke, S. 104.
⁶⁶ Heermann: S. 170f.; Paul Gerhardt: S. 281–283; Scheffler: S. 283f.; Knorr von Rosenroth: S. 284; Kuhlmann: S. 285f.; Catharina Regina von Greiffenberg: S. 287–291.
⁶⁷ Lemcke, S. 117.
⁶⁸ Lemcke, S. 3. – Bei einer Übersicht über die Barockforschung wird Lemcke gern für die Anfänge genannt. Gewiß, er nennt viele Namen, aber man sollte nicht übersehen, wie er tatsächlich zu seinem Gegenstand steht.
⁶⁹ „Gilt es den, etwa durch Spee repräsentirten Katholiken einen protestantischen geistlichen Dichter seiner Zeit entgegenzusetzen, so kann dies am füglichsten und characteristischsten durch den schlichten, aber gleichfalls innigen Joh. Heermann geschehen, der in anderer Beziehung uns die schlesische Dichtung vor Opitz repräsentiren mag." (Lemcke, S. 171)
⁷⁰ Lemcke, S. 170.
⁷¹ Lemcke, S. 117.
⁷² Vgl. Lemcke, S. 117.
⁷³ Lemcke, S. 170f.
⁷⁴ Die gleiche Auffasung vertritt Siegfried Fornaçon noch 1958 in der RGG: „Will man H[eermann] gerecht werden, so muß man von seinen Evangelienbereimungen ausgehen, die R. A. Schröder mit Recht frisch, volkstümlich, ja balladesk nennt." (RGG, 3. Aufl., Bd 3, Sp. 114)
⁷⁵ Wackernagel-Martin, S. 239.
⁷⁶ Wackernagel-Martin, S. 80.
⁷⁷ Wackernagel-Martin S. 81. – Das erinnert an eine Stelle aus Gottfried August Bürgers Vorrede zur zweiten Ausgabe seiner Gedichte von 1789, ist aber nicht als Zitat gekennzeichnet. Er sagt dort: „... so kann ich doch nicht aufhören, die Poesie für eine Kunst zu halten, die zwar v o n Gelehrten, aber nicht f ü r Gelehrte als s o l c h e, sondern für das V o l k ausgeübt werden muß." (Zit. nach: G. A. Bürger, Sämtliche Werke in vier Bänden, hrsg. von Wolfgang Wurzbach, Leipzig (1902), Bd 3, S. 160. – S. auch DWB IV, I, 2, Sp. 2966, Art. Gelehrt.)
⁷⁸ Hankamer sagt von ihm: „... unzeitgemäß, wie oft das Zukunftsvolle ist, bildet Paul Gerhardt in seinen Gebetsliedern protestantisch-christlich den Ton vor, der entchristlicht von der Goethezeit bis zu George in überschwenglicher Erfüllung der deutschen Seele Ausdruck gab." (S. 260f.)
⁷⁹ Gervinus denkt hier an die Sammelwerke von Rambach, Bunsen, Knapp und andern.
⁸⁰ Gervinus, S. 6.
⁸¹ Gervinus, S. 7f.
⁸² Allerdings gibt das, was in Diltheys „Gesammelten Schriften" über „Leibniz und sein

Zeitalter" steht, nicht unbedingt Diltheys Ansichten über das Barockjahrhundert wieder. Der Anteil des Herausgebers, Paul Ritter, läßt sich nicht von dem trennen, was wirklich von Dilthey stammt. Dieser habe ihm „ein rücksichtsloses, von aller falschen Pietät absehendes Schalten und Walten mit seiner eigenen Arbeit zur Pflicht gemacht" (Schriften, Bd 3, Vorr., S. VIIf.). „Die Kapitel über die neue weltliche Kultur und die letzten großen Schöpfungen der protestantischen Religiosität mußte ich dabei zum Teil umschreiben..." (a. a. O., S. IX) Gerade in dem zuletzt genannten Kapitel steht das, was Dilthey (oder Ritter?) über den Pietismus, das Kirchenlied und die große Kirchenmusik zu sagen hat. – Demgegenüber meint Trunz im Forschungsbericht: „Einzigartig in ihrer Zeit waren die um die Jahrhundertwende entstandenen Studien D i l t h e y s zum 17. Jahrhundert..." (S. 3)

[83] Strich, S. 52.
[84] Viëtor, Probleme, S. 3ff.
[85] Viëtor hat seine Gedanken zuerst in dem Aufsatz „Vom Stil und Geist der deutschen Barockdichtung" entwickelt (in: GRM 14 (1926), S. 145–184). Daraus wird – „überprüft und abgetönt" – 1928 der Band „Probleme der deutschen Barockliteratur" in der Reihe „Von deutscher Poeterey". (Auch der Beitrag „Das Zeitalter des Barock", in: Aufriß der deutschen Literaturgeschichte nach neueren Gesichtspunkten, hrsg. von H[ermann] A[ugust] Korff und W[alther] Linden, Leipzig und Berlin 1930, S. 83–103, stammt von Karl Viëtor.)
[86] Viëtor, Probleme, S. 8.
[87] Vogt, S. 44.
[88] Lunding in: Euph. 46 (1952), S. 112.
[89] Menze setzt sich gründlich mit den Begriffen „höfisch" und „gegenhöfisch" auseinander S. 8–17). Dabei kämpft er nach zwei Seiten, denn er muß sich auch gegen die unerbetene Hilfe von Aloysia Rettler wehren. Zu Rettler vgl. die Rez. von Lunding, a. a. O., S. 110–112.
[90] Menze: „Vogts deduktiv angelegte und schematisch durchgeführte Antithese: höfisch-klerikal gleich katholisch und gegenhöfisch-bürgerlich gleich protestantisch muss falsch sein; denn sie übersieht das lebendige und fruchtbare Ineinander katholischer und protestantischer Literatur schon in der ersten Hälfte des 17. Jahrhunderts." (S. 11)
[91] „Aber wir sprechen nicht von einer radikalen Ablehnung des Höfischen, sondern von einer allerdings sehr scharfen Kritik an dem Modern-Höfischen." (Menze, S. 16) – „Demütige Bücklinge, schmeichlerische Reden, scheinbare Liebenswürdigkeiten sind diesen Jesuiten genauso verhasst wie den ‚aufrechten' Protestanten um Moscherosch." (S. 10)
[92] Alewyn, S. 19. 22.
[93] Vgl. Alewyn, S. 53. – Günther Müller schließt auch Hofmannswaldau noch aus: „Auch das zeigt wieder, wie unzureichend der Stilbegriff barock für die Erfassung jener ungemein komplexen Jahrzehnte ist. Von der stiltypischen Kategorie her schrumpft das ‚Barockzeitalter' – die Erfahrung der letzten Jahre bestätigt es – in der deutschsprachigen Dichtung auf die Zeit von etwa 1640 bis 1680 zusammen; genau besehen bleibt sogar nicht viel anderes als Teile von Gryphius und vornehmlich die Werke Lohensteins. Denn Hofmannswaldaus durchaus unekstatische, geschlossene Spielkunst kann gewiß nicht als Ausprägung typisch barocken Stils gelten." (Höfische Kultur, S. 103f.)
[94] Fricke S. 1. (Vgl. Trunz, Forschungsbericht, S. 4.) S. dazu Pyritz, S. 319ff.
[95] Er kann auch an Äußerlichkeiten orientiert sein wie Willi Flemmings Kulturbegriff des Barock, wo beinahe alles barock ist, was eine Allongeperücke trägt und sein „Geltungs-Ich" der Welt darbietet.
[96] Die Verfasserin redet von „Gelehrtenpoesie", sie spricht von geistlicher Dichtung als „volksmäßiger Dichtung" und zeigt keinerlei Verständnis für das Barockzeitalter. „So kam es, daß Opitz durch sein Buch von der deutschen Poeterey, durch das er Ordnung in die deutsche Literatursprache bringen wollte, Unheil anstiftete insofern, als man fortan ganz im Formalen aufging.... Unter solcher Voraussetzung mußte jeder wahre Gefühlston schwinden." (Esselbrügge, S. 38) Am Schluß der Arbeit heißt es: „Neander ist zu loben, weil er sich nicht des Schwulstes und aller der Kunstmittel, die seine Zeit besaß, bediente.... Neander ist kein schlechterer Dichter als die meisten seiner Zeit, wohl aber

I. Kapitel

besser als viele. Und doch darf man nicht alles mit dem 17. Jahrhundert entschuldigen wollen. Jene berüchtigte Zeit konnte uns doch einen Paul Gerhardt schenken." (S. 84f.)
[97] Hugo Max, S. 2.
[98] Hugo Max, S. 1.
[99] Wolfskehl, S. 5. – Trunz wird der Arbeit nicht gerecht. Er spricht von ihr als „einer geistigen Übungsaufgabe ohne letzten Ernst" (Forschungsbericht, S. 47). Er nennt die Jesusminne, wie man es früher getan hatte – aber nun mit neuen Akzenten –, „süßlich-schwärmerisch", er vermißt die „stolze Männlichkeit Flemings". „Gegenreformatorische südliche Einflüsse und Vorbilder altjüdischer allegorisch aufgefaßter Liebesdichtung haben hier, gedeckt durch die Autorität des Glaubensbereichs, ihre Wirkung entfaltet. Aber diese Dichtung blieb in Deutschland Episode. Und es erhebt sich die Frage, warum es so kam und welche anderen Ausformungen christlichen Geistes dem deutschen Volkscharakter besser entsprachen und von ihm selbständig weiterentwickelt wurden." (Forschungsbericht, S. 47)
[100] Darin liegt natürlich auch eine Gefahr. Die Dichtung wird nur als eine Summe von „Belegmaterial" genommen, man schöpft aus einem in sich einheitlich scheinenden Reservoir. Der Stellenwert der einzelnen Aussagen wird nicht genügend oder überhaupt nicht beachtet. Die Beispiele aus Heermanns Dichtung, die die Verfasserin zum „mystischen Eros", zum „kindlichen Eros" und zur „Brautmystik" anführt (a. a. O., S. 29ff. 61f. 100), erhellen denn auch das Bild des Dichters nicht.
[101] Türck, S. 23. – Sie bemüht sich um eine „Analyse seines Gedankenguts" (S. 22).
[102] Vgl. Türck, S. 120ff. 139ff. – Schon Rist spricht übrigens in einem seiner Gelegenheitsgedichte einen weltlichen Herrscher als „Gott auff Erden" an – und das bei einem völlig nichtigen Anlaß: Als er ein eigenhändiges Schreiben eines „grossen Fürsten in Teütschland" erbricht (Parnass, S. 8). Gemeint ist hier allerdings nicht der christliche Gott, sondern die Götter der Antike.
[103] Eric Jacobsen, Die Metamorphosen der Liebe und Friedrich Spees Trutznachtigall. Studien zum Fortleben der Antike. I, København 1954, (Dan. Hist. Filol. Medd. 34, no. 3 ⟨1954⟩). – Wolfgang Nowak, Versuch einer motivischen Analyse des Schäferhabits bei Friedrich von Spee, Diss. phil., Berlin (FU) 1954, [Masch. Ms.]. – Emmy Rosenfeld, Friedrich Spee von Langefeld. Eine Stimme in der Wüste, Berlin 1958, (QuF, N.F. 2 ⟨126⟩). – Elfriede Eikel, Die Entstehung der religiösen Schäferlyrik. Von Petrarca bis Spee, Diss. phil., Heidelberg 1957, [Masch. Ms.]. – Susanne Bankl, Friedrich Spee v. Langenfeld und die europäische Mystik, Diss. phil., Wien 1959, [Masch. Ms.].
[104] Rolf Flechsig, Quirinus Kuhlmann und sein ‚Kühlpsalter', Diss. phil., Bonn 1952, [Masch. Ms.]. – Hans Müssle, Quirinus Kuhlmann. Trinität als Existenz, Diss. phil., München 1954, [Masch. Ms.]. – Heinrich Erk, Offenbarung und heilige Sprache im ‚Kühlpsalter' Quirin Kuhlmanns, Diss. phil., Göttingen 1955, [Masch. Ms.]. – Claus Victor Bock, Quirinus Kuhlmann als Dichter. Ein Beitrag zur Charakteristik des Ekstatikers, Bern 1957, (Basler Studien, H. 18). – Walter Dietze, Quirinus Kuhlmann. Ketzer und Poet. Versuch einer monographischen Darstellung von Leben und Werk, Berlin 1963, (Neue Beiträge zur Literaturwissenschaft, Bd 17). – Max Hiti, Der Kühlpsalter und das neue Kuhlmannbild, Diss. phil., Graz 1963, [Masch. Ms.]. – Dazu kommt noch eine Reihe von Aufsätzen.
[105] Elisabeth Meier-Lefhalm, Das Verhältnis von mystischer Innerlichkeit und rhetorischer Darstellung bei Angelus Silesius, Diss. phil., Heidelberg 1958, [Masch. Ms.].
[106] Leo Villiger, Catharina Regina von Greiffenberg ⟨1633 bis 1694⟩. Zu Sprache und Welt der barocken Dichterin, Zürich (1952), (Zürcher Beiträge zur deutschen Sprach- und Stilgeschichte, Nr 5). – Horst Frank, Catharina Regina von Greiffenberg. Untersuchungen zu ihrer Persönlichkeit und Sonettdichtung, Diss. phil., Hamburg 1957, [Masch. Ms.]. – Peter Maurice Daly, Die Metaphorik in den ‚Sonetten' der Catharina Regina von Greiffenberg, Diss. phil., Zürich 1964.
[107] Menze möchte seine Dichter nicht überhöhen. Er betont, daß wir es hier mit Gebrauchslyrik zu tun haben, mit Erbauungsschrifttum im Dienste der Ordensziele. Die spätbarocke Kapuzinerdichtung ist Tendenzdichtung, sie ist ohne künstlerische Absichten geschrieben.

Es ist didaktische Dichtung von Priestern, gereimte Predigt. Man weiß, daß auch ein schlechter Reim noch mehr wirkt als jede Predigt.

[108] Auf die Arbeiten von Richard Newald und Hans Heckel gehe ich erst im dritten Kapitel ein, jedoch nur, soweit sie sich mit Johann Heermann beschäftigen. Auf Paul Hankamer wird nur in Anmerkungen verwiesen. – Als verfehlt ist August Heinrich Kobers „Geschichte der religiösen Dichtung in Deutschland" anzusehen. Das Buch war gedacht als „ein Beitrag zur Entwicklungsgeschichte der deutschen Seele". Kober durchstreift die deutsche Literatur von der germanischen Zeit an – von Ulfilas bis Karl Röttger – und sucht hier nach „religiöser" Dichtung, d. h. solcher, die Ausdruck irgendeiner Frömmigkeit ist. Auch die nicht-christliche, „germanische Frömmigkeit" der Eddalieder ist noch in die Darstellung einbezogen. Dem Pietismus sind etwas mehr als zwei Seiten gewidmet. Von Heermann weiß Kober in einem einzigen Satz lediglich zu berichten, daß seiner schlichten Moral oft die Anschaulichkeit fehle (S. 120). Demgegenüber erhält Rudolf Hans Bartsch für seinen Roman „Er" sechs Seiten, Rilke als „religiöser" Dichter ebenfalls sechs. (Er sei „derjenige, von dem jeder Unbefangene, sobald er nur einige der eigentümlichen melancholischen Gedichte gehört hat, sagen wird, er sei fromm" (S. 323).) Karl Röttger, den Kober besonders schätzt, wird sogar auf zehn Seiten behandelt. Von ihm heißt es: „Ein einzelner Dichter wandelt durch diese Wirrnis, von dem man sagen kann, er habe, wie Klopstock oder wie Paul Gerhardt in einer zerrissenen Welt, in einer zerklüfteten Zeit das ruhige Gleichmaß zwischen sich und der Welt gewahrt: Karl Röttger." (S. 332)

[109] Vgl. dazu die Rez. von Lunding: Barockforschung, S. 51.

[110] Sellgrad untersucht die Wandlung des Menschenbildes und die Wandlung der Vorstellungen von der Welt, soweit diese aus dem Kirchenlied abzulesen sind. Er sieht, daß die Marienlieder im Protestantismus keinen Platz haben, daß die Gattung hier nicht weiterlebt. Er zeigt, daß Züge der Marienverehrung auf Jesus übergehen; er glaubt, die protestantische Jesusminne sei Kontrafaktur der Marienlyrik. Der neue Mensch orientiere sich an dem Bilde Jesu als des „Schönsten der Menschenkinder". Die Vorstellung von der Welt werde säkularisiert; aus der Welt, die Schöpfung Gottes ist, werde eine Welt, die neben dem Göttlichen da ist und in einem Gegensatz dazu steht. – Die Arbeit geht aus von Äußerungen Paul Hankamers (Hankamer, S. 251. 260f.; vgl. hier Anm. 78) und gewinnt „aus der Umkehrung der These ... die eigene Fragestellung": „Wenn man sagen kann: ‚Das Kirchenlied ist eine Vorstufe der modernen Lyrik', so muss man ebenso sagen können: ‚Aus der modernen Lyrik müssen sich Probleme herausheben lassen, deren Lösung zum Verständnis des Kirchenliedes und seiner allgemeinen Bedeutung beitragen'." (Einleitung, S. I)

[111] Berger, S. 16.

[112] Berger, S. 9f.

[113] Berger, S. 19. Baeseckes Polemik gegen Arthur Hübscher sei „durch die geistesgeschichtliche Barockforschung, vor allem durch Günther Müllers Renaissance und Barock zusammenfassende und kritisch unterscheidende Darstellung längst überholt" (S. 19, Anm. 11).

[114] Berger, S. 13.

[115] Berger, S. 10.

[116] „Die Tragik des Barocks liegt in dieser unlöslichen Antinomie; wo sie doch gelöst ist, wie in der geistlichen Lyrik, hat das Barock sich selbst überwunden, aber es lebt nun einmal aus diesem Pathos." (S. 22) Berger spricht auch von der „Notwendigkeit der ‚geistlichen' Lösung" (S. 25, Anm. 13).

[117] Berger, S. 88.

[118] Vgl. Berger, S. 39.

[119] Berger, S. 74. An anderer Stelle heißt es bei ihm: „Der Hymnus auf das Himmelslicht, die Gnadensonne und den Morgenglanz der Ewigkeit, das Licht vom unerschöpften Lichte, ist vielleicht die großartigste, jedenfalls aber die eigenartigste Leistung der geistlichen Lyrik unseres Zeitraums." (S. 40)

[120] Berger, S. 40.

[121] Berger, S. 34.

[122] Berger, S. 49.

I. Kapitel

¹²³ Berger, S. 49. Bergers Auffassungen berühren sich z. T. mit denen Ermatingers. Auch dieser sieht schon im 17. Jahrhundert Aufklärung; so behauptet er, daß Böhme „zu dem bedeutendsten Wegbereiter der weltlichen Aufklärung" werde (Barock und Rokoko, S. 31). Vgl. Berger, S. 15f., Anm. 7.
¹²⁴ Berger, S. 99.
¹²⁵ Berger, S. 229.
¹²⁶ Berger, S. 99.
¹²⁷ Berger, S. 110.
¹²⁸ Berger, S. 27.
¹²⁹ Berger, S. 27.
¹³⁰ Berger, S. 48.
¹³¹ Berger, S. 110. Vgl. ebenda, S. 67ff.
¹³² Berger, S. 48.
¹³³ Berger, S. 110.
¹³⁴ „Die Wendung von der Elegie auf die Vergänglichkeit zum Hymnus auf die Freude ist ohne das geistliche Lied der ‚religiösen Aufklärung' garnicht zu denken, und in Schillers Lied an die Freude liegen diese Beziehungen ja auch ganz offen zutage. Niemand wird sie leugnen wollen." (S. 27) – An anderer Stelle sagt er: „... Klopstocks ‚Frühlingsfeier', Goethes ‚Mailied', Schillers Jubelgesang ‚An die Freude' haben ihre tiefsten Wurzeln in Paul Gerhardts Sommerlied, in Knorrs Morgenhymnus auf den Glanz der Ewigkeit, in Schirmers Fassung des ‚Veni Creator'." (S. 73)
¹³⁵ Berger, S. 16.
¹³⁶ „Die geistliche Lyrik des Barocks ... spiegelt den Durchbruch der religiösen Aufklärung durch die barocke Weltanschauung wider. Sie bereitet auch der nachfolgenden weltlich-philosophischen Aufklärung den Weg; darin liegt ihre unverkennbare geistesgeschichtliche Bedeutung." (S. 33)
¹³⁷ Berger, S. 30. Vgl. ebda, S. 11f.
¹³⁸ Günther Müller hat Bergers Buch dagegen wohlwollend rezensiert (in: Erasmus, Speculum Scientiarum, Vol. 5 (1952), No. 7–8, Sp. 232–234), er spricht von „reichen Ergebnissen ..., die auch die bisherige Forschung gewissenhaft berücksichtigen und gutenteils erst zu rechtem Ertrag führen" (a. a. O., Sp. 234).
¹³⁹ Schon Lunding hat darauf hingewiesen, daß der Ansatz von Trunz als „eine ganz ungebührliche Vereinfachung betrachtet werden" müsse (Barockforschung, S. 51). Leider setzt sich Becker nicht damit auseinander.
¹⁴⁰ Trunz, Barocküberwindung, S. 200f.
¹⁴¹ „Das geistliche Lied steht bis zu jenem Zeitraum der 50er und 60er Jahre innerhalb der vorgegebenen Stilschicht." (Becker, S. 112)
¹⁴² Becker sagt im Vorwort: „Die vorliegende Arbeit unternimmt den Versuch, das geistliche Lied des 17. Jhs. in das barocke Form- und Wesensgefüge einzugliedern, seine eventuelle Eigenstellung aufzuzeigen, seine Entwicklung darzustellen und seinen Beitrag zur Überwindung des Barock sichtbar zu machen." (S. I)
¹⁴³ Becker, S. 3.
¹⁴⁴ Becker, S. 21.
¹⁴⁵ Er sagt: „Entscheidend allein, für die Poetiken und damit für die weltliche und geistliche Dichtung, ist der Vorgang der Barockisierung, der sich überall in gleicher Weise vollzieht." (S. 23)
¹⁴⁶ Becker, S. 21.
¹⁴⁷ Vgl. Becker, S. 23.
¹⁴⁸ Vgl. Becker, S. 26.
¹⁴⁹ Becker, S. V.
¹⁵⁰ Becker, S. 10.
¹⁵¹ S. Becker, S. 9f. Vgl. ebda, S. 21.
¹⁵² Böckmann beschäftigt sich eingehend mit Johann Heermann. Er zieht ihn als Beispiel dafür heran, „wie die Opitzische Sprachform sich der religiösen Gehalte bemächtigt" (S. 412) und sagt weiter:

> Uns sind Heermanns Gedichte besonders aufschlußreich, weil sie bezeugen, wie selbstverständlich sich das rhetorische Pathos des Erbauungsschrifttums mit der durch das Elegantiaideal geformten Wohlredenheit verbinden kann, auch wenn die Metaphorik der humanistischen Vorbilder sehr im Hintergrund bleibt. Es gibt hier eine Aussprache des religiösen Gefühls nur in rhetorisch gesteigerter Form ... (S. 413)

Damit wird er dem Gegenstand nicht gerecht. Es ist auch nicht einzusehen, wieso die „Bindung an die Offenbarung" in Heermanns Liedern und überhaupt in der geistlichen Dichtung „von sich aus zur Rhetorik" führen soll (S. 413).

[153] Böckmann, S. 412.
[154] Becker, S. 26.
[155] Becker, S. 26.
[156] Zur Terminologie vgl. Böckmann, S. 362.
[157] DMC, Bl. A ij r. – Vgl. Wackernagel, Heermann, S. 360. S. auch hier S. 83f.
[158] Opitz, Geistliche Poëmata, S. 88.
[159] Opitz, Geistliche Poëmata, S. 88. S. auch hier S. 82.
[160] Die „Bildhaftigkeit", und hier das „‚bewusst' erdachte", d. h. das zusammengesetzte Epitheton, hält Becker für „das zunächst auffälligste Element" des Barockstils (S. 26ff. 32). Natürlich findet er im geistlichen Lied solche zusammengesetzten Epitheta, und da er nicht nach dem Funktionswert des von ihm Aufgespürten fragt, genügt ihm das Gefundene als Beweis. Belege schöpft er aus dem großen Reservoir der Dichtung des ganzen Jahrhunderts. Es hätte ihn nachdenklich stimmen sollen, daß er bei Rinckart in 25 untersuchten Liedern 13 Belege für zusammengesetzte Epitheta findet, bei Gryphius in elf Liedern, die einmal Kirchenlied waren, zehn, bei Gerhardt in 116 Liedern acht, bei Birken in 48 ebenfalls acht, bei Klaj in fünf Liedern zehn, bei Scheffler in 60 ebenfalls zehn, und es sind – und das ist natürlich bei allen Dichtern Lieder mit vielen Strophen und Versen (S. 29ff.). Auch die Stellen selbst sagen nicht allzuviel. Jedes mehrgliedrige Epitheton ist ja gar nicht notwendig „barock". Bei Heermann hat Becker in 75 Liedern fünf [!] verschiedene Fälle zusammengesetzter Epitheta ermittelt: dein hertzliebster Sohn (dieses zweimal), hertzliebster Jesu, mit hochbetrübtem Muth, o trewgeliebtes seligs Hertz, die Glaubens-volle Beter, hungriggrimme leuen (FT 1, 316, 7. 330, 1; 334, 1; 345, 1; 349, 5; 362, 4; 384, 12). Das beweist nicht, was Becker beweisen will.
[161] Becker, S. 21f.
[162] Becker, S. 89.
[163] Becker, S. 90.
[164] Becker, S. 67. – Auch Rudolf Alexander Schröder spricht schon davon, daß hier „ambrosianisches Hymnenerbgut mit Altgermanischem" gemengt sei (Ges. Werke, Bd 3, S. 547; Dichtung und Dichter, S. 74, s. auch ebenda, S. 43).
[165] Berger, S. 118.
[166] Becker, S. 83.
[167] S. hier S. 41.
[168] Mit Beckers Worten: „Die Einheitlichkeit der barocken Kultur besteht in dem Vorhandensein eines Grundproblems, um dessen Lösung sich die Menschen ein volles Jahrhundert bemühten.... Der barocke Mensch war also dauernd einer Spannung ausgesetzt, die ihn zwischen die allzu irdischen Gegebenheiten der Welt einerseits und Hoffnungen des christlichen Glaubensgehaltes andererseits stellte. Aus diesem Grundproblem des Barock lebt die gesamte Dichtung des Jahrhunderts." (S. 109)
[169] Becker, S. IVf.
[170] Becker, S. V.
[171] Becker, S. 85.
[172] Becker, S. 115.
[173] Becker, S. 118.
[174] „Dadurch, dass dem Barock im geistlichen Lied jene Bescheidung gelingt, bereitet sich eine Entwicklung vor, die im 18.Jh. der Welt schliesslich ihr Eigenrecht lässt." (S. 118)
[175] Becker, S. 111.
[176] Daß auch hier nach 40 Jahren Korrekturen anzubringen sind, versteht sich von selbst.

II. Kapitel

[177] Müller, Lied, S. 143.
[178] Er gilt als „Klassiker" des protestantischen Kirchenliedes (S. 143).
[179] Müller, Lied, S. 31.
[180] Müller, Lied, S. 30.
[181] Müller, Lied, S. 30.
[182] Müller, Lied, S. 31.
[183] Müller, Lied, S. 31.
[184] Müller, Lied, S. 33.
[185] Müller weist darauf hin, daß Wackernagel aus diesem Zeitraum im vierten Band über 250 Katechismuslieder abdruckt (S. 2).
[186] Müller, Lied, S. 52.
[187] S. S. 16.
[188] Müller, Lied, S. 57.
[189] Müller, Lied, S. 143.
[190] Müller, Lied, S. 69.
[191] Müller, Lied, S. 69. – Vor ihm liegt noch Johann Vogel mit seinen Psalmen, Nürnberg 1628. Eine Auswahl daraus steht FT 3, 249–257. Auf Vogel hat schon Gervinus hingewiesen (S. 424). Bedeutung als Dichter besitzt er nicht.
[192] Müller, Lied, S. 30.
[193] Müller, Lied, S. 38.
[194] Müller, Lied, S. 38.
[195] Müller, Lied, S. 116.
[196] „Den Unterschied vom protestantischen Kirchenlied macht die größere Nähe einerseits zum altdeutschen Volkslied, andrerseits zum neu entstehenden ‚Barock'lied aus." (S. 41)
[197] Müller, Lied, S. 38f.
[198] Müller, Lied, S. 143f.
[199] Müller, Lied, S. 142.
[200] Müller, Lied, S. 98. 144.
[201] Müller, Lied, S. 98.
[202] Das ist allerdings ein anderer Prozeß als Kurt Bergers und Hans-Wolf Beckers „Barocküberwindung".
[203] Müller, Lied, S. 142.
[204] Müller, Lied, S. 144.
[205] Müller, Lied, S. 144.
[206] Müller, Lied, S. 35.
[207] Müller, Lied, S. 35.
[208] Müller, Lied, S. 142. Vgl. ebda, S. 35f.
[209] Müller, Lied, S. 142.
[210] Müller, Lied, S. 35.
[211] Müller, Lied, S. 35. 69ff.
[212] Müller, Lied, S. 69.
[213] Müller, Lied, S. 35f. – Daß Sudermann das Lied aus dem Kreise Taulers „Es kommt ein Schiff geladen" (WKl 2, 459) bewahrt hat, ist bekannt. Trotz der Appelle von Günther Müller und Erich Trunz ist das handschriftliche Material noch immer nicht ausgewertet. Die gute Arbeit von Gottfried Hermann Schmidt aus dem Jahre 1923 liegt nur maschinenschriftlich vor.

Zweites Kapitel

[1] Wenn im folgenden Kapitel eine Übersicht über den Weg der Hymnologie gegeben wird, so mit der Beschränkung auf die Arbeit deutscher Hymnologen und die Arbeit an geistlicher Dichtung – volkssprachlicher und lateinischer –, die auf deutschem Boden entstanden ist oder hier besondere Bedeutung gewonnen hat.
[2] Eine solche Darstellung fehlt noch. Hier kann daher nur auf die – notwendig – knappen

Artikel in den einschlägigen Sachwörterbüchern hingewiesen werden: RGG, 3. Aufl., Bd 3, Sp. 500f.; LThK, 2. Aufl., Bd 5, Sp. 567–569. Die älteren Lexika versagen dagegen: Wetzer und Welte's Kirchenlexikon hat lediglich einen Artikel „Hymnus" (2. Aufl., Bd 6, Sp. 519–552); in der RE fehlt ein Artikel, hier wird nur bei dem Stichwort „Hymnen" auf „Kirchenlied" verwiesen.

[3] Die eigentliche hymnologische Arbeit beginnt unter dem Grafen Christian Ernst zu Stolberg-Wernigerode (1691–1771). Er besaß im Jahre 1752 1 067 Gesangbücher, darunter 57 aus dem 16. Jahrhundert. Vgl. ADB 36, S. 381–386. – Ein Vorläufer ist Wolf Ernst Graf zu Stolberg (1546–1606). Vgl. ADB 36, S. 345f.

[4] Nach einer Angabe Erik Lundings hat Wilhelm Krämer das Franckenausche Liederarchiv in Kopenhagen wiederentdeckt; er arbeite „seit vielen Jahren darüber" (Barockforschung, S. 49).

[5] Über Moser – sein Leben und seine Tätigkeit als Schriftsteller –: s. ADB 22, S. 372–382.

[6] Vgl. ADB 10, S. 570–572.

[7] Gervinus, S. 4f. Die Angaben finden sich in Wetzels „Analecta hymnica" (I. 3, S. 45). – Wetzel, der 1755 stirbt, kann allerdings die Zahlen noch nicht vollständig bringen, da Hardenberg bis zu seinem Tode – 1786 – an seinem Liederverzeichnis gearbeitet hat. Heerwagen hat sie ergänzt (Th. 1, Einleitung, S. Xf.).

[8] Vgl. FT 6, 1015. Eine zweite Auflage erschien 1737.

[9] Kurzgefaßte Nachricht von ältern und neuern Liederverfassern. Anfangs von Joh. Heinr. Grischow in Druck ertheilet, nunmehro aber verbessert und vermehrter herausgegeben von Joh. Georg Kirchner, Archi-Diakonus bey der Hauptkirche zu U. L. F. in Halle, Halle 1771. – Das Buch war ursprünglich als Schlüssel zum Freylinghausenschen Gesangbuch gedacht. (Vgl. Meusel, Bd 4, S. 372f.)

[10] Der erste Teil trägt den separaten Titel: „Litteratur-Geschichte der evangelischen Kirchenlieder aus der alten, mittlern und neuern Zeit, insonderheit nach den neuesten Gesangbüchern zu Bayreuth, Braunschweig, Berlin und Anspach. 1. Theil. Neustadt a. d. Aisch 1792." – Außerdem berücksichtigt Heerwagen das Gesangbuch der Grafschaft Castell, er gibt Hinweise auf Umdichtungen und Verbesserungen bei Diterich, Eschenburg, Klopstock, Samuel Christian Lappenberg, Christoph Friedrich Neander, Johann Adolf Schlegel, Uz, Weiße, Zollikofer und andern.

[11] Heerwagen, Th. 1, Vorr., Bl.)([1] v f.

[12] Heerwagen, Th. 1, Vorr., Bl.)(2 r f.

[13] Heerwagen, Th. 2, S. 2.

[14] Heerwagen, Th. 1, Einleitung, S. XXI.

[15] Heerwagen, Th. 1, Einleitung, S. II.

[16] Heerwagen, Th. 2, S. 7.

[17] Heerwagen, Th. 1, Einleitung, S. VIII.

[18] Nelle, S. 288.

[19] Nelle, S. 172.

[20] Nelle, S. 112.

[21] Nelle sagt z. B. von Martin Schallings „Herzlich lieb hab ich dich, o Herr": „Die Fußtapfen dieses Liedes triefen von Segen." (S. 90)

[22] Mahrenholz zitiert aus dem Vorwort zum „Christlichen Gesangbuch", Bremen 1812, eine bezeichnende Stimme, mit der auch die Arbeit der älteren Hymnologen charakterisiert werden kann: „Wir haben kein Lied um seiner besonderen Ansicht oder Darstellungsweise einer christlichen Wahrheit willen ausgeschlossen, wenn es sonst poetischen Wert hatte, oder sich durch Salbung oder Herzlichkeit auszeichnete, oder wenn es einem achtungswerten Teil unseres religiösen Publikums bis zur Unentbehrlichkeit lieb war." (S. 27, Anm. 25a)

[23] S. auch S. 55. – Michaelis beruft sich wieder auf die Darstellung von Eduard Emil Koch, sie sei „die wichtigste Fundgrube" für ihn gewesen (Vorwort, S. VII).

[24] Hannover 1832. Weitere Auflagen erschienen 1854 und 1861.

[25] Auf der andern Seite kann in jener Zeit der Theologe August Friedrich Christian Vilmar Vorlesungen über die „Geschichte der Deutschen National-Literatur" halten. Sie sind als

II. Kapitel

Buch zuerst 1844 erschienen. Das Werk hat bis ins 20. Jahrhundert in vielen Auflagen Verbreitung gefunden. Zuletzt erschien es 1936 in einer überarbeiteten Ausgabe. Schon 1838 gibt Vilmar ein von ihm zusammengestelltes Gesangbuch heraus; er ist mit Schul- und Kirchenangelegenheiten beschäftigt und erhält 1855 eine theologische Professur. Vgl. ADB 39, S. 715–721.

[26] Von der Darstellung Westphals erschien 1925 die 6., verm. u. verb., von der Gabriels 1956 die 3., durchges. Auflage.

[27] Koch nennt das Erzählen solcher Anekdoten in Anlehnung an ein Bibelwort (Spr. 25, 11): „Darreichung dieser goldenen Aepfel in silberner Schale zur allgemeinen Nutznießung". Ihm seien bei der Vorarbeit für die 2. Auflage „nicht wenige neue Liedergeschichten als köstliche Früchte in den Schooß gefallen." (Vorw. zur 2. Aufl., wieder abgedr. in der 3., Bd 1, S. V)

[28] So lautet der Untertitel der Darstellung von Paul Dorsch.

[29] 2. Aufl., Gütersloh 1924.

[30] Nelle, S. 19.

[31] Er schließt seine Einleitung mit folgenden Worten: „So singe deine Lieder nicht, evangelisches Haus und Herz, ohne ihre Geschichte zu lesen, und lies diese Geschichte nicht, ohne die Lieder zu singen, denen sie gilt." (S. 20)

[32] Vgl. die Rez. von Klaus Scholder in: Germanistik 5 (1964), S. 255f., (Nr 1101).

[33] Gabriel im Vorwort zur 1. Aufl. (1935); wieder abgedruckt 1951.

[34] „Es ist mein Anliegen gewesen, den Leser mit Namen und Zahlen so wenig wie möglich zu belasten. Was er davon braucht, kann er in jedem Gesangbuch finden." (Vorw.) – Ebenfalls im Vorwort sagt er: „Die folgenden Blätter möchten denen dienen, die dem deutschen evangelischen Kirchenliede begegnen und die andern zu einer wirklichen Begegnung mit diesem Liede zu helfen haben. Sie möchten dazu beitragen, daß sich der Leser in dem heiligen Garten bald selbst zurechtfindet..."

[35] Gabriel, S. 76f.

[36] Nelle, S. 17.

[37] Nelle, S. 17f.

[38] S. S. 51ff.

[39] Gabriel, S. 13ff. Er gibt die Überlegungen von August Jakob Rambach, Wilhelm Nelle und Martin Bertheau wieder und fügt eigene Anmerkungen hinzu. – Bei Eduard Emil Koch findet sich folgende Einteilung: Von 1517 bis 1648, d. h. vom Beginn der Reformation bis zu den ersten Liedern Paul Gerhardts und dem Ende des Dreißigjährigen Krieges; von 1648 bis 1756, also vom Friedensschluß bis zum Beginn des Siebenjährigen Krieges, d. h. aber auch von Paul Gerhardt bis zu Gellert (seine „Geistlichen Oden und Lieder" erschienen 1757); von 1756 bis 1817, also bis nach den Freiheitskriegen, doch das auch die Zeit des rationalistischen Liedes; die letzte Epoche schließlich reicht bis in die Gegenwart Kochs.

[40] Westphal, S. 101. – Er hält auch das Jahr 1630 für besonders bedeutsam (S. 154).

[41] Darauf weist Martin Doerne hin: RGG, 3. Aufl., Bd 3, Sp. 1455.

[42] Joseph Kehrein war Direktor des Lehrerseminars in Montabaur; Karl Severin Meister, der später noch genannt wird, war dort Musiklehrer; Wilhelm Bäumker war Pfarrer in einem Dorf bei Erkelenz; Philipp Wackernagel war auf der Höhe seines Lebens Direktor der Realschule in Elberfeld; als Fischer an die Herausgabe seines Sammelwerks ging, war er „Oberpfarrer und Superintendent a. D. zu Groß-Ottersleben", einem Ort in der Nähe Magdeburgs; Wilhelm Tümpel war Pfarrer in einem Dorf bei Altenburg.

[43] Franz Joseph Mone, Lateinische Hymnen des Mittelalters, Bd 1–3, Freiburg i. B. 1853 bis 1855. Vgl. ADB 22, S. 165f. – Bäßler ist auch Germanist und hat z. B. die Frithjofssage, der Nibelungen Not und Gudrun „für die Jugend und das Volk bearbeitet" und „nacherzählt" (Leipzig 1843).

[44] LThK, 2. Aufl., Bd 5, Sp. 569. – Vgl. LThK, 1. Aufl., Bd 5, Sp. 221; RGG, 2. Aufl., Bd 2, Sp. 2062.

[45] Josef Szövérffy hat jetzt den Versuch unternommen, die lateinische Hymnendichtung bis zum Ausgang des Mittelalters „analytisch-historisch" zu erschließen: Szövérffy, Josef: Die Annalen der lateinischen Hymnendichtung. Ein Handbuch. [Bd] 1. 2. (Berlin 1964

bis 1965.) (Die lyrische Dichtung des Mittelalters.) – Vgl. Germanistik 7 (1966), S. 50f., (Nr 274).
⁴⁶ Rambach, Bd 5, S. VI.
⁴⁷ Vgl. S. 63. Heermanns Lieder stehen bei Mützell, S. 12–178.
⁴⁸ S. Hitzeroth, S. 175–184.
⁴⁹ Ich stehe der Tatsache, daß der Band 1961 photomechanisch nachgedruckt wurde, nicht ganz so positiv gegenüber wie Walther Gose, der diese Ausgabe in der Germanistik 4 (1963), S. 83, (Nr 307) besprochen hat.
⁵⁰ Nelle, S. 288.
⁵¹ Der Franzose ist für Wackernagel stets der Erbfeind, die „verbrecherische Nation" (Bibliographie, S. X). – Gervinus ist ihm nicht fromm genug (s. WKl 4, Vorr., S. XIff.). – Er kämpft um den Vers „Und steur des Pabsts und Türken Mord" in Luthers „Erhalt uns Herr bei deinem Wort": „‚Des Pabsts‘, das sollte sich die Kirche unter keinen Umständen nehmen lassen, für ‚des Türken‘ könnte man schon eher zeitgemäße Substitutionen versuchen." (WKl 3, Vorr., S. VIII) – Daß Leute, die ihm nicht behagen, frech und unverschämt seien, läßt er in den Vorreden drucken, und da ist es für die Nachwelt zu lesen (z. B. WKl 3, Vorr., S. VII; WKl 4, Vorr., S. XIII). – Er streitet mit Heinrich Hoffmann von Fallersleben und dieser mit ihm. Hoffmann schreibt über Wackernagel: „... nicht zu verwechseln mit seinem gelehrten Bruder Wilhelm zu Basel!" (Hoffmann, Vehe, S. 134) In der „Nachrede" zu dem Büchlein finden sich weitere Bosheiten.
⁵² Mir lagen vor: Deutsches Lesebuch von Philipp Wackernagel, T. 1–4, 26., 25., 17., durchges. Abdruck und 3. Aufl., Stuttgart 1863, und: Philipp Wackernagel, Edelsteine deutscher Dichtung und Weisheit im XIII. Jahrhundert, 3., verb. Aufl., Frankfurt a/M. 1865.
⁵³ Er hat außerdem ein Gesangbuch, die Lieder Luthers, Heermanns und Gerhardts herausgegeben.
⁵⁴ „Denn da Theologie zugleich Anthropologie ist und die ganze Zeitlage eine ungewöhnliche Waffenrüstung fordert, so bleibt in allen räumlichen und historischen Ausmeßungen des Himmels und der Erde kaum etwas zurück, das nicht der Theologie anheim fiele, weil es geistlich gerichtet werden muß." (Edelsteine deutscher Dichtung und Weisheit, Widmung, S. [IV])
⁵⁵ Wenn Rudolf Sellgrad deswegen von „mangelhaften Textverhältnissen" spricht, so ist das ungerecht (Vorwort, o. S.).
⁵⁶ EKG 275 („Betgemeinde, heilge dich"). Im Handbuch zum EKG heißt es von ihm: „Das Dichten fiel ihm leicht, nur zu leicht." (II, 1, S. 250) – Vgl. ADB 25, S. 646f.
⁵⁷ Eine Neuausgabe des „Zahn" zusammen mit der katholischen Sammlung von Bäumker – unter dem Titel: „Das deutsche Kirchenlied" – ist geplant. (Vgl. JbLH 9 (1964), S. 187, Anm. 3.) – Seit 1935 erscheint ein „Handbuch der deutschen evangelischen Kirchenmusik" (hrsg. von Konrad Ameln, Christhard Mahrenholz u. a.); es ist noch nicht abgeschlossen, vorgesehen sind drei Bände, jeweils mit mehreren Teilbänden.
⁵⁸ Vgl. dazu die Titel bei Weller. Z. B. Bd 2, Abschn. VII, 27. 39. 93. 113. 138. 263. 312. Weller ist jedoch in der Wiedergabe der Titel oft ungenau.
⁵⁹ Vgl. Röbbelen, S. 33f.
⁶⁰ Zit. nach Bäumker, Bd 1, S. 201.
⁶¹ Zit. nach Bäumker, Bd 1, S. 208.
⁶² S. Bäumker, Bd 1, S. 33.
⁶³ RL, 1. Aufl., Bd 2, S. 72–82, bsd. S. 77. LThK, 1. Aufl., Bd 5, Sp. 1008–1014, bsd. Sp. 1013f. In der 2. Aufl. des „LThK" wird dies nicht mehr ganz so deutlich ausgesprochen (Bd 6, Sp. 231–233, bsd. Sp. 233; Art. Kirchenlied). – S. auch hier S. 34.
⁶⁴ RL, 1. Aufl., Bd 2, S. 77.
⁶⁵ RL, 2. Aufl., Bd 1, S. 819–852.
⁶⁶ RL, 2. Aufl., Bd 1, S. 832.
⁶⁷ Auf ein Versehen soll hier hingewiesen werden: Als die Verfasserin über die „Siona, Monatsschrift für Liturgie und Kirchenmusik" spricht, ist daraus die „‚Monatsschrift für Liturgie‘ K. M. [Kirchenmusik!] Sionas" geworden (a. a. O., S. 846).
⁶⁸ Vgl. RL, 1. Aufl., Bd 2, S. 75.

II. Kapitel

⁶⁹ S. Bäumker, Bd 4, S. 4f. 556ff. 567ff. 619ff.
⁷⁰ Luther, Lieder, S. 10; WA 35, S. 477.
⁷¹ Zit. nach Kehrein, Bd 1, S. 90.
⁷² Zit. nach Kehrein, Bd 1, S. 90. – S. auch WKl 1, S. 722f.; dort sind die Namen nicht gesperrt.
⁷³ Corner zit. nach Kehrein, Bd 1, S. 92. – Corner nennt „Moyses vnd Aaron mit jhrer Schwester Maria", „die Rittermäsige Debora mit dem Feldhauptmann Baruck", „die heilige Fraw Anna" (die Mutter des Samuel; nach 1. Kön. 2, 1), Ezechias (nach Jes. 38, 9), „die drey Edle Knaben, Ananias, Azarias, vnnd Misael, im fewrigen Ofen", weiter David, dann aus dem Neuen Testament Maria, Zacharias, die Apostel und Christus selbst (diese Angaben zit. nach Kehrein, Bd 1, S. 93ff.). Auf Corners Bericht über „der Singe-Kunst Vrsprung vnd fortpflanzung" in dessen „Geistlicher Nachtigal" (1631 bzw. 1649) weist noch der Herausgeber der „Davidischen Harmonia" hin: „Herr *Cornerus*" habe „dem Grundbegierigen schon genugsamen Bericht darvon geben" (S. 1f.). – Ganz ähnlich sieht der Stammbaum geistlichen Dichtens aus, den Johann Heermann 1636 in der Vorrede zu seinen „Sontags- vnd Fest-Evangelien" wiedergibt.
⁷⁴ Zit. nach Kehrein, Bd 1, S. 100.
⁷⁵ Zusammenstellungen solcher Gesangbücher gibt es bei Hoffmann (Michael Vehe's Gesangbüchlein), Kehrein, Bäumker, Weller, Wackernagel und z. T. auch in den entsprechenden Artikeln der Sachwörterbücher.
⁷⁶ Triller verfaßte ein ganzes Gesangbuch, heute ist keins seiner Lieder mehr bekannt. Sie sind abgedruckt: WKl 4, 29–139. Vgl. ADB 38, S. 615–618.
⁷⁷ S. Bäumker, Bd 1, S. 139.
⁷⁸ Bäumker, Bd 1, S. 181. – Wackernagel spricht von 29 protestantischen Liedern (WKl 1, S. 724f.).
⁷⁹ Zit. nach Kehrein, Bd 1, S. 85. S. auch Bäumker, Bd 1, S. 216.
⁸⁰ Vgl. die Angaben bei Kolumban Gschwend (a. a. O., S. 167). – Der Aufsatz unterrichtet auch über die 110 aus der „Davidischen Harmonia" in das Rheinfelsische Gesangbuch übernommenen Lieder.
⁸¹ Die Weimarer Ausgabe (Bd 35) bringt von Luther 36 gesicherte Lieder mit drei Varianten („Aus tiefer Not", „Vater unser" und „Vom Himmel kam der Engel Schar" jeweils in zwei Fassungen). – Klippgen druckt 38 Lieder – die der WA, dazu das Gloria und die Litanei. – Albert Leitzmann nimmt die zweite Fassung von „Aus tiefer Not" als selbständiges Lied auf und fügt das Gloria („All Ehr vnd Lob soll Gottes sein") in Luthers Übersetzung hinzu, er bringt also ebenfalls 38 Lieder. – Nelle spricht von 37 Kirchenliedern Luthers, von 43 Dichtungen überhaupt (S. 37). – Zu den Liedern in der WA kommen bei Luther noch liturgische Stücke: Kyrie, Tedeum usw. – In der „Davidischen Harmonia" stehen die folgenden Lutherlieder: WA, Bd 35, 4a. 5. 8. 10. 12. 13. 16. 17. 18. 19. 21. 22. 24. 27. 29. 31. 32. 33. 35. 36.
⁸² Zum katholischen Gesangbuch der Aufklärung ist die Arbeit von Matthaeus Schneiderwirth heranzuziehen. Auch Gotzen fußt im „Reallexikon" auf dessen Ergebnissen. – Nach Schneiderwirth haben „Gellert und Klopstock mit ihren Nachahmern ein Jahrhundert lang das katholische Kirchenlied beeinflußt" (S. 179).
⁸³ Vgl. RGG, 3. Aufl., Bd 2, Sp. 1457f. S. auch LThK, 1. Aufl., Bd 5, Sp. 1012. – Das Gesangbuch von Kaspar Anton von Mastiaux (Bd. 1–3, München 1810–1811) enthält unter 816 Liedern 386 protestantische. Es stellt nach Gotzen „den Gipfel aufklärerischer relig[iöser] Volksbetreuung... dar" (LThK, a. a. O., Sp. 1012).
⁸⁴ Bäumker, Bd 4, S. 471f. – Zu Klopstocks Umdichtung s. hier S. 175.
⁸⁵ Joseph Kehrein, Grammatik der deutschen Sprache des 15.–17. Jahrhunderts, Bd 1–3, Leipzig 1854–56. – Er hat Schulbücher verfaßt und gilt als „Schulmann und Literarhistoriker". Vgl. ADB 15, S. 527.
⁸⁶ S. Kehrein, Bd 1, S. 60. – Vgl. WKl 1, S. 724.
⁸⁷ Darunter sind sogar noch protestantische Lieder, und was bei Corner steht, ist nach Gotzen tatsächlich der „Kern der bis dahin erschienenen Gesangbücher" (RL, 1. Aufl., Bd 2, S. 79). Er nimmt damit allerdings nur Corners Formulierung aus dessen Dedication auf,

welcher sagt, er habe eine Reihe von „Gesangbüchlein" benutzt und aus ihnen „gleichsamb den Kärn zusammen gezogen" (zit. nach Kehrein, Bd 1, S. 86). Zu diesen 720 Liedern kommen noch der katholische Psalter und die Hymnen in deutscher Übersetzung. – Wackernagel druckt aus dem 16. Jahrhundert 476 katholische Lieder (WKl 5, 1130–1605).

[88] Allerdings verzeichnet Wackernagel in der Bibliographie und seinem Sammelwerk auch eine Reihe von katholischen Gesangbüchern. – Für das 19. Jahrhundert führt Bäumker im 4. Band mehr als 700 Quellen an, darunter viele Diözesangesangbücher. Darin zeigt sich also eine neue Entwicklung. Doch auch hier brauchten die protestantischen Gesangbücher – bei der noch sehr starken kirchlichen Zersplitterung im 19. Jahrhundert – einen Vergleich nicht zu scheuen.

[89] Vgl. dazu Kehrein, Bd 1, S. 14ff.

[90] Es war in seiner ersten Ausgabe, 1915, als „Auslandsgesangbuch" für die Kolonien und die Gemeinden im Ausland gedacht. 1924 wurde es erneut herausgegeben.

[91] Karl Barth, Friedrich Gogarten und Eduard Thurneysen werden als ständige Mitarbeiter genannt.

[92] S. dazu den Aufsatz von Erich Trunz im „Euphorion". – S. auch hier S. 158f.

[93] Barth, S. 275–280.

[94] Christ, S. 359.

[95] Barth, S. 280.

[96] Das ist der Leitgedanke, unter dem Elert die Entwicklung des Luthertums im 17. Jahrhundert und in der folgenden Zeit sieht.

[97] Barth, S. 276. Dort sind die Eigennamen gesperrt.

[98] Barth, S. 280.

[99] Christ, S. 373.

[100] Christ, S. 366. – Barth sagt zu den Liedern Luthers: „... was diese Lieder enthalten, das ist Anbetung und sachliche Mitteilung, Glaubensbekenntnis, Sündenbekenntnis, Verkündigung." (S. 276)

[101] Christ, S. 383.

[102] Christ, S. 382.

[103] Ich meine allerdings, Paul Gerhardt stehe Luther näher als die meisten seiner Zeitgenossen, näher jedenfalls als Johann Heermann, der schon eine Generation älter ist als er. Seine Passionslieder müßten genau untersucht und mit denen anderer verglichen werden. Daß er die Passion „genießt", wird man von ihm nicht sagen können.

[104] Christ, S. 382.

[105] Christ, S. 381.

[106] Christ, S. 367.

[107] Barth, S. 275.

[108] Vgl. Christ, S. 386.

[109] Mahrenholz, S. 24.

[110] Mahrenholz, S. 25f. Vgl. hier Anm. 100 (Barth, S. 276).

[111] Mahrenholz, S. 26.

[112] „... das wyr auch vns möchten rhümen/ wie Moses ynn seym gesang thut/ Exo. 15 Das Christus vnser lob vnd gesang sey/ vnd nichts wissen sollen zu singen noch zu sagen/ denn Jhesum Christum vnsern Heyland/ wie Paulus sagt. 1 Cor. 2." (Luther, Lieder, S. 8; WA 35, S. 474)

[113] Mahrenholz, S. 22.

[114] Mahrenholz, S. 16. – „Lange Zeit hat die Hymnologie die Rolle eines teils germanistisch, teils musikwissenschaftlich, teils kunstgewerblich orientierten Trabanten der Praktischen Theologie gespielt..." (S. 23) – Mit dem Ausdruck „kunstgewerblich" möchte Mahrenholz natürlich die theologische Unverbindlichkeit treffen.

[115] Mahrenholz, S. 26.

[116] Mahrenholz, S. 26, Anm. 25.

[117] Vgl. dazu den Aufsatz von Walter Beyse, Das Gesangbuch als theologische Aufgabe, in: MGkK 42 (1937), S. 125–131; ähnlich schon vorher: Karl Fischer, Das Gesangbuch als theologisches Problem, in: MGkK 39 (1934), S. 171–178.

II. Kapitel

118 Mahrenholz, S. 26.
119 Mahrenholz, S. 59, Anm. 69.
120 Mahrenholz, S. 61.
121 Mahrenholz, S. 79.
122 Mahrenholz, S. 54.
123 Mahrenholz, S. 36 (dort gesperrt).
124 Mahrenholz, S. 62.
125 Mahrenholz, S. 5.
126 Zu den 394 Liedern des Stammteils kommen in den Gesangbüchern allerdings noch die Lieder in den landeskirchlichen Anhängen. Dort stehen durchschnittlich noch einmal 100 Lieder, so daß die Gesangbücher im ganzen etwa 500 Lieder enthalten. Doch geht die Tendenz zur Vereinheitlichung auch hier sehr viel weiter als früher, einmal schließen sich meist mehrere Regionalkirchen zusammen (z. B. Schleswig-Holstein-Lauenburg, Hamburg, Lübeck und Eutin – Vorläufer ist hier allerdings schon das Nordgesangbuch von 1930), zum andern sind die Unterschiede im Liedgut längst nicht mehr so groß wie früher, wo man bei durchschnittlich 500 Liedern in den einzelnen Gesangbüchern noch um 1900 auf etwa 3 000 Lieder insgesamt kam.
127 2. Aufl. 1956. – Hier ist allerdings, was die Gründlichkeit in der Erschließung des Wortschatzes betrifft, die Kirchenlied-Konkordanz von Hermann Nörr vorzuziehen, die ebenfalls auf dem „Einheitsgesangbuch" beruht und daneben das „Bayerische Übergangsgesangbuch" von 1951 erschließt. Erfaßt werden 759 Lieder.
128 Die Art, in der die Nachweise geboten werden, erweckt den Eindruck, als seien die Lieder eine Summe von Zitaten und Einflüssen. Weiter geht es nicht. Die Vorlage zu Johann Heermanns „Treuer Wächter Israel", das „Türkengebet" von Johann Brenz, wird z. B. abgedruckt und dann abschließend dazu gesagt: „Was Heermann aus eigenem hinzugefügt hat, ist nur schmückendes Beiwerk" (HbEKG I, 2, S. 336f.).
129 Vgl. Röbbelen, S. 3, Anm. 7 und die entsprechenden Angaben im Literaturverzeichnis der Arbeit von Ingeborg Röbbelen.
130 Mahrenholz, S. 32.
131 Söhngen, S. 78.
132 Söhngen, S. 46.
133 Söhngen, S. 76.
134 Söhngen, S. 77.
135 RGG, 3. Aufl., Bd 3, Sp. 1456.
136 RGG, 3. Aufl., Bd 3, Sp. 1457.
137 RGG, 3. Aufl., Bd 3, Sp. 1457.
138 RGG, 3. Aufl., Bd 3, Sp. 501. Im Jahre 1928 bestand das Problem noch nicht (vgl. RGG, 2. Aufl., Bd 2, Sp. 2062).
139 Die Arbeit liegt seit 1957 auch gedruckt vor. Diese Fassung ist gegenüber dem maschinenschriftlichen Text gekürzt: „Für die Veröffentlichung mußte die zugrundeliegende Dissertation nicht unwesentlich gekürzt werden. So wurde nahezu gänzlich auf die Auseinandersetzung mit der Sekundärliteratur verzichtet, desgleichen wurden viele Zitate ... gestrichen. Solche Kürzungen ließen sich vertreten, da es das Ziel der Untersuchung war, einige Orientierungs- und Gesichtspunkte theologie- und frömmigkeitsgeschichtlicher Art an die Hand zu geben, sowie überhaupt eine derartige Fragestellung im Blick auf die Gesangbuchgeschichte anzuregen." (S. V) Es fehlt auch der Anhang, der 4. Teilband des Maschinenmanuskripts, in dem Ingeborg Röbbelen auf 176 Seiten die Texte von 244 Liedern wiedergegeben hat, und zwar so, wie sie in den von ihr herangezogenen Gesangbüchern des 17. und 18. Jahrhunderts – oft in veränderter Gestalt – überliefert werden. Die Verfasserin bezieht sich bei ihrer Arbeit bewußt auf die „Gebrauchsform" dieser Lieder. – Wo es geboten schien, wird auch aus dem Maschinenmanuskript zitiert.
140 Röbbelen, Ms., S. 8. S. auch Röbbelen, S. 6. – Sie folgt hier Karl Barth. Vgl. dazu Röbbelen, S. 4f.
141 Röbbelen, Ms., S. 8. Vgl. Röbbelen, S. 6.
142 Röbbelen, S. 5.

¹⁴³ Röbbelen, S. 5, Anm. 16.
¹⁴⁴ Röbbelen, Ms., S. 8. Vgl. Röbbelen, S. 6.
¹⁴⁵ Röbbelen, S. 6.
¹⁴⁶ Röbbelen, S. 9, Anm. 27.
¹⁴⁷ Röbbelen, S. 9.
¹⁴⁸ Röbbelen, S. 10, Anm. 33.
¹⁴⁹ Röbbelen, Ms., S. 100. Dort „alle – gespeist", „auf – Gehalt", „Jenes Menschenwort" und „stets – Sprache" unterstrichen. – Vgl. Röbbelen, S. 69f.
¹⁵⁰ Röbbelen, Ms., S. 136. Vgl. Röbbelen, S. 94f.
¹⁵¹ Röbbelen, Ms., S. 128. Vgl. Röbbelen, S. 88.
¹⁵² Müller, Lied, S. 98.
¹⁵³ Müller, Lied, S. 142.

Drittes Kapitel

¹ Lemcke, S. 170.
² Ernst Martin sieht z. B. bei Heermann einen unmittelbaren Zusammenhang zwischen dem Leben und den Werken: „Die schweren Schicksale, die er wæhrend des Krieges erfuhr, wandten seine Gedanken mit Vorliebe auf das Leiden Christi." (Wackernagel-Martin, Bd 2, S. 240) – Das ist natürlich nicht zwingend.
³ Zu den „Theologen" im weiteren Sinne möchte ich noch Rudolf Alexander Schröder rechnen. Er war „Lektor der Evangelischen Landeskirche in Bayern" (vgl. Kosch, Deutsches Literatur-Lexikon, 2. Aufl., Bd 3, S. 2598). Im Kriege hat er selbst kirchliche Amtshandlungen vorgenommen.
⁴ Sie steht auch im letzten, posthum erschienenen Band der Heermannschen Leichenpredigten: Lp 5, XLII; S. 640–683.
⁵ Ähnlich äußert sich Rudolf Alexander Schröder über Heermanns Leben (Gesammelte Werke, Bd 3, S. 531ff., bsd. S. 543f.; Dichtung und Dichter, S. 53ff. 68f.). – S. auch hier S. 111. 117.
⁶ Wackernagel, Heermann, S. LII.
⁷ Heermann hat die Schrift später in die Leichenpredigten aufgenommen (Lp 3, VIII; S. 175–215). Neben Heermanns Predigt steht dort auch das schöne Gedicht, das Martin Opitz „Auff Herrn David Müllers seligen Abschied" geschrieben hat:
VNd bist du auch verblichē/
Mein mehr denn halbes Ich?
Bist du mir auch entwichen/
Auff den mein Hertze sich
In allem so verlassen/
Daß ich ohn Furcht und Schew
Das Wetter herrschen lassen
In ansehn deiner Trew?
...   (Lp 3, S. 206)
Vgl. Opitz, Weltliche Poëmata, Der Ander Theil, S. 129. – S. auch Anm. VII/57.
⁸ Er war zusammen mit Heermann in Straßburg gewesen, auch er als Begleiter junger Adliger. Als Heermann ihm 1641 zum Tode seiner Frau ein „Ehrengedächtnis" übersandte (Lp 4, IIX; S. 170–199), gedachte er der Tatsache, daß er mit Henel „zu Straßburg an einem Tische gespeiset/ und in einem Hause geherberget". S. auch Wilhelm August Bernhard, S. 216f. – Henel war Stadtsyndicus und städtischer Sachwalter in Breslau; er wurde 1642 als Henel von Hennenfeld geadelt. Vgl. Heckel, S. 117. 190.
⁹ Zit. nach Hitzeroth, S. 30.
¹⁰ „Sonst findet sich in seinen Epigrammen noch folgendes auf den Tod seiner Frau Dorothea bezügliche sinnige Gedicht, in welchem er zwischen sich und einem Turteltäuber, dem auch das Weibchen gestorben war, Vergleiche anstellt..." (Schubert, S. 206)
¹¹ Zit. nach Schubert, S. 206 (Ep., S. 424). S. auch Wackernagel, Heermann, S. XXVIf.

III. Kapitel

[12] Zit. nach Schubert, S. 192. – Das Gleiche gilt für die Sprache des folgenden Beispiels:
>Dominica Palmarum.
>Mit dem Leib speysestu jtzt mich,
>Der am Creutz hat lahn schlachten sich,
>Trenckst mich mit dem Blut, welches rahn
>Auß deiner Seyt, o Gottes Sohn.
>Ach laß mich auch in deinem Reich,
>Mit allen Außerwelten zugleich,
>Das Frewden-Brodt essn vnd trinckn bey dir
>Vom Brunn des Lebens für vnd für.
>   (Zit. nach Schubert, S. 192)

S. auch FT 1, 310. 311.

[13] Wilhelm August Bernhard, S. 209. – Vgl. Schubert, S. 196 (Ep., S. 311). Eine deutsche Übersetzung steht bei Rudolf Alexander Schröder (Gesammelte Werke, Bd 3, S. 539f.; Dichtung und Dichter, S. 63f.). – Ein solcher Ortsname findet sich auch heute in keinem Verzeichnis.

[14] Das steht schon bei Johann David Heermann.

[15] Die Sammlung ist aus einer älteren Reihe hervorgegangen, die der unermüdliche Nelle unter dem Titel „Unsere Kirchenliederdichter" herausgegeben hatte. Die Reihe ist jetzt modernisiert, so ist z. B. der Band „Fürstliche Sängerinnen" durch Paul Gabriels Beitrag „Das Frauenlied der Kirche" ersetzt.

[16] Wiesenhütter sagt zu einem Gedicht aus den „Epigrammen": „Es ist zugleich wertvoll als eine der wenigen Stellen, an denen sich ein lebendiges Naturgefühl ausspricht. Erinnerungen aus Paul Gerhardt und Goethe werden im Leser von selbst geweckt werden." (S. 15) (Unterstrichenes – auch in den folgenden Zitaten – im Original gesperrt.) An anderer Stelle heißt es: „Wenn ein Goethe bekennt: ,Ach, ich bin des Treibens müde ...' – wer will es einem Heermann verdenken, daß ihm unerhörte Leiden den Seufzer auspressen: ,Ich bin der Welt, ich bin des Lebens müd' und matt ...'" (S. 19f.) – „Welcher Deutsche hört nicht Bismarcks Stimme, wenn er [Heermann] die Parole ausgibt: ,Dieses ist die größte Furcht: Nichts fürchten als nur Gott. ...'" (S. 25) – Nachdem Wiesenhütter versichert hat, daß in Heermann „der Mann und der Dichter aus einem Guß" seien, fährt er fort: „Da ist auch nicht die leiseste Spur von dem Zwiespalt eines Mörike ..." (S. 10) – Wiesenhütter unternimmt im übrigen den suspekten Versuch zu zeigen, daß Heermann „eine durch und durch positive Einstellung zum Leben und zu den Ordnungen des Lebens" besessen habe (S. 22), bei ihm gingen „ungebrochenes christliches Bekenntnis und nationales Bewußtsein, ... christliche Ergebung und heldischer Geist Hand in Hand" (S. 24f.). – Der Geist der Zeit war also 1935 auch in diese Bereiche gedrungen.

[17] Wagner, S. 14. Dies steht jedoch schon ähnlich bei Rudolf Alexander Schröder: „Die Reise war von ungünstigstem Wetter begleitet, fortwährender Regen durchnäßte den Wanderer, der schließlich keinen trockenen Faden mehr am Leibe hatte und krank und fiebernd bei der ebenfalls erkrankten Mutter eintraf." (Ges. Werke, Bd 3, S. 539; Dichtung und Dichter, S. 63) – Noch ein paar Grade erbaulicher ist der Vortrag von Samuel Witke (Breslau 1885). – S. auch Schubert, S. 195, der ebenfalls von den Widerwärtigkeiten der Reise, vom Regen usw. spricht.

[18] Bd 3, S. 508–738. Die Übersicht über „Das deutsche Kirchenlied" (Dichtung und Dichter, S. 8–52) fehlt allerdings in der Gesamtausgabe.

[19] Schröder, Gesammelte Werke, Bd 3, S. 543ff.; Dichtung und Dichter, S. 68ff.

[20] RGG, 3. Aufl., Bd 3, Sp. 113f.

[21] Wa 91–198. FT 1, 381–383.

[22] Diese Verdoppelung beruht natürlich zum großen Teil – aber doch nicht ausschließlich – auf strukturellen Unterschieden zwischen der lateinischen und der deutschen Sprache. – Oft fügt Heermann noch ein Gebet an.

[23] Einige Beispiele daraus stehen S. 195ff.

²⁴ Das Bonner Exemplar ist nach Auskunft der dortigen UB verbrannt, das Berliner Exemplar verschollen.
²⁵ S. S. 118ff.
²⁶ Die Predigt ist bis jetzt kaum erforscht. Die älteren Darstellungen der Geschichte der Predigt (Schenck, Beste, Schmidt, Nebe u. a.) sind Aneinanderreihungen der Lebensläufe einzelner Prediger und erschöpfen sich vielfach in einer Beschreibung der Segenswirkung, die von den Predigten ausgegangen ist. Zu beachten ist jedoch der Beitrag von Martin Schian über „Orthodoxie und Pietismus im Kampf um die Predigt" (s. die Angabe im Literaturverzeichnis). – Die Leichenpredigten dienen eigentlich nur den Familienforschern als Material; als Gattung sind sie nicht gewürdigt und untersucht. Eine Betrachtung der Predigt als deutscher Prosa steht noch aus. – Nach Abschluß meiner Arbeit erschien die Untersuchung von Eberhard Winkler: Die Leichenpredigt im deutschen Luthertum bis Spener, München 1967, (Forschungen zur Geschichte und Lehre des Protestantismus, Reihe 10, Bd 34). Er widmet der Leichenpredigt bei Johann Heermann einen eigenen Abschnitt und untersucht sie sowohl nach Form und Methode als auch nach dem Inhalt (S. 135–158).
²⁷ Nur von den Predigten des ersten von fünf Teilen läßt sich vermuten, daß sie wirklich gehalten wurden, die andern sind für alle möglichen Berufsstände erdacht. – Zu den hier genannten kommen noch einige kleinere Sammlungen von Predigten und Erbauungsschriften (s. Wackernagel, Heermann, S. XLII und LIIIff.). Eine wohl vollständige Aufstellung der Schriften Johann Heermanns hat Schubert, a. a. O., gegeben. Korrekturen dazu bringt Wilhelm August Bernhard, a. a. O.
²⁸ Hans-Peter Adolf, S. 8. S. auch ebda, S. 40. 107. – Er gibt Hitzeroths Meinung wieder, wonach Moller sich meistens an Michael Neanders „Theologia Bernhardi et Tauleri" gehalten habe, verstärkt sie jedoch zu der Behauptung, Moller gestalte „nicht eigenschöpferisch", sondern stütze sich auf das genannte Werk (S. 40). (Vgl. Hitzeroth, S. 39.) – Die „Theologia Bernhardi et Tauleri" enthält jedoch lediglich ausgewählte Sätze, die einen Überblick geben sollten und für den Unterricht bestimmt waren, ähnlich wie die „Parva Biblia Latinogermanica" des gleichen Verfassers.
²⁹ Hans-Peter Adolf, S. 127, Anm. 35.
³⁰ Aus der Einleitung zum Bd. 31 der Deutschen National-Literatur von 1894 („Das deutsche Kirchenlied des 16. und 17. Jahrhunderts").
³¹ Hans-Peter Adolf, S. 61.
³² Koberstein, S. 216f. – S. hier S. 20.
³³ Hitzeroth, S. 29.
³⁴ Hitzeroth, S. 30.
³⁵ Hitzeroth, S. 38.
³⁶ Es handelt sich für Hitzeroth auch dabei wieder nur um „ein Bild von den religiösen Anschauungen unseres Dichters" (S. 38).
³⁷ Hitzeroth, S. 37–63 (Kapitel 4. Religiöse Anschauungen).
³⁸ Vgl. Hitzeroth, S. 51ff.
³⁹ Er kommt natürlich kaum über Ritschls Standpunkt hinaus.
⁴⁰ Vgl. Hitzeroth, S. 47f.
⁴¹ Hitzeroth, S. 130.
⁴² S. Hitzeroth, S. 52f. Vgl. hier S. 209.
⁴³ Hitzeroth, S. 158. – An anderer Stelle sagt er: „Heermann war ohne grosse Lebenseindrücke, krank und von Beruf Theologe, in steter Beschäftigung nicht mit sinnlicher Anschauung, sondern abstrakten Gedankengängen." (S. 37)
⁴⁴ Hitzeroth, S. 36f. – S. auch Anm. 43.
⁴⁵ Wackernagel, Heermann, S. LXXVII.
⁴⁶ Hitzeroth, S. 137.
⁴⁷ Darin liegt auch seine eigentliche Leistung. Das Kapitel „Abhängigkeit" ist mit 37 Seiten von 184 (ohne den „Anhang: Zur Bibliographie" sind es nur 160) das umfangreichste der Arbeit.
⁴⁸ Hitzeroth, S. 38.
⁴⁹ Hitzeroth, S. 38f. Vgl. ebda, S. 100.

III. Kapitel

50 Darin zeigt sich der positivistische Charakter der Arbeit. Hitzeroth weist „Wortübereinstimmungen" nach (S. 84), er sucht „Uebereinstimmungen des Ausdrucks" (S. 92), er bricht eine Gegenüberstellung ab und bemerkt: „Die Uebereinstimmung ist auch in den folgenden Strophen vollständig" (S. 76; ähnlich S. 77. 81. 83).

51 Das Gerüst seiner Überlegungen, unterbrochen jeweils durch wenige kurze Beispiele, sieht dann so aus: „Anaphora hat er oft. So schreibt er ...", „Viel seltener kommt die Epanalepsis vor ...", „Ebenso findet sich Epanodos ...", „Nicht selten gebraucht er auch Epizeuxis ..." (S. 123f.)

52 „Die Häufung (Kumulation) und Aufzählung (Enumeration) wendet er ganz dem Stile des 17. Jahrhunderts gemäss an." (S. 125)

53 Hitzeroth, S. 145–158.

54 Vgl. S. 43. – Doch selbst Hitzeroth ist noch der Meinung, Heermann habe „in dem Bestreben zu ändern, ... oft ohne Not gute Stellen verworfen" (S. 116).

55 Auch Fischer-Tümpel bringt noch die Varianten aus der Jacobschen Ausgabe (G) nach denen aus der Klosemannschen (F).

56 Vgl. Hitzeroth, S. 175–184. – Es erscheint verwunderlich, daß alle drei Ausgaben des Jahres 1640 verloren sein sollen. Vielleicht lagen dem Verleger Jacob auch nur gegenüber den früheren Ausgaben geringfügig veränderte Manuskripte vor, die er – der vermutliche Rechtsnachfolger David Müllers – 1644 herausgab, als Klosemann – Heermanns neuer Verleger – mit seinen Ausgaben herauskam.

57 Vgl. Hitzeroth, S. 175; Schröder, Ges. Werke, Bd 3, S. 557f. (Dichtung und Dichter, S. 86).

58 Newald, S. 238.

59 Ähnlich operiert auch Willi Flemming mit Zahlen. Er sagt in Burgers „Annalen der deutschen Literatur", daß Heermann, nachdem er Opitz kennengelernt habe, „seine bisherige Produktion seit 1629 dementsprechend redigierte" (S. 352). Für eine solche Zahl gibt es keinen Anhaltspunkt; zwischen 1616 und 1630 sind von Heermann keine deutschen Verse gedruckt worden. Soll damit gesagt werden, Heermann habe zum Dichten der etwa 50 Lieder in der ersten Ausgabe der „Devoti Musica Cordis" etwa ein Jahr gebraucht? Oder ist es auch hier nur das Solide der Zahl?

60 Bd 1, 6. Aufl., 1964, S. V.

61 Bd 1, 6. Aufl., 1964, S. VI.

62 Newald, 2. Aufl., S. V; dieses Vorwort fehlt in der 5. Aufl., nach der im übrigen zitiert wird.

63 S. auch Germanistik 6 (1965), S. 88f., (Nr 420), wo Ludwig Uhlig – bei der Anzeige der 4., verb. Aufl., 1963 – feststellen kann, daß das Buch „in kurzer Zeit allenthalben zum unentbehrlichen Hand- und Lehrbuch geworden" sei.

64 Es gibt keinen Anhaltspunkt dafür, daß sich Heermann so genannt hat. Die deutsche Namensform auf den Titelblättern der Werke lautet immer Johann, nur wenn der Name latinisiert ist, wird „Johannes Heermannus" geschrieben, dies allerdings oft abgekürzt als „Joh.". Wackernagel schreibt, mit einer einzigen Ausnahme, Johann.

65 Auch in der 5. Aufl. spricht Newald noch von T. statt von C. [Carl] Hitzeroth (S. 272).

66 Die eingefügten Zahlen in den folgenden Zitaten sollen die Orientierung erleichtern. Besonders auffällige Übereinstimmungen und ungewöhnliche Formulierungen wurden unterstrichen.

67 Newald, S. 237.

68 Hitzeroth: (1) S. 18, (2) S. 20f., (3) S. 21, (4) S. 25, (5) S. 27, (5a) S. 27, (6) über S. 29, (7) S. 32, (8) S. 33, (8a) S. 34, (9) S. 35.

69 Newald, S. 237f.

70 Hitzeroth: (1) S. 74, (2) S. 42, (3) S. 40, (4) S. 45.

71 Newald, S. 238.

72 Hitzeroth: (1) S. 43, (2) über S. 49, (3; 4) über S. 51 („Erlösung. Blutkultus."), (5) über S. 53, (6) über S. 55 und 57, (7) über S. 59 und 61, (8) S. 62f.

73 Newald, S. 238.

74 Hitzeroth, S. 77ff. 89ff.

75 Newald, S. 238.

[76] Hitzeroth, S. 21f.
[77] S. S. 69f.
[78] Hitzeroth, S. 158–160.
[79] „Das darf uns aber nicht hindern, dem Dichter gerecht zu werden." (Hitzeroth, S. 158)
[80] Hitzeroth, S. 158.
[81] Newald, S. 238.
[82] Hitzeroth: (1) S. 159, (2) S. 159, (3) S. 160, (4) S. 160.
[83] Heckel, S. 123–126.
[84] Heckel, S. 125.
[85] Hitzeroth, S. 37f.
[86] Heckel, S. 124f.; Hitzeroth, S. 37–63.
[87] Newald, S. 238f.
[88] Heckel: (1) S. 124f., (2) S. 125, (3) S. 125, (4) S. 126, (5) S. 123f., (6) S. 124.
[89] Auch da, wo Heermann bei Newald im Zusammenhang mit andern Dichtern genannt wird, ergibt sich ein solcher Hinweis keineswegs aus einer Vertrautheit mit seiner Dichtung, vielmehr ist auch das schon vorgedacht. – Albin Franz bespricht in seiner Arbeit über Johann Klaj eine Beziehung zwischen Klaj und Balde (S. 169f.), zwei Seiten weiter ist von der „asketischen Weltflut des Dichters [d. h. Klajs]" die Rede, und im Anschluß daran heißt es: „Ähnliche Stimmungen spiegeln sich ja nicht selten in der Dichtung jener Zeit wieder, man denke vor allem an die geistlichen Gesänge eines Fleming und Gryphius und an die Lieder Joh. Heermanns." (S. 171) Auf den folgenden Seiten spricht Albin Franz von Klajs „‚Andachts-Liedern' vom Jahre 1646" (über den Seiten 173 und 175), und auf S. 177 lautet schließlich die Überschrift: „Einzelne geistliche Gedichte; Kirchenlieder". Damit haben wir beisammen, was Newald überflogen hat. Daraus wird: „K l a j s ‚geistliche Gedichte', Andachts- und Kirchenlieder berühren sich mit der Mystik, mit ‚Jakob Balde', in der weltflüchtigen Stimmung mit ‚Heermann' und ‚Gryphius'." (Newald, S. 220) Eine selbständige Aussage ist das also nicht.
[90] Von den alten Schriften werden oft nicht einmal die neuesten benutzt, auf maschinenschriftliche Dissertationen ist offenbar gänzlich verzichtet. So wird für Joachim Neander nur die Arbeit von J. F. Iken aus dem Jahre 1880 erwähnt, nicht die – allerdings unergiebige – Dissertation von Lore Esselbrügge (1921), für Georg Neumark nennt Newald nur die Arbeit von F. Knauth aus dem Jahre 1881, statt die gute Dissertation von Gottfried Claussnitzer (1924) heranzuziehen.

Viertes Kapitel

[1] S. S. 30.
[2] S. S. 16.
[3] Vgl. S. 18.
[4] S. S. 30f.
[5] S. dazu S. 158.
[6] Es war natürlich nicht möglich, auch nur einen Bruchteil der Literatur des 17. Jahrhunderts im Hinblick auf dieses Problem durchzuarbeiten. – Das Buch von Joachim Dyck, Ticht-Kunst. Deutsche Barockpoetik und rhetorische Tradition, Bad Homburg v. d. H., Berlin, Zürich (1966), (Ars Poetica. Texte und Beiträge zur Dichtungslehre und Dichtkunst, Bd 1.), habe ich erst nach Abschluß meiner Arbeit kennengelernt. Was Dyck dort über „Christliche Literaturtheorie" sagt (S. 135–173), enthält keine Hinweise auf das von mir untersuchte Problem und erschließt ebensowenig Zitate aus der Literatur des 17. Jahrhunderts, die hier weiterführen könnten.
[7] Markwardt, S. 195.
[8] Eine knappe Auswahl daraus steht unter dem Titel „Theoretisches aus Jakob Masens Palaestra Eloquentiae Ligatae" in: Das Ordensdrama, hrsg. von Willi Flemming, Leipzig 1930, (DLE, Reihe Barock, Barockdrama, Bd 2), S. 37–46.

IV. Kapitel

[9] Markwardt, S. 100–134. Hier nennt er außerdem Johann Matthaeus Meyfart, Daniel Czepko und Johann Heinrich Hadewig.
[10] Markwardt, S. 105.
[11] Markwardt, S. 115f.
[12] Markwardt, S. 130.
[13] Vgl. S. 15f.
[14] Vgl. S. 34.
[15] Vgl. Hugo Max, S. 148; Müller, Lied, S. 57. 143.
[16] Gryphius, Bd 2, S. 98. – S. auch S. 87. 89.
[17] Zit. nach Opitz, Weltliche Poëmata, Der Ander Theil, S. 26. Die Widmung steht auch in den „Geistlichen Poëmata" (S. 241). Von den Abweichungen ist in Vers 10 „ergiebt" für „er gibt" zu erwähnen.
[18] Wir finden diese Formel auch sonst in geistlicher Lyrik, z. B. bei Gryphius (s. S. 89). – Bei Rist heißt es in dem Grabgesang auf „die traurige Begräbnüß unsers Hochtheüren Seligmachers JEsu CHristi" – dem bekannten „O Traurigkeit! O Hertzeleid" – in der zweiten Strophe: „O grosse Noht! GOtt selbst ligt todt..." (Himlische Lieder, S. 44)
[19] Hugo Max, S. 196.
[20] Das um so eher, als Dietrichs von dem Werder „Gottfried von Bulljon, Oder das Erlösete Jerusalem" 1626, in der ersten Ausgabe, noch gar nicht in allem den Regeln folgt. Gerade das kann die Vermutung stützen, daß hier von Opitz vor allen Dingen der Gattungsunterschied angesprochen ist. Dietrich von dem Werder berichtet noch 1651 von der ersten Ausgabe, daß „die Poesische Vbersetzung ... zu der Zeit ... geschehen" sei, „da der Deutschen Poesie noch keine richtige Regeln bekant" (Bl. C [i] v); die Ausgabe von 1651, „Gottfried. Oder Erlösetes Jerusalem", sei dagegen „guten theils verbessert/ den Deutsch Poetischen Regeln ebenmässiger" (Bl. A iij v).
[21] Opitz, Geistliche Poëmata, S. 242.
[22] Opitz, Geistliche Poëmata, S. 242.
[23] Hugo Max spricht allerdings bei Erwähnung dieser Stelle von „Phrasen geistlicher Rhethorik" (S. 197). Er glaubt, Opitz erstrebe in Wahrheit gerade das Gegenteil.
[24] Heermanns Bild – „Eigendtlich Bildtnuß. Des Ehrwürdigen vnnd Wolgelehrten Herrn Johann: Heermanni P. L. C. Pfarrn zu Köben/ an der Oder/ seines Alters 45. Jahr" – findet sich vor der Heermannschen Predigtsammlung von 1631, der „LABORUM SACRORUM CONTINUATIO", und ist vor der „Continuatio FESTIVALIS" von 1638 wiederholt.
[25] Opitz spricht auch in der „DEDICATIO" seiner „Geistlichen Poëmata" rühmend davon, daß dieses Werk „Geistlich" und „Poetisch" sei. In dieser Verbindung ist sein Rang begründet: „Sinne ich aber sonst dem Inhalt deß Wercks selber nach / so ist es Geistlich ... Es ist Poetisch: welche Art zu schreiben bey verständigen hohen Häuptern vnnd guten Höfen von allen Zeiten her lieb vnnd angenem gewesen." (S. 3)
[26] Opitz, Geistliche Poëmata, S. 88. – S. auch hier S. 31.
[27] Hugo Max weiß nichts dazu zu sagen als: „Der Herzog möge die neuen Lieder hinnehmen und lesen. Dann folgen die damals in Widmungen üblichen Lob-, Demuts- und besseren Bettelreden." (S. 127)
[28] Opitz, Poeterey, S. 24–33.
[29] Opitz, Psalmen, Bl. []:(vij) v. – Übrigens hat schon Hankamer festgestellt, daß bei Opitz die geistliche Dichtung unter einem andern Stilgesetz stehe als die weltliche, ohne jedoch anzugeben, worauf sich seine Meinung gründet. Es heißt bei ihm: „Im Bereich religiöser Themen hält er den neuen dekorativen Ton, das schöne kunstvolle Gewand für zu weltlich." (S. 252)
[30] S. S. 89.
[31] DMC, Bl. A ij r f. – Vgl. Wackernagel, Heermann, S. 359f.
[32] DMC, Bl. A ij v. – Vgl. Wackernagel, Heermann, S. 361.
[33] Hitzeroth, S. 120.
[34] Rist, zit. nach Schottel, Bl. b ij v. – Heckel (S. 126) und Hitzeroth (S. 120) sprechen auch bei Heermann von „Zier und Kunst".

16 Zell, Untersuchungen

35 Die „Musa Teutonica" erschien 1634 zum erstenmal, dann 1637 und 1640.
36 Die fünf Teile der „Himlischen Lieder" erschienen zuerst einzeln 1641 und 1642 (FT 6, 399), die erste Gesamtausgabe 1652, dann erneut 1658. Die Ausgaben von 1644 (FT 6, 400), 1648 (FT 6, 401), 1650 (FT 6, 402) und eine Ausgabe von 1643, die jetzt für Darmstadt nachgewiesen ist (JbLH 1 (1955), S. 125), bestehen aus Einzeldrucken. (Vgl. auch Kern, S. 210–212; Hansen, S. 185.)
37 S. Rist, Sonderbahres Buch, Vorbericht, Bl. [A vij] v ff. – Auch die Lieder der „Neüen Musikalischen Kreutz-Trost-Lob-und DankSchuhle" können „grösseren Theils/ auf bekante/ und in den Evangelischen Kirchen gebräuchliche/ alle mit einander aber/ auf gantz neüe/ von dem fürtreflichem und weitberühmtem Musico/ Herrn **Michael Jakobi** .../ so lieb-als künstlich gesetzete Melodien/ ... gespielet und gesungen werden ..." (Teil des Titels; Bl. [a i] r) – Vgl. dazu auch die Angaben bei Hansen (S. 185. 212. 232).
38 Rist, Himlische Lieder, Vorbericht, Bl. [) (vij] r ff.
39 Rist, Himlische Lieder, Vorbericht, Bl. [) (vij] v.
40 Rist geht nicht gerade höflich mit seinen Gegnern um. Im Vorbericht zu den „Katechismus Andachten" nennt er sie nacheinander: „leichtfertige Buben und Landläuffer" (S. 21), „falsche Brüder" (S. 21), „Neider und Misgönner" (S. 21. 24), „Mukkensauger und Kameelverschlukker" (S. 23), er spricht von einem „neidischen Schmähevogel", einem „misgünstigen Lästerer", einem „unverschämten Gesellen" (S. 31), der „Teüfel" sei deren „Vatter" (S. 31). – Einige dieser Ausdrücke sind allerdings biblisch (vgl. Matth. 23, 24). Auch Schupp bedient sich ihrer.
41 Rist, Katechismus Andachten, Vorbericht, S. 21f.
42 Rist, Katechismus Andachten, Vorbericht, S. 22.
43 Rist, Katechismus Andachten, Vorbericht, S. 26–31.
44 Rist, Katechismus Andachten, Vorbericht, S. 31.
45 Rist, Katechismus Andachten, Vorbericht, S. 31.
46 Rist wendet sich gegen Philipp von Zesen – er spricht von ihm als „Jennem bekanten Landläuffer und Pasquillendichter" – und sagt in seiner aggressiven Art: „Aber/ Ich halte gäntzlich dafür/ das/ wen Er und seines gleichen Aufschneider und Lügenmäuler/ Herrn Opitzen Bücher im Anfange nicht gelesen/ und anderen gelehrten Leüten das Ihrige heimlich hetten abgestohlē/ Sie einen Reim hin zu schmieren vieleicht wol nimmermehr würden gelernet haben." (Katechismus Andachten, Vorbericht, S. 32)
47 Rist, Katechismus Andachten, Vorbericht, S. 32.
48 Rist, Katechismus Andachten, Vorbericht, S. 32.
49 Rist, Katechismus Andachten, Vorbericht, S. 32. – „Hasierlich" ist etwa mit „geckenhaft" wiederzugeben, auch mit „närrisch" (DWB); „lächerlich" scheint mir dagegen etwas zu schwach. Vgl. DWB IV, II, Sp. 543; dort findet sich nur ein einziger Beleg aus den Werken Friedrichs von Logau. Zur Bedeutung s. auch den Artikel „Hase", a. a. O., Sp. 526–530 (bsd. Abschn. 2 b).
50 So steht es über den einzelnen Seiten; in der Überschrift heißt es ausführlicher: „Nohtwendiger und nützlicher Vorbericht An den Christlichen Teutschen und Auffrichtigen Leser." (Sonderbahres Buch, Vorbericht, Bl. A [i] r)
51 Rist, Sonderbahres Buch, Vorbericht, Bl. A ij v.
52 Rist, Sonderbahres Buch, Vorbericht, Bl. A ij v.
53 Rist, Sonderbahres Buch, Vorbericht, Bl. A ij v.
54 Rist, Sonderbahres Buch, Vorbericht, Bl. A iij r.
55 Eine Einschränkung muß man vielleicht für „Ein liebliches Blühmlein" und „O frecher Muht" machen, doch könnte man bei dem ersten Beispiel an einen Vergleich mit Christus denken, das zweite könnte dort gebraucht werden, wo es um eine Auseinandersetzung mit Feinden der Kirche und des Glaubens geht.
56 Rist, Sonderbahres Buch, Vorbericht, Bl. A iij r.
57 Rist, Sonderbahres Buch, Vorbericht, Bl. A iij v.
58 Rist, Sonderbahres Buch, Vorbericht, Bl. A v v. – Nachdem er eine Reihe bekannter Dichter genannt hat, sagt er dort: „**Schließlich** aber kan kein Rechtverständiger läugnen/ daß obwol diese Dichter ihren Verstand/ Fleiß und Zeit nicht unnützlich anwenden/ so sind

IV. Kapitel

doch ihnen allen die jenige vorzuziehen/ welche geistliche/ himmlische und heilige Gesänge zu Gottes Ehren/ ihres Neben-Christen nützlicher Erbauung/ und ihrem selbst eigenem Unterricht/ Besserung und Trost/ durch Hülffe und Beistand des wehrten heiligen Geistes ersinnen/ in die Feder fassen/ mit anmuthigen Melodeien lassen außzieren/ und folgends der Teutschen Christenheit durch offnen Druk willig mittheilen."

59 Vgl. S. 18f. – Fischer-Tümpel druckt elf Lieder von Gryphius (Bd 1, 433–443); davon stammen jedoch nur sieben wirklich von ihm. Was Fischer aus dem Nürnberger Gesangbuch Johann Sauberts von 1676 bringt, sind Bearbeitungen von Liedern Josua Stegmanns aus den „Himmel Steigenten Hertzens Seufftzern". (Vgl. zu FT 1, 440.) – Über die Verbreitung der Lieder in den Gesangbüchern steht einiges in den Fußnoten der Palmschen Gryphius-Ausgabe.

60 Sie unterscheiden sich nicht von seinen weltlichen Gedichten. Dafür ein Beispiel aus dem Lied „MEin JEsu! spare nicht die Strahlen deiner Güte": „Willst du, o Hirte! denn mich armes Schaaf verliehren? Soll die Verzweiffelung mir eine Wüste seyn? Soll ich forthin nicht mehr die süsse Stimme spühren? Schleußt mich der Himmel aus, und das Verdammniß ein? Bin ich darum ein Mensch gebohren, Daß ich zu Ach und Weh soll werden auserkohren?" (Hofmannswaldau, Geistliche Oden, S. 23, Str. 3) Das könnte auch in den „Helden-Brieffen" stehen. – Zur Charakterisierung der „Geistlichen Oden" gebe ich die Anfänge einiger weiterer Lieder: „SO bricht der Glantz der Welt! Die Zeit kan auch den Purpur bleichen..." (S. 4ff.); „SOll meine faule Brust vor deinen Augen stehen, Und dir entgegen gehen, Dir, o du grosses Licht!..." (S. 9ff.); „KAn ich mit einem Thone, Der schwehr von Erden ist, Mich schwingen zu dem Throne, Den du dir hast erkiest..." (S. 24ff.); „DEr schwartze Flügel trüber Nacht Will alles überdecken, Doch diß, was GOttes Finger macht, Bringt mir geringen Schrecken" (S. 40ff.). – Ich möchte die Lieder allerdings nicht, wie Günther Müller, als „Vorboten des pietistischen Typs" bezeichnen (Lied, S. 99), ich bin auch nicht der Meinung, sie gehörten „in die Vorbereitung des pietistischen Liedes" (Lied, S. 122).

61 Gryphius, Bd 2, S. 98; s. dazu Manheimer, S. 117ff.

62 Vgl. Manheimer, S. 112ff.

63 PE, Zuschrifft, S. 11f. – S. auch Gryphius, Bd 3, S. 180–182.

64 Manheimer, S. 118. Wentzlaff-Eggebert gibt als Entstehungszeit die Jahre zwischen 1635 und 1638 an (Bibliographie, S. 247). Marian Szyrocki wiederholt dies in seiner Bibliographie (Gryphius, S. 163).

65 Gryphius, Bd 2, S. 97.

66 „Denn weil ich hier nichts als die Andacht gesuchet/ habe ich mich bekanter Melodien vnd der gemeinesten Weyse zu reden gebrauchen wollen." (Gryphius, Bd 2, S. 98)

67 Gryphius, Bd 2, S. 108f.; Thränen (Od. 4.) III. Das Lied trägt die Überschrift: „Der HErr offenbahret seinem Verräther vnd warnet Petrum vor Vermessenheit." (Natürlich sollte es „seinen Verräther" heißen; diese Form erst in der Ausgabe der „Freuden und Trauer-Spiele", 1663.)

68 Die Ode „Deß HErren Christi Verspeyung" (4, IX) beginnt:

    1. ERschreckliche Nacht! schwere Bande!
    Durchteuffelter Haß! hohe Schande!
    Ihr Felsen kracht vnd erschüttert!
    Ihr Berge bebt vnd erzittert.

    (Gryphius, Bd 2, S. 126) –

In der Ode „Unsers Erlösers Fußwaschen" (4, II) heißt es vom Menschen: „O Mensch! O Erd! O Aschen!" (Gryphius, Bd 2, S. 106) – Das Blut Christi wird als „purpurrothe Fluth" bezeichnet, doch stehen Altes und Neues in den folgenden Versen aus der Ode „Die Einsetzung des Abendmahls" (4, I) eng beieinander:

    12. Nemt/ (die Worte ließ Er hören)
    Was ich kan zu letzt verehren:
    Alle trinckt: diß ist mein Blut.
    Diß ist die purpurrothe Fluth/

>   13. Die für Euch vnd viel wird müssen
>   Mit fünfffachen Strömen fliessen/
>   Zu zahlen was die verderbt.
>   Die Adams Schuld auff sich geerbt.
>   (Gryphius, Bd 2, S. 104)

⁶⁹ Gryphius, Bd 2, S. 144; Thränen (Od. 4,) XVIII.
⁷⁰ Gryphius, Bd 1, S. 145f.; Son- undt Feyrtags Sonnete 27. Vgl. a. a. O., S. 201f.; Son. 3, XXVII. – Krummacher führt das Sonett zurück auf ein Gebet in Arndts „Paradiß Gärtlein": „Betrachtung der Person die da leidet/ vnnd der vrsachen des Leydens Jesu Christi" (PG 2, 13). Er sieht bei Arndt Anklänge an eine pseudo-augustinische Meditation, die Martin Moller in seine MSP aufgenommen hat (I.III.II). Diese bildet aber auch die Grundlage für Heermanns „HErtzliebster Jesu, was hastu verbrochen" (FT 1,334). Vgl. Krummacher, S. 122. 124ff. 135, Anm. 14. – Es läßt sich kaum entscheiden, was in Heermanns Lied und dem Sonett von Andreas Gryphius auf die gemeinsame Quelle zurückgeht, was biblischen Ursprungs ist. S. auch hier Anm. V/133.
⁷¹ Die „Son- undt Feyrtags Sonnete" von 1639 sind nach Wentzlaff-Eggebert um 1637 entstanden (Bibliographie, S. 242).
⁷² Gryphius, Bd 2, S. 98.
⁷³ Gryphius, Bd 2, S. 98.
⁷⁴ Gryphius, Bd 2, S. 98. Diese Stelle steht erst in der Ausgabe von 1657 (Od., 4. Buch), vorher ist die Begründung weniger deutlich.
⁷⁵ Gryphius, Bd 2, S. 99.– Auch die „Son- undt Feyrtags Sonnete" sind noch uneinheitlich im Stil. Neben Versen wie den eben angeführten finden sich andere, die der älteren geistlichen Lyrik, insbesondere der Tradition der Sonntags- und Festevangelien, näherstehen; deshalb kann Gryphius 1657 in einem Sonett „Vber seine Sonn- vnd Feyertags Sonnette" von diesen Gedichten sagen: „Tritt Leser nicht zu hart auff Blumen Erstes Mertzen" und dafür um Nachsicht bitten. Es heißt hier, er habe die Gedichte geschrieben:
>   ... mit noch zu zarter Hand
>   Zwar Kindern/ als ein Kind/ doch reiner Andacht Pfand/

Seine Kindheit sei „nicht gelehrt doch fromm gewesen."
Gryphius empfindet hier vor allem einen Gegensatz zur Sprache seiner späteren dramatischen Dichtung:
>   Hier donnert/ ich bekenn/ mein rauer *Abas* nicht/
>   Nicht Leo/ der die Seel' auff dem Altar außbricht/
>   (Gryphius, Bd 1, S. 243; Son. 4, XXXVI) –

Gryphius ersetzt mit diesem das „Beschlus SONNET" (Nr 35) von 1639 (Gryphius, Bd 1, S. 181).
⁷⁶ Opitz, Geistliche Poëmata, S. 5f.
⁷⁷ „Die Braut ist ein Hertze das Gott liebet: oder/ wie der meisten Meynungen gehen/ die außerwehlte Kirche deß Höchsten/ das newe Jerusalem/ die Versamblung der Gerechten/ das heilige Volck/ die sieghaffte Königin/ die vnser Heylandt Christus/ der die Liebe selber ist/ also mit jhm vereiniget/ daß sie niemand auß seinen Händen reissen kan." (Geistliche Poëmata, S. 6)
⁷⁸ Opitz, Geistliche Poëmata, S. 6.
⁷⁹ Vgl. Anm. I/12.
⁸⁰ Zesen, Bl. A ij r.
⁸¹ Zesen, Bl. A ij r.
⁸² Harsdörffer, Trichter, Th. 1, Vorrede, Bl. [) (vj] r.
⁸³ S. Bischoff, S. 235. 216. 274. – Birkens Poetik wird ausführlich von Markwardt (S. 115 bis 129) und Borinski (S. 221–244) besprochen. Borinski wird ihm allerdings mit seiner ironischen Art, die ohne Verständnis für Birkens religiösen Ernst ist, nicht gerecht.
⁸⁴ „Der Himmel ... ist der rechte Parnassus/ daraus diese Geistes-Flut erqwillet und herabschießet. Gleichwie aber das von oben abfallende Wasser/ wann es durch Röhren in ein Brunngefäß geleitet wird/ in demselben wieder empor und hervorspringet: also soll die

IV. Kapitel

DichtKunst/ weil sie vom Himmel einfließet/ wieder gen Himmel steigen und GOtt zu Ehren verwendet werden." (Birken, Vor-Rede, Bl.):( ):(v r)

85 Birken, Vor-Rede, Bl.):( ):(v r.
86 Birken, Zuschrift, Bl.):(iiij v f.
87 Birken, Vor-Rede, Bl. [ ):(xj] v.
88 Birken, Zuschrift, Bl.):(iiij r.
89 Birken, Zuschrift, Bl.):(iiij v.
90 Birken, S. 189.
91 Birken, S. 184.
92 Birken, S. 185.
93 Rist, Seelenlust, Zuschrifft, S. 5.
94 Rist, Seelenlust, Zuschrifft, S. 4.
95 Rist, Seelenlust, Zuschrifft, S. 4.
96 Rist, Seelenlust, Zuschrifft, S. 6.
97 Rist, Seelenlust, Zuschrifft, S. 5.
98 Birken spricht von den „**Gedichtarten**" und sagt: „Die erste unter denselben sind/ die sogenannte *Hymni* oder GOtt und den [!] Himmel zu Ehren verfasste **Geistliche Lieder:** dergleichen zwar billig alle Lieder seyn solten." (S. 189)
99 Borinski, S. 230.
100 Birken, S. 185. Vgl. a. a. O., Zuschrift, Bl.):(iiij v. – In diesem Zusammenhang weist Markwardt – mit allem notwendigen Vorbehalt übrigens – auf die Nähe mancher Anschauungen zu solchen des 18. Jahrhunderts hin: „So wird erkennbar, wie früh schon das moralische Bauwerk der ersten Hälfte des achtzehnten Jahrhunderts unterbaut und vorbereitet worden ist." (S. 117)
101 Birken, S. 163.
102 Birken, S. 162.
103 Vgl. Anm. 98.
104 Dies Problem beschäftigt ihn auch sonst, z. B. S. 62–68 passim.
105 Birken, S. 189f.
106 Birken, S. 190f.
107 S. S. 22. 51.
108 Gryphius, Bd 2, S. 100.
109 Zit. bei Christa Müller, S. 92 (nach WA 5, S. 179). – Die Verfasserin sagt in diesem Zusammenhang: „Und dennoch: gerade wo viel Leiden ist, da ist auch viel Heil und Sieg, Singen und Freuen." (S. 93)
110 DMC, Titelbl., Rückseite (Bl. [a i] v).
111 Birken, Weihrauchkörner, S. 1.
112 Birken, Weihrauchkörner, S. 15.
113 Das Büchlein sollte Frau Magdalene Pipenburgin gewidmet werden, die jedoch vorher verstarb. Sie war die Ehefrau von Rists Freund Joachim Pipenburg aus Lüneburg. Vgl. Anm. I/19. – Birken widmet Pipenburg bei seiner Wiederverheiratung, 1654, einen aus sieben Gedichten bestehenden „Christlichen Hochzeitwunsch", ein „Sinnbild-Gemähle", das er auch in seiner Poetik abdruckt (S. 212ff.). Das letzte Gedicht daraus beginnt:
    Die Sonne machet auch im kalten Winter warm.
    Herr Pipenburg jetzund nimt seine Sonn' in Arm;
    zu wärmen seine Winter-Jahre.
    ...
    (S. 220)
114 Dilherr ist allerdings nicht Mitglied des „Blumen-Ordens". Auch ein anderer geistlicher Dichter aus Nürnberg, Johann Christoph Arnschwanger, fehlt in diesem Kreis.
115 Frank, S. 38. – Die Arbeit wurde für die biographischen Angaben benutzt.
116 Frank, S. 36f.
117 Birken über seine Poetik: „Ich aber/ habe in dieser mich beflissen/ nach dem Lehrspruch unserer Blum-SchäferGesellschaft/ alles zu Ehre Gottes einzurichten ..." (Vor-Rede, Bl.):( ):( ):([i] r) – Vgl. hier S. 91.
118 Dazu ist natürlich die Arbeit von Rasch heranzuziehen. – Horst Frank spricht in anderm

119 Vgl. dazu Anm. VI/30.
120 Birken, S. 96f. – Es ist das Sonett 47 der Sammlung, wahrscheinlich hat Birken den Titel mit dem des Sonetts 16 verwechselt („Auf GOttes Herrliche Wunder Regirung"). Wenn dies, wie Frank vermutet (S. 36, Anm. 206), das Sonett ist, das Birken schon 1659 kennenlernte, so muß der Eindruck davon allerdings besonders nachhaltig gewesen sein. Birken bezeichnet es als „das bäste", das „von diesem unvergleichlichem Geiste zeugen" könne (S. 97).

Davor steht noch: Zusammenhang von „konventikelhafter Freundschaft", die die Dichterin gepflegt habe (S. 49).

121 Vgl. dazu Frank, S. 27.
122 Zur Charakterisierung ihrer Lieder s. Frank, S. 37f.
123 Vgl. Frank, S. 163. 208.
124 Villiger, S. 22; vgl. ebda, S. 21f.
124a Rotth, Th. II, S. (534).
124b Rotth, Th. II, Tit. IX, SECTIO V; Th. II, S. (532)–(604).
124c Rotth, Th. II, S. (532)f.
124d Von den Liedern, die der „Wiederlegung" dienen, heißt es: „Zu einer **Wiederlegung** gehören alle diejenigen Lieder/ welche einen falschen Satz wiederlegen/ ob sie gleich sonst zum Troste zugehören scheinen. Als im folgenden Liede ist in *hypothesi* der Satz wiederlegt: **Gott hilfft dir nicht im Unglücke.** Der *actus* selbst ist *per μερισμὸν* in unterschiedliche Stücke getheilet/ so theils *antecedentia* desselben/ theils *consequentia* sind/ und ein iedwedes *removirt* mit gewissen *rationibus*, so hinzugesetzt sind. Und endlich ist die *opposita sententia* in dem letzten Gesetzgen mit angehängt." Das sich anschließende Lied beginnt mit der „Propositio negata": „Solte meiner Gott **vergessen?**" Darauf folgt eine „Ratio negata": „Ich bin nie nicht so vermessen/ Daß ich ihm diß zugetraut." Dies wird dann in den folgenden Strophen in „Propositio" und „Ratio" abgehandelt; das Lied endet mit der „Conclusio": „Gott wird deiner nicht vergessen; Er gibt Leben/ Kleid und Brodt." (Rotth, Th. II, S. (544)f.)
124e Rotth, Th. II, S. (554)–(557). Dazu gehören aber auch alle Lieder, die ohne weitere Erklärungen eine Art von „Gesangbuchanhang" bilden (S. (557)–(604)).
124f Vgl. Anm. IV/60. – Hier ein Beispiel:

Buß-Lied

Mein GOtt/ ich bin durchaus besudelt/
  Und die Natur ist selber voller Koth.
Was nun aus dieser Qvelle wudelt/
  Ist eitel Schlam/ ist eitel Tod.

Es macht uns keine Seiffe reine/
  Dein Schweiß-Bad nur/ mein Jesu/ muß es thun.
Dasselbe dienet hier alleine/
  Das schwemt uns ab/ das läst uns ruhn.

Ach laß auch dis mein Hertze waschen
  Und zeuch es an mit neuer Reinligkeit;
Nichts mehr von Sünden-Früchten naschen/
  Nicht sehn auf Welt/ Gebrauch und Zeit.

Ist ja noch was befleckt zu finden/
  (Wie niemand denn auff Erden Engel wird)
So laß doch nie die Gnade schwinden/
  Und leite den/ der sich verirrt. (Rotth, Th. II. S. (562)f.)

125 Manheimer, S. 59.
126 Vgl. Markwardt, S. 194ff. Das Zitat ebda, S. 195.
127 Vgl. S. 43. 69.
128 Außer den „Morgen- und Abend-Liedern" – vier im ganzen – stehen in seinen „Sämmtlichen Lehrreichen Schrifften" noch weitere elf Lieder als „DOCTORIS SCHUPPII Passion-Buß-Trost-Bitt-und Danck-Lieder" (Th. 1, S. 947–969). Hier hat er allerdings

IV. Kapitel

auch das „Reyse-Liedlein Des sinnreichen Poetens D. Paul Flemmings", dessen „In allen meinen Taten", aufgenommen.

129 Eduard Emil Koch nimmt an, daß die Lieder zwischen 1641 und 1646 entstanden seien (Bd 3, S. 460).
130 „Ich hätte diese Lieder leichtlich ändern/ und nach *Opitii* Gehirn richten können. Allein ich wil es mit Fleiß nicht thun. Ich wil es also haben/ wie ich es damals hab drucken lassen." (Schupp, S. 938)
131 Schupp, S. 938.
132 Schupp, S. 938. – Über Bachmann ließ sich nicht mehr ermitteln als das, was bei Jöcher angegeben ist: „BACHMANN (Conrad), ein Professor zu Giessen, lebte im Anfange des 17 Seculi..." (Bd 1, Sp. 690)
133 Schupp, S. 938. – Gottfried Wilhelm Sacer hat Schupps Bericht 1673 unter Weglassung bzw. Änderung der Namen in sein bekanntes Werk „Reime dich/ oder ich fresse dich" aufgenommen. Schöne druckt die Stelle in seinem Sammelband, S. 41.
134 Schupp gibt die folgenden Melodien an: „Erhalt uns HErr bey deinem Wort", „Vom Himmel hoch da komm ich her", „Christe der du bist Tag und Licht", „Auff meinen lieben GOtt" und „Allein Gott in der Höh sey Ehr".
135 Schupp, S. 937. – Der „alte Herman", von dem Schupp hier spricht, ist Nicolaus Herman; er starb 1560. Auf ihn, und nicht etwa auf Johann Heermann, bezieht sich auch die von Manheimer erwähnte Stelle bei Gottfried Wilhelm Sacer. Manheimer macht Heermann aus diesem Mißverständnis heraus zu einem „Spießbürger" mit „schlechten Stimmungen" (S. 116). – Auch Borinski verwechselt offenbar Johann Heermann und Nicolaus Herman miteinander (S. 293).
136 Schupp, S. 938.
137 Schupp, S. 939.
138 Schupp, S. 938.
139 Markwardt, S. 194.
140 Den Hinweis auf Curtz verdanke ich der Arbeit von Klemens Menze (S. 130).
141 Die eigentliche Ursache dafür liegt wohl doch in dem Dialekt des Verfassers. Ich zitiere hier den Text des 129. (130.) Psalms:

   Seüfftzer auß der Tieffe.
   1. VOn dem Abgrund von der Tieffen/
      Will ich O HErr zu dir rieffen/
   2. Thue O HErr mein Stimm erhören/
      Vnd das recht Ohr zu mir kehren/
   3. Sollst du HErr die Sünden zehlen/
      Ach wie manchem wurd es fehlen/
   4. Daß wir hoffen auff dein Huld/
      Gib nur deiner Güte d'schuld/
   5. Thut doch dein Wort zu vns sagen/
      Daß kein Sünder soll verzagen/
      All mein harren/ all mein hoffen/
      Kombt auff dises abgeloffen/
   6. Wann die Nacht dem Tag will weichen/
      Thut mein Hoffnung firher streichen/
      Wann die Nacht dem Tag will wincken/
      Thut mein Hoffnung doch nit sincken/
   7. Dann dein Barmhertzigkeit/
      Dein so grosse Gütigkeit/
   8. Wird von Sünd vnd allen bösen/
      HErr dein glaubigs Volck erlösen. (S. 209. 211)

142 Curtz sagt: „Waiß wol daß einem gelehrten Meißner/ oder beredten Maintzer schwer/ vnd vbelständig fallen solle/ die Wort wie sie in disen Reim-zeilen begriffen seynd/ zuvertrucken." (Vorbericht, Bl. [A x] r)
143 Curtz, Vorbericht, Bl. [A x] r.

144 Curtz, Vorbericht, Bl. [A x] r f.
145 Vgl. S. 48. – S. auch die Aufstellung bei Kolumban Gschwend (S. 162–167).
146 Davidische Harmonia, S. 216. – S. dazu auch hier S. 126.
147 Davidische Harmonia, S. 2.
148 Davidische Harmonia, S. 3.
149 „Dises aber ist der andächtige Singer zu erinneren/ daß er sich nit wolle verwundern/ wañ jhm in diser Davidischen *Harmoni* Lieder vorkommen/ die sich nach heutiger Teutschen Dichter-Kunst nicht auff die Prob setzen lassen: Dann hier niemahls im Vorsatz gewesen/ dem Singer mehr mit zierlichen/ nach der Kunst geschrenckten Reymen als mit alten wolgemeynten Geistlichen/ durch anmuthige Melodeyen versüßten Gesängen/ seine Andacht gegen GOtt desto fewriger zu machen." (Davidische Harmonia, S. 2)
150 Davidische Harmonia, S. 3.
151 Davidische Harmonia, S. 7. – Der Herausgeber hätte die Verse natürlich besser in je zwei Alexandrinern schreiben können.
152 Rist sagt: „Solte Ich aber üm solches Meines/ Mir von Anderen ingebildeten/ oder vieleicht aus sonderer Libe oder alzu grosser Gewogenheit ertheilten Namens willen/ gantz und gahr keine Gesetze noch Regulen mehr achten? Das sei ferne." (Katechismus Andachten, Vorbericht, S. 34)
153 Auch zu deren Erforschung hat Althaus beigetragen mit der Arbeit: „Zur Einführung in die Quellengeschichte der kirchlichen Kollekten in den lutherischen Agenden des 16. Jahrhunderts". (Zuerst selbständig 1919, jetzt Althaus, S. 163–249.)
154 Der Titel einer späteren Arbeit von Hermann Beck lautet: „Die religiöse Volkslitteratur der evangelischen Kirche Deutschlands in einem Abriß ihrer Geschichte", (Gotha 1891). Das im Literaturverzeichnis genannte Werk von 1883 ist gründlicher und umfaßt besonders den hier interessierenden Zeitraum: „Von Dr. M. Luther bis Martin Moller". Die beiden Arbeiten überschneiden sich zum Teil.
155 Es ist eine ganz vorzügliche Arbeit. Sie ist leider nicht weitergeführt worden. – Da diejenigen, die Gebetbücher zusammengestellt haben, immer wieder voneinander entlehnen, wäre für die weitere Forschung nicht so sehr eine Neuausgabe einzelner Gebetbücher als vielmehr eine Sammlung der Gebete unter inhaltlichen Gesichtspunkten mit dem Nachweis der Fundorte und der Angabe von Varianten wünschenswert. – Die Arbeit ist besonders von Günther Müller (Deutsche Dichtung, S. 138ff.) und Friedrich Heiler berücksichtigt und gewürdigt worden. Friedrich Wilhelm Wodtke zitiert daraus im „Reallexikon" nur einen Satz, gibt aber die Arbeit selbst nicht an (RL, 2. Aufl., Bd 1, S. 393 bis 405, Art. Erbauungsliteratur).
156 Althaus, S. 6; zu den Vorbehalten vgl. ebda, S. 62–65. S. auch hier S. 108 und Anm. 172.
157 Dieses „Erbauen" ist biblisch; vgl. Apg. 20, 32; Kol. 2, 7; Jud. 20; 1. Thess. 5, 11.
158 Zur Geschichte der „Hortuli Animae": WA 10, II, S. 334f.
159 Vgl. RL, 2. Aufl., Bd 1, S. 394.
160 Die beiden Vorworte stehen: WA 1, S. 152f. (S. 153) und WA 1, S. 375ff. (S. 378f.).
161 Über Luthers Verhältnis zur Mystik besonders: Heinrich Boehmer, Der junge Luther, Gotha 1925 (7. Aufl., Leipzig 1955); Hans Preuß, Martin Luther. Der Christenmensch, Gütersloh 1942. – Heinrich Bornkamm, Mystik, Spiritualismus und die Anfänge des Pietismus im Luthertum, Gießen 1926, berücksichtigt nicht, was Boehmer zu dem Problem gesagt hatte. – Zu Luthers „Theologie des Kreuzes": Walther von Loewenich, Luthers Theologica crucis, 4. Aufl., München 1954.
162 Althaus, S. 14f. – Eine Charakterisierung des Luthergebetes gibt Ferdinand Cohrs: WA 10, II, S. 331ff. Das „Betbüchlein" ist dort abgedruckt und kommentiert (S. 375–482).
163 Heiler beschreibt die „beiden Haupttypen der persönlichen Frömmigkeit" (S. 248–409). Vgl. bsd. die Zusammenfassung: „Vergleich des mystischen und des prophetischen Gebets" (S. 407–409).
164 Hans Preuß führt als „ein gewaltiges Lebensbeispiel von Luthers ‚unverschämtem' Beten" dessen Verhalten bei der schweren Erkrankung Melanchthons im Jahre 1540 an: „Allda mußte mir unser Herrgott herhalten, denn ich warf ihm den Sack für die Tür und rieb ihm die Ohren mit allen promissionibus exaudiendarum precum, die ich in der Heiligen

Schrift zu erzählen wußte, daß er mich müßte erhören, wo ich anders seinen Verheißungen trauen sollte." (S. 201; nach Christian Gotthold Neudecker, Die handschriftliche Geschichte Ratzebergers über Luther und seine Zeit, Jena 1850, S. 103f.)
165 Althaus, S. 17ff.
166 Althaus, S. 15 (dort gesperrt).
167 Althaus, S. 16. 46f. (bei Besprechung der Gebetbücher von Georg Schmaltzing (1527) und Jakob Otter).
168 Althaus, S. 48.
169 Althaus, S. 50f. 63.
170 Vgl. Althaus, S. 59–66.
171 Althaus, S. 59.
172 Althaus: „Die Gebetbücher nehmen immer mehr enzyklopädischen Charakter an. Freilich wird das äußerste Extrem der Mißbildung erst im 17. Jahrhundert erreicht, aber die Entwicklungslinie, die dahin führt, können wir von jetzt an mit steigender Deutlichkeit verfolgen." (S. 59)
173 Vgl. Althaus, S. 150f.
174 So von Wackernagel (Heermann, S. XIV) und Goedeke (III, 167, 1. 2). Noch Wilhelm Kosch gibt diesen Irrtum weiter (Deutsches Literatur-Lexikon, 2. Aufl., Bd 2, S. 877); hier häufen sich allerdings auch sonst die Fehler und Ungenauigkeiten. Richtiggestellt wurde es schon 1887 durch Wilhelm August Bernhard (S. 206). Vgl. Hitzeroth, S. 17, Anm. 1.
175 Althaus, S. 151.
176 Althaus, S. 110f.
177 Vgl. Althaus, S. 86ff.
178 Es ist eine sehr wichtige, gelehrte, materialreiche Arbeit, die jedoch nicht frei von Wiederholungen ist. Manches ist auch von dem kölnischen Lokalpatriotismus ihres Verfassers beeinflußt. – Zur Sache vgl. Müller, Deutsche Dichtung, S. 136f.
179 Greven, S. 7ff. 27ff.
180 Greven, S. 7f. – Althaus spricht von ihnen als einem „Haupterbauungsbuch des Mittelalters" (S. 73).
181 Greven, S. 113.
182 Greven, S. 110. 62.
183 Karl (Carl) Schmidt hat schon 1841 darauf hingewiesen, daß die „Exercitia" nicht von Tauler stammen: „Im Jahre 1548 gab Surius, unter dem Titel: Exercitia super vita et passione salvatoris nostri Jesu Christi, eine Uebersetzung einer deutschen Schrift heraus, die er in Cölln erhalten hatte und die er Tauler'n zuschreibt. Es sind weitläufige Ausmalungen und allegorisch-mystische Deutungen aller Auftritte aus dem Leben und Leiden Christi, mit langen ascetischen Betrachtungen und Gebeten an Gott und den Erlöser untermischt, die so wenig in der Manier und im Geiste Tauler's sind, daß man sogar vorgegeben hat, er habe diese Schrift vor seiner Erleuchtung geschrieben." (S. 76) – Das wahrscheinlich geplante Kapitel über Surius hat Greven leider nicht mehr geschrieben; er starb 1934. Vgl. dazu Greven, S. XIV (Einleitung des Herausgebers). – Greven über Surius: S. 5. 61f. 92. 110.
184 Althaus, S. 125, Anm. 1.
185 Althaus, S. 155 (über Johann Deucer).
186 Vgl. LThK, 2. Aufl., Bd 2, Sp. 241 (Art. Bernhard von Clairvaux. IV. Theologie).
187 Althaus, S. 62. Vgl. hier S. 107.
188 Althaus, S. 73ff. 78ff.
189 Zit. nach Althaus, S. 79: „den alten Christen" dort gesperrt.
190 Zit. nach Althaus, S. 79.
191 Althaus, S. 98ff. – Musculus ist sonst als Verfasser einer Schrift „Vom Hosenteufel", ursprünglich einer Predigt, bekannt geworden (Neudrucke deutscher Litteraturwerke des XVI. und XVII. Jahrhunderts, No. 125, Halle a. S. 1894).
192 Zit. nach Althaus, S. 99; „das in den – derwegen", „vnser andacht – anzuzünden" dort gesperrt.
193 Althaus, S. 79f.

194 MSP II, Vorrede, Bl.)(iij r.
195 MSP II, Vorrede, Bl.)(iij r.
196 Arndt, Theologia, Vorrede, Bl. 11 r.
197 Heussi, S. 357.
198 Heussi, S. 358. Vgl. dazu im übrigen ebda, S. 357–361 (§ 95).
199 Althaus, S. 8.
200 Müller, Deutsche Dichtung, S. 139.
201 Althaus, S. 98ff. 108ff. 116ff. 119ff.
202 „Der Habermann" wurde in viele Sprachen, auch ins Lateinische, übersetzt und selbst von Katholiken benutzt. Althaus spricht von einer Auflagenzahl, „die fast ans Märchenhafte grenzt" (S. 9). – Scrivers „Seelenschatz" wurde dann durch Johann Friedrich Starck(e)s (1680–1756) „Tägliches Handbuch in guten und bösen Tagen" von 1727 bzw. 1757 ersetzt. „Der Starcke" wurde noch im vorigen Jahrhundert benutzt.
203 Ein ausführlicher Nachweis steht bei Althaus (S. 122ff.).
204 S. S. 121ff.
205 Vgl. RL, 2. Aufl., Bd 1, S. 834 (Art. Kirchenlied). – S. auch hier S. 158.
206 S. S. 158f.
207 Teil des Werktitels.
208 Rist, Seelenlust, Vorbericht, S. 22.
209 Vgl. Röbbelen, S. 30ff.
210 Vgl. hier S. 17.
211 FT 6, 1019. – Ingeborg Röbbelen zeigt, daß aus den Gesangbüchern im Laufe des 17. Jahrhunderts vielfach „compendia locorum theologicorum" (S. 35ff.), „systemata theologiae" (S. 45ff.) geworden sind. – Das Lauenburger Gesangbuch von 1747 trägt folgenden Titel: „Evangelische | Lieder-Theologie, | Oder vollkommneres | Lehr- und Geistreiches | Gesang-Buch, | für das | Herzogthum Lauenburg, | Worin | Alle Glaubens- und Sitten-Lehren | Evangelischer Kirche | In 1200. geistreichen Liedern | berühmter Evangelischer Theologen und erbaulicher | Lehrer, wie auch Gottseliger Standes-Personen | befindlich: | Die bestmöglichst in Theologische Ordnung gebracht, | mit gehörigen Rubricken, deutlichen Summarien, nützlichen | Ueberschriften, kurtzer Erklärung dunckeler Redens-Arten, nöthigen Parallel- | Stellen heiliger Schrift, richtiger Anzeige der Autorum, | Nicht weniger | mit unterschiedenen nützlichen Registern ... | versehen." Die Aufklärung erweitert diese Universalität dann auch noch nach einer andern Seite und macht sie zugleich unverbindlich. Johann Bernhard Basedow bestimmt sein „Universalgesangbuch" (Berlin und Altona 1767) „zur geselligen und unanstößigen Erbauung auch für solche Christen, welche verschiedenen Glaubens sind."
212 Hankamer, S. 258.
213 Manheimer, S. 112.
214 Vgl. Althaus, S. 4f.; dort auch Einzelheiten.
215 Heermann erwähnt jedoch Mollers Namen mehrere Male in seinen Predigten. S. dazu Anm. V/115.
216 Lakonisch heißt es noch 1957: „Mit C[rell]s Hinrichtung war das Luthertum für Sachsen gesichert." (RGG, 3. Aufl., Bd 1, Sp. 1880)
217 Über die politischen Hintergründe des Prozesses unterrichtet die Arbeit von Benno Bohnenstädt. S. auch RGG, 3. Aufl., Bd 1, Sp. 1880.
218 Von seinem Begräbnis berichtet ein Chronist: „Seine irdische Hülle begleiteten zum Grabe zwei Herzoge von Braunschweig." (Mitgeteilt im Vorwort zu der Ausgabe des „Wahren Christentums", Stuttgart 1905, S. 8).
219 Zu Ritschl: Adolf v. Harnack, Ritschl und seine Schule, in: Harnack, Reden und Aufsätze, Bd 2, 2. Aufl., Gießen 1906, S. 345–368. – Vgl. ebda, S. 354.
220 Ritschl über Heermann: Bd 2, S. 66–72.
221 Ritschl, Bd 2, S. 25. 69.
222 S. dazu Ritschl, Bd 1, S. 45ff.
223 Ritschl, Bd 2, S. 70.
224 Ritschl, Bd 2, S. 67.

225 Vgl. Harnack, Bd 2, S. 353.
226 Harnack, Bd 2, S. 139 (in dem Vortrag vom 6. 10. 1896: „Zur gegenwärtigen Lage des Protestantismus").
227 Elert, S. 8ff. 13–154. – Vgl. hier S. 52.
228 Althaus, S. 125f., Anm. 1.
229 Althaus, S. 63.
230 Althaus, S. 63 (dort gesperrt); s. auch ebda, S. 125f., Anm. 1.
231 RL, 2. Aufl., Bd 1, S. 393–405 (Art. Erbauungsliteratur); bsd. S. 398.
232 Gervinus, S. 451. Er glaubt noch, Heermann gehe unmittelbar auf die Kirchenväter zurück.
233 „Gerade auf diesem Boden läßt sich nun auch verfolgen, wie im weiteren Verlauf eine Vermischung katholischer, lutherischer und spiritualistischer Strömungen vor sich geht." (Müller, Deutsche Dichtung, S. 139) Althaus spricht von einem „Verschmelzungsprozeß" (S. 64).
234 Darauf weist Günther Müller im Anschluß an Althaus hin. Althaus nimmt jedoch an, daß die Übernahme lutherischer Gebete bei Fabri, „diesem eifrigen Gegner des Protestantismus", aus „Unkenntnis ihres Ursprungs" geschehen sei (S. 80). Auch bei Wild hält er eine bewußte Übernahme „von vornherein für undenkbar" (S. 82).
235 Das behauptet z.B. Willi Flemming bei Erwähnung Arndts, Johann Gerhards und der Dogmatiker des 17. Jahrhunderts: „Tatsächlich hat man also die Linie Luthers nicht verlassen, die direkt weiterführt zum Pictismus." (Deutsche Kultur, S. 253) Allerdings ist Flemming 1937 auch der Meinung, Arndt entnehme aus den alten Schriften „nicht das eigentlich Mystische", sondern „mehr das urtümlich deutsche Empfinden und das der Haltung des Leistungsmenschen Entsprechende" (a.a.O., S. 252). Das ist in der 2. Aufl. (1960) geringfügig verändert worden: „Nicht das eigentlich Mystische übernimmt er aus ihnen, mehr das urtümlich deutsche Empfinden und das der Haltung des Barockmenschen Entsprechende" (S. 309f.). Daß „Leistungsmensch" und „Barockmensch" austauschbar sind, zeigt erneut, wie fragwürdig der von Flemming strapazierte Begriff des „Barockmenschen" ist.
236 Einschränkend ist jedoch darauf hinzuweisen, daß sich kaum von d e m Pietismus sprechen läßt. Er ist keine in sich einheitliche Erscheinung: Es gibt den radikalen Pietismus der Schwärmer und Separatisten und einen „kirchlichen" Pietismus, der vor allem eine Vertiefung des Glaubenslebens anstrebt. Es bestehen landschaftliche Unterschiede (Niederrhein, Württemberg), Pietismus findet sich bei Lutheranern, Reformierten und Brüdern. Vgl. RGG, 3. Aufl., Bd 5, Sp. 370–383 (Art. Pietismus).
237 Leibniz, der hier seine Lebensaufgabe sah, ging vom Dogma aus und suchte hinter dem Streit der Theologen die Grundwahrheiten des christlichen Glaubens, er stand dem „Helmstädter Synkretismus" von Georg Calixt nahe.
238 Auf der andern Seite hoffte z.B. Catharina Regina von Greiffenberg, den Kaiser und den Wiener Hof zum evangelischen Glauben bekehren zu können. Vgl. Frank, S. 64ff. mit Anm. 421.
239 Eine solche Deutung scheint der Sache besser gerecht zu werden als ein Hinweis auf literarische Traditionen.

Fünftes Kapitel

1 Johann Brachmann (1571–1631) stammte aus Liegnitz. Nach dem Besuch der dortigen und der Görlitzer Schule – er war zu schwach gewesen, um ein Handwerk zu erlernen – kam er 1592 auf die Universität, zuerst nach Leipzig, dann nach Wittenberg, wo er 1593 *in Magistrum cum laude promoviret* wurde. 1595 begann er in (Mährisch-)Kromau, einem Vorort der Böhmischen Brüder, Schule zu halten. In fünf Jahren hatte er dort 254 Schüler. 1600 ging er nach Fraustadt, hier unterrichtete er in sieben Jahren 482 Schüler. Von 1607–1628 wirkte er in Guhrau, dort betrug die Zahl seiner Schüler 1447. Da diese Schulen nicht bis zur Universität führten, blieben die Schüler durchschnittlich ein oder zwei Jahre. Brachmanns Arbeitsleistung war also beträchtlich. Als er 1628 aus Guhrau

vertrieben wurde, wandte er sich wieder nach Fraustadt und begann dort 1629 erneut mit dem Unterricht. – Seine Biographie steht bei Heermann: Lp 3, S. 270–286.

[2] Die Quelle aller Angaben über Valerius Herberger ist bis heute Samuel Friedrich Lauterbachs Schrift: Vita, fama et fata Herbergeri, Leipzig 1708. Zu nennen sind hier die Schriften von Ledderhose, Henschel, Orphal und Bickerich, ferner die Artikel „Herberger": ADB 12, S. 28f.; RGG, 3. Aufl., Bd 3, Sp. 232 und HbEKG II, 1, S. 125–130. Auch in den Schriften über Heermann wird Herberger stets erwähnt. – Bickerich, damals Superintendent in Fraustadt, hat 1927 noch Teile von Herbergers handschriftlichem Nachlaß in der Bibliothek des „Krippleins Christi" gesehen, anderes war als Leihgabe in Breslau. – Wenig ergiebig ist, was F. W. Wodtke über Herberger mitteilt (RL, 2. Aufl., Bd 1, S. 398 und 400; Art. Erbauungsliteratur); er nennt ihn in zwei offensichtlich nicht aufeinander abgestimmten Paragraphen einmal Valerian, dann Valerius Herberger.

[3] S. Bickerich, S. 50. Wackernagel spricht davon, daß Herberger sich Heermanns „als eines Hilfsarbeiters" bedient habe (Heermann, S. X).

[4] Lp 3, XI; S. 255–286.

[5] Diese Möglichkeit sieht Manheimer (S. 120f.); Hitzeroth lehnt eine solche Auffassung dagegen ab (S. 85ff.). – Heermann widmete Herberger und Timäus lateinische Epigramme (vgl. Manheimer, S. 120, Anm. 1); er sorgte sich um seine Freunde, als 1613 die Pest in Fraustadt wütete. – Ein deutsches Lied des Timäus steht bei Fischer-Tümpel:

> WEnn mein Gesundheit leidet Noth
> Vnd Kranckheit mich thut drücken,
> So gib mir zeit, O frommer Gott,
> Daß ich mein Hauß beschicke
> . . .
> (FT 1, 108)

Er stellte ihm seinen Wahlspruch „ANTE OMNIA JESUS", ein Anagramm aus seinem Namen („Joannes Timaeus"), voran. S. dazu auch Bickerich, S. 32.

[6] Die dortige Atmosphäre wird von Szyrocki treffend charakterisiert (Gryphius, S. 38). – In Schlesien ist man wieder nicht so streng wie in Kursachsen; es gab hier in der zweiten Hälfte des 16. Jahrhunderts noch viele Philippisten. S. Bickerich, S. 24; vgl. hier Anm. 58.

[7] RE, Bd 15, S. 520. Vgl. LThK, 2. Aufl., Bd 8, Sp. 585. – Auch als die Fraustädter 1604 die Stadtkirche, in der seit 1555 evangelischer Gottesdienst gehalten wurde, den wenigen Katholiken zurückgeben mußten, wurde die lutherische Religionsausübung nicht behindert. Es ging zunächst nur um die Gebäude, man räumte den Bürgern sogar eine Frist von drei Monaten ein, in der sie sich ein neues Gotteshaus, das „Kripplein Christi", einrichten konnten (vgl. Bickerich, S. 34ff.).

[8] Vgl. Bickerich, S. 24.

[9] Comenius (1592–1670) lebte in Lissa von 1627–1641, dann von 1648–1650 und von 1654–1656. S. auch RGG, 3. Aufl., Bd 1, Sp. 1853f.

[10] Bickerich, S. 26.

[11] In der Vorrede zum dritten Teil der „Magnalia Dei", der Widmung an Freystadt (MD 3, Vorr., Bl. A ij v).

[12] Bickerich, S. 41f.

[13] Abraham Buchhol(t)zer (1529–1584): s. ADB 3, S. 481f.; Gillet, Bd 1, S. 264f. Bd 2, S. 232–234. – Heermann erwähnt ihn in einer Predigt aus dem Jahre 1627 (Lp 2, S. 695f.). Er gibt dort Buchholzers lateinische Grabschrift wieder, die dieser sieben Jahre vor seinem Tode verfaßt hatte, dazu eine ungeschickte längere deutsche Übersetzung.

[14] S. Bickerich, S. 41f.

[15] Bickerich, S. 40.

[16] Der Weg vom Schulamt ins Pfarramt war damals durchaus üblich. Vorher hatte man Herberger neben dem Schulamt die „ordentlichen Frühpredigten" gegeben, ihm jedoch gleichzeitig, falls er dies vorziehe, das Notariat und den Stadtschreiberdienst angeboten (Orphal, S. IX).

[17] Über Krentzheim: s. ADB 17, S. 125–128; Ledderhose, Herberger, S. 17. 20f. – Über seine Beziehung zu Crato von Crafftheim: Gillet, Bd 2, S. 352–354. Crato weist ihn auf Widersprüche in einer seiner Schriften hin.

18 S. ADB 17, S. 127.
19 Es beginnt:
MEin leben in der eyl
Fleucht dahin wie ein pfeil,
Verwelckt gleich wie ein blümlein,
Das rawer wind vertreibt,
Nicht lang bey kräfften bleibt. (FT 1, 107, 1) –
Bickerich hat es noch 1927 in Herbergers Handschrift im Manuskript der Leichenpredigt gesehen, die dieser für Krentzheim gehalten hatte (Bickerich, S. 86). – Fischer ermittelte das Lied in einem Anhang zum Gesangbuch der Böhmischen Brüder, Lissa 1639. Es ist bezeichnend, daß es gerade dort Aufnahme fand. – Herberger zitiert die 2.–4. Strophe des Liedes auch MD 9, S. 235f.
20 Heermann sagt in der „Leichpredigt" für Brachmann: „Anno 1584. hat Herr Leonhard Crentzheim ihn zu sich genommen/ unnd treulich unnd fleissig zur Schulen gehalten. Neben Abwartung der Schulen hat er ihm abgeschrieben/ was in EheSachen *decretiret* worden: Das Passional-Büchlein/ die Summarien über das Neue Testament/ Fürstliche Leich-Predigten und *primā partem Operis Chronologici Latini*, welches in *Hæredum manibus.*" (Lp 3, S. 272f.)
21 Ledderhose, Herberger, S. 21.
22 Ledderhose, Herberger, S. 24. Zacharias Herberger (1591–1631) starb im 40. Lebensjahr an der Schwindsucht.
23 Vgl. dazu Szyrocki, Gryphius, S. 37–42. Man hat hier Einblick in ein typisches Barockschicksal. Andreas Gryphius wurde am 2. 10. 1616 geboren, sein Vater starb am 5. 1. 1621, die Mutter heiratete am 12. 4. 1622 Michael Eder, sie starb am 21. 3. 1628. Eder heiratete wieder am 2. 9. 1629. In acht Ehejahren wurden ihm dann sechs Kinder entweder tot geboren, oder sie starben kurz nach der Geburt. 1631 kam Eder nach Fraustadt und blieb dort bis 1646; am 3. 6. 1632 wurde der junge Gryphius an der Fraustädter Schule eingeschrieben. 1638 heiratete Eder zum drittenmal. Von dieser Ehe bemerkt Szyrocki: „Auch im Hause von Gryphius' Stiefvater forderte der Tod Jahr für Jahr unter den Neugeborenen seine Opfer." (Gryphius, S. 39)
24 Anschließend bezog dieser das Magdalenäum in Breslau (s. Lp 5, S. 629). Rektor der Anstalt war damals Henricus Closius (Heinrich Klose); er war seit 1642 auch der Lehrer des jungen Daniel Casper (von Lohenstein). Noch 1643 schickt Heermann Closius eine Gedächtnispredigt zum Tode von dessen Ehefrau, die er darin „meines treuen Hertzfreundes hertzgeliebte Haußfraw" nennt (J.p 5, V; S. 72–95). Er hatte schon 1610 mit ihm in Leipzig einen Freundschaftsbund geschlossen (vgl. Schubert, S. 197). Anmerkungen wie diese möchten Heermanns Gestalt etwas deutlicher hervortreten lassen, sie wollen zeigen, daß er nicht isoliert ist, sondern daß vielfache Beziehungen zu Zeitgenossen bestehen. Es geht hier nur um einen kulturgeschichtlichen Hintergrund. Spekulationen sollen daran nicht geknüpft werden. – In diesem Zusammenhang sollte einiges richtiggestellt werden. Von Heermann läßt sich nicht sagen, daß er in Herbergers Haus „aufwuchs", wie Böckmann es formuliert (S. 424). Auch Gryphius ist durch seinen zweijährigen Aufenthalt in Fraustadt noch kein „Heimat- und Glaubensgenosse" Herbergers (Böckmann, S. 428), ebensowenig hat ihn die „Erbauungsliteratur seiner Fraustädter Heimat" (ebda. S. 426) zu seiner eigenen Evangeliendichtung geführt. Gryphius' Verehrung für Heermann „muß" nicht aus seiner Fraustädter Zeit stammen, wie Böckmann meint (S. 421). Heermanns „Devoti Musica Cordis" war 1630 erschienen, schon vorher hatten ihn Erbauungsschriften und Predigtsammlungen weithin bekannt gemacht. Gryphius war also nicht auf die Erzählungen der ältesten Einwohner Fraustadts angewiesen.
25 Die vollständige Überschrift des Liedes lautet: „*VALET VALERII HERBERGERI*, Das er der Welt gegeben, *Anno* 1613. im Herbst, da er alle stunden den Tod für augen gesehen, aber dennoch gnediglich, vnd ja so wünderlich als die drey Männer im Babylonischen Fewrofen erhalten worden." Es ist 1614 zusammen mit einem Dankgebet gedruckt worden und wurde in mehrere Sprachen (polnisch, lateinisch, tamil) übersetzt. – Wie andere Städte wurde auch Fraustadt in jener Zeit oft von Katastrophen heimgesucht.

Die Pest von 1542 forderte 1 400 Tote, die von 1568 wieder 1 100; 1599 und 1601 gab es zwei kleinere Epidemien, schließlich starben 1613 in fünf Monaten 2 135 Menschen. Dazu kamen Feuersbrünste und Verfolgungen; die Kindersterblichkeit war hoch. Vgl. Orphal, S. XIIIff.; Bickerich, S. 35.

[26] Zit. nach Bickerich, S. 35. Herberger berichtet darüber 1616 in der Vorrede zum zehnten Teil der „Magnalia Dei", einer Widmung an den Magistrat von Liegnitz, in der er die Pause in seiner schriftstellerischen Arbeit rechtfertigen will. Sie fehlt in der hier benutzten Ausgabe von 1661.

[27] MD 7, Vorr., Bl. [A iiij] r. – S. auch Anm. 28.

[28] Über Herberger als Liederdichter und Verfasser von Reimsprüchen s. auch Bickerich, S. 61ff. – Hier ein Beispiel aus den „Magnalia Dei":

>JEsu/ mein Hertz hat Wunden tieff/
>Brauch du ein Samariters Grieff/
>Im Fläschlin deiner offnen Seit
>Ist Wein und Oel für mich bereit/
>Dein Blut und Wasser flöß mir ein/
>Führ mich zur ChristenHerberg fein/
>An Leib und Seele pflege mein/
>Dir wil ich ewig danckbar seyn. (MD 7, S. 33)

Herberger übersetzt damit eine wohl von ihm selbst stammende lateinische Vorlage, die dort ebenfalls abgedruckt ist. Gedichte Herbergers stehen auch: MD 9, S. 130. 390 (recte: 190).

[29] Die „Magnalia Dei" erlebten bis 1708 fünf Auflagen (Orphal, S. XXV, nach Lauterbach).

[30] Davon spricht schon der deutsche Titel der „Magnalia Dei": „Die grossen Thaten | GOttes/ wie GOTT der Vater | mit seinem Sohn JEsu CHristo/ durch die gantze | H. Schrifft hat gepranget/ und groß gethan/ daß also die gantze | Bibel ist ein jmmerwärendes Zeugniß und Kunst-Buch von CHristo. | JESUS aber hingegen der gantzen Schrifft Hertz/ Kern/ Stern/ Leben/ | Marck/ Ziel/ Ende/ Zweck/ edler Stein und | Heiligthumb. | Gefasset | Durch fleissiges Gebet/ Lesen und Nachdencken/ | Hertz/ Mund und Feder/ | VALERII HERBERGERI, Predigers in | Frawenstadt." – Ähnliche Stellen: MD 1, S. 7; MD 3, Vorr., Bl. A ij r; MD 5, Vorr., Bl. A iij v; MD 6, Vorr., Bl. A ij v; MD 7, Vorr., Bl. B [i] v; MD 11, S. 1. – S. auch Anm. VI/15.

[31] Ähnlich MD 7, S. 41. MD 11, S. 150. – Emanuel Hirsch zeigt, daß noch August Hermann Francke in dieser Weise „zwischen Schale und Kern der Schrift" unterscheidet. Allerdings suche er – anders also als Herberger, der überall immer nur Jesus findet – auf diesem Wege „zu dem, was ihm wichtig ist, dem Verständnis des sachlichen Gehalts der Schrift, durchzudringen" (Hirsch, Bd 2, S. 169). – Schon die wenigen Beispiele aus der „Glossa Compendiaria" des Matthias Flacius Illyricus zur Erasmischen Ausgabe des Neuen Testaments (Basel 1570), die Günter Moldaenke wiedergibt, zeigen eine erstaunliche Übereinstimmung zwischen Herberger und Flacius Illyricus, der einer der strengsten Lutheraner, ein Gegner der Philippisten, war. „Disputat ... Christum esse finem scopumque totius legis ... Gl. 627", „Quod nos erudiat, ut sciamus, primarium Scripturae subiectum scopumque esse Christum ... Gl. 520 b", „Sane eo tota Scriptura potissimum spectat, ipse ⟨sc. Christus⟩ est finis et interna etiam scripturae suggestione et declaratione, ipse est ‚α' et ‚ω' seu principium et finis. Huic omnes prophetae testimonium perhibent ... Glorificatur vero Christus per legem et Evangelium ... Gl. 439 b" (Moldaenke, S. 51, Anm. 14).

[32] Vgl. Hirsch, Bd 2, S. 173f. – Franckes Betrachtungen über den Anfang des Johannesevangeliums – Christus der Kern Heiliger Schrifft Oder Einfältige Anweisung/ Wie man Christum/ als den Kern der gantzen heil. Schrifft/ recht suchen/ finden/ schmäcken und damit seine Seele nähren/ sättigen/ und zum ewigen Leben erhalten solle ... Halle ... 1702 – scheint Hirsch dagegen nicht zu kennen.

[33] Auch die Ablehnung des Origenes geht wahrscheinlich auf Matthias Flacius Illyricus zurück. – Vgl. dazu Moldaenke, S. 249f. 241f. – Eine Untersuchung fehlt noch. Die Artikel in den Sachwörterbüchern sind unergiebig.

V. Kapitel 255

³⁴ Nachdrücklich muß hier auf Friedrich Ohlys Kieler Antrittsvorlesung, seinen Aufsatz „Vom geistigen Sinn des Wortes im Mittelalter", ZfdA 89 (1958/59), S. 1–23, hingewiesen werden.
³⁵ MD 2, Vorr., Bl. A iij r.
³⁶ Vgl. Hirsch, Bd 2, S. 212.
³⁷ Z. B. MD 1, S. 7. 8f.; MD 11, S. 149.
³⁸ Es füllt zwei Bände der Gesamtausgabe: Jacob Böhme, Sämtliche Schriften, Faksimile-Neudruck der Ausgabe von 1730, hrsg. von Will-Erich Peuckert, Bd 7. 8, Stuttgart 1958. – Emanuel Hirsch über Böhme: „Es ist allein der letzte heimliche Sinn der Schrift, nicht ihr grober Wortverstand, auf den er sich für seine Erkenntnis beruft. Und er weiß überdies, daß er diese Erkenntnis nicht aus dem Umgang mit den Worten der Schrift gewonnen hat, ja, daß sie so überhaupt nicht gewonnen werden kann." (Bd 2, S. 211) – Auf die Unterschiede zwischen der Auslegungsweise Böhmes und der Herbergers kann hier nicht eingegangen werden.
³⁹ Nach Ritschl: Matth. 22, 2–14; Hosea 2, 19. 20; Joh. 3, 29. 30; Ephes. 5, 25–27; 2. Kor. 11, 2; Apok. 19, 7–9 (Bd 2, S. 57). – S. auch Koepp, S. 13f.
⁴⁰ MD 7, Vorr., Bl. A iij r f. – S. auch Anm. 132.
⁴¹ Ohly, S. 7.
⁴² MD 4, S. 80.
⁴³ Die Meditation über das Thema „JESUS des Viehes/ der Würme und der Thiere auff Erden Schöpffer/ und auch tröstlich darinn gebildet/ Gen. 1." (MD 1, XI) führt ihn auf Ps. 22, 7 (ebda, S. 79–81). – S. hier S. 209ff.
⁴⁴ Marie-Luise Wolfskehl führt den Titel einer Schrift von Ahasverus Fritsch an: „Jesus! Jesus! Jesus! Hundert und Ein und zwanzig Neue Himmel-süsse Jesus-Lieder/ Darinnen der hochteure süsse Kraft-Nahme JESUS über siebenhundertmal zu finden ..." (3. Aufl., Jena 1675) (Wolfskehl, S. 166). – In seiner „Heiligen Liebes- und Andachts-Flame" (Rudolstadt 1691), die er auch „Kräfftige/ und Hertz-bewegliche JEsus-Gespräche" nennt, ist „der theuerste/ wertheste/ allersüsseste/ und Hertz-tröstliche Name JESUS" sogar „viel tausendmal zu finden". – Auch an das Zinzendorfsche Spielen mit dem Jesusnamen kann hier erinnert werden.
⁴⁵ Althaus, S. 134. Er nennt eine sonst nicht bekannte Ausgabe von 1606.
⁴⁶ So unterschreibt Herberger die Vorrede zum dritten Teil der „Magnalia Dei" (MD 3, Vorr., Bl. [A iiij] r). Ähnlich lauten auch die Unterschriften der Vorreden zu MD 5 („Liebhaber JEsu Christi") und MD 6 („Liebhaber und Preyser des Namens Jesu").
⁴⁷ Es steht auch unter dem von Lucas Kilian gestochenen Porträt von 1631. Vgl. Anm. IV/24.
⁴⁸ Ledderhose, Herberger, S. 29; HbEKG II, 1, S. 127.
⁴⁹ Bickerich, S. 37; ähnlich ebda, S. 54: „Er ist durch und durch Jesusprediger ..."
⁵⁰ Bachmann nennt für die „Evangelische Herzpostille" bis 1754 23 Ausgaben; dann erschien 1840 eine veränderte Ausgabe, 1853 die von Bachmann, eine weitere 1858. Die „Epistolische Herzpostille" wurde 1693 von Lauterbach aus dem Nachlaß herausgegeben, sie erschien 1852 erneut. 1715 gab Lauterbach noch eine „Geistliche Stoppelpostille" heraus.
⁵¹ In den „Magnalia Dei" bittet er: „Hilff HErr Christe/ daß alle/ die sich des Christlichen Namens rühmen/ **rechte Hertz Christen**/ nicht falsche Schein-oder Maul-Christen seyn mögen." (MD 7, S. 26)
⁵² Herberger, Evangelische Herzpostille, Zuschrifft, Bl. a [1] r ff. – Orphal schreibt (vielleicht nach einem andern Druck?) „Eiget" statt „Steiget" (S. XXXI).
⁵³ MD 7, Vorr., Bl. [A iiij] r.
⁵⁴ Bickerich, S. 37.
⁵⁵ Valerian Herberger: 15. 12. 1595 – 26. 9. 1601. – Das Zitat nach Ledderhose, Herberger, S. 23.
⁵⁶ Bickerich, S. 84.
⁵⁷ Wackernagel mit Bezug auf Heermanns Aufenthalt in Fraustadt: „... alles ward ihm zu einem Vorbilde, dem er mit lebenslänglicher Treue nachfolgte" (Heermann, S. XI).
⁵⁸ Crato (1519–1585) lebte von 1537–1543 in Luthers Nähe, er zeichnete dessen Tischreden auf, Luther riet ihm zum Studium der Medizin. Er war später Leibarzt Ferdinands I.

und Maximilians II.; auch Rudolf II. rief ihn noch zu sich, obwohl damals der Einfluß der Jesuiten am Hofe schon sehr stark war. – F. J. A. Gillet bringt in seiner Darstellung „Cratos von Crafftheim und seiner Freunde" auf mehr als 1000 Seiten reiches Material über Philippisten und heimliche Calvinisten in Schlesien. (Die Absicht des Buches war es, Melanchthon und die Philippisten als Vorläufer der „Union" zu zeigen und diese damit zu rechtfertigen.) – Zu Crato s. auch RE, 3. Aufl., Bd 11, S. 57–59 (Art. Krafft, Johann).

[59] Bickerich, S. 42. Seine Stellung als Leibarzt Maximilians II. benutzte er dazu, diesem die Konfession der Brüder zu überreichen (s. Gillet, Bd 2, S. 29). Weiteres über Cratos Beziehung zu den Brüdern: Gillet, Bd 2, S. 14ff. 21. 26.

[60] S. S. 61 und Anm. III/8. Zu Nicolaus Henel s. Gillet, Bd 2, S. 411–416; zu Caspar Cunrad ebda, S. 414–418. – Als das Abendmahl in Brieg am 25. 12. 1619 zum erstenmal nach reformierter Weise erteilt wurde, reiste Cunrad mit seiner Frau dorthin (Gillet, Bd 2, S. 418).

[61] Vgl. hier S. 107 (Ritschl); S. 52 (Lukas Christ); S. 51f. (Barth).

[62] S. dazu S. 204f.

[63] Die „Crux Christi" erschien zuerst Leipzig 1618. Weitere Ausgaben: Leipzig 1633. 1645. 1651. 1653. 1668. Jena 1648. 1649. 1660. Braunschweig 1668. Striegau 1726 (nach Wackernagel, Heermann, S. XXVII). – Die Ausgabe des „Heptalogus Christi" von 1856 beruht auf der dritten Auflage aus dem Jahre 1639.

[64] Herberger, Passionszeiger, S. 170; dort wohl von Ledderhose gesperrt. – Eine ältere Ausgabe war bei den deutschen Bibliotheken leider nicht zu beschaffen.

[65] Herberger, Passionszeiger, S. 175; dort „Deine offene Seit ist meine Freistadt" wohl von Ledderhose gesperrt.

[66] Ledderhose druckt allerdings fälschlich: „deine offene Seite" und „damit" (statt „drin"). Ich habe den richtigen Text wiederhergestellt. – S. MD 3, Vorr., Bl. A iij v (im Anschluß an den Text, der hier auf S. 120f. zitiert wird). Vgl. Heermann, Crux Christi, S. 371. – Auch diese Schrift wurde in einer Ausgabe des 19. Jahrhunderts benutzt.

[67] Langen faßt Ausdrücke dieser Art unter dem Begriff der „Wassermetaphorik" zusammen (S. 319ff.). Nicht bei Langen stehen „waschen" und „Tostöhrlein". Vgl. aber „Trostbrunnen (-brünnlein)": DWB XI, I, 2, Sp. 950f. Dort u. a. Belege aus Schriften von Herberger, Heinrich Müller (Geistliche Erquickstunden), Johann Arndt (PG), Sigmund von Birken, Christian Scriver (Seelenschatz).

[68] S. dazu S. 185f.

[69] Crux Christi, S. 369f.

[70] Er war Lehrer an der Hofschule Lothars I. gewesen. – Die Stelle, auf die sich Heermann (und vor ihm Herberger) hier beziehen, steht in den „Enarrationes in Cantica Canticorum" des Angelomus (MPL 115, Sp. 551–628): „Habet enim ista petra multa foramina, id est aditus, per quos intratur ad Patrem" (a. a. O., Sp. 599 C). An anderer Stelle sagt Heermann: *„Per istam rimam intratur ad Patrem:* Durch diese auffgespaltene Seite gehen wir zum himmlischen Vater/ sagt jener alte Mönch Angelomus." (Laborum Sacrorum Continuatio, Th. 1, S. 798) – Über Angelomus und seinen Hl-Kommentar unterrichtet vorzüglich Friedrich Ohly in seinen Hohelied-Studien, S. 77–86. Das Werk des Angelomus ist aus verschiedenen Quellen zusammengefügt; er ist „ein die karolingische Epoche kennzeichnender Zeuge für die bis dahin herrschende, fast ungebrochen einheitliche abendländische Auslegung des Hohenliedes." (Ohly, a. a. O., S. 79) Die hier in Frage kommende Stelle hat Angelomus von Aponius, einem syrischen Juden, übernommen, der seinen Kommentar zwischen 405 und 415 geschrieben hatte. – Zu Angelomus s. auch LThK, 2. Aufl., Bd 1, Sp. 538. Dort wird jedoch irrtümlich – gegen die 1. Aufl. – behauptet, der Kommentar zum Hohenlied sei verschollen.

[71] MD 3, Vorr., Bl. A ij v f. Von den sechs Freistädten in den Wunden Jesu spricht Herberger noch einmal ausführlich: MD 6, S. 42f. und MD 8, S. 220f.; er erwähnt sie: MD 8, XC. XCI. XCII; MD 9, XIII. LII; MD 10, XLIX.

[72] MD 3, Vorr., Bl. A iij v. Zwei offenbare Versehen des Druckers wurden nach Jer. 48, 28 korrigiert: „wohnet" ist verbessert aus „womit", „thut wie die Tauben" aus „thut wie den Tauben". – Die Zahlenangabe weist auf das Jahr 831. Tatsächlich ist der Kommentar

des Angelomus jedoch zwischen 851 und 855 entstanden (vgl. Ohly, Hohelied-Studien, S. 77f.).
73 Herbergers und Heermanns Predigtweise kann hier nicht charakterisiert werden.
74 Diese Meinung vertritt auch Bickerich (vgl. a. a. O., S. 50).
75 Althaus, S. 152. – Zu Brockes: vgl. Hans M. Wolff, Die Weltanschauung der deutschen Aufklärung in geschichtlicher Entwicklung, München (1949), S. 132–151 (Sechstes Kapitel: Brockes' ästhetisch-religiöses Bildungsideal); außerdem vom gleichen Verfasser: Brockes Religion, in: PMLA 62 (1947), S. 1124–1152 (bsd. S. 1133ff.). S. jedoch hier Anm. 82 und 100. – Brockes wird von Arndts „Wahrem Christentum" in der veränderten und erweiterten Form beeinflußt, in der der Pietismus es sich angeeignet hatte.
76 WChr 3, Vorr., Bl. (:) ij v. – Die Zitate aus den ersten vier Büchern des „Wahren Christenthums" gebe ich nach der 1620 in Mümpelgart erschienenen Ausgabe.
77 Der Abschnitt über Arndt verdankt den Untersuchungen Wilhelm Koepps entscheidende Hinweise. Die Ergebnisse sind auch heute noch nicht überholt, haben aber im allgemeinen kaum Beachtung gefunden. Vgl. jedoch RL, 2. Aufl., Bd 1, S. 400f., wo die Zusammenhänge richtig dargestellt sind. – Zu den Tendenzen des Buches s. Anm. 110.
78 Koepp, S. 148. 303.
79 WChr 6, Tl 3, 2. Bedenken, Abschn. 13. – Die beiden „Bedenken" sind Vorreden zu den verschiedenen von Arndt besorgten Ausgaben der „Teutschen Theologia". (Halberstadt 1597. Magdeburg 1605. 1617. Hamburg 1621.)
80 Die Vorrede und das Erste Buch der Rigaer Ausgabe stammen aus dem Jahre 1679, die übrigen aus dem Jahre 1678, der Gesamttitel trägt die Jahreszahl 1681. Koepp spricht von dieser Ausgabe als von 1679 (S. 148).
81 Koepp, S. 147.
82 Die emblematischen Holzschnitte stammen von einem schwedischen Kommissar Dunst in Riga, die dazugehörigen Verse von einem ebenfalls in schwedischen Diensten stehenden Sekretär Meyer, die Gebete von dem livländischen Generalsuperintendenten Johannes Fischer (Koepp, S. 148). (Fischer: s. ADB 7, S. 72f.; RGG, 3. Aufl., Bd 2, Sp. 970.) Die „elenden Klapperreime", an denen Hans M. Wolff nur die Form tadelt, von denen er aber meint, daß sonst „auch ein Kenner des ‚Irdischen Vergnügens' in Versuchung geraten" könne, „sie als Verse von Brockes anzusehen" (PMLA 62, S. 1137), können also nicht unmittelbar auf Arndt zurückgeführt werden. – Erst ein Leipziger Druck von 1696 bringt schließlich das „Wahre Christentum" in der noch heute üblichen Form. Koepp bemerkt zu den verschiedenen Ausgaben: „So brachte der aufkommende Pietismus zuerst das ‚Wahre Christentum' auf seinen heutigen Umfang." (S. 148)
83 Koepp hat eine ausführliche Bibliographie zusammengestellt, die jedoch nicht vollständig sein kann (S. 302–306). Er berichtet auch über die Wirkung Arndts im Laufe der Jahrhunderte (S. 144–178). Noch zwischen 1840 und 1870 wurde das WChr Jahr für Jahr mehrere Male gedruckt (vgl. Koepp, S. 163).
84 Nach Koepp: 1612. 1615. 1617. 1620. 1621 (zwei Ausgaben). 1623. 1625. 1630. Zu Heermanns Lebzeiten erschienen dann noch Ausgaben in den Jahren 1631, 1632 und 1644.
85 Vgl. S. 100.
86 Unter den von ihm herausgegebenen Schriften sind die „Nachfolge Christi" und Staupitz' „Büchlein von der Liebe Gottes" (Koepp, S. 36).
87 Koepp, S. 22f. Über Arndts Beschäftigung mit der „Teutschen Theologia" s. Koepp, S. 24ff.
88 Koepp, S. 30.
89 Koepp, S. 69.
90 Koepp, S. 23; aus einem Brief Arndts aus dem Jahre 1612.
91 Vgl. dazu Koepp, S. 64.
92 WChr 3, Vorr., Bl. (:) ij r f. – Die Stelle bezieht sich auf Ephes. 4, 13.
93 Koepp, S. 64.
94 Koepp, S. 39f. (Dort auch über Verbindungen zur Mystik.) – Über WChr 1: Koepp, S. 37–40. 45–48. – Die Vermutung wohl im Hinblick auf Arndts Vorrede zu seiner Ausgabe der „Theologia deutsch" von 1597, wo es heißt: „Wenn aber dis Büchlein/ vnd seine

Lere/ in dein Leben wird verwandelt werden/ wie eine Blume in seine [!] Frucht/ so wirstu bekennen müssen/ das es das rechte ware lebendige Christentumb sey/ vnd sey kein edeler/ köstlicher vnd lieblicher Leben/ deñ eben das Leben Christi. Ich habe zwar eine kurtze Erklerunge vber dis Büchlein angefangen/ mich selbst darin zuüben/ vnd wo es nütz vnd noht sein wirdt/ wil ichs gerne mittheilen" (Bl. 11 r). Tatsächlich werden schon in dieser Vorrede die Grundgedanken des „Wahren Christentums" ausgesprochen; das zeigt bereits dieses kurze Zitat.

[95] Genaue Nachweise der einzelnen Entlehnungen s. Koepp, S. 50, Anm. 1. – Angela von Foligno lebte im 13. Jahrhundert (1248–1309), war von Bonaventura beeinflußt und trug den Ehrennamen „Magistra Theologorum". Koepp spricht von ihrem Werk als der „Theologie des Kreuzes Christi" (S. 49). Der ursprüngliche Text wurde erst durch neuere Forschungen wiederhergestellt, auch Arndt kannte natürlich nur „eine entstellte, nicht mehr aufrechtzuerhaltende Kompilation des 16. Jh.", wie es von den älteren Ausgaben heißt (LThK, 2. Aufl., Bd 1, Sp. 530). Vgl. zu Angela von Foligno außerdem: RGG, 3. Aufl., Bd 1, Sp. 370f.; Enciclopedia Cattolica, Bd 1, Sp. 1229f.

[96] Koepp, S. 51. – Zum 2. Buch: Koepp, S. 48–53.

[97] WChr 3, Titelbl. (Bl. [(:) i] r); ähnlich im Register vor WChr 1 (Bl. [(:) i] v). Vgl. Koepp, S. 53. – Zum 3. Buch: Koepp, S. 53–56. (Dort auch Nachweise einzelner Entlehnungen aus Tauler.)

[98] WChr 3, Vorr., Bl. (:) ij v.

[99] Koepp, S. 23; nach Arndts „Iconographia" von 1597.

[100] Zum 4. Buch: Koepp, S. 56–58. – Nach Hans M. Wolff ist das 4. Buch ein „Vorläufer von Brockes' sinnlichem Gottesdienst" (Die Weltanschauung der deutschen Aufklärung, S. 237). Vgl. PMLA 62 (1947), S. 1134ff.; Wolff beruft sich auf Weichmanns Vorrede zum zweiten Band des „Irdischen Vergnügens" in der 4. Aufl., von 1739, wo dieser auf Arndt hingewiesen hatte. – Wenn hier eine Quelle für Brockes' „Naturverehrung" zu suchen ist, dann ist Arndt zwar der Vermittler dieser Anschauungen, aber deren eigentlicher Ursprung liegt schon bei Raimundus Sabundus. Dieser ist wieder von Raimundus Lullus beeinflußt. Da manche der sachlichen Voraussetzungen Wolffs nicht stimmen, sind auch seine Schlußfolgerungen recht problematisch. Zumindest Raimundus Sabundus sucht eine Rechtfertigung Gottes aus der Natur. – H. M. Wolffs Erkenntnisse beruhen, soweit sie Arndts Theologie betreffen, noch auf denen Ritschls (s. Weltanschauung, S. 151, Anm. 8).

[101] Althaus, S. 125, Anm. 1. – S. auch hier S. 102.

[102] Koepp, S. 49.

[103] Koepp, S. 56f.

[104] Vor dem 1. Buch der Ausgabe des WChr von 1620; dort steht vor dem 2. und 3. für „citius" „potius". Nach Koepp ähnlich auf dem Titelblatt des WChr von 1606 (S. 37).

[105] WChr 1, Vorr., Bl. (:) ij v f. – In späteren Ausgaben ist der lateinische Text ersetzt durch: „Das Leben Christi kan uns alles lehren" (1744, Vorrede des sel[igen] Arnds, S. *3) oder gereimt: „Christi heilig reines Leben kann uns alle Lehre geben" (1905, Vorbericht, S. XVIII).

[106] Dazu Koepp, S. 63f. Einiges ist dort im einzelnen nachgewiesen.

[107] Vgl. Koepp, S. 181.

[108] Eine vorzügliche Charakterisierung Arndts steht bei Koepp (S. 100f. und 176–178). Über seine Quellen insgesamt und das Verhältnis zu einzelnen Verfassern vgl. Koepp, S. 30ff. 48ff. – S. auch Heiler, S. 246, der sich allerdings auf Koepp bezieht.

[109] Vgl. Koepp, S. 9ff. 176ff.

[110] Koepp spricht von ihm als dem „Vater des Pietismus" (S. 10), dem „eigentlichen Vater der neuen Gläubigkeit" (S. 84; dort gesperrt). Daraus ergibt sich Koepps sehr energische Ablehnung Johann Arndts – aus guten theologischen Gründen. Der ganze 2. Teil des Buches ist eine „Religionspsychologische Analyse des ‚Wahren Christentums' und Kritik der Mystik im Luthertum" (S. 179–296). Koepp schreibt zusammenfassend: „Das wäre die letzte Tragweite unseres Resultates: wir haben bei Johann Arndt kennen gelernt und abgelehnt eine wirkliche, die mystische Sonderreligion." (S. 292; „Das – abgelehnt" gesperrt, alles übrige – auch das hier folgende Zitat – fett.) Abschließend heißt es: „Und

V. Kapitel

darum bleibt unser Resultat: Zwar, daß der unendliche und überweltliche Gott im Geheimnis hineinwirke in die endliche Seele durch Vermittlung eines Endlichen, diesen ‚mystischen Zentralzug aller Religion' dürfen wir Christen nimmermehr uns rauben oder verkümmern lassen ... Aber die ‚mystische Sonderreligion', die etwas ganz anderes ist, die als die Erlösungsreligion unter den Naturreligionen die große Konkurrentin der Erlösungsreligion unter den Geschichtsreligionen, eben der christlichen Religion, geworden ist, diese können wir darum doch nur als Trug verwerfen und mit Ernst hinausweisen aus Luthertum und Christentum. Jesus Christus, der Mittelpunkt der Erdengeschichte, ist mehr als der bloße, naturhafte Seelengrund." (S. 295f.) – Als Koepp 1959 – mehr als ein Menschenalter später – in einer knappen Übersicht über Arndt berichtet, sieht er ihn in einem andern Zusammenhang. Jetzt heißt es, Arndt gewinne „von seinem Werk her den Charakter einer großen ökumenischen Gestalt" (a. a. O., S. 15).

111 Er schätzt vor allem den zweiten Teil des vierten Buches, also die von Raimundus Sabundus stammenden Teile (s. Hirsch, Bd 2, S. 168).

112 Koepp, S. 45. – Außerdem beschuldigte man ihn der Rosenkreuzerei. Man warf ihm aber auch Osiandrismus und Paracelsismus vor (vgl. Koepp, S. 89). Also alles, was man sich damals an Scheußlichkeiten vorstellen konnte.

113 Einzelheiten bei Koepp (S. 86ff. 97f.).

114 Koepp zitiert aus Arndts „Iconographia": „... wäre es nicht besser, den Leuten Buße gepredigt, als Altar umbreißen" (S. 24). – Zu Arndts Kampf um die Anerkennung seiner Rechtgläubigkeit vgl. u. a. Koepp, S. 67. Wenn ihm allerdings sein Herzog diese Rechtgläubigkeit bescheinigt, so beweist das nicht allzuviel, da dieser vermutlich ein Zögling Philipp Kegels war. (S. auch Koepp, S. 14. 71.)

115 Heermann nennt Kegel und Moller in der „Leichpredigt" für die am 22. 7. 1632 verstorbene Juliane Bleuel, die die Ehefrau des Pfarrers seiner Heimatgemeinde Raudten gewesen war: „Wie ernstlich sie ihr Christenthumb gemeinet/ bezeugen ihre tägliche Haus-Vbungen: Indem Sie nebenst andächtigem Abends/ und Morgens wie auch vor und nach eingenommener Speise gesprochenem Gebete uñ Christlichen Gesängen/ auch GOttes Wort und die heilige Bibel/ nebenst andern guten nützlichen Büchern/ besonders aber des Herrn Martini Mölleri SterbeKunst/ und Philippi Kegels Andachten gar wohl bekat gemacht/ und das jenige/ so sie in der Jugend gelernet/ befestiget/ und allererst *ad usum* recht *transferiren*, und ihr nütze machen lernen." (Lp 3, S. 314f.) – S. auch hier S. 157.

116 Koepp, S. 75. Vgl. Krummacher, S. 117f., mit Anm. 6 (S. 134). – Zum „Paradiß Gärtlein": Koepp, S. 73–76 (zur Frage der Gattung bsd. S. 74).

117 Vgl. Koepp, S. 74. – S. auch Anm. IV/158.

118 Koepp, S. 13f.

119 Formen wie „vermeldt" läßt Heermann immer stehen. S. auch hier S. 163. – Johann Ludwig Prasch verteidigt „die gewöhnliche Redart/ **findt**/ **entzündt**/ **verblendt**" gegen Georg Neumark. Sie scheine „nicht so hart .../ als **habt**/ **gebt**/ und andere/ so er billich gelten läst/ wie auch **verwandt**/ **gesandt**." (S. 15)

120 S. auch S. 169.

121 Vgl. dazu Viëtor, Probleme, S. 3ff.

122 S. S. 164f.

123 S. S. 156.

124 S. auch S. 166f.

125 EKG 156; es ist bezeichnend, daß dort diese und die folgende Strophe fehlen.

126 S. auch S. 153f.

127 MD 3, Vorr., Bl. [A iiij] r. Es ist der 1. Januar. – Orphal zitiert eine ähnliche Stelle aus einer Predigt Herbergers (S. 44).

128 S. auch S. 133. – Fremd sind Arndt diese Gedanken natürlich nicht. Im „Paradiß Gärtlein" gibt es z. B. ein „Trostgebetlein von denn Wunden vnsers HERRN Jesu Christi" (PG 2, 18; S. 281–289) und Betrachtungen über das Leiden des Herrn.

129 Dies Problem kann hier selbstverständlich nur angedeutet werden. S. dazu die Artikel

130 Zur Metrik des Liedes s. S. 171ff.
131 S. S. 118f.
132 MD 4, S. 98. Aus der Betrachtung MD 4, XXVI; sie trägt die Überschrift: **„JESU Christi Blut/ ist der aller heiligste** reiffe süsse TraubenSafft/ auß den fünff Wunden aus gepresset/ welcher uns in dem Königlichen Becher unsers Erlösers JEsu Christi/ bey dem heiligem Abendmal wird dargereichet. Gen. 40." – Hier steht auch die Stelle, wo von Pharao auf Christus hingedeutet wird (vgl. hier S. 115). Begründet wird dies folgendermaßen: „Pharao heist ein *Vindex, liberator*, ein Recher/ ein Erlöser/ ein Freyherr/ wie den das Ebräische *Para* dem Teutschen: Frey/ gar ehnlich ist. Dannenher kommen die *Barones.*" (MD 4, S. 97)
133 PG 2, 10; S. 232–238 (das Zitat S. 233). – Krummacher zeigt in seinem sehr bedenkenswerten Aufsatz, daß das Sonett des Gryphius „Am grunen Donnerstage. 1. Corinth. 11" ebenfalls auf dem Arndtschen Gebet beruht (Gryphius, Bd 1, S. 145; Son- undt Feyrtags Sonnete 26. Vgl. ebda, S. 201; Son. 3, XXVI). S. Krummacher, S. 121ff. – S. dazu auch Anm. IV/70.
134 Zu Martin Moller: Jöcher, Bd 3 (1751), Sp. 574; Jöcher, Erg.-bd 4 (1813), Sp. 1871; Hermann Beck, S. 258–268; ADB 22, S. 128; Koepp, S. 13f.; Althaus, S. 134f.; HbEKG II, 1, S. 117f. (Nr 83); RGG, 3. Aufl., Bd 4, Sp. 1089. – Brückner nennt ältere Schriften von „Großer, Funcke, Nitsche", die alle vor 1768 erschienen sein müssen. Großer war zu Mollers Zeit Rektor in Görlitz und trat für ihn ein, als er Verdächtigungen ausgesetzt war. Die bei Jöcher und in der ADB angeführte Schrift von Giese (1769) war nicht zu ermitteln. – Mollers Bedeutung ist vor allem von Althaus erkannt worden.
135 Tholuck, Lebenszeugen, S. 424. Eine Quelle gibt er nicht an. – Heckels Vermutung, daß sich bei den Zusammenkünften in Mollers Hause „die Bekanntschaft gesellschaftlich so voneinander geschiedener Menschen wie des armen Schusters Jakob Böhme mit den Edelleuten und den paracelsischen Ärzten angesponnen haben" möge (S. 165), beruht vielleicht wieder auf der Vermutung Tholucks.
136 Althaus, S. 134.
137 Vgl. Koepp, S. 13f.
138 Vgl. ADB 9, S. 121f.
139 Zit. bei Brückner, S. 6, Anm. (f).
140 MD 3, XVIII. XIX. „*Theodoretus Dial. 3.* und viel andere Kirchenlehrer haben sich auch in jhren Schrifften in diesem Bildnis lustig gemacht." (MD 3, S. 61) „Uber dieses weiset Theodoretus Dialog. 3. noch ein Geheimnis: Gleichwie allhie der Widder blutet und stirbet/ Isaac aber der eingebohrne Sohn Abrahams unter dessē ruhet: also hat am guten Freytag die menschliche Natur in d'Person Jesu Christi geblutet/ gelitten/ uñ ist endlich gestorben/ die Göttliche Natur aber hat in diesem Werck geruhet/ wie Irenæus sagt/ und hat das Leiden und den Todt nicht gewaltiglich von der angenommenen Knechtsgestalt getrieben/ sondern sich derselben Majestät geeussert biß auff den H. Ostertag..." (MD 3, S. 76f.)
141 Vgl. Anm. 115.
142 Die Angaben nach Jöcher. – Friedrich Spitta spricht in seinem Aufsatz „Der Dichter des Liedes ,Ach, Gott, wie manches Herzeleid'" von 44 Ausgaben der „Praxis Evangeliorum", 46 des „Manuale" und 23 der „Heilsamen Betrachtung des Leidens und Sterbens Jesu Christi", also der „Soliloquia" (S. 82). Er übernimmt diese Zahlen aus dem Vorwort der Ausgabe des „Manuale" von F. W. Bodemann (1863). Sie sind auch in das HbEKG eingegangen. Wegen der Ungenauigkeit der Bodemannschen Titelangaben scheinen jedoch Vorbehalte auch für die Zahlen angebracht.
143 EKG 101. 119. 286. 287. – S. auch WKl 5, 71–75. Brückner nennt – nach We(t)zel, Hymnopoeographia II, S. 182 – sechs Lieder, andere als Wackernagel, jedoch, bis auf „Ach Gott, wie schwer ist mir mein Herz", die gleichen wie Jöcher. Dafür hat er „Hilf Helfer, hilf in Angst vnd Noth".
144 Es steht schon in der Ausgabe von 1612 (S. 634–638); s. WKl 5, 121. Daß Moller und nicht

Cunrath Höier (Conradus Hojerus) der Verfasser ist, hat Friedrich Spitta in seinem Aufsatz nachgewiesen (s. Anm. 142). Arndt druckt außerdem vor dieser eine zweite Jubilusübersetzung, die man vielfach Moller zugeschrieben hat: „O JEsu süß/ wer dein gedenckt/ sein Hertz mit Frewd wird vberschwenckt" (PG 5, o. Nr, S. 628–633; vgl. WKl 5, 703). Das Lied stammt von dem Jesuiten Conrad Vetter. Schon Wetzel nennt irrtümlich Moller als Verfasser. S. auch dazu Spitta, a. a. O.

[145] Althaus, S. 135. Wenn er von „literaturgeschichtlicher Bedeutung" spricht, meint er also die Quellenfunktion dieses Buches für die geistliche Literatur. – Obwohl sie für die Gebetsliteratur und die geistliche Lyrik wichtig sind, werden die „Meditationes Sanctorum Patrum" im „Reallexikon" nicht genannt; Wodtke erwähnt lediglich Mollers „Soliloquia" und die „Christliche Sterbekunst" (RL, 2. Aufl., Bd 1, S. 398f.; Art. Erbauungsliteratur). In der ADB ist von „Meditationes sacrae" die Rede, Mollers Werk wird also mit dem des Jenaer Theologen Johann Gerhard verwechselt (Bd 22, S. 128). Hans Heckel hat diesen Fehler übernommen (S. 123). Noch die RGG spricht von „Meditationes sacrorum patrum" (RGG, 3. Aufl., Bd 4, Sp. 1089).

[146] S. S. 103. 106f.

[147] Nach den Angaben auf den Titelblättern.

[148] S. S. 102 mit Anm. IV/183.

[149] Sie werden in der Literatur als Pseudo-Soliloquien bezeichnet im Gegensatz zu den echten, von Augustin stammenden. Die Pseudo-Soliloquien stehen: MPL 40, Sp. 863–898, die echten: MPL 32, Sp. 869–904.

[150] MSP II, Vorrede, Bl. [)(vj] v.

[151] MSP II, Vorrede, Bl. [)(vij] r.

[152] Auf ihr beruht Heermanns Lied „O Jesu Christe, Gottes Sohn, Du Schöpffer aller Dinge" (FT 1, 323).

[153] MSP I. I. VII. – Die bei den Zitaten aus Moller in „[ ]" hinzugefügten Zahlen beziehen sich auf die Verse in den entsprechenden Liedern Johann Heermanns.

[154] Der lateinische Text wird nach einer etwa zeitgenössischen Ausgabe zitiert, der auch von Althaus genannten (S. 87, Anm. 1) des Jesuiten Henricus Sommalius, Coloniæ Agrippinæ 1649. Die „Approbatio" stammt aus dem Jahre 1607. Althaus spricht in diesem Zusammenhang von „billigen und handlichen Sonderausgaben". (Zu Sommalius und der hier genannten Ausgabe vgl. Sommervogel, Bd 7, Sp. 1381–1382 (Nr 6).) Das Büchlein enthält von (Pseudo-)Augustin die „Meditationen", die „Soliloquien" und das „Manuale", ferner Meditationen von Anselm und (Pseudo-)Bernhard, außerdem Kontemplationen „De Amore divino" „IDIOTÆ, Viri docti & Sancti". (Über den Verfasser der zuletzt genannten Schrift – er hieß eigentlich Raimondo Giordano – s. Enciclopedia Cattolica, Bd 10, Sp. 501f.) – Die entsprechenden Bände der „Patrologia Latina" wurden zum Vergleich herangezogen.

[155] Gott wird von Heermann auch „höchster Hort" genannt (FT 1, 326, 4), sonst aber ist mit dem „höchsten Gut" die Seligkeit des Menschen gemeint. Vgl. FT 1, 321, 10/8 (in der Fassung der Klosemannschen Ausgabe von 1644). 324, 10/5. 351, 3/7.

[156] Über Johann von Neumarkt: Konrad Burdach, Vom Mittelalter zur Reformation, Bd 2, 1, 1, Berlin 1913, S. 12–33; Joseph Klapper im Verf.-lex., Bd 2, Sp. 615–620. Klapper hat auch die Schriften Johanns herausgegeben. – Die Verbindung Johanns zu Cola di Rienzo wird erwähnt bei Karl Brandi, Cola di Rienzo und sein Verhältnis zu Renaissance und Humanismus, in: DVjs. 4 (1926), S. 595–614 (bsd. S. 607f.).

[157] Vgl. Buch der Liebkosung, S. 8.

[158] Verf.-lex., Bd 2, Sp. 617.

[159] Buch der Liebkosung, S. 8 (aus der Einleitung Johanns).

[160] Buch der Liebkosung, S. 17. – Die Stelle „du in der einickeit vnd ich in der vild" geht nicht auf eine Lesart der lateinischen Vorlage zurück, ist aber vielleicht Dittographie des vorhergehenden „Du hast lip die einickeit vnd ich die vild" am Anfang des Kapitels, sie fehlt in zwei der zehn von Klapper herangezogenen Handschriften; „der tot" übersetzt nicht „mors", sondern ist unflektiertes substantiviertes Adjektiv.

161 MSP I. I. V. – Es ist die Vorlage für Heermanns Lied „WAs bin ich/ O HERR Zebaoth" (Wa 5).
162 Buch der Liebkosung, S. 20.
163 Buch der Liebkosung, S. 20.
164 MSP I. I. V.
165 Sommalius, S. 122f.; MPL 40, Sp. 867.
166 Vgl. Gumbel, S. 86ff. 94ff. 104ff. (bsd. 106–110). – Johann von Neumarkt hält sich demgegenüber auch hier eng an die Vorlage: „Vnd nǔ uber alle ding ist das ein grosze vnseld, wenn allein niht gwiszers sei wenn der tot, doch weis der mensch sein end niht; so er went, er süll sten, so wirt er entnǔmen vnd verdirbt sein hoffnung vnd weisz niht, wenn, wo ader wie, in welcher weisz er sterb, vnd doch ist er sicher, das er sterben mus." (S. 23).
167 MSP I. I. V. – Vgl. Buch der Liebkosung, S. 24.
168 Sommalius, S. 123; MPL 40, Sp. 867.
169 Eine Zusammenstellung bei Hitzeroth, S. 65ff. Er ist leider etwas inkonsequent, wenn er für FT z. T. Nummern, z. T. Seitenzahlen angibt.
170 Dafür einige Beispiele:
SO war ich lebe, spricht dein Gott,
Mir ist nicht lieb des Sünders Todt,
Vielmehr ist diß mein Wuntsch vnd Will,
Daß er von Sünden halte still,
Von seiner Boßheit kehre sich
Vnd lebe mit mir ewiglich. (FT 1, 318, 1)
Ähnlich:
Ach Gott, ach du frommer Gott,
Der du nicht wilt des Sünders Todt
... (FT 1, 341, 6)
Die Stellen gehen auf Hes. 33, 11 zurück. – Auch der Gedanke, daß Gott den Menschen nicht hassen könne, gehört hierher (FT 1, 323, 5; 332, 1; 336, 12 u. ö.).
171 Vgl. S. 207f. – Jesus ist der „Brunn der Heiligkeit" (FT 1, 338, 3), die „lebendige Quelle" (FT 1, 337, 2). – Es bestehen hier jedoch Unterschiede: Gott ist der Brunnen als Geber alles Guten, als Ursprung aller Gaben, wenn aber Christus als Brunnen, als „lebendige Quelle" bezeichnet wird, so wird dabei an die Wunden gedacht, aus denen das Blut fließt. Was August Langen dazu angibt, führt nicht weiter (S. 321f.). Die Belege für „Brunnquell" aus dem Freylinghausenschen Gesangbuch von 1741 stammen aus der Jubilusübersetzung von Conrad Vetter (S. 85ff., Nr 138, um 1605 bzw. 1613), der Christian Knorrs von Rosenroth (S. 594f., Nr 897) und einem weiteren Liede Knorrs (S. 27, Nr 43, beide 1684). Übrigens ist hier nicht Gott, sondern Jesus der Brunnquell. Der Hinweis auf Heermanns „O Gott du frommer Gott, Du Brunnquell guter Gaben" (Freylinghausen, S. 464, Nr 707) fehlt dagegen bei Langen.
172 S. auch S. 201.
173 S. S. 132.
174 Damit ist nicht der „liquor vitalis" gemeint, die Lebenskraft, die durch die Adern des Menschen fließt, sondern diese Lebenskraft kommt von Jesus, ist sein Blut. Das DWB kennt diese Bedeutung nicht (s. Bd VI, Sp. 452; Art. Lebenssaft), bei Langen ist das Wort ebenfalls nicht belegt. Es kommt jedoch auch in andern Kirchenliedern vor, so bei Johann Olearius (1611–1684) in seinem Liede „Herr Jesu Christ, dein teures Blut": „... dein teures Blut, dein Lebenssaft gibt mir stets neue Lebenskraft." (EKG 412, 3) In Paul Gerhardts Lied „Um die Liebe Christi" (nach Arndt PG 2, 5) heißt es: „O laß doch deines Blutes Kraft, Mein hartes Herze zwingen ... Und diesen Lebenssaft Mir deine Liebe bringen!" (Dichtungen, S. 171ff., Str. 6) Die Bedeutung scheint verblaßt in Benjamin Schmolcks „Schmückt das Fest mit Maien": „Tröster der Betrübten..., Licht auf unserm Pfad: gib uns Kraft und Lebenssaft, laß uns deine teuren Gaben zur Genüge laben." (EKG 107, 2) Die Worte „Kraft" und „Lebenssaft" sind dagegen Synonyma in Philipp Spittas „Bei dir Jesu will ich bleiben" (EKG 279, 1).

V. Kapitel

175 S. S. 126f.
176 PG 3, 31 (S. 573).
177 FT erklärt „angestelt" als „anberaumt". Vgl. DWB I, Sp. 482–484 (bsd. Sp. 483).
178 Moller ist hier nüchterner: „[12] HERR/du wares Liecht/ der du fürüber gehest/ erwarte des Blinden/ der dich anruffet/ Recke mir deine Handt/ das ich zu dir komme/ vnd in deinem Liecht das ewige Liecht sehen möge/ AMEN." (MSP I. I. VII) – Natürlich wäre es völlig abwegig, die Lichtmetaphorik mit Kurt Berger als „Aufklärung" bezeichnen zu wollen (vgl. hier S. 28f.).
179 Heermann faßt einen Gedanken oft in dieser einprägsamen Weise zusammen. S. auch S. 150. 153 (FT 1, 322, 1. 2. 6. 8). Er ruft aus: „O selig, dem die Sünd ist leid!" (FT 1, 318, 2) Hier zeigt Heermann sich als Spruchdichter, als Verfasser von „Schlußreimen".
180 Das sagt Heermann – mit Moller – erst in der 11. Strophe:
> Wolan, O Mensch, du hast die Wahl;
> Gott hat dir jetzund vorgestellt
> Entweder Frewden oder Qual:
> Aus zweyen nim, was dir gefelt.
> Kan dich das ewig Hertzenleid
> Nicht schrecken von der Sündenlust,
> So sol dich ja die höchste Frewd
> Anreitzen, daß du Busse thust.

181 „Vnd sonderlich/ so kan niemand Die Todesstunde wissen. Es ist vnd bleibt dir vnbekand/ Wann du wirst hingerissen." (Wa 5, 11)
182 Wa 5, 15. S. dazu hier S. 140f. 151.
183 Vgl. S. 42. – Zur Interpretation des Liedes s. auch S. 31. Hans-Wolf Becker mißversteht Heermann völlig.
184 Mollers Überschrift lautet: „Ein schön Gebet/ darinn ein zuknirschtes Hertz/ alle seine Sünden/ mit warem Glauben/ auff den HERRN Christum leget." (MSP I. I. X) Sie beruht auf der „Oratio devota pro peccatorum venia, resignatione et amore Jesu" bei Tauler-Surius (Caput XXV; S. 203ff.).
185 Dem widerspricht es nicht, daß gerade Moller seine Meditation mit der Bitte abschließt, das Blut Jesu möge kräftig sein an ihm. S. S. 151f. (zu Str. 11).
186 Das ist nicht gleichzusetzen mit den verallgemeinernden Formeln, die Heermann in den Arndt-Liedern auf ein mehrgliedriges Asyndeton folgen läßt. Vgl. S. 129f.
187 S. dazu S. 203f.
188 Micha 7, 19.
189 FT 1, 322, 2.
190 S. S. 141. 147.
191 „[10] Ich trawe vnd gleube/ HERR Jesu/ du werdest mich nicht verstossen/ Denn du hast mein Fleisch vnd Blut an dich genom̅en/ vnd bist mein Bruder worden/ Eben darumb/ das du mich nicht verlassen wilt."
192 Vgl. S. 132f. – Doch auch Heermann spricht von Jesus als dem „Bruder", so FT 1, 340, 1: „O Jesu, Jesu, Gottes Sohn, Mein Bruder vnd mein Gnadenthron" und FT 1, 331, 8: „Kein Mensch so grosse Sünde find, Die nicht in Christi Tod verschwind, Der vnser Bruder worden." Hier heißt es in der Vorlage, Gottes Sohn habe „meine Menschliche Natur an sich genom̅en" (MSP I. II. III).
193 Tit. 3, 5.
194 Jedenfalls ergibt sich das aus der lateinischen Vorlage.
195 Vgl. S. 130f.
196 Henricus Denzinger, Enchiridion Symbolorum Definitionum et Declarationum de Rebus Fidei et Morum, Editio XXXII, Friburgi Brisgoviae 1963, Nr 1025 (=alt 550); in deutscher Übersetzung bei: Josef Neuner und Heinrich Roos, Der Glaube der Kirche in den Urkunden der Lehrverkündigung, 6. Aufl., Regensburg 1961, Nr 595.
197 S. S. 131.
198 S. S. 151f.

Sechstes Kapitel

[1] S. dazu S. 131ff.
[2] S. S. 209ff.
[3] Hier stehen auch die Verse „Die best ist doch geträwte Trew, Die muß ich jetzt entrahten" (Str. 3). Sie werden in volkstümlichen Darstellungen gern zur Charakterisierung Heermanns herangezogen. – S. dazu auch Wilhelm August Bernhard, S. 198f. Er weist darauf hin, daß sich diese Formulierung schon bei Herberger findet.
[4] Vgl. S. 126ff.
[5] Hitzeroth, S. 79; nach einer Angabe von Julius Mützell.
[6] Über Heermanns Leiden und die Leiden Schlesiens in den Jahren 1622/23 und 1629 s. Wackernagel, Heermann, S. XXVIIIff. Zu einzelnen Liedern aus dieser Zeit: ebda, S. XXXIff.
[7] Wackernagel bildet deshalb aus den letzten acht Liedern eine eigene Gruppe, der er die Überschrift „Thränen-Lieder" gibt (Wa 34–41).
[8] Das Lied stammt aus einer Predigt des Jahres 1629.
[9] Vgl. Jos. 10, 24; Ps. 110, 1 u. ö.
[10] Althaus, S. 5. – S. auch HbEKG I, 2, S. 106–107. (Dort ist Kegels Gebet abgedruckt.)
[11] Heermann spricht von denen, „die im zweiffel stehn" (Str. 5), doch können damit die eigenen Glaubensbrüder gemeint sein, die Kleingläubigen unter ihnen, die nicht auf Gottes Güte vertrauen:

> Erfülle mit dem GnadenSchein,
> Die in Irrthumb verführet seyn,
> Auch die, so heimlich fichtet an
> In jhrem Sinn ein falscher Wahn. (Str. 2)

„Heimlich angefochten" können Protestanten wie Katholiken sein, es ist etwas, das im Innern des Menschen – heimlich – vor sich geht. Der „Irrthumb" kann der von Schwärmern sein. Auch die Kinder der Welt folgen einem „falschen Wahn" – an anderer Stelle sagt Heermann: „WeltFrewd ist ein falscher Wahn" (FT 1, 341, 3). – Daß man in diesem Lied im 19. Jh. ein Missionslied sehen konnte, ist ein bezeichnendes Mißverständnis. Vgl. dazu den Aufsatz von Radlach.
[12] Vgl. Anm. V/115. Zu Kegel s. Althaus, S. 135ff.
[13] Hitzeroth, S. 70f. Das Gebet steht noch nicht in der Ausgabe von 1612, Hitzeroth hat es jedoch schon in einer Ausgabe von 1621 gefunden.
[14] Eine Vorlage für dieses Gebet hat Siegfried Fornaçon in einem „VOTUM HENRICI RANZOVII, AD IMItationem Xenophontis" entdeckt. Heermann fand es in einem Werk des Hieronymus Henniges: „GENEALOGIÆ ALIQUOT FAMILIARVM NOBILIVM IN SAXONIA", Hamburg 1590, Bl. 75b. Der Text ist wiedergegeben in Fornaçons Aufsatz „Johann Heermann und Heinrich von Rantzau", in: Monatsschrift für Pastoraltheologie 49 (1960), S. 24–27. Fornaçon teilt dazu mit: „Was Heermann aus seiner Vorlage macht, braucht hier nicht erörtert zu werden; ein Blick ins Gesangbuch lehrt das sachliche Mehr in Heermanns Lied augenblicks erkennen." (S. 26)
[15] Der Jesusname ist hier der höchste Schatz, er ist dem Menschen ins Herz gelegt, er ist Schutz und Arznei gegen den Satan. Heermann findet immer neue Umschreibungen für diesen Namen.
[16] Vgl. dazu: Erich Trunz, Die Entwicklung des barocken Langverses, in: DuV 39 (1938), S. 427–468 (bsd. S. 431–433).
[17] Cornelius Becker geht auf die Texte der Lutherbibel zurück. – Über ihn: s. RGG, 3. Aufl., Bd 1, Sp. 955.
[18] Die Melodie des PSEAVME LXXXIX: „DV Seigneur les bontez sans fin je chanterai Et sa fidelité à jamais prêcherai ..." (h-g-f-h-c-d- usw.) stimmt nicht mit der in der „Devoti Musica Cordis" angegebenen ersten Melodie des Liedes überein (c-e-c-e-f-g- usw.). Der französische Psalm beginnt überdies mit stumpfen Versen, Heermanns Lied mit

VI. Kapitel

klingenden („O Gott, du frommer Gott, Du Brunnquell guter Gaben"). Heute wird das Lied nach einer Melodie von 1648 bzw. 1670 gesungen (EKG 383).

[19] Die beiden zuletzt genannten Lieder hat Heermann zu Predigten anderer beigesteuert. Auf das Lied FT 1,360 (aus dem Jahre 1631) ist verwiesen im „Katalog der fürstlich Stolberg-Stolberg'schen Leichenpredigten-Sammlung", Bd 2, Leipzig 1928, S. 570, Nr 14431, auf das Lied FT 1,364 (1632) ebda, Bd 3, Leipzig 1930, S. 140, Nr 2184.

[20] Diese Bibelstelle war als Vorlage besonders beliebt, weil man hier ein Gleichnis für die eigene Not sah. Heermanns Lied erinnert an ein ähnliches von Valentin Wudrian dem Älteren, der 1625 in Hamburg als Hauptpastor an St. Petri gestorben war: „Der schöne Trostspruch Esaiae 49. – WEnn Zion hoch betrübet ist" (FT 1,244). Auch Gryphius hat hiernach eine Ode gedichtet: „Der Herr hat mich verlassen" (Werke, Bd 2, S. 3f.; Od. 1, I). Bei den hannoverschen „Gesangbuchverbesserern" Gesenius und Denicke steht ebenfalls ein Lied über diese Jesajastelle (FT 2,443). Vgl. außerdem FT 2,496 („Ein hochbetrübtes Herz klagend, in Person der verlaßnen Zion" – Georg Weber, 1648) und FT 2,513 („ES spricht Zion in jhrer Noth" – von einem unbekannten Verfasser; es steht neben Heermanns Lied in Johann Crügers Gesangbuch, Berlin 1640).

[21] S. S. 203. 207ff.

[22] Vgl. Hitzeroth, S. 71. S. auch Schubert, S. 216. – S. auch hier S. 202.

[23] Es ist die Ausgabe F bei Fischer-Tümpel. – Die Änderungen, die Heermann vornimmt, wären völlig unnötig, wenn er sich nicht darum bemühte, alternierende Verse zu schreiben. Das heißt natürlich nicht, daß die Verse heruntergeleiert werden müssen. Das Lesen von Jamben oder Hexametern in neuerer Dichtung macht ja auch kaum Schwierigkeiten. Was wir im Folgenden feststellen, betrifft also vor allem das **Baugesetz** dieser Verse.

[24] Weitere Stellen, an denen Heermann die Apokope beseitigt (jeweils mit Angabe des Verses): FT 1,323, 11/6. 7; 328,5/4; 328,13/3; 329,6/1. 2; 341,7/4. 5; 349,5/4; 351,2/4; 352, 1/1. 2.

[25] Vgl. Gumbel, S. 100ff. (über das Verhältnis von Haupt- und Nebensatz).

[26] Vgl. FT 1,321, 1. 2. 5. 8; 336, 1; 343, 8; 351, 5.

[27] S. dazu den – allerdings wenig befriedigenden – Artikel „Entzündung": DWB III, Sp. 672. Dort ist diese Bedeutung nicht belegt.

[28] Vgl. Anm. V/119.

[29] Vgl. Schottel, S. 6. 8f. 32ff. – S. Minor, S. 52. 112. Minors Darstellung ist, wo es um konkrete Angaben geht, sehr viel ergiebiger als die Markwardts, der immer wieder nur von kulturpatriotischen und sonstigen Leitlinien spricht, aber wenig darüber sagt, wie die Dichtung aussieht, die auf den Theorien beruht. Eine treffende Kritik an Markwardt gibt Karl Dachs (S. 107–110. 116).

[30] Birken S. 4f. – Birken sagt 1679 zur Entstehung seiner Poetik: „Ich schriebe/ fast vor 30 Jahren/ auf gnädiges Ansinnen eines hohen Cavalliers/ ein halb-hundert LehrSätze von dieser Wissenschaft: welche/ als nur in einem paar Bögen bestehend/ ohne mein Wissen/ vielfältig abgeschrieben/ und endlich gar in die Schulen einzuführen mir abgeheischet worden." Er fährt fort: „Weil es aber ein unvollkommen Werk gewesen/ als habe ich/ durch vieler vornehmen Freunde zusprechen/ mich bereden lassen/ dasselbe unter die hand zu nehmen/ und in einige Vollkommenheit einzurichten." (Vor-Rede, Bl.]:( ):(xij) v f.) Was um 1650 vorlag, kann nur eine Aneinanderreihung von Lehrsätzen gewesen sein. Die ersten sechs davon sind auch 1679 noch deutlich als solche gekennzeichnet. Aber auch unter den späteren Formulierungen fallen einzelne Sätze auf, die offenbar aus dem ursprünglichen Manuskript stammen, z. B.: „Die Aus- und Einruckung der Gebändzeilen/ findet allein platz in den **Mängzeiligen** Gedichten/ und in den Elegien oder **Wechselzeiligen.**" (S. 61)

[31] Schupp, S. 938. – S. auch hier S. 96 mit Anm. IV/133.

[32] Prasch, S. 27. Zusammenfassend sagt er: „Kurtz/ man muß überall den Klang und Nachtruck urtheilen/ und erwegen/ ohne Partheylichkeit/ was gewöhnlich und der Sache gemäß ist; auch in denen Wörtern/ die sonst frey gelassen sind." (S. 40) – Zu Praschs Poetik s. Dachs, S. 103ff. 116–122.

[33] Prasch, S. 33.

34 Prasch führt dagegen als Beispiel für die richtige Akzentuierung der Pronomina den Vers an: „Gott ist der/ der alles richtet." (S. 35)
35 Er macht damit Gebrauch von dem, was Schottel bei Opitz eine „Poetische Noht-freyheit", einen „vergönstigten Mißbrauch" nennt (S. 15).
36 Birken S. 10. – S. auch Schottel, S. 25.
37 Prasch, S. 31.
38 Prasch, S. 18.
39 Die Ableitungssilben -sal, -nis, -heit, -tum sind für Schottel immer kurz (a. a. O., S. 20f.), -lich hat die mittlere Wortzeit (a. a. O., S. 41).
40 Ich folge hier nicht der Einteilung Schottels, der sehr viel stärker differenziert.
41 Birken, S. 7.
42 Birken, S. 8. – Vgl. Schottel, S. 39ff.
43 Als Beispiel für den Auftakt bei Daktylen, wobei dieser so gewählt ist, daß die hinzugefügten „Wortglieder ... mit dem ein-oder zweisylbigen Reimlaut des vorhergehenden Verses einen Sprungtritt oder Gebändsprung machen", zitiert Birken eine:

                Gebänd-Kette.
Lustig! der Lenze beglänzet bekränzet die **Matten**/
belaubet die Wälder/ gebieret erfreulichen **Schatten**/
   das Wassergelispel bewudelt die **Lust**/
   die den Hirten bewust.
Lustig! die sänftliche Zefyrus-Lüftlein her**säuseln**;
die Winde mit Wellen die Zellen der Nymfen auf**kräuseln.**
   die Flora bemahlet bestralet das **Feld**/
   und erneuret die Welt.
Lustig! Wir wollen der Zeiten beizeiten ge**nießen.**
Es schwinden die Stunden/ die Jahre wie Haare ver**schießen.**
   Wir wollen abpflücken der Blümelein **Saat**/
   Eh es werde zu spat. (Birken, S. 45f.)

Hier werden also hersäuseln, aufkräuseln und abpflücken auf der Stammsilbe betont.
44 Heermann verwendet mit Betonung auf der Stammsilbe u. a.: a b drücken, abführen, ablassen, ablegen, ablehnen, abscheiden, abtreiben, abwenden, abzwingen, a n blicken, anfangen, anfeuchten, anfliehen, anführen, anheben, anlauffen, annehmen, anreitzen, anrennen, anschawen, anziehen, anzünden, a u ff fahren, aufffassen, auffgehen, auffhören, auffrücken, auffmuntern, auffstehen, auffthu(e)n, a u ß breiten, außdencken, außfegen, außhalten, außlachen (1644), außlassen, außleschen, außrüsten, außsinnen, außsprechen, außstrecken, außtauren, außzwingen, b e y springen, e i n hawen, f o r t treiben, f ü r bringen, fürstellen, h e r kommen, hernehmen, herrühren, h i n fahren, hinfallen, hinrücken, n a c h kommen, nachlauffen, nachschawen, nachschreyen, vmbkommen, w e g nehmen, z u sagen, zuschließen, zusprechen. – Auch „durchdringen" gehört in dem folgenden Zitat zu den trennbaren Komposita: „Dein Wórt durchdrínget mít Gewált" (d. h. dringt durch) (FT 1, 343, 9). – Komposita der Vorsilben werden wegen des Prinzips der Alternation wieder auf der ersten Silbe betont: „So kömpt der Tod/ bestellt ein Grab/ Vnd lést mich hínein trágen." (Wa 5, 9) – Hitzeroths Bemerkung, Heermann wende Worte vom Typus „obsiegen" „außerordentlich wenig" an (S. 150), stimmt also nicht. Allein in den Liedern der „Devoti Musica Cordis" habe ich 65 derartige Verben gefunden, davon kommen einige mehrfach vor.
45 Bei Albrecht Joseph gehört die „Spaltung" zu den „Kernphaenomenen der Schwellung" (s. dazu a. a. O., S. 177–184).
46 Zur Form des Liedes s. S. 174f.
47 Zu den Begriffen „Herz" und „Sinn" vgl. die Artikel „Herz", DWB IV, II, Sp. 1207–1223, und „Sinn", DWB X, 1, Sp. 1103–1152; nur können „Herz und Sinn" niemals Synonyma sein, wie bei „Sinn", Sp. 1105, unter Hinweis auf Jer. 31, 33 und Phil. 4, 7 gesagt wird. Zur Frage der Abgrenzung der Begriffe s. bsd. „Sinn", Abschn. II, 9f. (Sp. 1119f.) und II, 12 (Sp. 1125). Auch Opitz meint in seinem Lied „AVff, auff, mein Hertz vnd du, mein gantzer Sinn" (FT 1, 291) zwei getrennte Bereiche. – Langen bringt leider kein Material,

das weiterführen oder zur Klärung beitragen könnte. – S. auch hier S. 151f. (FT 1,322,11). Dort ist mit „Hertz vnd Sinn" der ganze Mensch gemeint, es umschreibt das Personalpronomen „mich".
48 Schottel zählt „wol" zu den „Vorwörtern" (S. 39f.). Hier führt er auch „los" an; „hoch" und „frey" fehlen dagegen bei ihm.
49 Opitz, Poeterey, S. 38. – Heusler bezweifelt, daß Opitz so gemessen habe. Doch beweist er vielleicht gerade damit, daß er diese Formen meidet, daß er so hätte messen müssen. Vgl. dazu Heusler, Bd 3, S. 79 (§ 936) und ebda, S. 140ff. (§ 994ff.).
50 In Opitz' bekanntem Lied „HErr, nicht schicke deine Rache" heißt es: „Siehe, wie ich ab sey kommen" (FT 1, 297, 2). Heermann hätte hier wahrscheinlich gesagt: „Síehe, wíe ich seý abkómmen". Opitz sagt auch: „Daß Mars doch fort muß gehen" (Weltliche Poëmata, Der Ander Theil, S. 14), „Was sich Morgen zu wird tragen" (ebda, S. 15). Heusler spricht hier von „sprachgemäßen Einschüben" (vgl. Bd 3, S. 141f. (§ 994); er zitiert dort ähnliche Stellen).
51 Manheimer, S. 4. – Vgl. ebda, S. 3–10.
52 Manheimer, S. 9.
53 S. Manheimer, S. 7, Anm. 1. 2. – Dazu einige Beispiele: „Der zeitt vnd nächte schuff ist diese nacht ankommen!" (Gryphius, Bd 1, S. 30; Son. 1, III), „Hier will ich wen ich soll den matten Geist auffgeben" (ebda, S. 32; Son. 1, VI), „Gleich wie ein eitell traum leicht aus der acht hinfält Vnd wie ein strom verscheust/ den keine macht auffhält/ So mus auch vnser nahm/ lob ehr vnd ruhm verschwinden.... Was nach vns kommen wird/ wird vns ins grab nach zihn" (ebda, S. 35; Son. 1, XI), „Ihr fackeln die ihr stets das weite firmament Mitt ewren flammen ziert/ vndt ohn auffhören brennt" (ebda, S. 53; Son. 1, XXXVI). Es gibt dies auch bei Fleming, ja noch bei Tersteegen, Wernicke, Weise und andern Dichtern des 18. Jahrhunderts.
54 Manheimer, S. 6. – In diesem Zusammenhang fällt auch die Bemerkung, Gryphius komme von dem „mit Recht sorglosen Kirchenlied" (S. 10). Daß es nicht „sorglos" ist, hat das bisher Gesagte wohl gezeigt. Mit welchem „Recht" sollte es übrigens „sorglos" sein?
55 Manheimer, S. 3.
56 Vgl. Birken, S. 26–32 (Das III Redstuck. Von den Gebändzeilen. *De Versibus*). – S. auch Heusler, Bd 3, S. 202f. (§ 1054f.): „Die alten Mengtrittigen."
57 Vgl. FT 1, 385–395.
58 Schottel drückt das so aus: „ALle zufällige Letteren in Teutscher Sprache seynd kurtz/ Oder: alle zufällige Endungen der Teutschen Wörtter seyn kurtz/ Das ist: erfordern einen kurtzen Laut im außreden." (S. 10)
59 Heute müßte man natürlich Daktylen mit Auftakt lesen:
   Du bíst die lebéndige Quélle,
   Zu dír ich mein HértzKrúglein stélle
   ...
60 Dabei dachte Melanchthon noch daran, den lateinischen Gesang in die neue Kirche hinüberzunehmen. Auch andere dichteten in jener Zeit geistliche Oden in lateinischer Sprache, so Johannes Stigel(ius) (WKl 1, 481. 483. 485. 486. 487. 489) und Georgius Thymus (Georg Klee). Von Thymus ist das „Aufer immensam, deus, aufer iram" (WKl 1, 460). Daß hier „deus" aus zwei Kürzen besteht, ist natürlich etwas anderes, als wenn „Gott" in alternierenden deutschen Versen unbetont bleiben muß.
61 Wackernagel gibt an, es sei auf die Melodie „Integer vitæ scelerisq3 purus" zu singen. Diese Kontrafaktur ist wahrscheinlich identisch mit der bei Viëtor erwähnten Ode Heinrich Meiboms aus dem Jahre 1588: „Integer vitae, Dominoque fidens" (Viëtor, Ode, S. 33).
62 Zur sapphischen Ode vgl. Heusler, Bd 3, S. 73 (§ 930) und ebda, S. 103f. (§ 956). Heusler sieht allerdings einiges anders; er irrt, wenn er auch für den 4. Vers Jamben ansetzt. Schon in den von ihm zitierten Versen des Mönchs von Salzburg kann es nicht „sandé Johánnès" heißen, vielmehr sollte „sánde Johánnes" betont werden (a.a.O., S. 103). – Vgl. auch die Angaben in dem Aufsatz von Horst Rüdiger. Er erwähnt Heermanns „Hertzliebster Jesu, was hast du verbrochen" (a.a.O., S. 154).
63 Schottel hat beides nebeneinander (vgl. a.a.O., S. 41).

[64] Hier stehen bei Heermann in den fünf Strophen des Liedes die folgenden Adoneen: „Vnd zu dir rúffen", „Láß dichs erbármen", „Kein Glied mehr régen", „Díe Feinde démpffen" und „Hílff, Helffer! Ámen". Besonders der 4. und 5. Adoneus sind schlecht. – Nach der Melodie des „Dicimus grates" ist auch Heermanns Lied „WIe lange wollt jhr meine Liebsten klagen" gedichtet (Wa 61; Lp 4, S. 76–77). Hinweise auf weitere Sapphica Johann Heermanns gibt Hitzeroth, S. 156.

[65] Vgl. dazu Klopstocks „Vorbericht" zu den „Veränderten Liedern" (S. 157ff.).

[66] Viëtor, Ode, S. 68. Was er dort über die sapphische Strophe im deutschen Kirchenlied mitteilt, ist sehr ungenau und muß ergänzt werden. – Auch in den geistlichen Oden des Matthäus Apelles von Löwenstern gibt es sapphische Oden, darunter: „CHriste, du Beystand deiner Creutz-Gemeine" (FT 1, 389). Hier steht im ersten Takt ein Daktylus („CHríste, du Beýstand"); über die Umbildung der Strophe vgl. Heusler, Bd 3, S. 204 (§ 1057). – Weitere Sapphica: FT 1, 397. 398 (Heinrich Klose); FT 1, 401 (Friedrich von Logau); FT 1, 451 (Michael Babzien); FT 2, 394. 418 (Gesenius-Denicke) usw. – S. auch Kauffmann, S. 225–228 (§ 214. Die sappische Strophe).

[67] S. Hitzeroth, S. 145ff.; über die sapphischen Oden ebda, S. 155–157. Er erkennt zwar einige Adoneen an, sagt aber von andern: „Es ist wohl anzunehmen, dass Heermann auch hier nach Opitz den Daktylus ausgeschlossen haben wollte." (S. 157)

Siebtes Kapitel

[1] Langen fordert eine solche Untersuchung des Wortschatzes für Johann Heermann (und andere) a. a. O., S. 417.

[2] S. S. 141f. 147. Anm. V/192.

[3] S. dazu S. 137f.

[4] Natürlich ist „Blut vnd Todt" auch Formel. Es fügt sich darüber hinaus besser in den Rhythmus der Strophe ein als „Leyden vnd Sterben"; „Todt" bietet sich außerdem als bequemes Reimwort auf „Gott" an. – Das gilt ebenfalls für das Beispiel auf S. 177 (FT 1, 332, 8).

[5] S. dazu RGG, 3. Aufl., Bd 6, Sp. 507–516 (Art. Sündenvergebung; bsd. Abschn. III. Dogmatisch, Sp. 513f.) und RGG, 3. Aufl., Bd 2, Sp. 1630–1645 (Art. Gnade Gottes; bsd. Abschn. V. Dogmatisch, Sp. 1640ff.).

[6] Von dieser Glut und vom Blute Christi spricht Heermann auch in einem Gedicht „Aus den Worten Augustini":

> GOttes Sohn hält dich so hoch/
> Dich/ der du bist Erd' aus Erden/
> Daß Er durch sein eigen Blut
> Dich reisst aus der Höllen Glut.
> (PEfF 3, XIX; S. 52f.)

[7] FT 1, 323, 6. 7; s. hier S. 198.

[8] Jesus kann sogar selbst das Lösegeld sein. Der „trawrige Sünder" sagt zu Gott:

> Wen sol ich sonsten bringen dir,
> Der dein Hertz neigen könt zu mir,
> Als den, der für die Schuld der Welt
> Ist worden selbst das LöseGeld? (FT 1, 328, 7)

Bei Moller steht hier ein Abstraktum: „Wen sol ich dir sonst bringen .../ der mich errette/ ohne diesen/ der da ist die Versünung für vnser Sünde..." (MSP I. II. I)

[9] S. dazu S. 187ff. mit Anm. 27.

[10] In den späteren Ausgaben heißt es dann allerdings doch „außgezahlet".

[11] Z. B. lautet die 3. Strophe:

> Das tolle Fest ist Bacchus Fest/
> Der aller Tugend Gifft und Pest/
> Deß Jupiters sein Hurenkind/
> Gezeugt in geiler Brunst entzünd.

VII. Kapitel

Die 15.:
> Du läuffst vermummet hin und her/
> Als sey dein Leib ein wilder Beer.
> Die Larve zeugt/ so dich bedeckt/
> Du seyst vom Teuffel ausgeheckt. (PEfF, S. 103)

Nach der 11., 18., 24. und 34. Strophe fügt Heermann jeweils ein: „O mein Volck!" Auch das entspricht der Haltung eines Bußpredigers. Es ist übrigens nicht ausgeschlossen, daß das Lied nach einer Vorlage gedichtet ist.

[12] S. S. 179 mit Anm. 6.

[13] Moller schließt: „... So habe ich doch durch diesen Helffer/ deinen lieben Sohn/ meinen HERREN vnd Heylandt Jesum Christum/ gewisse Hoffnung/ wider einzukommen in mein verlohrenes Vaterlandt/ AMEN." (MSP I. II. IIII) Daraus wird in Heermanns 8. Strophe:

> ...
> So hab ich doch
> Die Hoffnung noch
>   Durch deinen Sohn,
>   Den GnadenThron,
> Ich werd nicht seyn verloren.

Die Wendungen „gewisse Hoffnung" und „verlohrenes Vaterlandt" werden von Heermann als „gewiß" und – nun wiedergewonnenes – „Paradiß" in der 9. Strophe noch einmal aufgenommen.

[14] Vgl. DWB VI, Sp. 2215 (Art. mildiglich); DWB VI, Sp. 2201ff. (Art. Milde).

[15] Ähnlich spricht Heermann vom Vergießen des Blutes in einem Lied „Am Tage Mariæ Opfferung", das in die Nachträge zu den Festevangelien gehört:

> Er hat aus grosser Lieb für dich
> Sein Blut vergossen mildiglich.
> Dadurch gelöscht all deine Schuld/
> Daß dir nun GOtt ist worden huld.
>   (PEfF, S. 129; Str. 19)

Es sollte nach der Melodie von Luthers „Vom Himmel hoch da komm ich her" gesungen werden. – Im „Schließ-Glöcklein" spricht Heermann „Am Palm Sontage" von Christus als dem Wirt, „der seine Gäste tränckt mit Blut' auß seinen Wunden", und sagt: „Vnd da ich mit dem Wein' auch trincken sol dein Blut/ So von dir mildiglich geflossen mir zu gut'." (SG, S. 121)

[16] Vgl. dazu Röbbelen, S. 208ff.

[17] S. S. 203.

[18] Vgl. S. 148ff.

[19] Z. B. FT 1, 336, 7 u. SG, S. 335 (CentnerLast); FT 1, 330, 2 u. 336, 14 (SündenLast).

[20] Auch Gryphius nennt das Blut eine „purpurrothe Fluth". (Vgl. Anm. IV/68.) – Herberger bezieht sich für die gleiche Aussage nicht nur auf Luther, sondern außerdem auch auf Ambrosius:

> Das heilige Tauffwasser ist nicht ein schlechtes Brunnenwasser/ sondern *Unda sanguinis* wie *Ambrosius* redet. Für GOtt ist es eine Fluth/ durch Christi Blut gefärbet/ wie wir mit dem Herrn Luthero singen... (MD 6, S. 165)

[21] Luther, Lieder, S. 56f. (Nr 34); WA 35, S. 468–470 (Nr 33).

[22] Vgl. Koch, Bd 8, S. 143f.

[23] Heermann schreibt „sihet" für „siht" und „Mit Christi Blut" für „Von Christus Blut". – Es ist bezeichnend, daß Ritschl hier sogar Luther angreift und dies Lied u. a. mit folgenden Worten ablehnt: „Das sind vielmehr Bilder von mittelaltrigem Gepräge, welche in keinem Zusammenhang mit der lutherischen Lehre stehen, und auf dieselbe auch nicht reducirt werden können." (Bd 2, S. 66)

[24] Gumbel, S. 104. Vgl. ebda, S. 103ff.

[25] Häufig ist bei Heermann allerdings nur der Reim von kurzem auf langen Vokal (Gott :

Noth, Tod, Gebot; Spott : Koth; hat : Gnad, Missethat) und von o auf u (offt : gerufft; wolt : Hult; hoffen : ruffen). Vgl. Hitzeroth, S. 101ff.

[26] Vgl. DWB VIII, Sp. 1192–1193 (Art. rosenfarb). Heermann steht hier – auch mit der Form „rosinfarb" – in der sprachlichen Tradition Luthers.

[27] Vgl. DWB II, Sp. 192 (Art. Blutschweiß). DWB IX, Sp. 2455–2460, bsd. Sp. 2457f. (Art. Schweiß). Gegen DWB IX, Sp. 2458 glaube ich, daß die sinnlich-konkrete Bedeutung von „Schweiß" in dem Wort „Blutschweiß" noch nicht verblaßt ist, ja, daß sie von Heermann geradezu gesucht wird.

[28] S. S. 162.

[29] Westphal, S. 68.

[30] Eine genaue Erörterung muß einer späteren Untersuchung vorbehalten bleiben.

[31] Nach Ritschl geht diese Auffassung von der Sünde auf Anselm zurück (Bd 2, S. 70).

[32] Außer Ps. 51, 9 gehören hierher auch Jes. 1, 18 und 1. Joh. 1, 7 (vgl. S. 149).

[33] Z. B. Wa 160, 3 (PE, S. 16); Wa 196, 3 (PE, S. 22).

[34] Martin Behms Sprache ist sehr viel schlichter, dem hier angeführten Text entspricht bei ihm das Folgende:

> Drum stärk mich durch das Leiden dein
> In meiner letzten Todespein;
> Dein Blutschweiß mich tröst und erquick;
> Mach mich frei durch dein Band und Strick.
>
> Dein Backenstreich und Ruthen frisch
> Die Sündenstriemen mir abwisch;
> Dein Hohn und Spott, dein Dornenkron
> Laß sein mein Ehr, mein Freud und Wonn.
>
> Dein Durst und Gallentrank mich lab,
> Wenn ich sonst keine Stärkung hab,
> Dein Angstgeschrei komm mir zu gut,
> Bewahr mich vor der Höllen Glut.

Zit. nach der Ausgabe von Wilhelm Nöldeke, Martin Behemb's geistliche Lieder in einer Auswahl nach den Originaltexten, Halle 1857, S. 79ff. (Nr 50), Str. 4–6.

[35] S. S. 186f.

[36] Ingeborg Röbbelen meint, es müsse „allerdings erwogen werden, daß die Redewendungen vom ‚Blut Christi' wie vom ‚Verdienst Christi' in manchen Liedern der Frühzeit vielleicht im Sinn von abkürzenden Metaphern verwendet worden sind, die eine ausführlichere Behandlung des Gedankens an das Leiden und Sterben Christi dem Menschen zugut ersetzen sollten." (S. 130, Anm. 25) Für Heermann trifft das schon nicht mehr zu.

[37] Vgl. dazu Röbbelen, S. 130. 209.

[38] Auch das „Bad der Wiedergeburt" ist biblisch (Tit. 3, 5). – Vgl. hier S. 151 (MSP I. I. X). S. auch S. 185f. – Von der Taufe als einem „Wunderbade" spricht Benjamin Schmolck in der in den Gesangbüchern meist ausgelassenen 5. Strophe seines Taufliedes „Liebster Jesu, wir sind hier, deinem Worte nachzuleben" (sie fehlt EKG 151). Es heißt hier mit Bezug auf das zu taufende Kind: „Mache Licht aus Finsternis, setz es aus dem Zorn in Gnade, heil den tiefen Schlangenbiß durch die Kraft im Wunderbade, laß hier einen Jordan rinnen, so vergeht der Aussatz drinnen."

[39] Während Heermann sonst das Wort „heilig", wenn es in Verbindung mit den Wunden gebraucht wird, durch andere Ausdrücke ersetzt, spricht er hier von der „allerheilgsten Seit".

[40] Vgl. Alverdes, S. 149ff. Er zitiert dort Verse von Johann Khuen, Sigmund von Birken, Christian Knorr von Rosenroth und dem Grafen Zinzendorf; außerdem weist er hin auf eine Abhandlung von Alphons Victor Müller: Die „hochheilige Vorhaut Christi" im Kult und in der Theologie der Papstkirche, Berlin 1907.

[41] S. auch S. 131.

[42] **„Im Oelgarten werden deine Schweißlöchlin zu Rörlein/** die kalten gelieferten Bluts-

tropffen fallen auff die Erde/ ach mein Hertz laß ein solchs seliges Erdenklößlin seyn/ das mit deinen Blutstropffen sey gerötet." (MD 6, S. 165)

[43] Vgl. Langen, S. 420. Er nennt „durch" „dieses mystisch-pietistische Lieblingspräfix" (S. 414). Im Register bringt er ungefähr 160 Verbindungen damit.
[44] Vgl. DWB XV, Sp. 1195–1210 (Art. zierlich), bsd. Sp. 1196.
[45] S. auch S. 130f.
[46] S. dazu KLL 1, S. 408; zu Zinzendorfs Lied: KLL 1, S. 74.
[47] Der entsprechende Text lautet:

    Ach wend dein Augen auch auff mich/
    Vnd blick mich an so gnediglich/
    Schmück mich mit deim Schneeweissen Kleid
    Der Vnschuld vnd Gerechtigkeit/
    Dein Wundn vnd Striemen ohne zahl/
    Laß seyn mein Trost in Todes-Qual/
    Mein Hertz mit deinem Blut bestreich/
    Damit der Satan von mir weich
    ...   (AK, S. 189)

[48] S. S. 154.
[49] S. RGG, 3. Aufl., Bd 1, Sp. 1331. Röbbelen, S. 130. – Vgl. hier S. 132. 152.
[50] 2. Mos. 12.
[51] Luther, Lieder, S. 32f. (Nr 8); WA 35, S. 443ff. (Nr 16).
[52] Die Vorstellung ist auch bei Heermann häufig. Vgl. S. 133 (FT 1, 338, 1). – Zu dem Problem vgl. Langen, S. 307; Wolfskehl, S. 107ff.
[53] S. auch den Beleg Anm. 47 (AK, S. 189).
[54] S. S. 118ff. 204f.
[55] Vgl. Alverdes, S. 141–149. Langen, S. 287.
[56] FT 1, 323, 1. 6. 4.
[57] Jes. 49, 16 bildet hier die biblische Grundlage: „Siehe, in die Hände habe ich dich gezeichnet..." – In einer „Trost- und Ehrenschrifft" für den Breslauer Buchhändler David Müller spricht Heermann davon, daß der Mensch bei Gott durch seinen Sohn angeschrieben sei „nicht mit schlechter Dinten", sondern „mit seinem Rosinfarben Blute" (Lp 3, VIII; S. 181).
[58] Vorlage für Heermann ist Mollers Meditation I. II. II. Sie geht auf die pseudo-augustinischen Meditationen und damit auf die Reden Anselms zurück.
[59] Herberger sagt: „... so sinnet diesen Worten Esaias nach/ cap. 63. Wer ist der von Edom kömmet mit rötlichen Kleidern von Bazra (Wer ist der rote blutige Mann/ der das Kleid seiner Menschlichen Natur in Blut getauchet hat/ gleich wie ein Wintzer der roten Wein hätte gekältert) der so geschmücket ist in seinen Kleidern ... und einher tritt in seiner grossen Krafft? Ich bins (antwortet JEsus) der Gerechtigkeit lehret/ und ein Meister bin zu helffen." (MD 4, XI; S. 41f.) – An anderer Stelle heißt es bei ihm: „Du HErr JEsu/ bist der rechte König *Erythrus*, der warhafftige/ rothe Mund/ der Herr von Rotenburg/ du bist der Mann in röthlichen Kleidern/ Esa. 63. Du hast mit Blut dein Gewand besprützet/ du hast deinen Mantel in roth Weinbeerblut gewaschen..." (MD 1, XVII; S. 126)
[60] PEfF, S. 106ff. – In seinen Karfreitagspredigten wandelt Heermann das Wort vielfach ab. Der Karfreitag ist für ihn auch „der rechte Chur-Tag/ an dem wir durch Christi Verdienst worden sind/ außerkohrne/ außerlesene/ außerwählte Kinder Gottes" (Laborum Sacrorum Continuatio FESTIVALIS, S. 688f.), er ist ein „Chur-Frey-Tag" (ebda, S. 688), ein „vornehmer Freye-Tag" (ebda, S. 690).
[61] Es heißt hier:

    Diß ist ein Freye-Tag: heut ist/
    Der dich zu seiner Braut erkiest/
    Zu dir aus Liebe kommen.
    Er redet deiner Seelen zu/

>   Und spricht: du meine Liebste/ du
>   Hast mir mein Hertz genommen.
>   ...
>   O Mensch/ ist der dein Bräutigam/
>   Der sich heut an deß Creutzes Stamm/
>   Aus Lieb/ hat lassen tödten:
>   So sey getrost: Er steht dir bey/
>   Bezeugt/ daß Er dein Liebster sey/
>   Auch in den grösten Nöthen. (PEfF, S. 108; Str. 13. 17)

[62] FT 2, 216, 8. Vgl. Alverdes, S. 147ff.

[63] Scheffler schließt fünf Strophen seines bekannten Liedes „Die Psyche begehrt ein Bienelein auf den Wunden Jesu zu sein" mit den Versen „Laß meine Seel ein Bienelein Auf deinen Rosenwunden sein". Der Schluß der letzten Strophe lautet: „... Daß ich mag stets ein Bienelein, Herr Christ, auf deinen Wunden sein." (Werke, Bd 2, S. 113ff.; Heilige Seelenlust, Zweites Buch, Nr LII) S. auch a. a. O., S. 104, wo Scheffler von den „Rosen" der Wunden spricht. – Bei Friedrich von Spee heißt es in dem Gedicht „Die gesponß Jesu sucht jhren Bräutigam/ vnd findet jhn auff dem Creutzvveg": „Die stirn er hat bestecket Mit rothen Blümelein/ In händen außgestrecket Er trug zwo Rosen fein." (Trutznachtigall, S. 52; Nr [10], Str. XVI) S. auch ebda, Nr [48], S. 305ff., wo Damon und Halton in ihrem „hirtengespräch" Christus-Daphnis bitten, seine „rothen rosen" vom Kreuz herabzuwerfen.

>   Wie der sommer sich bestecket
>   Mit auch kleinen blümelein;
>   Also D a p h n i s sich bedecket
>   Mit auch kleinen röselein.
>   Von der schaitel/ zu den füssen
>   Sie dan stehn in voller blut;
>   Rings herum den lufft versüssen/
>   Mit geruch/ vnd athem gut. (S. 308) –

Bei Arndt, auf dessen Gebet Heermanns Lied beruht (PG 2, 11), findet sich zu dieser Stelle keine Entsprechung.

[64] „Sihe/ wie schrecklich ist sie verwundet gewesen/ das sie nicht anders denn durch die Wunden Jesu Christi hat heil werden können." (MSP I. I. II)

[65] Vgl. dazu Albrecht Joseph, S. 36ff. (Zuwachs an Masse), S. 77ff. (Gesteigerte Bewegung).

[66] Das ist kein Werturteil. Um Heermanns Übersetzung würdigen zu können, müßten auch andere der von Wilhelm Bremme erfaßten Jubilusübersetzungen zum Vergleich herangezogen werden. Darauf muß hier verzichtet werden.

[67] Damit gibt Heermann den folgenden Text wieder:

>   Qui te gustant esuriunt;
>   Qui bibunt, adhuc sitiunt:
>   Desiderare nesciunt
>   Nisi Jesum, quem diligunt.
>
>   Quem tuus amor ebriat,
>   Novit quid Jesus sapiat:
>   Quam felix est, quem satiat!
>   Non est ultra quod cupiat. (MPL 184, Sp. 1317, 899)

[68] S. dazu auch S. 184.

[69] Vgl. Alverdes, S. 77.

[70] Heermanns Lied wird in einer Reihe von Gesangbüchern in der von Gesenius und Denicke veränderten Form wiedergegeben, andere bringen dagegen den ursprünglichen Text. Freylinghausen druckt beide Fassungen (S. 118ff.; Nr 195 und 197). – Julius Mützell macht in seinem Sammelband zu jedem Lied Angaben über dessen Verbreitung. Er weist Heermanns Lied in der veränderten Fassung in ca 65, in der ursprünglichen in ca 120 Gesangbüchern des 17. und 18. Jahrhunderts nach (S. 142f.). – Schon Heerwagen hatte darauf

VII. Kapitel

hingewiesen, daß man bei diesem Lied „überall Verschiedenheit finden" werde (Th. 1, Einleitung, S. XVIII).
71 Klopstock, Veränderte Lieder, S. 177f.
72 S. S. 118f.
73 Vgl. dazu Goebel, a. a. O.
74 S. auch Hitzeroth, S. 53. Er zitiert eine Stelle aus den „Flores" von 1609.
75 S. S. 190ff.
76 S. S. 113. – Langen zitiert aus dem Anhang zum Brüdergesangbuch von 1737 (erschienen zwischen 1741 und 1745): „Verbirg seine seel aus gnaden in deine offne seit" (S. 279). Natürlich handelt es sich dabei um Herbergers Verse aus den Jahren 1613/14. Durch solche Quellenangaben verschieben sich leicht die Akzente.
77 S. Anm. 34.
78 S. dazu S. 143f.
79 Vgl. S. 119ff.
80 Zit. nach dem Gesangbuch der evangelischen Brüdergemeine von 1927, Nr 467.
81 Nelle meint, „nur zu tief" habe Zinzendorf sich diese Verse eingeprägt (S. 84).
82 Hitzeroth: „Zur Vergleichung mögen einige Verse genügen" (S. 83).
83 Nelle, S. 84.
84 Herberger spricht in seinem „Passionszeiger" davon, daß er sich in die Wunden wickeln wolle (s. S. 119), Arndt bittet: „Ach daß ich dich ... in meine liebe einwickeln ... solte" (s. S. 131).
85 S. S. 141f. mit Anm. V/174.
86 Klopstock, Veränderte Lieder, S. 178.
87 Klopstock, Veränderte Lieder, S. 178.
88 Ritschl, Bd 2, S. 70.
89 Hitzeroth, S. 52f.
90 RGG, 3. Aufl., Bd 3, Sp. 114.
91 Böckmann, S. 414.
92 Zu Gryphius s. Anm. IV/70. 71. Rist: „ISt dieser nicht deß höchsten Sohn" (FT 2, 216; s. S. 200). Birken: „WAs ist das vor ein Jammerbild" (FT 5, 68). – Ein Gedicht Johann Heermanns aus den „Poetischen Erquickstunden", das „Von JEsu dem Gecreutzigten" handelt, zeigt Anklänge an das Sonett von Andreas Gryphius (PE, S. 23).
93 S. dazu Ohly, S. 4.
94 Die Verse „Deins Sohnes Leib hangt außgespannt Am Creutz wie ein roth BlutGewandt" (FT 1, 329, 5) wurden hier schon zitiert (s. S. 199).
95 Der Interpretationsversuch wurde durch den Aufsatz von Friedrich Ohly angeregt. – Vgl. auch RGG, 3. Aufl., Bd 3, Sp. 242–262 (Art. Hermeneutik); ebda, Bd 5, Sp. 1513–1537 (Art. Schriftauslegung).

LITERATURVERZEICHNIS

Das Literaturverzeichnis umfaßt A. Quellen, B. Sekundärliteratur. Die Quellen sind unterteilt in 1. Einzelausgaben, 2. Sammelwerke. Dabei werden alte Ausgaben und Neudrucke nicht getrennt aufgeführt. – Die Werke Johann Heermanns stehen innerhalb der Einzelausgaben in der Reihenfolge Lyrik (AK, SG, DMC, SFE, Exercitium Pietatis, PE, PEfF, Zwölff Geistliche Lieder), Predigten (Labores Sacri, Lp, Nuptialia) und Neudrucke. – Sekundärliteratur über Johann Heermann findet sich in B unter H.-P. Adolf, W. A. Bernhard, Brodde, Fornaçon, Henschel, Hitzeroth, Hultsch, Ledderhose, Radlach, Schröder, Schubert, Wagner, Wiesenhütter und Witke.

A. QUELLEN

1. Einzelausgaben
(Alte Ausgaben und Neudrucke)

ANGELUS SILESIUS: Sämtliche Poetische Werke. Hrsg. u. eingel. von Hans Ludwig Held. Bd 1–3. Neu überarb., 3. Aufl. München (1949–1952).

ARNDT, Johann: Vier Bücher Von wahrem Christenthumb/ Heilsamer Busse/ Hertzlicher Rewe vnd Leid vber die Sünde/ wahrem Glauben/ auch heiligem Leben vnnd Wandel der rechten wahren Christen. . . . Gedruckt zu Mümpelgart/ bey Samuel Foillet/ Im Jahr/ 1620.

ARNDT, Johann: Johann Arndts/ General-Superintend. des Fürstenthums Lüneburg/ Vier Geistreiche Bücher Vom Wahren Christenthum heilsamer Busse/ hertzlicher Rewe und Leid über die Sünde/ und wahrem Glauben/ auch heiligen Leben und Wandel der rechten wahren Christen . . ./ Anietzo auffs neue wiederum auffgeleget/ und dieser letzte Druck/ über alle vorige Editiones mit neuen Anmerckungen unnd vielen Marginalibus . . ./ nebenst vielen schönen Sinnebildern/ und deroselben nützlichen Erklärung/ auch Christlichen Gebetern . . ./ vermehret und verbessert. . . . RIGA/ gedruckt und verlegt durch Johann Georg Wilcken . . ./ im Jahr Christi 1681.

ARNDT, Johann: Des Hocherleuchteten Herrn Johann Arnds . . . Sechs Bücher Vom Wahren Christenthum . . . Samt dem Paradies-Gärtlein. . . . Berlin und Halle . . . 1744.

ARNDT, Johann: Sechs Bücher vom wahren Christentum nebst dessen Paradies-Gärtlein. Neue Stereotyp-Ausgabe. Stuttgart 1905.

ARNDT, Johann: Paradiß Gärtlein/ Voller Christlicher Tugenden/ wie dieselbige in die Seele zu pflantzen/ Durch Andächtige/ lehrhaffte vnd tröstliche Gebet/ zu ernewerung des Bildes Gottes/ zur vbung des wahren lebendigen Christenthumbs/ zu erweckung des newen Geistlichen Lebens/ zur dancksagung für allerley Wolthaten Gottes/ zum Trost in Creutz vnd Trübsall/ zur heyligung/ lob vnd preys des Namens Gottes. . . . Durch IOHANNEM ARNDT, General Superintendenten des Fürstenthumbs Lüneburg/ etc. . . . Gedruckt zu Magdeb. . . ./ In Verleg. des Autoris. 1612.

ARNDT, Johann (Hrsg.): Die teutsche Theologia. Das ist: Ein edles büchlein/ vom rechten verstande/ was Adam vnd Christus sey/ vnd wie Adam in vns sterben/ vnd Christus in vns leben sol. . . . Gedruckt zu Halberstadt/ durch Georg Koten. Anno 1597.

AUGUSTIN: DIVI AVRELII AVGVSTINI Hippon. Episcopi MEDITATIONES, Soliloquia et Manuale. Meditationes B. ANSELMI . . . Meditationes D. BERNARDI. Meditationes IDIOTÆ viri docti de amore divino. . . . opera ac studio R. P. Henrici Sommalii Societatis IESV Theologi. COLONIÆ AGRIPPINÆ, Sumptibus Cornelii ab Egmond et Sociorum. Anno M. DC. XXXXIX.   Zit. als Sommalius.

AUGUSTIN: Opera Omnia. Bd 6. Paris 1887. (Migne, Patrologiæ Cursus completus. Series Latina. Bd 40.)

BEHEMB [gewöhnlich: Behm], Martin: Geistliche Lieder. Hrsg. von Wilhelm Nöldeke. Halle 1857. (Geistliche Sänger der christlichen Kirche deutscher Nation. H. 9.)

BERNHARD VON CLAIRVAUX: Opera Omnia. Hrsg. von Johannes Mabillon. Bd 5. Paris 1854. (Migne, Patrologiæ Cursus completus. Series Latina. Bd 184.)

BIRKEN, Sigmund von: Teutsche Rede-bind-und DichtKunst/ oder Kurze Anweisung zur Teutschen Poesy/ mit Geistlichen Exempeln: verfasset durch Ein Mitglied der höchstlöblichen Fruchtbringenden Gesellschaft Den Erwachsenen. ... Nürnberg/ Verlegt durch Christof Riegel. Gedruckt bey Christof Gerhard. A. C. M DC LXXIX.

Zit. als Birken.

BIRKEN, Sigmund von: Geistlicher Weihrauchkörner Oder Andachtslieder I. Dutzet; Samt einer Zugabe XII Dutzet Kurzer Tagseufzer. Nürnberg ... im 1652 Heiljahr.

BRÜCKNER, Christian Daniel: Leben und Schriften weyl. Tit. deb. HERRN Martin Mollers, Hochverordneten Pastoris Primarii an der S. S. Petri- und Pauli-Kirche in Görlitz, erzehlte beym Ausgange des 1768sten Jahrs Christian Daniel Brückner ... Görlitz, gedruckt bey Johann Friedrich Fickelscherer.

CURTZ, Albert Graf: Harpffen Dauids Mit Teutschen Saiten bespannet/ Auch Zu Trost/ vnd Erquickung der andächtigen Seel. Gesangweiß angerichtet. Gedruckt zu Augspurg ... Anno M. DC. LIX.

DAVIDISCHE HARMONIA. Das ist/ Christlich Catholische Gesänge mit vorgesetzten Melodeyen auff alle hohe Fest durch das gantze Jahr; wie auch auff andere Zeiten vnd Fälle. Zusammengetragen/ auß vnderschidlichen Gesang Büchern/ vnd jetzo zum erstenmal in dise Form gebracht. ... Gedruckt zu Wienn ... / im Jahr 1659.

FREYLINGHAUSEN, Johann Anastasius: Geistreiches Gesang-Buch, den Kern alter und neuer Lieder in sich haltend: ... mit einem Vorbericht herausgegeben von Gotthilf August Francken ... Halle ... 1741.

GERHARDT, Paul: Dichtungen und Schriften. Hrsg. von Eberhard von Cranach-Sichart. München (1957).

GREIFFENBERG, Catharina Regina von: Geistliche Sonnette/ Lieder und Gedichte/ zu Gottseeligem Zeitvertreib ... Nürnberg ... Im M. DC. LXII. Jahr.

GRYPHIUS, Andreas: Gesamtausgabe der deutschsprachigen Werke. Hrsg. von Marian Szyrocki und Hugh Powell. Bd 1–3. Tübingen 1963–1964. (Neudrucke deutscher Literaturwerke. N. F. 9–11.)

HARSDÖRFFER, Georg Philipp: Poetischer Trichter. Die Teutsche Dicht-und Reimkunst/ ohne Behuf der Lateinischen Sprache/ in VI. Stunden einzugiessen. ... Durch ein Mitglied der hochlöblichen Fruchtbringenden Gesellschafft. Zum zweitenmal aufgelegt und an vielen Orten vermehret. Nürnberg/ Gedruckt bey Wolffgang Endter. M. DC. L.

HEERMANN, Johann: Andechtige KirchSeufftzer/ Oder Evangelische Schließ-Glöcklin/ in welche den Safft vnd Kern aller gewöhnlichen Sontags- vnd vornembsten Fest-Evangelien durchs gantze Jahr/ Reimweise gegossen/ vnd damit seine Ampts-Predigten beschlossen hat/ Johannes Heermannus/ P. L. Caes. vnd Pfarr zu Köben. ... Breßlaw. ANNO M. DC. XVI.

HEERMANN, Johann: Neu umbgegossen und verbessertes Schließ-Glöcklein. Das ist Andächtige Lehr- und Trostreiche Gebete aus dem Saft und Kern aller gewöhnlichen Sonn- und Fest-Tags Evangelien ... Breßlau/ 1668.

HEERMANN, Johann: DEVOTI MUSICA CORDIS. Hauß- vnd Hertz-Musica. Das ist: Allerley geistliche Lieder/ aus den H. Kirchenlehrern vnd selbst eigner Andacht/ Auff bekandte/ vnd in vnsern Kirchen vbliche Weisen verfasset Durch Johann. Heermannum/ Pfarrn zu Köben. In Verlegung David Müllers Buchhändlers zu Breßlaw/ Gedruckt zu Leipzig durch Johann Albrecht Mintzeln/ Im Jahr M DC XXX.

HEERMANN, Johann: DEVOTI MUSICA CORDIS, Haus- vnd Hertz-Musica. Das ist: Allerley geistliche Lieder/ aus den H. Kirchenlehrern vnd selbst eigner Andacht/ Auff bekandte/ vnd in vnsern Kirchen vbliche Weisen verfasset Durch JOHANNEM HEERMANNUM, P. L. C. Pfarrn zu Köben. ... Breßlaw. ANNO M. DC. XXXVI.

HEERMANN, Johann: DEVOTI MUSICA CORDIS: Haus-vnd Hertz-Musica. Das ist: Allerley Geistliche Lieder/ auß der H. Kirchenlehrer/ vnd selbst eigener Andacht/ auff bekañte vñ in vnsern Kirchen übliche Weisen verfasset: Vnd jetzo auffs neue mit Fleiß übersehen/ vnd vermehret durch Johann Heermann/ Pfarrern zu Köben. Breßlaw/ In Verlegung Caspar Kloßmanns/ Buchhändlers daselbst. M. DC. L.

HEERMANN, Johann: Sontags- vnd Fest-Evangelia/ durchs gantze Jahr/ Auff bekandte Weisen gesetzt/ Von Johann. Heerman/ Pfarrn zu Köben. ... Breßlaw. ANNO M DC XXXVI.

HEERMANN, Johann: EXERCITIUM Pietatis. Vbung in der Gottseligkeit. Das ist: Inbrünstige Seufftzer/ vnd andächtige Lehr- vnd TrostSprüchlein/ für die liebe Jugend: Aus den Sontags- vnd Fest-Evangelien/ verfasset Durch JOHANNEM HEERMANNUM, P. L. C. Pfarrn zu Köben. ... Breßlaw. ANNO M. DC. XXXVI.

HEERMANN, Johann: Zwölff Geistliche Lieder/ jetziger Zeit nützlich zu singen/ Auffgesetzet Von Johanne Heermanno/ P. L. C. Pfarrn zu Köben. Leipzig/ In Verlegung David Müllers/ Buchh. sel. Erben in Breßlaw. Im Jahr 1639.

HEERMANN, Johann: Poetische Erquickstunden/ Darinnen allerhand schöne und trostreiche Gebet/ nutzliche Erinnerungen/ und nohtwendige Anmahnungen/ für Angefochtene/ Krancke und Sterbende zu finden seyn. Auff neue Poetische Art zugerichtet. Von Johann Heermann/ weiland wohlverdienten Pfarrern zu Köben ... Nürnberg ... 1656.

HEERMANN, Johann: Geistlicher Poetischer Erquickstunden Fernere Fortsetzung/ Darinnen allerhand schöne und trostreiche Gebet und Hertzensseuffzer/ in allerley fürfallenden Nöthen und Anliegen nützlich zugebrauchen/ zu finden seyn. Auff neue Poetische Art zugerichtet. Wic auch Allerley Fest-Evangelia Gesangsweis auff bekannte Melodeyen/ auffgesetzet von Johann Heermann ... Nürnberg ... 1656.

HEERMANN, Johann: Labores Sacri: Geistliche Kirch-Arbeit, In Erklerung aller gewönlichen Sonntags- vndt Vornembsten Fest-EVANGELIEN Vorrichtet Durch: IOHANNEM HEERMANNVM Pfarrern bey der Kirchen zu Köben an der Oder. ... Leipztig. ANNO 1624. Inn Vorlegung Hanns Eyrings See: Erben. vnndt Joann: Perferts Buchhändler Inn Breslaw.

HEERMANN, Johann: LABORUM SACRORUM CONTINUATIO. Geistlicher Kirchen Arbeit Fortstellung. Das ist Fernere Erklärung der Sontags Evangelien Darinnen auff ein Jedes etliche Predigten gerichtet durch Johannem Hermannum Pfahr zu Köben an der Oder. Inn Vorlegung David Müllers Buchhändlers Inn Breßlaw 1631.

HEERMANN, Johann: Ander Theil Der Fortstellung Geistlicher Kirchen-Arbeit/ ... Breßlaw ... Im Jahr M. DC. XXXII.

HEERMANN, Johann: Laborum Sacrorum Continuatio FESTIVALIS. Dritter Theyl der Fortstellung GEISTLICHER Kirch-Arbeit. Das ist Fernere Erklärung Aller Fest-Euangelien ... Brcßlaw. Anno M DC XXXVIII.

HEERMANN, Johann: CHRISTIANÆ Εὐϑανασίας Statuᵉ. Lehr- vnd Erinncrungs-Seulen: Welche vns als geistlichen Pilgrams- vnd Wanders-Leuten/ aus diesem ThränenThal/ ins Land der Lebendigen/ den rechten vnd richtigen Weg zeigen. In Trawr- vnd Trost-Predigten/ Bey frommer Christen Leichbegängnüssen/ erbawet/ vnd auffgerichtet/ Durch Johannem Heermannum ... Breßlaw. ANNO M. DC. XXI.   Zit. als Lp 1.

HEERMANN, Johann: SCHOLA MORTIS: Todes-Schule: Das ist: Ander Theil Christlcher LeichPredigten: Darinnen wir Sterbliche/ Selig zu sterben richtig vnterwiesen ... Gehalten durch Johannem Heermannum ... Breßlaw. ANNO M. DC. XXVIII.   Zit. als Lp 2.

HEERMANN, Johann: PARMA contra MORTIS ARMA. Geistlicher Schild: Womit wir die scharffen Pfeile des Todes aufffangen/ schwächen und zerbrechen können. Das ist: Dritter Theil Christlicher Leich-Predigten Johann Heermanns PfarrErns von Köben. Rostock ... Im 1650sten Jahr.   Zit. als Lp 3.

HEERMANN, Johann: DORMITORIA: Etlicher frommer Christen Schlaff-Häuslein. Das ist: Christlicher Leich-Predigten Vierdter Theil. ... Rostock ... Im Jahr 1650. Zit. als Lp 4.

HEERMANN, Johann: Geistlicher Wieder-Todt: Oder Allerley schöne kräfftige TrostSprüche/ So wider das Schrecken und Schmecken deß Todes dienlich seyn. Das ist/ Fünffter und Letzter Theil Christlicher Leichpredigten Johann Heermanns/ Pfarrerns zu Köben. Darinnen auch neben dreyen nützlichen Registern/ deß Autoris Leich-Sermon zu finden ist. ... Nürnberg ... Im Jahr 1655.   Zit. als Lp 5.

HEERMANN, Johann: NUPTIALIA, Oder Hundert fünff und vierzig Christliche Treuungs

Sermones ... Aus der H. Schrifft und andern Historien gewiesen und gepriesen Von Herrn Johann Heermann/ weiland wohlverdienten Pfarrherrn zu Köben. Nürnberg/ In Verlegung Wolffgang deß Jüng. und Johan Andreas Endtern/ deß 1657. Jahrs.

HEERMANN, Johann: Geistliche Lieder. Hrsg. von Philipp Wackernagel. Stuttgart 1856.

HEERMANN, Johann: Heptalogus CHristi oder die sieben Worte CHristi am Kreuz. Berlin 1856.

HEERMANN, Johann: Crux Christi das ist Die schmerzliche Marterwoche unsers hochverdienten Heilandes Jesu Christi, betrachtet aus dem schönen Passionsbüchlein der vier Evangelisten. Aufs neue hrsg. von Traugott Siegmund. Leipzig 1872.

HEERMANN, Johann: Praecepta moralia et sententiae oder Zuchtbüchlein und Exercitium pietatis [oder] Übung in der Gottseligkeit. Neu hrsg. von Wilhelm August Bernhard. Breslau 1886.

HEERMANN, Johann: Johann Heermanns frohe Botschaft aus seinen Evangelischen Gesängen ausgewählt. Hrsg. von Rudolf Alexander Schröder. Berlin-Steglitz 1936. (Der Eckart-Kreis. Bd 30; Meister des Kirchenliedes. 1. Folge.)

HEERMANN, Johann David: Neues Ehrengedächtniß des Schlesischen Gottesgelehrten und Liederdichters Johann Heermanns, weiland gekrönten Kaiserlichen Poetens und Pfarrers zu Köben an der Oder, in einer ausführlichen Nachricht von seinem Leben, Schriften und Nachkommen: Nebst einem Anhange zu der Köbnischen Kirchen- und Predigergeschichte, von M. Johann David Heermann, itzigen Evangel. Prediger an dem Bethause zu Köben, und der Gesellschaft der freyen Künste in Leipzig Ehrengliede. Glogau ... 1759.

HEERWAGEN, Friedrich Ferdinand Traugott: Literatur-Geschichte der geistlichen Lieder und Gedichte neuer Zeit. Th. 1. 2. Schweinfurth 1797.

HERBERGER, Valerius: Evangelischen HertzPostilla Valerij Herbergeri Erster Theil ... II. Th. ... Zum sechszehenden mahl gedruckt, mit Fleiß durchsehen ... LEIPZIG ... 1706.

HERBERGER, Valerius: Epistolischen Hertz-Postilla Valerii Herbergers Erster Theil ... Ander Theil ... zum Dritten mal in Druck befördert. ... Leipzig. Im Jahr nach Christi Geburt 1705.

HERBERGER, Valerius: Valerii Herberger's Evangelische Herz-Postille. Hrsg. von Johann Friedrich Bachmann. Berlin 1853.

HERBERGER, Valerius: Valerii Herberger's Epistolische Herz-Postille. Hrsg. von Johann Friedrich Bachmann. Berlin 1852.

HERBERGER, Valerius: MAGNALIA DEI de JESU, Scripturæ nucleo & medulla. ... Gefasset Durch fleissiges Gebet/ Lesen und Nachdencken/ Hertz/ Mund und Feder/ VALERII HERBERGERI, Predigers in Frawenstadt. ... Th. 1–12. Hamburg/ Gedruckt und verlegt durch Jacob Rebenlein. M. DC. LXI.

HERBERGER, Valerius: Passionszeiger zu heilsamer Betrachtung des bittern Leidens und Sterbens Jesu Christi. Nach Ordnung der vier und zwanzig Stunden. Hrsg. von Karl Friedrich Ledderhose. 2. Ausg. der neuen Aufl. Halle 1858.

HERBERGER, Valerius: Ausgewählte Predigten. Hrsg. von H[] Orphal. Leipzig 1892. (Die Predigt der Kirche. Bd 17.)

HERMAN, Nicolaus: Die Sonntags-Evangelia. Hrsg. von Rudolf Wolkan. Prag-Wien-Leipzig 1895. (Bibliothek deutscher Schriftsteller aus Böhmen. Bd 2.)

HOFMANNSWALDAU, Christian Hofmann von: Geistliche Oden/ Vermischte Gedichte/ und Poetische Grabschrifften. In: C. H. v. H. Deutsche Übersetzungen und Gedichte. ... Breßlau und Leipzig ... 1717. (Eigene Paginierung.)

JOHANN VON NEUMARKT: Buch der Liebkosung. Übersetzung des pseudoaugustinischen Liber Soliloquiorum animae ad Deum. Hrsg. von Joseph Klapper. Berlin 1930. (Johann von Neumarkt: Schriften. T. 1.) (Vom Mittelalter zur Reformation. Bd 6, 1.)

KLOPSTOCK, Friedrich Gottlieb: Veränderte [Geistliche] Lieder. In: Klopstock: Sämmtliche Werke. Bd 5. Leipzig 1854. S. 155–218.

LUTHER, Martin: Geistliche Lieder. Hrsg. von Albert Leitzmann. Bonn 1907. (Kleine Texte für theologische Vorlesungen und Übungen. Bd 24/25.)

LUTHER, Martin: Sämtliche deutsche geistliche Lieder. Hrsg. von Friedrich Klippgen. Halle

a. S. 1912. (Neudrucke deutscher Litteraturwerke des XVI. und XVII. Jahrhunderts. No. 230.)   Zit. als Luther, Lieder.

LUTHER, Martin: Werke. Kritische Gesamtausgabe. I. Abt. Schriften. Bd 1ff. Weimar 1883ff.

MOLLER, Martin: MEDITATIONES sanctorum Patrum. Schöne/ Andechtige Gebet/ Tröstliche Sprüche/ Gottselige Gedancken/ Trewe Bußvermanungen/ Hertzliche Dancksagungen/ vnd allerley nützliche vbungen des Glaubens. Aus den heyligen Altvätern Augustino, Bernhardo, Taulero, vnd andern/ fleissig vnd ordentlich zusammen getragen vnd verdeutschet. Durch Martinum Mollerum/ Diener des heyligen Euangelij zur Sprottaw. In dieser letzten müheseligen Welt/ gantz nützlich vnd tröstlich zubrauchen. [Am Schluß:] Gedruckt zu Görlitz/ bey Ambrosio Fritsch. 1590.   Zit. als MSP I.

MOLLER, Martin: ALTERA PARS Meditationum ex sanctis Patribus. Ander Theyl Andechtiger schöner Gebet/ tröstlicher Gedancken/ trewer Bußvermanungen/ vnd allerley nützlicher vbungen des Glaubens. Aus den heyligen Altvätern Cypriano, Hieronymo, Augustino, Bernhardo, Anshelmo, vnd andern/ fleissig vnd ordentlich zusāmen getragen vnd verdeutschet/ Durch Martinum Mollerum. Allen andechtigen Hertzen/ zum Christlichen Leben vnd seligen Sterben/ gantz nützlich zubrauchen. [Am Schluß:] Gedruckt zu Görlitz/ bey Ambrosio Fritsch. Im Jahr/ M. D. LXXXXI.   Zit. als MSP II.

MOLLER, Martin: Handbüchlein zur rechten Todesbereitung, das ist Heilsame Betrachtung, wie ein Christenmensch aus Gottes Wort soll lernen christlich leben und selig sterben. Aufs neue hrsg. von Friedrich Wilhelm Bodemann. 2. Aufl. Hannover 1870.

NEANDER, Michael: THEOLOGIA BERNHARDI ET TAVLERI IN TENEBRIS ILlis Antichristi pontificijs singulari fide, pietate & zelo doctorum de ipsorum monumentis itidem descripta & exposita à MICHAELE NEANDRO SORAVIENSI. VITEBERGAE ... M. D. LXXXIII.

OPITZ, Martin: Buch von der Deutschen Poeterey. ⟨1624⟩. Nach der Edition von Wilhelm Braune neu herausgegeben von Richard Alewyn. Tübingen 1963. (Neudrucke deutscher Literaturwerke. N.F. 8.)

OPITZ, Martin: MART. OPITII OPERA POETICA. Das ist Geistliche vnd Weltliche Poemata. Vom Autore selbst zum letzten vbersehen vnd verbessert. Amsterdam. Bey Johan Janßon. 1646. – Martini Opitii Weltliche Poëmata. Der Ander Theil ... Amsterdam ... 1645. – MARTINI OPITII Geistliche Poëmata. Von jhm selbst anjetzo zusammen gelesen/ verbessert vnd absonderlich herauß gegeben. Getruckt Zu AMSTERDAM, im Jahr vnsers Herrn 1645.

OPITZ, Martin: Die Psalmen Davids Nach den Frantzösischen Weisen gesetzt. Durch Martin Opitzen. ... Dantzigk ... 1637.

PETERMANN, Tobias: Herrn Johann Heermans ... Geistliche Buhlschafft Vnd Liebes-Seufftzer .../ Von Ihm zwar in Lateinischer Sprachen verfasset/ anietzo aber/ allen GOtt-liebenden Teutschen Seelen zuLiebe und Nutzen/ in unsere hoch-Edle Mutter-Sprache versetzet Von M. Tobia Petermannen/ Schul-Rectorn zu Pirna ... Dreßden/ 1651.

PRASCH, Johann Ludwig: Joh. Ludwig Praschens Gründliche Anzeige/ VON Fürtrefflichkeit und Verbesserung Teutscher Poesie. Samt einer Poetischen Zugabe. Regenspurg ... 1680.

RIST, Johann: Neüe Musikalische Katechismus Andachten/ Bestehende In Lehr-Trost-Vermanung und Warnungs-reichen Liederen über den gantzen heiligen Katechismum/ oder die Gottselige Kinder-Lehre/ welchen zugleich zwölf Erbauliche Gesänge über die Christliche Haustaffel/ sind beigefüget/ ... abgefasset/ und zum Drukke übergeben von Johann Rist. ... Lüneburg/ Gedrukt und verlegt durch die Sternen/ 1656.

RIST, Johann: Johann Risten Himlische Lieder/ Mit sehr lieblichen und anmuhtigen/ von dem fürtrefflichen und weitberühmten H. Johann Schop/ wolgesetzeten Melodeien/ Nunmehr aufs neüe Widrum übersehen/ in Eine gantz andere und richtigere Ordnung gebracht/ an vielen Ohrten verbessert/ und mit Einem nützlichen Blatweiser beschlossen. Lüneburg/ Gedrukt und verlegt durch Johann und Heinrich/ Gebrüdere/ die Stern/ 1652.

RIST, Johann: Neüer Himlischer Lieder Sonderbahres Buch ... Außgefertiget und hervorgegeben von Johann Rist. Lüneburg/ Bei Johann und Heinrich/ die Sterne. ANNO M. DC. LI.

RIST, Johann: Sabbahtische Seelenlust/ Daß ist: Lehr-Trost-Vermahnung-und Warnungsreiche Lieder über alle Sontägliche Evangelien deß gantzen Jahres ... abgefasset und heraus gegeben von Johann Rist. Lüneburg/ Bei Johann und Heinrich Stern. ANNO M DC LI.

Rist, Johann: Neüer Teütscher Parnass ... Lüneburg/ Gedrukt und verlegt durch Johann und Heinrich/ denen Sternen/ Gebrüderen. M DC LII.

Rotth, Albrecht Christian: Vollständige Deutsche Poesie/ in drey Theilen/ Deren der I. Eine Vorbereitung ... II. Eine fernere Anleitung zu den insgemein üblichen Gedichten. Dabey gewiesen wird was deren Materie sey/ wo sie könne hergenommen/ und wie sie könne ausgearbeitet werden. III. Eine richtige Einleitung zu den vor andern so beniemten Poetischen Gedichten. ... Insonderheit aber Ist der mitlere Theil mit so viel Exempeln erläutert/ daß diß Werck der Jugend an statt eines andern feinen Poeten mit dienen kan. Entworffen von M. Albrecht Christian Rotthen/ des Gymnasii zu Halle in Sachsen ConRector. LEIPZIG/ In Verlegung Friedrich Lanckischen Erben/ Anno 1688.

Schupp, Johann Balthasar: DOCTORIS SCHUPPII Morgen- und Abend-Lieder. In: Schupp: Sämmtliche Lehrreiche Schrifften/ In sieben und vierzig Tractätlein bestehende/ deren sich beydes Geistlich-als Weltliche auch Hauß-Standes Persohnen/ so wohl Junge als Alte/ nützlich gebrauchen können. ... [Th. 1. 2.] Franckfurt am Mayn ... Im Jahr Christi M D CC XIX. Th. 1, S. 937–946.

Schottel, Justus Georg: Iusti-Georgii Schottelii Teutsche Vers-oder ReimKunst ... Franckfurtt an Mayn in Verlegung Michael Cubachs Buch: in Lüneburg im jahre 1656.

Sommalius: s. unter Augustin, DIVI AVRELII AVGVSTINI ... MEDITATIONES, Soliloquia et Manuale.

Spee, Friedrich [von]: Trutznachtigall. Mit Einleitung und kritischem Apparat hrsg. von Gustave Otto Arlt. Halle/Saale 1936. (Neudrucke deutscher Literaturwerke des XVI. und XVII. Jahrhunderts. 292/301.)

[Surius, Laurentius]: D. JOANNIS THAULERI DE VITA ET PASSIONE SALVATORIS NOSTRI JESU CHRISTI PIISSIMA EXERCITIA. Juxta primam versionem latinam denuo impressa. Coloniae 1857. (Bibliotheca mystica et ascetica. Publicatio XI.)

Vehe, Michael: Gesangbüchlein vom Jahre 1537. Hrsg. von Heinrich Hoffmann von Fallersleben. Hannover 1853.

Werder, Diederich von dem: Gottfried. Oder Erlösetes Jerusalem. Deutsch. Verbessert. Zum zweyten mahl gedruckt. Franckfurt am Mayn/ Gedruckt bey Caspar Röteln/ In Verlegung Johann Pressen. ANNO M. DC. LI.

Zesen, Philipp von: Filipp Zesens Gekreutzigter Liebsflammen oder Geistlicher Gedichte Vorschmak. Zu Hamburg/ In verlegung Georg Papens. 1653.

2. Sammelwerke
(einschließlich bibliographischer Hilfsmittel)

Bäumker, Wilhelm: Das katholische deutsche Kirchenlied in seinen Singweisen. Bd 1–4. Freiburg i. B. 1883–1911.

Bode, Wilhelm: Quellennachweis über die Lieder des hannoverischen und des lüneburgischen Gesangbuches samt den dazu gehörigen Singweisen. Hannover 1881.

Bremme, Wilhelm: Der Hymnus Jesu dulcis memoria in seinen lateinischen Handschriften und Nachahmungen, sowie deutschen Übersetzungen. Mainz 1899.

Brock, Georg: Evangelische Lieder-Konkordanz. 2. Aufl. Gütersloh 1926.

Cysarz, Herbert: Barocklyrik. Bd 1–3. Leipzig 1937. (DLE. Reihe Barock: Barocklyrik.)

Fischer, Albert Friedrich Wilhelm: Kirchenlieder-Lexicon. Bd 1. 2 u. Supplementbd. Gotha 1878–1886.

Fischer, Albert Friedrich Wilhelm, und Wilhelm Tümpel: Das deutsche evangelische Kirchenlied des siebzehnten Jahrhunderts. Bd 1–6. Gütersloh 1904–1916.

Handbuch zum Evangelischen Kirchengesangbuch. Hrsg. von Christhard Mahrenholz u. Oskar Söhngen unter Mitarb. von Otto Schlißke. [Bisher:] Bd I, 1. 2. II, 1. 2. u. Sonderbd. Göttingen 1953ff.

KEHREIN, Joseph: Katholische Kirchenlieder, Hymnen, Psalmen aus den ältesten deutschen gedruckten Gesang- und Gebetbüchern zusammengestellt. Bd 1-4. Würzburg 1859-1865.
MICHAELIS, Otto: Liederschlüssel. Ein Handbuch zum Gesangbuch. Gotha 1928.
MÜTZELL, Julius: Geistliche Lieder der evangelischen Kirche aus dem siebzehnten und der ersten Hälfte des achtzehnten Jahrhunderts, von Dichtern aus Schlesien und den umliegenden Landschaften verfaßt. Zusammengestellt und nach den ältesten Drucken herausgegeben. Bd 1. [Mehr nicht ersch.] Braunschweig 1858.
NELLE, Wilhelm: Schlüssel zum Evangelischen Gesangbuch für Rheinland und Westfalen. 3. Aufl. Gütersloh 1924.
NÖRR, Hermann: Kirchenlied-Konkordanz. Hrsg. von Ludwig Weck. Neuendettelsau 1953.
PYRITZ, Hans: Bibliographie zur deutschen Barockliteratur. In: Hankamer, Paul: Deutsche Gegenreformation und deutsches Barock. Die deutsche Literatur im Zeitraum des 17. Jahrhunderts. 2. Aufl. Stuttgart 1947. (Epochen der deutschen Literatur. Bd II, 2.) S. 478-512.
SCHÖNE, Albrecht: Das Zeitalter des Barock. Texte und Zeugnisse. München 1963. (Die deutsche Literatur. Texte und Zeugnisse. Bd 3.)
VOELKEL, Maxim J. A.: Schlüssel zum Evangelischen Liederschatz. Heidelberg o. J. [ca 1900].
WACKERNAGEL, Philipp: Bibliographie zur Geschichte des deutschen Kirchenliedes im XVI. Jahrhundert. Frankfurt a. M. 1855.
WACKERNAGEL, Philipp: Das deutsche Kirchenlied von der ältesten Zeit bis zu Anfang des XVII. Jahrhunderts. Bd 1-5. Leipzig 1864-1877.
WELLER, Emil: Annalen der Poetischen National-Literatur der Deutschen im XVI. und XVII. Jahrhundert. Nach den Quellen bearb. Bd 1. 2. Freiburg i. Br. 1862-1864.
WOLFF, Eugen: Das deutsche Kirchenlied des 16. und 17. Jahrhunderts. Stuttgart o. J. (DNL. Bd 31.)

B. SEKUNDÄRLITERATUR

ADOLF, Hans-Peter: Das Kirchenlied Johann Heermanns und seine Stellung im Vorpietismus. Diss. phil. Tübingen 1957. [Masch. Ms.]
AELLEN, Eugen: Quellen und Stil der Lieder Paul Gerhardts. Ein Beitrag zur Geschichte der religiösen Lyrik des XVII. Jahrhunderts. Diss. phil. Basel 1910. Bern 1912.
ALEWYN, Richard: Vorbarocker Klassizismus und Griechische Tragödie. Analyse der „Antigone"-Uebersetzung des Martin Opitz. In: Neue Heidelberger Jahrbücher. N.F. Jahrbuch 1926. Heidelberg 1926. S. 3-63.
ALTHAUS, Paul, d. Ä.: Forschungen zur evangelischen Gebetsliteratur. Hrsg. von Paul Althaus. Gütersloh 1927.
ALVERDES, Paul: Der mystische Eros in der geistlichen Lyrik des Pietismus. Diss. phil. München 1921. [Masch. Ms.]
AMELN, Konrad: Neudrucke hymnologischer Standardwerke. Ein Literaturbericht. In: JbLH 9 (1964) [recte: 1965]. S. 183-187.
AMELN, Konrad: Der gegenwärtige Stand und die vordringlichen Aufgaben der hymnologischen Forschung. In: JbLH 6 (1961) [recte: 1962]. S. 62-69.
BARTH, Karl: Die Lehre vom Wort Gottes. Prolegomena zur kirchlichen Dogmatik. 4. Aufl. Zollikon-Zürich 1948. (Die kirchliche Dogmatik. Bd I, 2.)
BECK, Hermann: Die Erbauungsliteratur der evangelischen Kirche Deutschlands. Erster Teil. Von Dr. M. Luther bis Martin Moller. Erlangen 1883.
BECK, Karl August: Geschichte des katholischen Kirchenliedes von seinen ersten Anfängen bis auf die Gegenwart. Köln 1878.
BECKER, Hans-Wolf: Studien zum geistlichen Lied des Barock. ⟨Einordnung und Überwindung.⟩ Diss. phil. Erlangen 1953. [Masch. Ms. vervielf.]
BERGER, Kurt: Barock und Aufklärung im geistlichen Lied. Marburg 1951.
BERNHARD, Wilhelm August: Beiträge zur Biographie des Liederdichters Joh. Heermann. In: Zeitschrift des Vereins für Geschichte und Alterthum Schlesiens 21 (1887). S. 193-218.
BEYSE, Walter: Das Gesangbuch als theologische Aufgabe. In: MGkK 42 (1937). S. 125-131.

BICKERICH, W[ilhelm]: Leben und Wirken Valerius Herbergers. In: Franz Lüdtke und W. Bickerich: Valerius Herberger und seine Zeit. Zur 300. Wiederkehr seines Todestages. Fraustadt 1927. (Quellen und Forschungen zur Heimatkunde des Fraustädter Ländchens. H. 1.) S. 21–69. [Mit einem] Anhang. S. 71–116.

BISCHOFF, Theodor: Georg Philipp Harsdörfer. Ein Zeitbild aus dem 17. Jahrhundert. O. O. u. J.

BÖCKMANN, Paul: Formgeschichte der deutschen Dichtung. Bd 1. Von der Sinnbildsprache zur Ausdruckssprache. Der Wandel der literarischen Formensprache vom Mittelalter zur Neuzeit. Hamburg (1949).

BÖHM, Carl: Das deutsche evangelische Kirchenlied. Ein Führer durch die Literatur des lebenden, praktisch verwertbaren Gutes unseres evangelischen Kirchenliedes. Hildburghausen 1927.

BOHNENSTÄDT, Benno: Das Processverfahren gegen den Kursächsischen Kanzler Dr. Nicolaus Krell ⟨1591 bis 1601⟩ dargestellt nach den Akten des Dresdener Haupt-Staats-Archivs. Diss. phil. Halle 1901.

BOOR, Helmut de: Die deutsche Literatur von Karl dem Großen bis zum Beginn der Höfischen Dichtung. 770–1170. 6. Aufl. München 1964. (Geschichte der deutschen Literatur von den Anfängen bis zur Gegenwart. Bd 1.)

BORINSKI, Karl: Die Poetik der Renaissance und die Anfänge der literarischen Kritik in Deutschland. Berlin 1886.

BORNKAMM, Heinrich: Mystik, Spiritualismus und die Anfänge des Pietismus im Luthertum. Gießen 1926. (Vorträge der theol. Konferenz zu Gießen. 44. Folge.)

BRATES, Georg: Die Barockpoetik als Dichtkunst, Reimkunst, Sprachkunst. In: ZfdPh 53 (1928). S. 346–363.

BRODDE, Otto: Johann Heermann, ein Bote des Trostes. Witten (Ruhr) (1948). (Eine Wolke von Zeugen. 7. Folge.)

BÜNTE, Rudolf: Johann Rist. In: Jahrbuch für den Kreis Pinneberg. Jg. 5. Elmshorn 1921. S. 17–73.

CHRIST, Lukas: Das evangelische Kirchenlied. Vortrag gehalten vor dem Baselbieter Pfarrkonvent im September 1924. In: Zwischen den Zeiten 3 (1925). S. 358–386.

CLAUSSNITZER, Gottfried: Georg Neumark. Ein Lebens- und Literaturbild aus dem siebzehnten Jahrhundert. Diss. phil. Leipzig 1924. [Masch. Ms.]

CYSARZ, Herbert: Deutsches Barock in der Lyrik. Leipzig 1936.

DACHS, Karl: Leben und Dichtung des Johann Ludwig Prasch ⟨1637–1690⟩. Regensburg 1957. (Verhandlungen des Historischen Vereins für Oberpfalz und Regensburg. Bd 98.)

DILTHEY, Wilhelm: Leibniz und sein Zeitalter. In: Dilthey: Gesammelte Schriften. Bd 3. Hrsg. von Paul Ritter. Leipzig und Berlin 1927. S. 1–80.

DORSCH, Paul: Das deutsche evangelische Kirchenlied auf seinem Segensgang durch die Gemeinde. 2. Aufl. Calw und Stuttgart 1898. (Calwer Familienbibliothek. Bd 19.)

ELERT, Werner: Morphologie des Luthertums. Bd 1. 2. Verb. Nachdruck der 1. Aufl. München 1952–1953.

ERMATINGER, Emil: Barock und Rokoko in der deutschen Dichtung. Leipzig/Berlin 1926.

ESSELBRÜGGE, Lore: Joachim Neander. Ein Kirchenliederdichter des 17. Jahrhunderts. Diss. phil. Marburg 1921. [Masch. Ms.]

FINK, Reinhard: Das protestantische Kirchenlied des Dreißigjährigen Krieges. In: Neue Jahrbücher für Deutsche Wissenschaft (Neue Jahrbücher für Wissenschaft und Jugendbildung) 13 (1937). S. 320–329.

FISCHER, Albert Friedrich Wilhelm: Die kirchliche Dichtung, hauptsächlich in Deutschland. Gotha 1892. (Zimmers Handbibliothek der praktischen Theologie. Bd VI, a.)

FISCHER, Karl: Das Gesangbuch als theologisches Problem. In: MGkK 39 (1934). S. 171–178.

FLEMMING, Willi: Das Jahrhundert des Barock. 1600–1700. In: Annalen der deutschen Literatur. Hrsg. von Heinz Otto Burger. Stuttgart 1952. S. 339–404.

FLEMMING, Willi: Deutsche Kultur im Zeitalter des Barock. Potsdam 1937. (Handbuch der Kulturgeschichte. Abt. 1. Geschichte des deutschen Lebens.)

FLEMMING, Willi: Deutsche Kultur im Zeitalter des Barocks. 2., neu bearb. Aufl. Konstanz (1960). (Handbuch der Kulturgeschichte. Abt. 1. Zeitalter Deutscher Kultur.)

FORNAÇON, Siegfried: Johann Heermann und Heinrich von Rantzau. In: Monatsschrift für Pastoraltheologie 49 (1960). S. 24–27.

FRANK, Horst: Catharina Regina von Greiffenberg. Untersuchungen zu ihrer Persönlichkeit und Sonettdichtung. Diss. phil. Hamburg 1957 (1958). [Masch. Ms.]

FRANZ, Albin: Johann Klaj. Ein Beitrag zur deutschen Literaturgeschichte des 17. Jahrhunderts. Marburg 1908. (Beiträge zur deutschen Literaturwissenschaft. Nr 6.)

FRICKE, Gerhard: Die Bildlichkeit in der Dichtung des Andreas Gryphius. Materialien und Studien zum Formproblem des deutschen Literaturbarock. Berlin 1933. (Neue Forschung. Bd 17.)

GABRIEL, Paul: Das deutsche evangelische Kirchenlied von Martin Luther bis zur Gegenwart. 3., durchgesehene Aufl. Berlin 1956. (Schriften zur Kirchenmusik der Edition Merseburger. 1108.)

GERVINUS, Georg Gottfried: Geschichte der deutschen Dichtung. Bd 3. 5. Aufl. Hrsg. von Karl Bartsch. Leipzig 1872.

GILLET, J[] F[] A[]: Crato von Crafftheim und seine Freunde. Ein Beitrag zur Kirchengeschichte. Nach handschriftlichen Quellen. T. 1. 2. Frankfurt a. M. 1860.

GOEBEL, Martin: Die Bearbeitungen des Hohen Liedes im 17. Jahrhundert. Nebst einem Überblick über die Beschäftigung mit dem Hohen Liede in früheren Jahrhunderten. Diss. phil. Leipzig 1914. Halle 1914.

GREVEN, Joseph: Die Kölner Kartause und die Anfänge der katholischen Reform in Deutschland. Aus dem Nachlasse des Verfassers mit einem Lebensbilde hrsg. von Wilhelm Neuß. Münster i. W. 1935. (Katholisches Leben und Kämpfen im Zeitalter der Glaubensspaltung. 6.)

GROHMANN, H[]: Der Subjektivismus in Paul Gerhardts und Luthers Liedern. In: Neue Kirchliche Zeitschrift 28 (1917). S. 557–603.

GROSSE, Constantin: Die alten Tröster. Ein Wegweiser in die Erbauungsliteratur der evangelisch-lutherischen Kirche des 16. bis 18. Jahrhunderts. Hermannsburg 1900.

GSCHWEND, Kolumban: Das Rheinfelsische Gesangbuch zu St. Goar, Augsburg 1666. In: JbLH 7 (1962) [recte: 1963]. S. 157–172.

GUMBEL, Hermann: Deutsche Sonderrenaissance in deutscher Prosa. Frankfurt a. M. 1930. (Deutsche Forschungen. Bd 23.)

HANKAMER, Paul: Deutsche Gegenreformation und deutsches Barock. Die deutsche Literatur im Zeitraum des 17. Jahrhunderts. (3. Aufl.) Stuttgart (1964).

HANSEN, Theodor: Johann Rist und seine Zeit. Halle 1872.

HARNACK, Adolf: Reden und Aufsätze. Bd 1. 2. 2. Aufl. Gießen 1906.

HECKEL, Hans: Geschichte der deutschen Literatur in Schlesien. Bd 1. [Mehr nicht ersch.] Von den Anfängen bis zum Ausgange des Barock. Breslau 1929. (Einzelschriften zur Schlesischen Geschichte. Bd 2.)

HEILER, Friedrich: Das Gebet. Eine religionsgeschichtliche und religionspsychologische Untersuchung. 5. Aufl. München 1923.

HENNIG, Kurt: Die geistliche Kontrafaktur im Jahrhundert der Reformation. Ein Beitrag zur Geschichte des deutschen Volks- und Kirchenliedes im XVI. Jahrhundert. Halle a. S. 1909.

HENSCHEL, Adolf: Johann Heermann. Halle 1905. (Schriften für das deutsche Volk. Hrsg. vom Verein für Reformationsgeschichte. H. 42.)

HENSCHEL, Adolf: Valerius Herberger. Halle a/S. 1889. (Schriften für das deutsche Volk. Hrsg. vom Verein für Reformationsgeschichte. H. 4.)

HEUSLER, Andreas: Deutsche Versgeschichte. Mit Einschluß des altenglischen und altnordischen Stabreimverses. Bd 1–3. 2., unveränd. Aufl. Berlin 1956. (Grundriß der Germanischen Philologie. 8, 1–3.)

HEUSSI, Karl: Kompendium der Kirchengeschichte. 12., neu bearb. Aufl. Tübingen 1960.

HIRSCH, Emanuel: Geschichte der neuern evangelischen Theologie im Zusammenhang mit den allgemeinen Bewegungen des europäischen Denkens. Bd 1–5. Gütersloh 1949–1954.

HITZEROTH, Carl: Johann Heermann ⟨1585–1647⟩. Ein Beitrag zur Geschichte der geistlichen Lyrik im siebzehnten Jahrhundert. Marburg 1907. (Beiträge zur deutschen Literaturwissenschaft. Nr 2.)

HOFFMANN VON FALLERSLEBEN, Heinrich: Geschichte des deutschen Kirchenliedes bis auf Luthers Zeit. 3. Aufl. Hannover 1861.

HÜBSCHER, Arthur: Barock als Gestaltung antithetischen Lebensgefühls. Grundlegung einer Phaseologie der Geistesgeschichte. In: Euph 24 (1922). S. 517–562. 759–805.

HULTSCH, Gerhard: Johann Heermann. Der Sänger des Leides und des Trostes. Stuttgart 1950. (Gotteszeugen. 8.)

HÜNICH, Fritz Adolf: Das Fortleben des älteren Volksliedes im Kirchenliede des 17. Jahrhunderts. Leipzig 1911. (Probefahrten. Bd 21.)

HUOBER, Hans Günther: Zinzendorfs Kirchenlieddichtung. Untersuchung über das Verhältnis von Erlebnis und Sprachform. Berlin 1934. (Germanische Studien. H. 150.)

JAHRBUCH FÜR LITURGIK UND HYMNOLOGIE. Hrsg. von Konrad Ameln, Christhard Mahrenholz, Karl Ferdinand Müller. Bd 1ff. Kassel 1955ff.

JENNY, Markus: Die Bedeutung der Gesangbuchgeschichte innerhalb der Hymnologie. In: Theologische Zeitschrift (Basel) 16 (1960). S. 110–119.

JOOS, Heidel: Die Metaphorik im Werke des Andreas Gryphius. Diss. phil. Bonn 1956. [Masch. Ms.]

JOSEPH, Albrecht: Oden des Horaz in deutschen Übersetzungen aus dem 17. Jahrhundert. Ein Beitrag zur Analyse des barocken Sprachstils. Diss. phil. München 1929. Rottach am Tegernsee 1930.

KAUFFMANN, Friedrich: Deutsche Metrik nach ihrer geschichtlichen Entwicklung. 3. Aufl., 2. Abdruck. Marburg 1925.

KAYSER, Wolfgang: Die Klangmalerei bei Harsdörffer. Ein Beitrag zur Geschichte der Literatur, Poetik und Sprachtheorie der Barockzeit. Leipzig 1932. (Palaestra. Bd 179.)

KERN, Oskar: Johann Rist als weltlicher Lyriker. Marburg 1919. (Beiträge zur deutschen Literaturwissenschaft. Nr 15.)

KIEFNER, Walter: Zum evangelischen Kirchenlied. In: Der Deutschunterricht. Jg. 15 (1963). H. 4. S. 88–103.

KIPPHAN, Rudolf: Johannes Rist als geistlicher Lyriker. Diss. phil. Heidelberg 1924. [Masch. Ms.]

KOBER, August Heinrich: Geschichte der religiösen Dichtung in Deutschland. Ein Beitrag zur Entwicklungsgeschichte der deutschen Seele. Essen 1919.

KOBERSTEIN, August: Grundriß zur Geschichte der deutschen National-Litteratur. Leipzig 1827.

KOBERSTEIN, August: Geschichte der deutschen Nationalliteratur von Anfang des siebzehnten bis zum zweiten Viertel des achtzehnten Jahrhunderts. 5., umgearb. Aufl. Hrsg. von Karl Bartsch. Leipzig 1872. (Koberstein: Grundriß der Geschichte der deutschen Nationalliteratur. Bd 2.)

KOCH, Eduard Emil: Geschichte des Kirchenlieds und Kirchengesangs der christlichen, insbesondere der deutschen evangelischen Kirche. Bd 1–8 u. Registerbd. 3., umgearb., durchaus verm. Aufl. Stuttgart 1866–1877.

KOFFMANE, Gustav: Die religiösen Bewegungen in der evangelischen Kirche Schlesiens während des siebzehnten Jahrhunderts. Breslau 1880.

KOEPP, Wilhelm: Johann Arndt. Eine Untersuchung über die Mystik im Luthertum. Berlin 1912. (Neue Studien zur Geschichte der Theologie und der Kirche. Stück 13.)

Zit. als Koepp.

KOEPP, Wilhelm: Johann Arndt und sein „Wahres Christentum". Lutherisches Bekenntnis und Oekumene. Berlin (1959). (Aufsätze und Vorträge zur Theologie und Religionswissenschaft. H. 7.)

KRUMMACHER, Hans-Henrik: Andreas Gryphius und Johann Arndt. Zum Verständnis der „Sonn- und Feiertags-Sonette". In: Formenwandel. Festschrift zum 65. Geburtstag von Paul Böckmann. (Hamburg 1964.) S. 116–137.

LANGEN, August: Der Wortschatz des deutschen Pietismus. Tübingen 1954.

LEDDERHOSE, Karl Friedrich: Das Leben Johann Heermann's von Köben, des Liedersängers der evangelischen Kirche. Heidelberg 1857.
LEDDERHOSE, Karl Friedrich: Leben Valerius Herberger's, Predigers am Kripplein Christi zu Fraustadt in Polen. Bielefeld 1851.
LEMCKE, Carl: Von Opitz bis Klopstock. Ein Beitrag zur Geschichte der deutschen Dichtung. Neue Ausgabe des ersten Bandes von Lemcke's Geschichte der deutschen Dichtung [neuerer Zeit]. Leipzig 1882.
LIEBE, Konrad: Abriß der Geschichte des evangelischen Kirchenliedes. Gütersloh 1913.
LÜDTKE, Franz: Deutsche Kultur im Zeitalter Valerius Herbergers. In: Franz Lüdtke und W[ilhelm] Bickerich: Valerius Herberger und seine Zeit. Fraustadt 1927. (Quellen und Forschungen zur Heimatkunde des Fraustädter Ländchens. H. 1.) S. 5–19.
LUEKEN, Wilhelm: Zur Gesangbuchreform der Gegenwart. In: Theologische Rundschau. N. F. 19 (1951). S. 252–275.
LUNDING, Erik: Stand und Aufgaben der deutschen Barockforschung. In: Orbis Litterarum 8 (1950). S. 27–91.
MAHRENHOLZ, Christhard: Das Evangelische Kirchengesangbuch. Ein Bericht über seine Vorgeschichte, sein Werden und die Grundsätze seiner Gestaltung. Kassel und Basel 1950.
MANHEIMER, Victor: Die Lyrik des Andreas Gryphius. Studien und Materialien. Berlin 1904.
MARKWARDT, Bruno: Geschichte der deutschen Poetik. Bd I: Barock und Frühaufklärung. 2., um einen Nachtrag erw. Aufl. Berlin 1958. (Grundriß der Germanischen Philologie. 13, I.)
MAX, Hugo: Martin Opitz als geistlicher Dichter. Heidelberg 1931. (Beiträge zur neueren Literaturgeschichte. N. F. H. 17.)
MENZE, Klemens: Studien zur spätbarocken Kapuzinerdichtung. Ein Beitrag zur Geschichte des süddeutschen Literaturbarock. Diss. phil. Köln 1954. [Masch. Ms.]
MINOR, Jakob: Neuhochdeutsche Metrik. Ein Handbuch. 2., umgearb. Aufl. Strassburg 1902.
MOLDAENKE, Günter: Schriftverständnis und Schriftdeutung im Zeitalter der Reformation. T. I. Matthias Flacius Illyricus. Stuttgart 1936. (Forschungen zur Kirchen- und Geistesgeschichte. Bd 9.)
MÜLLER, Christa: Das Lob Gottes bei Luther, vornehmlich nach seinen Auslegungen des Psalters. München 1934. (Forschungen zur Geschichte und Lehre des Protestantismus. Reihe 7. Bd 1.)
MÜLLER, Günther: Deutsche Dichtung von der Renaissance bis zum Ausgang des Barock. Wildpark-Potsdam 1927. (Handbuch der Literaturwissenschaft. [Bd 5.])
MÜLLER, Günther: Höfische Kultur der Barockzeit. In: Hans Naumann und Günther Müller: Höfische Kultur. Halle/Saale 1929. (DVjs. Buchreihe. Bd 17.) S. 79–154.
MÜLLER, Günther: Geschichte des deutschen Liedes vom Zeitalter des Barock bis zur Gegenwart. München 1925. (Geschichte der deutschen Literatur nach Gattungen. Bd 3.)
MÜLLER, Günther: Geschichte der deutschen Seele. Vom Faustbuch zu Goethes Faust. Freiburg i. Br. 1939.
NELLE, Wilhelm: Geschichte des deutschen evangelischen Kirchenliedes. 3., erw. Aufl. Hrsg. von Karl Nelle. Leipzig und Hamburg 1928.   Zit. als Nelle.
NEUMEISTER, Heddy: Geistlichkeit und Literatur. Zur Literatursoziologie des 17. Jahrhunderts. Münster i. W. 1931. (Universitas-Archiv. Bd 51; Literaturhistorische Abt. Bd 11.)
NEWALD, Richard: Die deutsche Literatur vom Späthumanismus zur Empfindsamkeit. 1570 bis 1750. 5., verb. Aufl. München 1965. (Geschichte der deutschen Literatur von den Anfängen bis zur Gegenwart. Bd 5.)
OHLY, Friedrich: Hohelied-Studien. Grundzüge einer Geschichte der Hoheliedauslegung des Abendlandes bis um 1200. Wiesbaden 1958. (Schriften der Wissenschaftlichen Gesellschaft an der Johann Wolfgang Goethe-Universität Frankfurt am Main. Geisteswissenschaftliche Reihe. Nr 1.)
OHLY, Friedrich: Vom geistigen Sinn des Wortes im Mittelalter. In: ZfdA 89 (1958/59). S. 1–23.   Zit. als Ohly.
ORPHAL: s. unter Herberger, Ausgewählte Predigten.
PIPER, Hans-Christoph: Anfechtung und Trost. Eine Untersuchung über die Kreuz- und

Trostlieder im deutschen evangelisch-lutherischen Gesangbuch von der Reformation bis zum frühen 18. Jahrhundert. Diss. theol. Göttingen 1964. [Masch. Ms.]
PREUSS, Hans: Martin Luther. Der Christenmensch. Gütersloh 1942.
PYRITZ, Hans: Paul Flemings Liebeslyrik. Zur Geschichte des Petrarkismus. Göttingen 1963. (Palaestra. Bd 234.)
RADLACH, O[]: Die Stellung Johann Heermanns von Köben zur Heidenmission. Ein Beitrag zur Missionsgeschichte des 17. Jahrhunderts. In: Kirchliche Monatsschrift. Organ für die Bestrebungen der positiven Union 11 (1892). S. 84–105.
RASCH, Wolfdietrich: Freundschaftskult und Freundschaftsdichtung im deutschen Schrifttum des 18. Jahrhunderts. Halle/Saale 1936. (DVjs. Buchreihe. Bd 21.)
RETTLER, Aloysia: Niederdeutsche Literatur im Zeitalter des Barock. Münster 1949. (Schriften der Volkskundlichen Kommission im Provinzialinstitut für Westfälische Landes- und Volkskunde. H. 8.)
RITSCHL, Albrecht: Geschichte des Pietismus. Bd 1–3. Bonn 1880–1886.
RÖBBELEN, Ingeborg: „Theologie" und „Frömmigkeit" im deutschen evg.-luth. Gesangbuch des 17. und frühen 18. Jahrhunderts. Diss. theol. Göttingen 1953 (1954). [Masch. Ms.]
  Zit. als Röbbelen, Ms.
RÖBBELEN, Ingeborg: Theologie und Frömmigkeit im deutschen evangelisch-lutherischen Gesangbuch des 17. und frühen 18. Jahrhunderts. Göttingen 1957. (Forschungen zur Kirchen- und Dogmengeschichte. Bd 6.)
RÜDIGER, Horst: Das sapphische Versmaß in der deutschen Literatur. In: ZfdPh 58 (1933). S. 140–164.
RÜTTENAUER, Isabella: „Lichte Nacht". Weltangst und Erlösung in den Gedichten von Andreas Gryphius. Würzburg 1940.
SCHAUFFLER, Lisbeth: Die Entwicklung des Naturbilds im evangelischen Kirchenlied von der Reformation bis zum Ende der Aufklärung. Diss. phil. Tübingen 1963. [Maschinenschriftl. vervielfält.]
SCHIAN, Martin: Orthodoxie und Pietismus im Kampf um die Predigt. Ein Beitrag zur Geschichte des endenden 17. und des beginnenden 18. Jahrhunderts. Gießen 1912. (Studien zur Geschichte des neueren Protestantismus. H. 7.)
SCHMIDT, Carl: Johannes Tauler von Straßburg. Ein Beitrag zur Geschichte der Mystik und des religiösen Lebens im vierzehnten Jahrhundert. Hamburg 1841.
SCHMIDT, Eberhard: Eine traditionsgeschichtliche Methode in der Hymnologie. In: Theologische Zeitschrift (Basel) 17 (1961). S. 118–127.
SCHMIDT, Gottfried Hermann: Daniel Suderman. 1550 bis frühestens 1631. Diss. phil. Leipzig 1923. [Masch.Ms.]
SCHNEIDERWIRTH, Matthaeus: Das katholische deutsche Kirchenlied unter dem Einflusse Gellerts und Klopstocks. Münster i. Westf. 1908. (Forschungen und Funde. Bd I, 1.)
SCHNÜRER, Gustav: Katholische Kirche und Kultur in der Barockzeit. Paderborn 1937.
SCHÖFFLER, Herbert: Deutsches Geistesleben zwischen Reformation und Aufklärung. Von Martin Opitz zu Christian Wolff. 2. Aufl. Frankfurt a. M. (1956).
SCHRÖDER, Rudolf Alexander: Dichtung und Dichter der Kirche. Berlin-Steglitz 1936. (Der Eckart-Kreis. Bd 28.)
SCHRÖDER, Rudolf Alexander: Dichtung und Dichter der Kirche. In: Schröder: Gesammelte Werke. Bd 3. (Berlin u. Frankfurt a. M.) 1952. S. 508–738.
SCHUBERT, Heinrich: Leben und Schriften Johann Heermanns von Köben. Ein Beitrag zur schlesischen Literaturgeschichte. In: Zeitschrift des Vereins für Geschichte und Alterthum Schlesiens 19 (1885). S. 182–236.
SELLGRAD, Rudolf: Mensch und Welt im deutschen Kirchenlied vom 16. bis zum 18. Jahrhundert. Diss. phil. Köln 1955. [Masch. Ms.]
SÖHNGEN, Oskar: Die Zukunft des Gesangbuches. (Leipzig 1949.) (Schriften zur Kirchenmusik der Edition Merseburger. 1103.)
SPITTA, Friedrich: Der Dichter des Liedes „Ach Gott, wie manches Herzeleid". In: MGkK 7 (1902). S. 12–18. 57–62. 82–91 (92).
STRICH, Fritz: Der lyrische Stil des 17. Jahrhunderts. In: Abhandlungen zur deutschen

Literaturgeschichte. Franz Muncker zum 60. Geburtstage dargebracht. München 1916. S. 21–53.
Sturm, Paul: Das evangelische Gesangbuch der Aufklärung. Ein Beitrag zur deutschen Geistesgeschichte des 17. und 18. Jahrhunderts. Barmen 1923.
Szyrocki, Marian: Andreas Gryphius. Sein Leben und Werk. Tübingen 1964.
Szyrocki, Marian: Der junge Gryphius. Berlin (1959). (Neue Beiträge zur Literaturwissenwissenschaft. Bd 9.)   Zit. als Szyrocki, Gryphius.
Szyrocki, Marian: Martin Opitz. Berlin (1956). (Neue Beiträge zur Literaturwissenschaft. Bd 4.)
Tholuck, August Gotttreu: Lebenszeugen der lutherischen Kirche aus allen Ständen vor und während der Zeit des dreißigjährigen Krieges. Berlin 1859.
Thomas, Alois: Die Darstellung Christi in der Kelter. Eine theologische und kulturhistorische Studie. Zugleich ein Beitrag zur Geschichte und Volkskunde des Weinbaus. Düsseldorf 1936. (Forschungen zur Volkskunde. H. 20/21.)
Treichel, Ernst: Die Sprache des evangelischen Kirchenliedes in der Aufklärungszeit. Diss. phil. Greifswald 1932.
Trunz, Erich: Die Entwicklung des barocken Langverses. In: DuV 39 (1938). S. 427–468.
Trunz, Erich: Die Erforschung der deutschen Barockdichtung. In: DVjs. 18 (1940). Referatenheft. S. 1–100.   Zit. als Trunz, Forschungsbericht.
Trunz, Erich: Die Übersetzungen des Hugenottenpsalters. In: Euph 29 (1928). S. 578–617.
Trunz, Erich: Die Überwindung des Barock in der deutschen Lyrik. In: ZfÄsth 35 (1941). S. 192–207. 227–241.
Türck, Susanne: Paul Gerhardt entwicklungsgeschichtlich. In: Neoph 28 (1943). S. 22–42. 120–141.
Veit, Ludwig Andreas, und Ludwig Lenhart: Kirche und Volksfrömmigkeit im Zeitalter des Barock. Freiburg i. B. 1956.
Viëtor, Karl: Geschichte der deutschen Ode. München 1923. (Geschichte der deutschen Literatur nach Gattungen. Bd 1.)
Viëtor, Karl: Probleme der deutschen Barockliteratur. Leipzig 1928. (Von deutscher Poeterey. Bd 3.)
Viëtor, Karl: Das Zeitalter des Barock. In: Aufriß der deutschen Literaturgeschichte nach neueren Gesichtspunkten. Hrsg. von H[ermann] A[ugust] Korff und W[alther] Linden. Leipzig und Berlin 1930. S. 83–103.
Villiger, Leo: Catharina Regina von Greiffenberg ⟨1633–1694⟩. Zu Sprache und Welt der barocken Dichterin. Zürich (1952). (Zürcher Beiträge zur deutschen Sprach- und Stilgeschichte. Nr 5.)
Vilmar, A[ugust] F[riedrich] C[hristian]: Geschichte der Deutschen Nationalliteratur. 27. Aufl., bearb. von Heinrich Löbner u. Karl Reuschel. Marburg in Hessen 1911.
Vogelsang, Erich: Lied und Verkündigung. In: MGkK 38 (1933). S. 128–134.
Vogt, Erika: Die gegenhöfische Strömung in der deutschen Barockliteratur. Leipzig 1932. (Von deutscher Poeterey. Bd 11.)
Wackernagel: s. unter Heermann, Geistliche Lieder.
Wackernagel, Wilhelm: Geschichte der deutschen Litteratur. Ein Handbuch. Bd 2. 2. Aufl., neu bearb. u. zu Ende geführt von Ernst Martin. Basel 1894. (Deutsches Lesebuch von Wilhelm Wackernagel. T. 4,2.)   Zit. als Wackernagel-Martin.
Wagner, Günter: Der Sänger von Köben. Johann Heermann. Werden. Werk. Wirken. Marburg/Lahn 1954.
Waldberg, Max Frhr von: Die deutsche Renaissance-Lyrik. Berlin 1888.
Wentzlaff-Eggebert, Friedrich Wilhelm: Bibliographie [der Gryphius-Drucke]. Leipzig 1938. In: Wentzlaff-Eggebert (Hrsg.): Andreas Gryphius. Lateinische und deutsche Jugenddichtungen. (Bibliothek des Literarischen Vereins in Stuttgart. Bd 287.) S. 233–271.
Wentzlaff-Eggebert, Friedrich Wilhelm: Deutsche Mystik zwischen Mittelalter und Neuzeit. 2. Aufl. Tübingen 1947.
Westphal, Johannes: Das evangelische Kirchenlied nach seiner geschichtlichen Entwicklung. 6., verm. u. verb. Aufl. Berlin 1925.

WETZSTEIN, Otto: Das deutsche Kirchenlied im 16., 17. und 18. Jahrhundert. Eine literarhistorische Betrachtung seines Entwickelungsganges. Neustrelitz 1888.
WIESENHÜTTER, Alfred: Johann Heermann ⟨1585–1647⟩. Leipzig und Hamburg o. J. [ca 1935]. (Welt des Gesangbuchs. Die singende Kirche in Gabe und Aufgabe. H. 5.)
WINTER, Friedrich Julius: Johann Arndt, der Verfasser des „Wahren Christentums". Ein christliches Lebensbild. Leipzig 1911. (Schriften des Vereins für Reformationsgeschichte. Nr 101/102.)
WITKE, Samuel: Johann Heermann. Der große Kreuz- und Trostsänger der evangelischen Kirche. Breslau 1885.
WOLFSKEHL, Marie-Luise: Die Jesusminne in der Lyrik des deutschen Barock. Gießen 1934. (Gießener Beiträge zur deutschen Philologie. 34.)
WOLTER, Gertrud: Gerhard Tersteegens geistliche Lyrik. Diss. phil. Marburg 1929.
ZIEMENDORFF, Ingeborg: Die Metapher bei den weltlichen Lyrikern des Barock. Berlin 1933. (Germanische Studien. H. 135.)
ZWETZ, Rudolf: Die dichterische Persönlichkeit Gerhard Tersteegens. Diss. phil. Jena 1915. Halle 1915.